Los renglones torcidos de Dios

Novela

Biografía

Torcuato Luca de Tena (Madrid, 1923-1999), licenciado en Leyes, corresponsal permanente de prensa en Londres, Washington, Oriente Medio y México, ex director de *ABC*, miembro de número de la Real Academia Española, publicó su primera obra en Chile a los dieciocho años.

Desde entonces dedicó su vida al periodismo activo y a la creación literaria. Sin desdeñar obras tan considerables como *Los hijos de la lluvia* o *La brújula loca*, sus mayores éxitos los obtuvo con sus dos novelas *Edad prohibida* y *Los renglones torcidos de Dios*. Torcuato Luca de Tena cultivó el teatro, la poesía, el cuento y el ensayo histórico, aunque según confesiones propias es en el género novelesco donde trabajaba con mayor satisfacción.

Premio Nacional de Literatura, Premio Fastenrath de la Real Academia Española, Premio de la Sociedad Cervantina de Novela y Premio Planeta, también es autor de *Escrito en las olas*, *La llamada*, *Las tribulaciones de una chica decente*, *Paisaje con muñeca rota* y *Primer y último amor*, entre otras. En el género ensayístico destacan *América y sus enigmas*, *Papeles para la pequeña y la gran historia* y *Franco, sí, pero...*, con el que obtuvo el Premio Espejo de España 1993.

¡Mercedes, Mercedes! fue su última novela publicada. En 2000, Editorial Planeta publicó sus *Poemas inéditos*, obra póstuma de Torcuato Luca de Tena.

Torcuato Luca de Tena

Los renglones torcidos de Dios

Prólogo de Juan Antonio Vallejo-Nágera

Planeta

Avinguda Diagonal, 662, 6.ª planta. 08034 Barcelona (España)

Diseño de la cubierta: Opalworks
Ilustración de la cubierta: Getty Images
Primera edición en esta presentación en Colección Booket: noviembre de 2005
Segunda impresión: enero de 2006
Tercera impresión: octubre de 2006
Cuarta impresión: enero de 2007
Quinta impresión: junio de 2007

Depósito legal: B. 34.678-2007
ISBN: 978-84-08-06182-3
Impresión y encuadernación: Litografía Rosés, S. A.
Printed in Spain - Impreso en España

Los renglones torcidos de Dios son, en verdad, muy torcidos. Unos hombres y unas mujeres ejemplares, tenaces y hasta heroicos, pretenden enderezarlos. A veces lo consiguen. La profunda admiración que me produjo su labor durante mi estadía voluntaria en un hospital psiquiátrico acreció la gratitud y el respeto que siempre experimenté por la clase médica. De aquí que dedique estas páginas a los médicos, a los enfermeros y enfermeras, a los vigilantes, cuidadores y demás profesionales que emplean sus vidas en el noble y esforzado servicio de los más desventurados errores de la Naturaleza.

T. L. DE T.

Para escribir este libro, el autor —después de visitar numerosos manicomios— ingresó en un hospital psiquiátrico y convivió, como un loco más, entre los locos. Casi todos los enfermos mentales, cuyos avatares se relatan (y que en la obra aparecen bajo la común denominación de los «Renglones torcidos de Dios»), han sido conocidos y tratados por el escritor. Con todo, el autor ha cambiado nombres, sexos, edades y lugares de procedencia. Aquellos que son fruto exclusivo de su invención, son, no obstante, similares a otros, clínicamente encuadrados y clasificados, dentro de la gran variedad de perturbaciones de la mente. No obstante, esta obra no es un tratado de psiquiatría. Es novela y sólo novela. Si los tipos son retratos, copiados de la realidad, sus historias, en cambio, son ficticias y fruto de la exclusiva imaginación del novelista. El manicomio próximo a Zamora conocido por Hospital Psiquiátrico de Nuestra Señora de la Fuentecilla, instalado en el edificio de una antigua cartuja, no existe en la realidad: es un compendio novelado de otros muchos y su inspiración más próxima es aquel en que voluntariamente ingresó T. L. de T. simulando una psicosis depresiva, para mejor conocer, desde dentro, la pavorosa realidad que pretendía describir.

La verdadera locura quizá no sea otra cosa que la sabiduría misma que, cansada de descubrir las vergüenzas del mundo, ha tomado la inteligente resolución de volverse loca.

Enrique Heine

PRÓLOGO

Es muy llamativa la afición de Torcuato Luca de Tena a los temas psiquiátricos, el acierto con que los desarrolla, la precisión de conceptos técnicos y la verosimilitud clínica de muchas de sus historias.

La predilección por estos temas ignoro qué origen tiene, pero todo lo demás no se le ha dado de modo gratuito. Desde que se propuso escribir su gran novela Pepa Niebla, *y la versión teatral* Hay una luz sobre la cama, *Luca de Tena emprendió una tarea en la que he visto fracasar a varios escritores que iniciaron el mismo empeño: documentarse estudiando Psiquiatría.*

Es mucho más difícil de lo que parece a primera vista. Incluso los estudiantes de Medicina al llegar a esta asignatura tienen dificultades con los textos, por el lenguaje y conceptos que no han empleado antes en sus estudios. Torcuato Luca de Tena no era el primer escritor que me pedía unos libros. Cuando los devolvían, las pocas veces que eso ocurrió, comprendí que pronto los habrían desbordado la confusión y el aburrimiento. Generalmente prescinden de su aspiración inicial a una verosimilitud técnica; y bajo el esquema de «se non è vero è ben trovato» *inventan la historia según la inspiración les dicta.*

Desde el punto de vista literario es indiferente. Existen obras maestras, de las que un exponente destacado son Don Quijote *y* El licenciado Vidriera, *que podrían ser historias clínicas reales. Otros libros de máximo rango que tratan te-*

mas psiquiátricos lo hacen con menos precisión. El mundo del enfermo mental es coherente consigo mismo. Sus actos, absurdos para el espectador, siguen unas leyes que éste desconoce, pero no son arbitrarios. El portador de cada enfermedad mental actúa de un modo específico, distinto al de los afectados por otra dolencia, y al de las personas «normales». Los patrones de conducta encajan como piezas de un mosaico. Y esto no lo sabe remedar el escritor. Los enfermos de las novelas rara vez son enfermos reales, clínicamente congruentes. No importa. No se pretende hacer una tesis doctoral, sino una novela.

A nadie se le ocurre hoy día enjuiciar el cuadro de un pintor informalista por el reflejo de la realidad. Haría el ridículo el comentarista que criticase de un retrato de Picasso el que no guarda las proporciones anatómicas. El mismo criterio se aplica a las obras literarias. Lo importante es su valor literario intrínseco, no el documental.

Por eso me sorprendió tanto el empeño de Torcuato Luca de Tena en lograr coherencia psicopatológica en el protagonista de Pepa Niebla, *y mucho más el comprobar que lo conseguía. Además de devolverme los libros prestados los había asimilado perfectamente. Por añadidura demostró una habilidad casi diabólica para reinterpretar los síntomas, variando constantemente el diagnóstico según conviene a su relato, sin perder verosimilitud clínica. En una consulta de médicos nos hubiera puesto en grave aprieto a los psiquiatras.*

Tan notoria e infrecuente es esa facultad del novelista que nos ocupa que, comentándolo con algunos colegas tras el estreno de Hay una luz sobre la cama, *decidimos nombrarle «psiquiatra honorario». Como por entonces se fraguaba nombrarle académico, pensamos que eso le causaría más ilusión.*

Ahora nos lo tenemos que volver a plantear, pues Luca de Tena aborda de nuevo, en una obra muy importante, Los renglones torcidos de Dios, *la enfermedad mental como tema básico.*

Lógicamente tenía sus antiguos conocimientos un tanto oxidados por lo que volvió a pedir libros, que también esta vez ha devuelto y asimilado.

En la ocasión anterior le bastaba profundizar en el mundo interno de un solo enfermo, para engarzarlo en una historia. Ahora la pretensión es mucho más ambiciosa. La obra ocurre íntegramente en un hospital psiquiátrico y decidió ambientarla con rigor.

Esta aspiración también la han compartido otros escritores, y suelen creer lograrla con una apresurada visita a un manicomio, del que salen un poco pálidos y con ideas mucho más confusas que cuando entraron.

Torcuato Luca de Tena, en este caso, desbordó mi capacidad de cooperación. Creo que al lector puede divertirle el relato de nuestra conversación que intento reproducir fielmente.

Me expuso que precisaba mi ayuda, pues, para documentarse y describir certeramente el ambiente de un manicomio, deseaba ingresar en él.

V.-N.—*Puedes ingresar voluntariamente en una clínica psiquiátrica para una cura de reposo, que te vendrá muy bien, y de paso te ambientas.*

L. DE T.—*No me sirve una clínica privada. La novela ocurre en un gran hospital psiquiátrico del Estado.*

V.-N.—*Creo que también puedo arreglarlo. Pide ingreso voluntario para observación, en habitación de pago para no estafar al Estado y, mientras los médicos lo piensan, tienes unos días para observarlos a ellos y a sus enfermos, que es lo que deseas.*

L. DE T.—*No, no me has entendido, quiero ingresar como si fuese un enfermo. Pasar por todos los trámites habituales de inscripción, obstáculos burocráticos, desconcierto, no tener una mano amiga ni un punto de apoyo. Todo lo que imagino ocurre a los enfermos. Quiero vivirlo.*

V.-N.—*Eso ya es más complicado, tanto legalmente como para la relación personal con mis colegas. Hablaré con el director...*

L. DE T.—*Sigues sin comprender. No quiero que hables con el director. Debo entrar con un certificado, en ingreso no voluntario, y de incógnito, con nombre supuesto, para que la situación sea totalmente auténtica, con todos sus riesgos y penalidades.*

Sus imposiciones me iban gustando cada vez menos, por lo que le dije que, si las mantenía todas, yo no quería saber nada del asunto, que se las arreglase por su cuenta.

No contaba con la tenacidad de este autor. ¡Se las arregló!

Logró permanecer dieciocho días en el hospital de una provincia periférica. Son muchos días, y especialmente muchas noches. El fruto de este sacrificio lo tiene el lector en sus manos.

¿Sería el libro inferior sin tal experiencia? Sería distinto, y en muchos aspectos menos interesante. ¿Es exacto todo lo que describe? No todo. Ha utilizado algunas «licencias literarias». En mis muchos años de médico, y luego director de hospitales psiquiátricos, jamás he tenido noticia de un registro tan extremoso, incluso ginecológico, como el padecido por la protagonista. Tampoco los tratamientos de insulina «conducen al borde de la muerte» al paciente, ni le «dejan una hora en la agonía». Los médicos no pueden comentar las interioridades de los pacientes ni con otros enfermos ni con nadie; y deben tener suma cautela para no erotizar su relación con pacientes del otro sexo. Fácilmente se comprende que para la exposición de los personajes, tan distintos a los que el lector puede encontrar en su vida cotidiana y que precisan una explicación, el autor ha recurrido a que los médicos se los expongan a la protagonista. También conceder cargas sentimentales a su mutua relación, potencia la novela como tal. Son deformaciones deliberadas y admisibles del escritor.

El autor se ha esforzado por exponer de un modo comprensivo y ecuánime el desconcertante espectáculo de las escuelas psiquiátricas en colisión, que tanto perjudican a enfermos y hospitales. Como observador bienintencionado ha tratado de destacar lo que de bueno puede haber en cada una de las orientaciones encontradas.

Yo he pretendido, sin éxito, que suprimiese el registro, y especialmente el carácter terrorífico del tratamiento, utilizado además como amenaza por el médico, lo que sería una conducta monstruosa por su parte. Luca de Tena se ha negado porque dice precisar ambas cosas para el refuerzo emocional de la novela; y dar carga expresiva a esas escenas.

El lector se preguntará por qué me empeño en enmendarle la plana si advertí desde un principio que la fidelidad documental es indiferente desde el punto de vista del valor literario. Del literario sí, no del humano. No estamos hablando de un mundo imaginario, sino de lo que es triste realidad para más de cuarenta mil enfermos psíquicos hospitalizados en España, y para sus familias y allegados. A toda persona que tenga un ser querido hospitalizado, o en trance de serlo, tienen que angustiarle estas imágenes. Bastante sombrío es el panorama real. Generosamente me ha permitido aclararlo en el prólogo.

Existen algunos temores que parecen innatos por lo extendidos que están, al menos en nuestra cultura. Todos hemos sentido alguna vez un estremecimiento ante la idea de poder ser enterrado vivo por error. También ante el encierro en un manicomio, en el que nuestros esfuerzos por salir convencen a todos de que deben retenernos allí indefinidamente. La posibilidad de que nos ocurra es la misma para ambas situaciones. Muy remota por fortuna.

El encierro en el hospital es el tema de fondo de toda la novela. El talento excepcional de Torcuato Luca de Tena para las piruetas de la fantasía arrastra al lector por un torrente de esperanzas, decepciones, anhelos y pasiones, que, como en un calidoscopio, cambia de configuración con cada movimiento del escritor. La brillantez polémica del novelista adquiere al final carácter de magia. Es como si con las piezas de un mismo rompecabezas nos crease sucesivamente imágenes completas, totalmente distintas en cada nueva reconstrucción. Pero... es mucho mejor que el lector lo compruebe por sí mismo.

JUAN ANTONIO VALLEJO-NÁGERA

A

UN HOMBRE Y UNA MUJER

El automóvil perdió velocidad.

—Creo que es aquí —dijo el hombre.

Movió el volante hasta salirse del asfalto. Detuvo el coche en una explanada de hierba; descendió y caminó unos metros hasta el borde del altozano. La mujer le siguió.

—Mira —dijo él, señalando la lontananza.

Desde aquella altura, la meseta castellana se extendía hasta el arco del horizonte tersa como un mar. Tan sólo por levante el terreno se ondulaba diseñando el perfil de unas lomas azules y pálidas como una lejanía de Velázquez. Unos chopos, agrupados en hilera, cruzaban la inmensidad; y no era difícil adivinar que alimentaban sus raíces en la humedad de un regato, cuya oculta presencia denunciaban. El campo estaba verde, pues aún no había comenzado el trigo a amarillear ni la cebada. Centrada en el paisaje había una sola construcción humana, grande como un convento o como un seminario.

—Allí es —dijo el hombre.

La tapia que rodeaba por todas partes el edificio estaba muy apartada de la fábrica central, con lo que se presumía que la propiedad debía de ser vastísima. El cielo estaba diáfano, y las pocas nubes que por allí bogaban se habían concentrado todas en la puerta del ocaso.

—¿Qué hora es?

—Nos sobra tiempo.

—Estás muy callada.

—No me faltan razones.

Subieron al coche y lo dejaron deslizar, sin prisa, por la suave pendiente.

Las tapias vistas de cerca eran altísimas. No menos de cuatro metros. Algún día estuvieron encaladas. Hoy la lechada, más cerca del color de la tierra circundante que de su primitiva albura, caía desprendida como la piel de un hombre desollado. Llegaron a la verja. Candados no faltaban. Ni cerrojos. Pero timbre o campana no había.

Bajaron ambos del coche a la última luz del día, y observaron entre los barrotes. Plantado en el largo camino que iba hasta el edificio, un individuo, de muy mala catadura, los observaba.

—¡Eh, buen hombre, acérquese! —gritó él, haciendo altavoz con las manos.

Lejos de atenderle, el individuo se volvió de espaldas y comenzó a caminar parsimoniosamente hacia el edificio.

—¿No me oye? ¡Acérquese! ¡Necesitamos entrar!

—Sí, te oye, sí —comentó la mujer—. A medida que más gritas, más rápido se aleja. ¡Qué extraño es todo esto! ¿Qué haremos ahora?

—¡No estés nerviosa!

—¿En mi caso... no lo estarías tú?

—Calla. Creo que viene alguien.

La penumbra era cada vez más intensa.

—¿Qué desean? —preguntó un individuo con bata blanca, desde lejos.

El hombre agitó un papel, y respondió a voces.

—¡Es de la Diputación Provincial!

El recién llegado no se dio prisa en acercarse. Al llegar, posó los ojos en el escrito y en seguida sobre la mujer con insolente curiosidad.

—Pasen —dijo. Y entreabrió la puerta—. ¡Llegan ustedes con mucho retraso!

—¿No podemos entrar con el automóvil?

—A estas horas, ya no.

—Es que... llevamos algún equipaje.

—Yo los ayudaré.

Abrieron el portamaletas y sacaron los bultos.

El camino era largo y la oscuridad se espesaba por momentos. La mujer amagó un grito al divisar una sombra humana cerca de ella, que surgió inesperadamente tras un boj. El de la bata blanca gritó:

—¡«Tarugo»! ¡Vete para dentro! ¿Crees que no te he visto?

Oyéronse unos pasos precipitados.

—No se preocupen —comentó el guía—. Es un pobre idiota inofensivo.

La fachada del edificio y la gran puerta de entrada se conservaban como hace ocho siglos, cuando aquello era cartuja. Cruzaron el umbral; de aquí a un vestíbulo y más tarde a un claustro soberbio, de puro estilo románico. «1213», rezaba una inscripción grabada en piedra. Y debajo, en latín, un elogio a los fundadores. Los demás rótulos eran modernos. Uno decía «Gerencia», otro «Asistencia social». Cruzaron bajo un arco, sin puerta, en el que estaba escrito: «Admisiones.» Todo lo que había más allá de este hueco era de construcción reciente, convencional y de mal gusto.

Anduvieron varias veintenas de pasos. Todo era grande —inútilmente grande— en aquel edificio.

—Siéntense aquí, y esperen.

Le vieron abrir una puertecilla (de dimensiones normales esta vez) y tras ella, un despacho moderno y bien iluminado. Al cerrarse la hoja, la penumbra volvió a cernirse sobre la galería. El hombre apoyó una mano firme y cálida sobre la de ella. El dorso de la de la mujer estaba húmedo y frío.

—Todo saldrá bien. ¡Gracias por tu coraje, Alice Gould! ¡Ánimo y suerte!

Fueron las últimas palabras que ella le oyó en vida.

El doctor don Teodoro Ruipérez ojeó los papeles que el enfermero acababa de depositar sobre su mesa. Todo estaba en regla: la solicitud de ingreso, firmada por el marido como pariente más próximo; el informe médico aconsejando el internamiento y el oficio de la Diputación concediendo la plaza. El médico leyó a trozos el formulario oficial: *Nombre de la enferma*: Alice Gould. *Nombre del pariente más próximo*: Heliodoro Almenara. *Parentesco*: marido. *Último domicilio*: Madrid. *¿Ha estado recluida anteriormente?*: No. *Diagnóstico provisional*: Paranoia. *Firma del colegiado*: Dr. E. Donadío. El reconocimiento de firma del delegado provincial de Medicina era ilegible.

Además de estos papeles había una carta particular del doctor Donadío al director don Samuel Alvar. Como éste disfrutaba de sus vacaciones, Ruipérez se consideró autorizado a abrirla.

Es condición muy acusada en esta enferma —se decía en la carta— *tener respuesta para todo, aunque ello suponga mentir (para lo que tiene una rara habilidad), y aunque sus embustes contradigan otros que dijo antes. Caso de ser cogida en flagrante contradicción, no se amilana por ello, y no tarda en encontrar una explicación de por qué se vio forzada a mentir antes, mientras que ahora es cuando dice la verdad. Y todo ello con tal coherencia y congruencia que le es fácil confundir a gentes poco sagaces e incluso a psiquiatras inexpertos. A esta habilidad suya contribuyen por igual sus ideas delirantes (que, en muchos casos, la impiden saber que miente) y su poderosa inteligencia.*

Guardó el doctor Ruipérez los papeles, con intención de leer en otro momento con mayor cuidado el historial clínico, y pulsó el timbre. Observó con curiosidad y atención a la recién llegada. Aparentaba tener poco más de cuarenta años y era muy bella. Tenía más aspecto de una dama sajona o americana del Norte que el común en una española: la piel muy blanca, ligeramente pecosa, labios atractivos, nariz aristocrática, pelo rubio ceniza, tal vez teñido, tal vez natural (que de esto el doctor Ruipérez no entendía mucho), y manos finas, de largos dedos, muy bien cuidados. Vestía un traje claro de color crema, como correspondía a la estación (muy próxima ya al verano), y enganchado al borde del escote un broche de oro y esmalte, que representaba una flor. «Demasiado bien vestida para este centro —pensó Ruipérez—. ¿Dónde cree que viene? ¿Al casino?»

—Pase por favor, señora, y siéntese.

Ella, todavía junto al quicio de la puerta, pareció dudar. Dio unos pasos muy lentos, y sentóse casi al borde de la silla, erguido el busto, las rodillas muy juntas y las manos desmayadas sobre el regazo. Pensó el médico que iba a notar en su rostro alguna señal de angustia o ansiedad. No fue así. Al volverse, sus ojos, grandes y claros —de un azul casi translúcido—, parecían indiferentes, altivos y distantes.

A Ruipérez le inquietaban los primeros encuentros con los enfermos. El momento más delicado, antes del duro trance del encierro, era el de recibirlos, sosegar sus temores, demostrarles amistad y protección. Mas he aquí que esta señora —tan distinta en su porte y en su atuendo a los habituales pacientes— no parecía demandar amparo, sino exigir pleitesías. No obstante, era una paciente como todas, una enferma más. Su mente estaba tocada de un mal cruel y las más de las veces incurable.

Fue ella quien se adelantó a preguntar, con voz tenue:

—¿Es usted don Samuel Alvar?

—No, señora. Soy su ayudante. El director está ausente.

Ella se inclinó hacia él. En el bolsillo de su bata blanca estaba bordado su nombre con hilo azul. «Doctor Teodoro Ruipérez.»

El médico hizo una pausa, tosió, tragó saliva.

—Dígame, señora: ¿sabe usted qué casa es ésta?

—Sí, señor. Un manicomio —respondió ella dulcemente.

—Ya no los llamamos así —corrigió el doctor con más aplomo—, sino sanatorio psiquiátrico. *Sanatorio* —insistió separando las sílabas—. Es decir, un lugar para *sanar*. ¿Puedo hacerle unas preguntas, señora?

—Para eso está usted ahí, doctor.

—¿Querrá usted responderme a ellas?

—Para eso estoy aquí.

El doctor trazó, como al desgaire, unas palabras en un bloque: «aplomo», «seguridad en sí misma», «un dejo de insolencia...». Intentó conturbarla.

—No ha contestado directamente a mi pregunta. ¿Qué es lo que le pregunté?

—Que si querré responder a su interrogatorio. Y mi respuesta es afirmativa. Soy muy dócil, doctor. Haré siempre lo que se me ordene y no daré a nadie quebraderos de cabeza.

—Es un magnífico propósito —dijo sonriendo el médico—. Su nombre de soltera es...

—Alice Gould, como el de una famosa historiadora americana, pero es pura coincidencia. Ni siquiera somos parientes.

—¿Nació usted?

—Plymouth (Inglaterra), pero he vivido siempre en España y soy española de nacionalidad. Mi padre era ingeniero y trabajaba al servicio de una compañía inglesa, en las Minas de Río Tinto, que, en aquel tiempo, eran de capital británico. Aquí se independizó, prosperó y se quedó para siempre. Y aquí murió.

—Hábleme de él.

—Poseía un gran talento. Era un hombre excepcional.

—¿Se llevaban ustedes bien?

—Nos queríamos y nos apreciábamos.

—¿Qué diferencia ve usted entre esos dos sentimientos?

—El primero indica amor. El segundo, estimación intelectual: es decir, admiración y orgullo recíprocos.

—¿Su padre la admiraba a usted?

—Ya he respondido a esa pregunta.

—¿Se sentía orgulloso de usted?

—No me gusta ser reiterativa.

—Hábleme de su madre.

—Sé muy poco de ella, salvo que era bellísima. Murió siendo yo muy niña. Se llamaba Alice Worcester.

—¿Tiene usted parientes por su rama materna?

—No.

—¿En qué año murió su padre?

—Hace dieciséis. Al siguiente de mi matrimonio.

—¿Tenía su padre algún pariente próximo?

—Un hermano menor que él, Harold, que reside en California. Sólo se volvieron a ver de adultos una vez, por azar, y se emborracharon juntos. En Navidad se escribían christmas. Y yo, aunque no le conozco personalmente, muerto mi padre, mantengo la tradición.

—¿Qué tradición?

—La de felicitarle por Navidad.

—Dígame, señora. ¿Cuántos hijos tiene usted?

—No tengo hijos.

—Hábleme de su marido. ¿Es el suyo un matrimonio feliz?

—Mi marido y yo estamos muy compenetrados. Compartimos sin un mal gesto, desde hace dieciséis años, el tedio que nos producimos.

—¿Su nombre es...?

—Alice Gould: ya se lo dije.

—Me refiero al de su esposo.

—Almenara. Heliodoro Almenara.

—¿Qué estudios tiene?

—Él dice que estudió unos años de Derecho. No lo creo. Es profundamente ignorante.

—¿A qué se dedica?

—A perder mi dinero en el póquer y a jugar al golf.

—Y usted, señora, ¿qué estudios tiene?

—Soy licenciada en Ciencias Químicas.

—¿Se dedica usted a la investigación?

—Usted lo ha dicho, doctor. Pero no a la investigación científica, sino a otra muy distinta: soy detective diplomado.

—¡Ah! —exclamó con simulada sorpresa el médico—. ¡Qué profesión más fascinante!

Pero lo que verdaderamente pensaba es que no había tardado mucho la señora de Almenara en declarar uno de sus delirios: *creerse lo que no era*. Pretendió ahondar algo en este tema.

—Realmente fascinante... —insistió el doctor.

—En efecto: lo es —confirmó Alice Gould con energía y complacencia.

—Dígame algo de su profesión.

—¡Ah, doctor! Su pregunta es tan amplia como si yo le pidiera que me hablara usted de la Medicina...

—Reláteme alguna experiencia suya en el campo de la investigación privada. Seguramente serán muchas y del máximo interés.

—Cierto, doctor. Son muchas e interesantísimas. Pero todas están incursas en el secreto profesional.

El doctor se reclinó hacia atrás en su sillón, y colocó sus manos debajo de la nuca; postura que, al entender de Alice, era más propia de un balneario para tostarse al sol que del lugar en que se hallaban. Así, a primera vista, no le pareció un hombre de peso. Más que un científico le juzgó un chisgarabís. Sus calcetines verdes se le antojaron horrendos.

—Tengo verdadera curiosidad —dijo el médico mirando al techo— de saber cómo se decidió a profesionalizarse en un campo tan poco usual en las mujeres.

—Muy sencillo, doctor. Yo soy muy británica. No tengo hijos. Odio el ocio. En Londres, las damas sin ocupación se dedican a escribir cartas a los periódicos acerca de las ceremonias mortuorias de los malayos o a recolectar fondos para dar escuelas a los niños patagones. Yo necesitaba ocuparme en algo más directo e inmediato; en algo que fuera útil a la sociedad que me rodeaba, y me dediqué a combatir una lacra: la delincuencia; del mismo modo que usted combate otra lacra: la enfermedad.

—Dígame, señora de Almenara, ¿trabaja usted en su casa o tiene un despacho propio en otro lugar?

—Tengo oficina propia y estoy asociada con otros detectives diplomados que trabajan a mis órdenes.

—¿Dónde está situada exactamente su oficina?

—Calle Caldanera, 8, duplicado; escalera B, piso sexto, apartamento 18, Madrid.

—¿Conoce su marido el despacho donde usted trabaja?

—No.

—¡Es asombroso!

Alice Gould le miró dulcemente a los ojos.

—¿Puedo hacerle una pregunta, doctor?

—¡Hágala!

—¿Conoce su señora este despacho?

El médico se esforzó en no perder su compostura.

—Ciertamente, no.

—¡Es asombroso! —concluyó Alice Gould, sin extremar demasiado su acento triunfal.

—Este lugar —comentó el doctor Ruipérez— ha de estar obligadamente rodeado de discreción. El respeto que debemos a los pacientes...

La detective no le dejó concluir:

—No se esfuerce, doctor. También yo he de estar rodeada de discreción por el respeto que debo a mis clientes. Nuestras actividades se parecen en esto y en estar amparadas las dos por el secreto profesional.

—Bien, señora. Quedamos en que su marido no conoce su despacho. Pero ¿sabe, al menos, a qué se dedica usted?

—No. No lo sabe.

—¿Usted se lo ha ocultado?

—De ningún modo. Él no lo sabe porque se empeña en no saberlo. Por ésta y otras razones, creo sinceramente que es un débil mental.

—Muy interesante, muy interesante...

Guardó silencio el médico el tiempo de encender un cigarrillo y anotar en su cuaderno:

«Considera a sus progenitores seres excepcionales de los que ha heredado su talento. Ella misma es admirada por un ser superior, como su padre. Todo lo demás es inferior.»

Posó sus ojos en ella.

—¿Conoce usted, señora, *con exactitud* las razones por las que se encuentra aquí?

—Sí, doctor. Estoy legalmente secuestrada.

—¿Por quién?

—Por mi marido.

—¿Es cierto que intentó usted por tres veces envenenar a su esposo?

—Es falso.

—¿No reconoció usted ante el juez haberlo intentado?

—Le informaron a usted muy mal, doctor. No estoy aquí por sentencia judicial. Fui acusada de esa necedad no ante un tribunal sino ante un médico incompetente. Jamás acepté ante el doctor Donadío haber hecho lo que no hice. Del mismo modo que nunca confesaré estar enferma, sino «legalmente secuestrada».

—¿Fue usted misma quien preparó los venenos?

—Es usted tenaz, doctor. De haberlo querido hacer, tampoco hubiera podido. Pues lo ignoro todo acerca de los venenos.

—¡Realmente extraño en una licenciada en Químicas!

—Doctor. No sería imposible que durante mi estancia aquí tuvieran que operarme de los ovarios. ¿Sería usted mismo quien me interviniese?

—Imposible, señora. Yo no entiendo de eso.

—¿No entiende usted? ¡Realmente extraño en un doctor en Medicina!

—Mi especialización médica es otra, señora mía.

—Señor mío: mi especialización química es otra también.

Rió la nueva reclusa sin extremarse y el doctor se vio forzado a imitarla, pues lo cierto es que le había dejado sin habla. De tonta no tenía nada. Podría ser loca; pero estúpida, no.

—En el informe que he leído acerca de su personalidad —comentó Teodoro Ruipérez— se dice que es usted muy inteligente.

Alice sonrió con sarcasmo, no exento de vanidad.

—Le aseguro, doctor, que es un defecto involuntario.

—La palabra exacta del informe es que posee una *poderosa inteligencia* —insistió halagador.

—El doctor Donadío exagera. Le merecí ese juicio cuando le demostré que nunca pude envenenar a mi esposo por carecer de ocasiones y de motivos. Y como le convencí de que carecía de motivo, pero no de posibilidades, la conclusión que sacó es que yo estaba loca, porque es propio de locos carecer de motivaciones para sus actos. ¿Usted conoce al doctor Donadío?

—No tengo ese honor.

—¡Lástima!

—¿Por qué?

—Porque si le conociera comprendería al instante... que es muy poco inteligente el pobre.

El doctor Ruipérez no pudo menos de sonreír. Aquella mujer de aspecto intelectual y superior manejaba con singular acierto el arte de la simulación, pero ello no era óbice para que fuera declarando frase a frase el terrible mal que la aquejaba. Cada palabra suya era una confirmación de los síndromes paranoicos diagnosticados por el doctor Donadío. Cuando, en otras psicopatías, el delirio del enfermo se manifiesta durante una crisis aguda, no hay nada tan fácil para un especialista como detectarlo. Se le descubre con la facilidad con que se distingue a un hombre vestido de rojo caminando por la nieve; por el contrario, cuando el delirio es crónico, hay que andarse con pies de plomo antes de declarar o rechazar la sanidad de un enfermo. Las esquizofrenias tienen de común con las paranoias la existencia de estos delirios de interpretación: la deformación de la realidad exterior por una tendencia invencible, y por supuesto morbosa, a ver las cosas como no son. Pero así como en las esquizofrenias tales transformaciones de la verdad son con frecuencia disparatadas, incomprensibles y radicalmente absurdas, en las paranoias, por el contrario, suelen estar tan teñidas de lógica que forman un conjunto armónico, perfectamente sistematizado, y tanto mejor defendido con razones, cuanto mayor es la inteligencia natural del enfermo. Esta nueva reclusa no sólo era extraordinariamente lúcida sino estaba persuadida de que su agudeza era muy superior a la media mental de cuantos la rodeaban. Era importante reconstruir cuál era la «fábula delirante» de Alice Gould, cuál la «historia» que su deformación paranoica había forjado en su mente enferma para creerse «legalmente secuestrada». El doctor Ruipérez prefería averiguar esto por sí mismo, y más tarde contrastar sus juicios con el diagnóstico del doctor Donadío por medio de un exhaustivo y detenido estudio de su informe.

—Afirma usted, señora, carecer de motivos para haber intentado envenenar a su marido.

—En efecto. Nadie tiene motivos para destruir un espléndido objeto ornamental. Mi decepción, respecto a la vacuidad de su carácter, no puede obcecarme hasta el punto de negar que su exterior es asombrosamente perfecto. Créame que me siento orgullosa cuando leo en los ojos de otras mujeres un punto de admiración hacia su espléndida belleza. ¡Cierto que experimento la misma vanidad cuando alguien en el hipódromo elogia la armonía de líneas del caballo preferido de mis cuadras! ¡Y no se me ocurre por ello matar a mi caballo!

Alice Gould se interrumpió. Una sombra pasó por sus ojos.

—Una mañana ese caballo me coceó. Si sus cascos no hubiesen tropezado en una de las barras transversales de la caballeriza me hubiera matado, sin lugar a dudas. Aquello me afectó mucho. No podía entender cómo un animal al que yo había criado y al que consideraba tan noble, y al que admiraba tanto, sintiese aquella inquina hacia mí. Es la misma sensación de estupor y de dolor que experimento ahora al comprobar la perversidad de mi marido al pretender envenenarme primero y conseguir secuestrarme después.

—¿Su esposo pretendió envenenarla?

—Sí, doctor. Fue a raíz de la reducción que impuse a sus gastos. No me importaba facilitarle dinero para que lo invirtiese en valores productivos o montase un negocio, pero llegó un momento en que no toleré más sus pérdidas de póquer. Estaba enviciado en el juego, y ya le he dicho que es muy poco inteligente: dos combinaciones altamente positivas para arruinarse y arruinarme.

—Dígame: ¿cómo fue ese intento de envenenarla?

—Hacía grandes elogios del plato que estábamos comiendo. Él insistía, mirándome muy fijamente, que comiera más y que no me preocupase tanto por conservar la línea. Yo, súbitamente, me acordé de la ingratitud de mi caballo y lo comprendí todo; con un pretexto me ausenté del comedor, bebí un vaso de agua caliente que me sirvió de vomitivo y devolví la carne envenenada. Él nunca supo que tomé esa precaución; no hizo más que preguntarme durante la sobremesa si me encontraba bien (leyendo yo en sus ojos que lo que deseaba era que me encontrase mal), con lo que confirmé que había intentado envenenarme.

—Afortunadamente no lo consiguió —murmuró el doctor.

—Al no conseguirlo —continuó Alice Gould— varió de táctica. Introdujo veneno entre sus medicinas y, con el mayor secreto, las hizo analizar a un médico amigo suyo. Éste, de buena fe, llegó a la conclusión de que era yo quien pretendía eliminar a Heliodoro, y aconsejó a mi marido que me sometiese a la observación de un psiquiatra, que es exactamente la respuesta que Heliodoro quería escuchar. Entre esto, la ignorancia del doctor Donadío y una muy defectuosa legislación respecto a la reclusión de enfermos en los sanatorios psiquiátricos, mi secuestro legal pudo ser consumado.

—Y dígame, señora de Almenara, ¿qué motivos tendría su marido para hacer esto?

—Está muy claro, doctor: al eliminarme se convierte en el administrador legal de mi fortuna y da un paso muy importante para declararme pródiga e impedir que pueda disponer libremente de mis bienes: ¡sus deudas de póquer ya están aseguradas!

(Ruipérez anotó en un papel: «fábula delirante perfectamente urdida y razonada». Conclusión provisional: «paranoica pura».)

—Antes de concluir, señora de Almenara, ya que la están esperando para realizar algunos trámites previos a su ingreso, quisiera expresarle una perplejidad. Es evidente que está usted dotada de una clara inteligencia y que posee además una especialización profesional que la habilita para descubrir las argucias, las trampas, los engaños con que se enmascaran los delincuentes. De otra parte tenemos un delincuente, su marido, de mediocre inteligencia y de espíritu poco cultivado. ¿Cómo es posible que en esta lucha entablada entre ambos el inferior haya logrado imponerse al superior?

Alice Gould se sonrojó visiblemente. Con todo, su contestación fue fulminante:

—Le responderé con otra pregunta, doctor: ¿eran Anás y Caifás superiores a Cristo?

El médico no supo qué decir. La réplica de la mujer le cogió por sorpresa.

—¡Y no obstante le crucificaron! —concluyó Alice Gould.

El doctor Ruipérez miró el reloj y se puso en pie. Ella permaneció sentada.

Sus ideas delirantes —pensó el doctor— se afianzaban, en la idea de superioridad sobre cuantos la rodeaban, sin excluir a su propio médico particular, el doctor Donadío, cuyo diagnóstico, según lo que iba viendo y oyendo, resultaba acertadísimo. Desde ahora se atrevería a apostar cuál sería la conducta futura de su nueva paciente: dar tal sensación de normalidad en sus dichos y en su comportamiento que se la creyese sana. Y si se la pusiese en libertad, su primera acción sería ser fiel a su idea obsesiva: atentar contra la vida de su esposo. No sería improbable que para llamar la atención acerca de su buena conducta cometiese algún acto heroico, como arriesgar su vida en un incendio para salvar a un paciente (aunque el fuego lo hubiese provocado ella) o sacar de la piscina a alguno medio ahogado (aunque fuese ella misma quien le empujara para que cayese al agua). Lo difícil, en los enfermos de la modalidad paranoide, era interpretar sin error cuándo actuaban espontáneamente, de acuerdo con su normalidad (porque eran normales en todo lo que no concerniera a su obsesión), y cuándo premeditadamente, para convencer a los demás que ellos no pertenecían, como los otros, al género de los enfermos mentales. La consideró doblemente peligrosa —por su enfermedad y por su inteligencia— y se dispuso a tomar medidas muy severas para evitar que dispusiese de nada —en su vestuario, en sus enseres, incluso en sus objetos de tocador— con los que pudiese atentar contra su vida o contra la de los demás.

—Hay algo, señora de Almenara, que quisiera advertirle. Apenas cruce esa puerta entrará usted en un mundo que no va a serle grato.

—Si hubiera podido escoger —dijo ella sonriendo— habría reservado plaza en el hotel Don Pepe, de Marbella, y no aquí.

Sin hacer caso de su sarcasmo, Ruipérez prosiguió:

—No toleramos que unos pacientes hieran, humillen o molesten voluntariamente a los demás. Si un enfermo, por ejemplo, sufre alucinaciones y cree ver al demonio, no toleramos que otro u otros, por mofarse de él, le asusten con muñecos o dibujos alusivos al diablo. Los castigos que imponemos a quienes hacen eso son muy duros.

—Hacen ustedes muy bien.

—Hay un recluso —insistió el médico— que tiene horror al agua. El verla le produce pánico, vómitos, e incluso se defeca encima: tal es el pavor que siente al verla. Otro recluso, apenas lo supo, le echó un balde de agua a los pies. Se le encerró en una celda de castigo, se le alimentó con salazones y se le privó de agua durante un mes, salvo la absolutamente necesaria para evitar su deshidratación. No volvió a hacerlo más.

—Me parece un método excelente, doctor Ruipérez. Los locos son como los niños. No puede convencérseles con razones porque, al carecer de razón, son incapaces de razonar.

—¿Cuento, pues, con su aprobación? —preguntó el médico sin dejar traslucir cierta ironía por la audacia de la nueva loca, que se atrevía a opinar acerca del acierto o desacierto de los métodos empleados.

—¡Cuenta usted con ella!

—Los hay llorones, gritones, mansos, coléricos, obscenos —prosiguió Ruipérez—, y todos poseen una tecla que si se la roza desencadena una crisis.

—¡Hay que evitar rozar esa tecla! —dogmatizó Alice Gould—. ¡Es así de sencillo!

—Pues bien, señora. Ya que la veo tan dispuesta, le confesaré que hay varias cosas en usted que molestarían a muchos y que considerarían incluso como una provocación: su vestido, su broche, su bolso y sus zapatos.

—¡Oh, entendido, doctor! —replicó ella, ofendida—. He traído otra ropa. Si hoy me había vestido así no era ciertamente para provocar o molestar a su interesante colección de monstruos... sino por cortesía hacia usted.

En esto sonaron unos extraños pitidos que parecían salir directamente del corazón del médico. Era la primera vez que la señora de Almenara oía algo semejante. El doctor sacó de su bolsillo un aparato no mayor que una cajetilla de cigarrillos, y exclamó:

—El «chivato» me anuncia que tengo algo urgente en la unidad de demenciados. Montserrat Castell le aconsejará cómo debe vestirse. Espérela usted aquí mismo. Ella vendrá en seguida a buscarla y la pilotará en sus primeros pasos. Yo tengo que retirarme. Le deseo, señora, que su estancia le resulte lo menos penosa posible.

Hizo Ruipérez una breve inclinación de cabeza e inició un ademán de retirarse. Alice Gould le detuvo con voz suplicante:

—Doctor...

Éste se volvió impaciente:

—¿Desea usted algo?

—Sí. Quiero saber cuándo regresa don Samuel Alvar, director de este sanatorio.

—Dentro de cinco semanas más o menos. Ayer inició sus vacaciones.

(«¡Qué extraño! —pensó Alice Gould—. ¡Qué extraño y qué contrariedad!» Mas no expresó con palabras sus pensamientos.)

Quedóse mirando largamente la puerta que acababa de cerrarse. Extrajo de su bolso unos cigarrillos y un mechero de oro blanco. Encendió uno y expelió el humo a pequeñas bocanadas. No había razón alguna para desazonarse. Muy por el contrario, tenía hartos motivos para considerarse satisfecha. No cometió ningún error ante el director suplente. Sus respuestas y su actitud fueron las convenidas y previstas de antemano. Ella estaba allí en misión profesional, con el propósito específico de investigar un crimen, y el hecho de que no creyeran que era detective favorecía sus planes, ya que si alguna vez la descubrían hurgando, preguntando o anotando, atribuirían esta actitud a sus delirios, sin pensar que real y verdaderamente estuviese haciendo averiguaciones para esclarecer un asesinato. Lo que más le angustiaba era el escenario siniestro en el que había de representar su farsa. Ella era incapaz de soportar la visión del dolor humano. No era valiente en presencia del sufrimiento ajeno. Con todo, a partir de ahora, tendría que moverse entre multitud de seres cuyas úlceras no estaban en la piel o en las entrañas, sino en la mente: individuos llagados en el espíritu, tarados del alma. De todas sus investigaciones ésta iba a ser la más ingrata, porque habría de hundir los brazos hasta los codos en heces vivas, en detritus de humanidad.

Dos puertas comunicaban el despacho del doctor Ruipérez con el establecimiento. La primera, situada casi a la espalda del escritorio, daba a la zona antigua (comunicada a su vez con la salida) por donde ella penetró en los dominios del médico; la segunda, frente al escritorio, daba, sin duda, a las dependencias interiores. El médico la había señalado con un ademán, al decir: «Apenas cruce esa puerta entrará usted en un mundo que no va a serle grato.»

Alice Gould la miraba con respetuoso temor.

Ya habían transcurrido varios minutos desde que el doctor Ruipérez le rogó que esperase unos instantes, pues iba a avisar a la persona que la introduciría en aquel mundo: una mujer llamada Montserrat Castell, una loquera probablemente. La mujer tardaba y la ansiedad de Alice Gould crecía. Ya no deseaba que se abriese esa puerta que daba al infierno. Si estuviese en su mano huiría antes de cruzar el umbral de aquella casa de locos. Mas ya no era posible huir. Su suerte estaba echada.

Al cabo de un tiempo oyó introducir una llave en la cerradura. Alguien hurgaba desde fuera sin acertar a abrir. Alice Gould se puso en pie sobresaltada. Cesaron los ruidos y unos pasos se alejaron por la galería.

«¿Por qué esos sustos, Alice? —se dijo a sí misma—. No tienes derecho a perder tu aplomo y tener miedo. Tú y sólo tú eres responsable del incendio que has provocado. Estás aquí voluntariamente, no lo olvides. Nadie te ha obligado a venir. Has aceptado el compromiso de realizar la investigación de un crimen en un manicomio, y has cobrado una fuerte suma por ello. Pecha ahora con las consecuencias. Y sé valiente.»

Oyó de nuevo pasos en la galería. Por segunda vez escuchó el ruido metálico del hierro, machihembrándose en la hendidura. Cuando la hoja de la puerta comenzó a moverse, Alice ahogó un grito.

B

LA CATALANA ENIGMÁTICA

UNA LINDA MUCHACHA deportivamente vestida con unos pantalones vaqueros, una alegre blusa de colores y una chaqueta de lana sin abrochar, asomó entre las jambas. Para Alice fue como la aparición de un ángel, pues había imaginado la llegada de una bruja robusta y desgreñada, vestida con bata blanca y enarbolando una camisa de fuerza.

—Soy Montserrat —dijo jovialmente la recién venida. Y al punto añadió—: ¡Uf! ¡Qué señora tan distinguida!

—Es usted una joven muy bonita —comentó Alice con voz débil, devolviendo el cumplido—. ¿Es realmente Montserrat? ¿Montserrat Castell?

—La misma. ¿Por qué me lo pregunta con tanta alegría?

—Porque la imaginaba a usted muy distinta.

—Cuénteme cómo me imaginaba.

—Fea, gorda, baja y fuerte como un toro: capaz de dominar, si llegara el caso, a un loco furioso.

Montserrat rió de buena gana.

—No soy bonita —exclamó sin dejar de reír—, pero tampoco el carcamal que usted imaginaba. En cambio, ha acertado usted en lo de creerme capaz de dominar a un hombre. En efecto, soy capaz. He tomado clases de judo.

—¡No es posible! —palmoteó Alice Gould.

—¿Tanto la sorprende?

—No me sorprende. Me alegra. ¡Porque yo las he dado también! ¡Soy cinturón azul!

—¿Usted...?

—¿Se sorprende?

—Me ocurre lo que a usted: me alegro. ¡Así podremos practicar! Aunque yo soy de muy inferior categoría.

Rompieron ambas a reír con la mayor jovialidad del mundo. Una clara corriente de simpatía fluía en ambas direcciones entre las dos.

—Y dígame, Montserrat, ¿cuál es la misión que desempeña en esta casa?

—En seguida lo verá. Venga usted conmigo y le contaré mis secretos.

Cruzaron el umbral de la puerta por la que Alice sentía tanta prevención, y penetraron en un pasillo, largo y estrecho, bordeado a uno y otro flanco por módulos acristalados y al que llegaban, como afluentes al río principal, otros corredores. No se oía otro ruido que el tecleo monótono de una máquina de escribir. Al fondo del pasaje, un portalón de acero, de mayor envergadura y consistencia, cubría todo el panel. Avanzaron amistosamente agarradas del brazo, como si se conocieran desde siempre.

Alice se detuvo.

—¿Qué puertas son éstas?

—Corresponden a las oficinas.

—¿Y aquella grande, del fondo?

—La llamamos «La Frontera». Ahora estamos en la

«aduana». ¡De todo hablaremos en su momento! Mire: éste es mi despacho. Pase usted. Es pequeño, pero confortable.

Era una habitación muy modesta. El presupuesto del sanatorio no daba para más. Con todo, se veía la mano de una persona delicada, en pequeños detalles, como flores, aunque estuviesen colocadas en un vaso de beber; fotografías artísticas haciendo las veces de cuadros; el buen orden de cada objeto y la absoluta limpieza. Encima de la mesa, un pequeño crucifijo de hueso que imitaba marfil, y, en el suelo, la maleta, el neceser y un saco de mano —todo haciendo juego— que había traído consigo al sanatorio Alice Gould. Tras un pequeño biombo, un lavabo y un espejo.

Tomó Alice asiento en el sillón de un minúsculo tresillo y Montserrat se dejó caer de espaldas sobre el frontero, levantando, al hacerlo, los pies hacia el techo.

—A usted no la han sometido «todavía» a ningún tratamiento, ¿verdad?

—No. «Todavía», no.

—Entonces haremos una pequeña picardía.

Se incorporó con tanta agilidad como se había sentado, levantando para tomar impulso las piernas al aire; entrecerró sigilosamente la puerta y extrajo de un armario una botella de jerez y dos copas.

—¿Está usted segura —preguntó Alice— de que está permitido beber?

—Puede que cuando le hagan el tratamiento se lo prohíban. Entretanto, ¡aprovechémonos!

Llenó ambas copas.

—Chin, chin... —murmuró Montserrat, al golpear cristal contra cristal, a modo de brindis.

—Chin, chin... —repitió Alice maquinalmente.

Y en seguida con añoranza:

—A mi padre, que era inglés, le entusiasmaba el jerez. ¡Lo que ignoraba es que también les gustara a los españoles!

—¿Es usted hija de ingleses?

—Ya hablaremos de mí —respondió Alice—. Ahora ardo en deseos de saber qué hace aquí mi equipaje y cuál es la misión, en qué trabaja y en qué se ocupa una muchacha tan agradable y tan simpática como usted.

—Se lo diré: yo ingresé aquí como asistenta social, hace ocho años...

Alice Gould la interrumpió asombrada.

—¿Ocho años dice? Sería usted una niña...

—No lo crea. Tengo treinta.

—¡Yo no le hacía más de veinte!

Rió Montserrat con la jovialidad que solía. No era la suya una risa fingida ni simplemente cortés. Le manaba espontáneamente del alma, como el agua que rebosa de un manantial.

—Bien, prosigo —dijo Montserrat—. Años después se necesitó un monitor de gimnasia, y gané, por concurso, el puesto de monitor. Más tarde se creó una plaza de psicólogo. Para preparar los tests, estudié a fondo... ¡y la plaza de psicólogo fue cubierta por una psicóloga! Ésos son mis tres puestos «oficiales». Pero, además, me han encargado otras funciones que antes dependían de múltiples personas que, según dicen, no siempre actuaban con acierto. Y una de esas funciones es la que estoy realizando ahora con usted: ayudarla a dar los primeros pasos, informarla de las costumbres obligadas del sanatorio y... siempre que usted me lo permita, aconsejarla.

—No sólo se lo permito, Montserrat: se lo ruego...

—¿Puedo entonces comenzar mis clases?

Bebió Alice un sorbo de jerez, asintió con la cabeza y mostró la mayor atención.

—No sólo ha de cambiarse de ropa, como le ha sugerido el doctor, sino también de nombre. Llámese Alicia simplemente: el apellido ni lo mencione. Para las gentes que va usted a tratar, hasta una fonética extranjera marca un signo de excesiva «diferenciación». Y ya está usted más que diferenciada con su estatura, sus rasgos faciales tan perfectos, su distinción natural y su clara inteligencia para «además» llamarse o vestirse de un modo distinto a como ellos acostumbran a oír o a ver.

—La diferencia que me separa de los otros residentes es

más profunda que la fonética de un nombre o una manera de vestir —comentó Alice, pronunciando cada palabra con intencionada lentitud.

Y humedeció de nuevo los labios en el jerez, bien que apenas lo sorbió.

Sin mirarla directamente a los ojos, y a sabiendas de cuál sería la respuesta, Montserrat preguntó:

—¿A qué diferencia se refiere usted?

—Muy sencillo. Ellos están enfermos. Y yo, no.

Montserrat no hizo comentario alguno. ¡Cuántas veces a lo largo de los años había escuchado la misma cantinela! Pero no era lo mismo oírla de labios de un ser cuyos rasgos —o cuyos ojos— denunciaban a las claras su deformidad mental, que no de los de esta mujer cuyas ideas y cuyos sentimientos parecían tan bien ordenados y equilibrados como sus movimientos, o como la armonía de los tonos del bolso, los zapatos, el vestido y el equipaje.

—Dentro de unos minutos vivirá usted tres experiencias: una, por cierto, muy entretenida; las otras, no.

—Comencemos por la peor.

—Después de que escojamos la ropa que más le conviene, y ya se haya vestido con ella, habrá usted de entregar (contra recibo y un inventario) todos los enseres que tenga encima, la ropa que lleva puesta y su dinero. Todo —insistió con énfasis—: el reloj, el mechero, el anillo, el broche. En la celda no podrá usted tener nada personal.

—¿Ni algodón?

—Ni algodón.

—¿Ni cigarrillos?

—Ni cigarrillos. De día puede usted furmar, pidiéndoselo al vigilante de turno. De noche, no. Todos sus enseres serán precintados y almacenados, en tanto esté usted en «observación». Y se los devolverán al salir, cuando esté curada o, simplemente, cuando consideren que no significan un peligro para usted o para los demás.

—Ya le dije que no estoy enferma —insistió Alice—: estoy secuestrada. Soy víctima de un secuestro legal.

Apenas lo hubo dicho tomó la copa de jerez en sus manos. Continente y contenido temblaban entre sus dedos.

—La experiencia «entretenida» —continuó Montserrat haciendo oídos sordos a la declaración de sanidad psíquica de la señora de Almenara— es el test psicológico para medir la edad mental, la capacidad de concentración, la velocidad de decisión, los reflejos y otras cosas similares. Estoy segura de que pasará la prueba brillantísimamente. Pero no es obligatorio que sea hoy. Si se siente usted cansada o deprimida, puede aplazarse para otro día.

—No tengo motivos para estar deprimida —dijo Alice mordiendo cada palabra—. Pero lo cierto es que estoy cansada. Muy cansada.

Dio un brusco giro a su cabeza, como para apartar de la frente un bucle o un pensamiento que la estorbara, y bebióse el contenido de la copa de un solo golpe.

—¿Puedo fumar?

—¡Se lo ruego!

—¿Puedo encender... con mi mechero, por última vez?

—¡Por favor, Alicia!

Encendió el cigarrillo sin poder dominar el temblor de sus labios y de sus manos; pasó la yema del índice por cada una de sus aristas; lo mantuvo un instante en la palma de la mano, como si quisiese grabar en la memoria su peso y su forma, y extendió el brazo hacia Montserrat Castell.

—Acéptemelo, se lo ruego.

La asistenta social tomó cariñosamente con ambas manos la que le tendían y se la cerró con el mechero dentro.

—Nos está prohibido aceptar regalos de los residentes. Me jugaría el puesto. Y créame —añadió con voz amistosa— que deseo estar cerca de usted toda la temporada que viva aquí.

—¡Entonces, tampoco lo quiero yo! —gritó Alice Gould. Y llena de despecho lanzó al suelo la pieza de oro blanco.

No tuvo tiempo de arrepentirse ni disculparse. La puerta, que estaba sólo entrecerrada, se abrió con brusquedad. Una sesentona de aire severo (en cierto modo semejante, si no parecida, a como había imaginado que sería Montserrat

Castell) penetró sin llamar. Extendió la vista de un lado a otro, hasta descubrir en el suelo lo que buscaba.

—¡Recójalo! —ordenó con tono y modales que no admitían réplica.

Alice palideció más aún de lo que parecía permitir la blancura natural de su piel.

—Esta señora —intervino Montserrat— no es residente «todavía».

—¡Sí, es residente! ¡Acaban de darme su «ingreso»! ¡Vamos, recójalo!

Alice, señora de Almenara, se inclinó sobre el suelo, recogió con mano temblorosa el mechero y se lo entregó a quien lo pedía.

—¡Guárdelo en su bolso!

Obedeció.

—Cuando terminéis y se haya desnudado, me llamáis —dijo la mujer fuerte. Y sin añadir más, salió.

La nueva reclusa (sólo ahora comprendió que ya lo era) se llevó ambas manos al rostro. No lloró. Su voz se oyó hueca y opaca.

—Juro a Dios que nunca, nunca, volveré a tener, mientras esté aquí, un arrebato de cólera.

Se cubrió los ojos con las manos. Repitió:

—Lo juro ante Dios vivo...

Y una vez más:

—Lo juro.

Montserrat, como si no hubiese ocurrido nada, comentó:

—Esta mujer se llama Conrada Azpilicueta. Es la decana del sanatorio. Ella y yo somos más antiguas que el director y que todos los médicos y los enfermeros. Salvo los pacientes, claro. Hay algunos que llevan aquí más de cuarenta años. Alicia... ¿le sirvo otra copa de jerez?

Alice Gould negó con la cabeza.

—Tal vez lo vaya usted a necesitar...

Negó de nuevo.

—Se me olvidó decirle que hemos recibido órdenes de practicar un trámite que será, sin duda, muy humillante para usted. ¡A no todos los humilla, por supuesto! Hay algunos que se ríen y se divierten con estas pruebas. Yo no las puedo sufrir. Se trata de cachear a algunos enferm...: quiero decir algunos residentes, una vez que están desnudos. Deben hacer algunas flexiones y dejarse hurgar en sus partes más íntimas por... por... esta señora que acaba de conocer.

Las pecas que cubrían parte del rostro y el dorso de las manos de Alicia se volvieron cárdenas.

—¿A todos los que ingresan se les hace pasar por esa prueba?

—A todos, no. Sólo a muy pocos: a los drogadictos o a los sospechosos de querer atentar contra su vida o la ajena...

—Pero ¡no es mi caso!

—Tal vez esa estúpida historia del veneno de su historial clínico sea la causa de que...

—¿Piensan que puedo traer veneno escondido en... en esas partes?

—Yo... —precisó Montserrat, eludiendo la pregunta— no asisto nunca a esos cacheos. ¡Es más fuerte que yo!

—¿Y si yo le suplicara, con toda mi alma, que no se fuese? —rogó Alicia con un hilo de voz—. ¡No me deje sola con esa mujer!

—Cada cosa requiere su orden. Antes de desnudarse, veamos si tiene usted ropa que le sirva para diario.

Extendieron las maletas sobre la mesa: faldas de *tweed*, jerséis y chaquetas de Cachemira, ropa interior de encaje, blusas de seda francesas e italianas, zapatos de marca...

—¿No tiene usted unos pantalones vaqueros?

—No...

Conrada penetró en la habitación y husmeó el contenido de la maleta.

—Nada de esto sirve. ¡Vaya usted desnudándose!

La prueba se realizó en el propio despacho de Montserrat, Alice Gould se desnudó despacio, doblando cuidadosamente su ropa sobre la mesa. Tenía los labios apretados y la mirada febril. Montserrat consideró que la nueva enferma tenía una gran facha... vestida: mas no un buen cuerpo desnudo. Tal vez lo tuviera, seguramente lo tuvo cuando era más joven. Pero ya no lo era. Su distinción, su exquisita elegancia eran producto a medias de su modisto y de su apostura. Así, desnuda, parecía un ser desvalido e inerme.

La primera parte de la operación tuvo lugar sobre el sofá donde Alice hubo de tumbarse y ofrecer su cuerpo como a la intervención de un ginecólogo.

—Ahora, póngase en pie y doble las piernas —ordenó Conrada—. Suponga que está en el campo y que se dispone a orinar. ¡Vamos! ¡Hágalo!

Montserrat Castell se volvió de espaldas y se mordió los labios. Consideró la humillación que para esa señora tan exquisita debía suponer someterse a semejante ceremonia. Recordó al Tarugo unos años atrás, radiante por la novedad de esta experiencia, pidiendo a gritos que le hurgasen más adentro del ano, pues era más arriba donde guardaba un secreto.

A las mujeres, esta investigación se hacía por igual en el recto y en la vagina, donde alguna vez ocultaban drogas o limas, o pequeños punzones capaces de matar, o tal vez veneno, cuidadosamente envuelto en bolsitas plastificadas, sin sospechar que nadie pudiese hallarlas en tal escondrijo.

Cuando la degradante y exhaustiva operación hubo concluido, Conrada ordenó: «¡Vístase esto!» Montserrat se volvió hacia Alicia que, así de pie, desnuda, sofocada —con grandes manchas violáceas bajo los párpados—, parecía la imagen misma de la desolación.

—Me han dicho que me vista. ¿Qué he de vestirme?

—Eso... —señaló Conrada.

—¿Puedo... puedo... conservar mi ropa interior antigua?

—Sí —respondió rápida Montserrat, anticipándose a cualquier otra decisión—. Póngasela.

Conrada, entretanto, se lavaba las manos, mirándola vestirse a través del espejo.

—Y antes —preguntó Alice Gould tartajeando de rabia— ¿se las había lavado usted?

Procuró dominarse, pues se había jurado no dejarse llevar por la cólera.

Vistióse Alicia con unos pantalones de hombre, aunque limpios, viejos; unos calcetines, también varoniles; y unos zapatos bajos. En cuanto a la prenda superior no sabía cuál era el revés y cuál el derecho. Era una blusa descolorida, mil veces lavada en lejía. Sobre ella una chaqueta de punto, nueva, pero tan basta y desangelada que daba pena contemplarla. Conservó, como hemos dicho, su ropa interior como reliquias de su pasado. Cuando hubo concluido de vestirse, declaró:

—Estoy dispuesta.

Salió Montserrat del cuarto, rogando a Alicia que la esperara, y al poco tiempo regresó: «La ecónoma —dijo— no puede ahora atendernos. Ya nos avisará.»

Sentáronse. Montserrat respetó el tenso silencio de Alicia. Con miradas furtivas, la reclusa contemplaba la parte visible de los calcetines entre los bastos zapatos de lazo y el borde del pantalón hombruno; las mangas de su blusa blancuzca —que no blanca— y que un día fue de colores estampados, algunos de los cuales resistieron heroicamente los embates de la lejía.

Alicia se comparó con un soldado romano. ¡Qué extraña asociación de ideas! Lo cierto es que, llegada la hora del combate, el soldado, armado de todos sus instrumentos ofensivos y protegido por el casco, el escudo y la coraza, se comportaría de otra suerte que si le lanzasen desnudo a un cuerpo a cuerpo con el enemigo.

Ella contaba entre sus armas con su buen gusto en el vestir y su poder de seducción. Tal como la habían disfrazado se sintió inerme y desamparada. La batalla había empezado y la privaron de su armadura. Su osadía no era ya la misma. Sentíase insegura y desmoralizada. Sin su atuendo acostumbrado, Alicia era como un mílite romano sin su coraza.

El traje de color crema, con el que llegó al sanatorio, yacía sobre la mesa, caída la falda hasta cerca del suelo y doblado el corpiño hacia atrás, como una mujer muerta, tumbada de espaldas.

—Me dijo usted antes —preguntó Montserrat por romper el hielo— que conocía el judo. ¿Cómo se le ocurrió aprenderlo?

—Soy detective diplomado —respondió secamente Alicia.

La ecónoma asomó el rostro por el vano.

—Cuando quieran.

—Hemos de transportar los bártulos a su departamento —explicó Montserrat—. Yo la ayudaré.

El recuento de la ropa fue exhaustivo, así como los objetos de tocador del neceser y cuanto contenía su bolso y su saco de mano. Todo fue precintado.

—¿Los libros también?

—También.

Éstos eran tres: *Introducción a la Filosofía*, de Koesler; *Antropología del delincuente*, con un subtítulo que decía: «Crítica a Lombroso», y *Dietética, salud y belleza*, de Jeannete Leroux.

—¿El cepillo de pelo? ¿A quién puede molestar que tenga un cepillo de pelo?

Alice Gould estaba sentada frente a la ecónoma, al otro lado de la mesa en que se anotaban cuidadosamente los objetos guardados. La funcionaria, al oír a Alice, tuvo una asociación de ideas, y rogó a ésta que acercara su cabeza. La palpó cuidadosamente y extrajo de su pelo una, dos, hasta diez horquillas. Las contó, las anotó y las guardó. El cabello cuidadosamente recogido cayó, lacio, sobre la nuca.

—¿A todos los que entran aquí los desvalijan de esta manera? —protestó Alicia.

Montserrat prefirió callar. ¿No serían excesivas las precauciones que se tomaban con esta señora? Se guardó muy bien de confesar que el médico había dado instrucciones de que se comprobase que no había algún objeto extraño en las cremas, los tarros, los frascos. Hasta ordenó que se desmenuzase el jabón de tocador. Y que se la privase de la posesión de todo objeto punzante. Pero se abstuvo de informar a la nueva paciente de que un cacheo tan exhaustivo era excepcional. Y, como no le gustaba mentir, optó por guardar silencio.

La señora de Almenara se puso en pie.

—¿Qué he de hacer ahora?

—Espéreme en mi despacho —rogó Montserrat.

Cuando regresó, tras unas diligencias, Alice Gould, señora de Almenara —definitivamente Alicia desde entonces— se contemplaba llorando ante el espejo. A la propia Montserrat Castell se le saltaron las lágrimas. En media hora escasa, la dama se había transformado en pordiosera; su elegante atuendo, en un hato de harapos; su cuidado cabello, en greñas; su aspecto había envejecido en diez años; y, al aproximarse a ella, por carecer de tacones, la descubrió más baja. Si esta mutación se había producido en pocos minutos, ¿qué no sería dentro de dos, diez, veinte años?

Cerró Montserrat los ojos para que no se borrara de su memoria, antes que fuera tarde, el recuerdo de la mujer grácil y armoniosa que le sorprendió por su elegante apostura cuando fue a buscarla al despacho del doctor Ruipérez, y se aproximó a la ruina que la había reemplazado.

—Alicia —murmuró—, tenemos ya permiso para entrar. Los reclusos han concluido de comer y se disponen a acostarse. Usted y yo iremos al comedor. Cenaré con usted y más tarde la acompañaré a su celda, que es individual, por ser de pago.

—No tengo apetito para cenar.

—Tenemos que cumplir el reglamento. ¿Vamos?

Junto a la puerta de metal que culminaba el pasillo había un enfermero. Descorrió dos cerrojos y empujó el pesado armatoste.

—Ésta es Alicia, la nueva reclusa.

—Ya sé, ya sé...

—Buenas noches —dijo Alicia cortésmente; pero el hombre no le respondió.

La sala era inmensa y estaba repleta de múltiples mesas y sillas. Sobre las primeras, ceniceros llenos de colillas, y en algunas, juegos de damas, parchís, dados y ajedrez. Se notaba que la gran sala —o enorme galería— había estado ocupada pocos momentos antes. También había un asiento corrido de cemento que bordeaba —como un zócalo— casi toda la habitación y una cristalera —ahora cerrada— que daba al parque. El techo era muy alto. A una distancia desproporcionada del suelo estaban las ventanas (Alicia las contó: dos, tres, seis...) enrejadas y cubiertas, además, por una telilla metálica.

—Antes —explicó Montserrat—, todas las ventanas estaban enrejadas. Ya no. Estas que ahora vemos son las únicas supervivientes. Hoy los mani..., los hospitales psiquiátricos, están mucho más humanizados. Nuestro actual director ha hecho una gran labor en ese sentido.

—¿El doctor Alvar?

—Sí. ¿Le conoce usted?

—Nos conocemos... indirectamente. A través de un amigo común.

—Esta sala en que estamos —comentó Montserrat— la llaman «De los Desamparados».

—¿Por qué?

Montserrat se limitó a decir:

—Mañana lo comprenderá usted mejor.

Tras varias galerías —todas grandes, todas altas— llegaron al comedor. Aquel edificio —todo lo contrario de una casa de muñecas— parecía construido para gigantes. En el refectorio, muchas mesas —de treinta o cuarenta cubiertos casi todas—, de las cuales sólo una estaba ocupada por un inmenso hombretón, de cara desvaída y cabeza desproporcionadamente pequeña para su cuerpo, al que una enfermera daba de comer, llevándole la cuchara a la boca, como a un niño.

Alicia y Montserrat se sentaron alejadas de él.

—¿Está paralítico? —preguntó Alicia.

—No. Es un demenciado profundo. No es ciego, pero no ve; no es sordo, pero no oye. Tampoco sabe hablar ni andar. Su cerebro está sin conectar. Es como una lámpara desenchufada.

—¿Y siempre ha sido así?

—No. Se ha ido degradando lenta, progresiva, irreversiblemente.

—¿Es peligroso?

—¡En absoluto! Si lo fuese, estaría en lo que algunos llaman, ¡muy cruelmente!, la jaula de los leones.

—¿Qué significa eso?

—La unidad en la que residen los más deteriorados.

Comieron en silencio un guiso de patatas cocidas con algunos trozos, pocos, de pescado, excesivamente aliñado todo ello con azafrán. El alimento estaba tan amarillo por la especia, que parecía de oro. De postre, dos manzanas.

A media comida, concluyó la del otro comensal. La enfermera, con alguna dificultad, logró ponerle en pie, alzándole por las axilas. Retiró la silla que había tras él, y se fue, llevándose el plato. El hombre quedó de pie, inmóvil, los brazos separados, los hombros encogidos, en la misma postura que le habían dejado, tal como si siguiesen alzándole por los sobacos.

—¿Se va a quedar solo? —preguntó Alicia.

—No. En seguida vendrán dos enfermeros a desnudarle y acostarle. Le llamamos «el Hombre de Cera» porque mantiene la postura en que le colocan los demás. Y no la cambia jamás ni puede cambiarla.

—¿Aunque hubiese un incendio?

—¡Aunque lo hubiese!

—¿Cómo se llama ese mal?

—Es una variante de la catatonía.

—¿Sufre mucho?

—No; no sufre.

Hubo una pausa.

—¿Y usted, Alicia? ¿Sufre usted?

—Yo estoy resignada.

—Cuando usted quiera, la acompaño a su cuarto.

Penetraron en una nave tan grande como las acostumbradas. Una mujer —que no era Conrada, aunque se asemejaba a ella— sentada en una silla, junto a la puerta, hacía de cancerbero de aquel recinto.

—Ésta es Alicia, la nueva. Como hoy es su primera noche, le voy a hacer un poco de compañía —explicó Montserrat.

—Está prohibido.

—Ya sé, ya sé...

—Vaya con ella, pero que conste que está prohibido.

—Gracias —murmuró Alicia.

La guardiana simuló no haber oído y se cruzó de brazos.

El gran pabellón estaba dividido en dos bloques desiguales por un pasillo. Según se avanzaba, el bloque de la izquierda —que ocupaba un quinto del gran pabellón— correspondía a las habitaciones individuales; y el de la derecha, que ocupaba los otros cuatro quintos, al dormitorio colectivo de mujeres. Eran cuadrículas pequeñas y sin techo dentro del gran pabellón, del mismo modo que las celdillas de las abejas abiertas en el conjunto de un panal. Pronto supo Alicia que no era el único dormitorio. Allí sólo dormían las tranquilas. Tanto la pared del pasillo que daba a la pieza colectiva como la que bordeaba los cuartos de una sola cama estaban agujereadas por ventanucos sin cristal, de modo que la guardiana de noche pudiese observar lo que ocurría, lo mismo en el interior del bloque multitudinario como en el de las celdas privadas. De aquél llegaban murmurios, risas contenidas, cuchicheos apagados. Las reclusas debían de estar acostadas, mas no dormidas.

—Ésos son los servicios y los lavabos —explicó Montserrat, señalando unas puertas lejanas—. Mas para ir a ellos, de noche, hay que pedir permiso a Roberta, la vigilante nocturna.

Sobre la cama de Alicia había un camisón de tela blanca, de mangas cortas, sin lazos ni botones.

—¿No puedo limpiarme los dientes?

—Mañana le darán todo lo necesario.

—¿Ni cepillarme el pelo?

Montserrat negó con la cabeza.

—¿Ni darme una crema hidratante en la cara?

Nueva negativa.

—A mi edad, si no se cuida la piel se reseca en seguida, y se agrieta y llena de arrugas.

—No faltarán ocasiones en que yo pueda hacer alguna trampa para usted... como la del jerez de hoy. Mas por ahora le conviene cumplir el reglamento lo más estrictamente posible. Y no distinguirse en nada de las demás. Dígame, Alicia, ¿quiere que me quede un rato mientras se acuesta?

Alicia movió afirmativamente la cabeza.

—Mañana —explicó Montserrat mientras aquélla se desnudaba— en cuanto suene el timbre va usted a los servicios. Roberta le asignará un lavabo y una hornacina para sus cosas de tocador. Muy pocas, ¿sabe? Un cepillo de dientes, un tubo de dentífrico, un jabón y un peine. En treinta minutos todos deben estar vestidos. Después cada uno arreglará su cuarto, hará las camas y fregará un trozo de pasillo. La limpieza es la norma de esta casa. ¡Hace sólo quince años esta nave parecía una porqueriza o un corral de gallinas! Y ahora, ya ve usted, está más limpia que los chorros del oro. Tenemos un gran director. Hay un recreo de media hora antes del desayuno —prosiguió— en el que se reúnen los inquilinos del pabellón de hombres y de este de mujeres. ¡Después... más de doce se enamorarán de usted!

Alicia la interrumpió.

—¡Montserrat! ¡Mi cuarto no tiene techo!

—Es una medida de prudencia, para el caso de que las puertas quedasen bloqueadas por dentro. Y no olvide que muchos padecen claustrofobia.

Metióse Alicia en la cama y la Castell sentóse en su borde.

—¿Por qué es usted tan buena conmigo?

No esperó a que la contestasen.

—¡Odio que me compadezcan! No soy digna de compasión, puesto que no estoy enferma. Pronto todos lo comprenderán, y saldré de aquí; pero hoy, ahora, tengo miedo. No quiero que apaguen la luz. Dígale a la hermana de Conrada que no la apaguen...

—¿Cómo sabe que la guardiana de noche es hermana de Conrada?

—Usted me lo dijo antes.

—No. No se lo dije.

—Lo habré adivinado —comentó Alicia. Y siguió hablando entrecortadamente como si jadeara. La tensión emocional se reflejaba en su rostro—. ¡Dígale que no apague la luz, y que no asome su horrible cabeza por ese agujero que hay en la pared! Se me paralizaría el corazón. Déme la mano, Montse. Ha sido usted muy buena conmigo. No se marche hasta que me haya dormido. Gracias, gracias, que Dios se lo pague. Apriéteme fuerte la mano y no se vaya. Estoy muy cansada...

Minutos después las luces fueron apagándose, manteniéndose sólo encendidas las que bordeaban el inmenso pabellón, de modo que la celda quedó en una vaga penumbra. Las voces, risas y toses del dormitorio común fueron también cediendo. Cuando la consideró dormida, Montserrat despegó suavemente los dedos de Alicia que oprimían su mano; la besó en la frente, y se fue. Los quehaceres de la jornada no habían concluido para ella.

Pero Alicia no dormía.

Súbitamente, la cabeza de la hermana de Conrada asomó por la ventana abierta sobre su celda. Alicia, que no se esperaba esta aparición, no pudo evitar un sobresalto y dio un grito. Al instante, en el dormitorio común, se oyó un alarido —provocado, según supo después, por su propio grito—; al alarido siguió un llanto quejumbroso; al llanto, un clamor horrísono y espantable, como el aullido de un lobo. Y a poco se organizó un guirigay de lamentos, ayes y voces, en el que participaron casi todas, por no decir todas, sus vecinas de pabellón, y que llenó de pavor a la nueva reclusa. Sobre aquel estruendo, destacó como un trueno la voz de Roberta, dominando a todas:

—¡A la que grite la saco a dormir al fresco, entre culebras!

Cesaron los gritos, pero prosiguieron los lloros.

—¡Y a la que llore, también; que sé muy bien quién es!

Se aplacó el llanto, pero siguieron los hipidos. Se oyeron los pasos secos y rápidos de la guardiana de noche y, al punto, dos sonoras bofetadas. Se hizo el silencio. A poco la puerta de la celda de Alicia se abrió y entró Roberta con la palma de la mano extendida y amenazadora. «La nueva» —como la llamarían durante muchos días— se irguió en la cama y la contempló con tal autoridad que la mano de la guardiana de noche se distendió: «¡Atrévase!», parecía expresar Alicia, sin pronunciar palabra.

—¡Estúpida! —se limitó Roberta a decir.

Alicia se deslizó entre las sábanas y cerró los ojos. El corazón le batía en el pecho. Pensó que aquella noche le sería imposible conciliar el sueño. ¿Cuántas locas habría allí, en el dormitorio común? ¿Cómo serían? ¿Qué edades tendrían? ¿Cuáles las malformaciones de sus mentes? Pero también había oído gritos del lado de acá; en las celdas individuales que eran —según supo después— unas de pago, y otras para enfermas características: las llamadas «sucias», que se excrementaban al dormir; las que no podían valerse por sí mismas, las sonámbulas, las epilépticas y las que añadían a su cuadro clínico la condición de lesbianas.

Entre aquel mundo, sumado al de los hombres, que pernoctaban en otros pabellones, habría de descubrir a un asesino, autor material de un crimen, o bien a su inductor; o, por ventura, a ambos.

Alicia deseaba dormir para estar lúcida y despejada a la mañana siguiente. Mas entre el querer y el poder media un abismo. Estaba físicamente cansada, pero su mente no cesaba un punto de maquinar y ese galán esquivo que era el descanso parecía haber renunciado definitivamente a visitarla. Cuando al fin consiguió adormecerse tuvo un sueño tan profundo cuanto parlanchín desasosegado. Soñó que un león la trasladaba entre sus poderosas mandíbulas hacia un lugar incógnito, sin herirla ni siquiera dañarla. El león penetró en una cueva tenebrosa cuya luz se iba apagando a medida que profundizaba en ella. Cuando la oscuridad fue tal, dejó de tener conciencia de sí misma.

C

LA «SALA DE LOS DESAMPARADOS»

MIENTRAS SE ARREGLABA y lavaba en un cuarto de aseo comunal, estuvo mucho más preocuada de sí misma y de lo que los otros pensarían de ella que de observar y pensar en los demás. Vio que las reclusas, tal como le anunció la víspera Montserrat, apenas vestidas, se dedicaban a diversas faenas: hacer sus camas, ordenar sus cuartos, fregar los pasillos y trasladar a los servicios, y vaciar en ellos, los orinales. La primera vivencia que quedó en ella fue este cuadro entre cómico y peregrino, pero que juzgó triste y desolador, y en cualquier caso inusual a sus pupilas. Si algún día se viese precisada o tuviera la ocurrencia de redactar sus memorias, no dejaría de describir la cola formada por aquellas mujeres desconocidas y de aspecto muy diferenciado y «especial» que avanzaban muy dignas —orinal en mano— camino de los lavabos para vaciar en los retretes la carga nocturna de sus vejigas.

Observó al punto que las primeras que concluían aquellas funciones rutinarias salían del pabellón y se dirigían a las escaleras. «Al país que fueres haz lo que vieres», recordó. Y las siguió hasta el inmenso aposento que algunos llamaban —tal como la víspera explicó Montserrat Castell— la «Sala de los Desamparados». Por una puerta iban entrando muy espaciadas —como las perdices «chorreadas» en los ojeos— las mujeres; y, por otra puerta, los hombres. Buscó asiento donde pudo: percibió las miradas furtivas de unas y otros fijándose en ella y calificándola de «nueva»; se propuso hablar lo menos posible para no equivocar los síntomas de su enfermedad fingida, y, al advertir que alguien se acercaba para decirle algo, y no deseando que nadie le hablase, bajó los ojos y los mantuvo largo rato fijos en el suelo.

La gran galería iba poblándose de gentes afectadas por toda clase de taras. Apenas alzó los párpados, la visión de conjunto la espantó tanto, que volvió a abatirlos. ¿Qué es lo que observó para que de tal modo la acongojase? No sabría explicárselo, pues no osó mirar a nadie fijamente a los ojos. No eran las individualidades lo que, en un principio, la dejó aturdida, sino la masa, y no porque aquel conjunto de hombres y mujeres fuese amenazante o alborotador. Nada más lejos de la realidad. Dada la cantidad de gente allí reunida, las voces eran sensiblemente más apagadas que en cualquier otro lugar multitudinario: la sala de espera de una estación, por ejemplo, o la recogida de equipajes de un aeropuerto. Lo primero que advirtió es que eran *distintos*. De una rápida ojeada vio que los gordos eran más gordos, los delgados más delgados, los altos más altos; los bajos más bajos, los inquietos más inquietos, los tranquilos más tranquilos, los risueños más risueños y los tristes más tristes. Resbaló la mirada sobre los que padecían malformaciones visibles de los rostros o el cuerpo —mongólicos, babeantes, jorobados, enanos, gigantes, boquiabiertos— rehuyendo el contemplarlos. También eran muchos más los rostros y los cuerpos bien configurados. Con esto y con todo, lo que daba un aire siniestro al conjunto, era la proporción de deformes y de feos. Eran menos... pero eran muchos. Observó que algunos fumaban e instintivamente quiso echar mano de sus cigarrillos. No tenía. Se los habían quedado en «la aduana». Alguien a su derecha lo advirtió; le ofreció uno y aproximó la brasa del que estaba fumando para que ella lo encendiese. Alicia rehusó; dio las gracias con un ademán y se levantó de su asiento, sin mirar al que tuvo esa atención con ella. Sólo vio su antebrazo: un jersey castaño, el borde del puño de una camisa blanca y una mano de hombre. Dudó hacia dónde dirigirse, pues tenía la sensación de que miles de ojos la espiaban. Alejóse hacia el fondo de la galería. Poco a poco se fue animando a contemplar a los residentes. Era preciso acostumbrarse, encallecerse. Entre aquella población alucinada debía descubrir a un hombre que rondara los cincuenta años, de contextura atlética, que pudiese y supiese escribir, de caligrafía estrafalaria y poseído del capricho de utilizar bolígrafos de distintos colores para estampar cada letra. Si no se atrevía a mirarlos cara a cara, ¿cómo llegar a conocerlos? Sin conocerlos, ¿cómo descubrir al que buscaba? Ella estaba allí al servicio de su cliente Raimundo García del Olmo. ¡No debía olvidarlo!

Un individuo de las características de su «hombre tipo» estaba de pie en el centro mismo de la galería mirándola acercarse. Movió los brazos agitadamente como si nadara hacia ella, mas sus pies permanecían quietos. Con voz estropajosa, pero entendible, exclamó: «¿Por qué has venido? ¿Dónde estabas? Yo no estoy muerto, ¿verdad?»

Estremecióse Alicia y no sabía si quedarse quieta o seguir andando. Aquel hombre la miraba y no la miraba. Le hablaba y no era a ella a quien hablaba. Se diría que estaba soñando. ¡Ah! ¿Por qué no se quedó sentada donde antes? Muy alterada y conmovida desvióse del nadador y siguió galería adelante donde había menos gente que en la parte central. En aquel rincón había sillas vacantes, y sus vecinos, todos «autistas» o solitarios, no hablaban entre sí. Sentóse en una de ellas. ¿Qué es lo que vieron sus ojos? ¿Le engañaba la vista o estaba padeciendo una alucinación? Un hombre tumbado sobre las losas dormitaba con gran placidez. Su cabeza, alzada treinta centímetros del suelo, semejaba descansar cómodamente en una almohada... ¡mas tal almohada no existía! ¿Cómo el durmiente podía mantenerse en esa posición inverosímil? Cerca de él, allí donde finalizaba el corredor y la pared formaba ángulo con su oponente, una mujer, vestida de rojo, de espaldas a Alicia, de pie y en actitud de firme, parecía haber sido castigada a un rincón, como hacen con los chiquillos en las escuelas primarias. Quedó Alicia espantada de su inmovilidad. Pero aún más se conmovió días después cuando supo que aquella interpretación puramente intuitiva era exacta. Aquella mujer cometió, cuando era niña y estaba sana, una acción de la que se arrepintió profundamente y, en consecuencia, ahora se consideraba castigada al rincón; al rincón más alejado de la clase cual era el fondo de la inmensa galería. Una enfermera de bata blanca se acercó a ella y le dijo:

—Anda, Candelas, déjalo ya, que pronto llamarán para el desayuno.

Volvióse «la castigada» y pudo Alicia verle la cara. El rostro de la llamada Candelas era el de una mujer sana, de unos cuarenta años, perfectamente normal. Su dolencia no afectaba a su físico sino a las entrañas de su espíritu, llagado por un recuerdo infamante e incógnito. Trémula y acongojada vio a la enfermera despertar al durmiente y aconsejarle que fuese acercándose hacia donde estaban todos, pues pronto los llamarían al comedor. Al ver a Alicia, preguntóle si necesitaba ayuda. Respondió que no, aunque no entendió bien a qué ayuda se refería, e incorporándose, desanduvo el camino de antes. Alguien le aclaró días más tarde que esa almohada invisible en la que reclinaba su cabeza el dormilón existía en realidad: *existía con forma, peso, volumen y consistencia* en la mente de ciertos enfermos. Tan de verdad era, y tantos los que la usaban, que tenía un nombre: «la almohada esquizofrénica». Y también supo que el hombre de apariencia normal que parecía nadar hacia ella como soñando, estaba soñando en efecto: soñando despierto. Padecía lo que los médicos denominaban «delirio onírico».

Por mucho que quisiese dominarse y no mirar a los «singulares», sus ojos se le escapaban hacia ellos como imantados. Sentíase aturdida, espantada, estremecida, pero ello no era óbice para que dejase de observarlos.

Se le quedó fijada la imagen de un gigante de andar torpe y profunda obesidad, hombros anormalmente caídos, ojos bovinos y boca perpetuamente abierta, que escogió, con tanta lentitud como minuciosidad, el lugar en que había de sentarse; y la de una especie de gnomo jorobado, de cabeza desproporcionadamente grande para su cuerpo, de inmensas orejas voladoras, nariz curva y derrumbada hasta más abajo del labio inferior, frente estrechísima y labios que sonreían perpetuamente y que eran de la forma exacta de una media luna: una media luna cuyos extremos llegaban de oreja a oreja; y la de una anciana muy pequeña, y de cara más pequeña aún de lo que correspondía a su cuerpo, con los morritos en punta, cual si fuera a echarse a llorar o estuviese profundamente enfadada; y la de un larguirucho, delgadísimo, de aspecto aquijotado, nuez muy pronunciada, pelos hirsutos y mirada de loco. ¡Todos lo eran —pensó Alicia—, pero así como otros traslucían en los suyos idiotez, tristeza, falta de fijación, o eran radicalmente normales, éste los tenía bulliciosos, patinadores, gesticulantes, parlanchines! Intuyó Alicia que tal individuo hacía ímprobos esfuerzos por acercarse a ella y entablar conversación. Creyó entenderlo así por sus posturas insinuantes, sus nerviosas cortesías, y la posición de sus piernas predispuestas a una reverencia cual las que hacían los cortesanos al bailar el rigodón. Mas ella lo rehuía, cambiando de sitio o alejándose, lo que producía inequívocas muestras de desaliento en su hipotético galanteador.

Al gordo lo bautizó Alicia, para sí, «el Hombre Elefante»; al de las grandes orejas y la boca en forma de luna «el Gnomo»; a la vieja de los morritos «la Malgenio», y al de los ojos alocados «don Quijote», bien que pronto tuvo que variarle de apodo y adaptarlo al de la comunidad, pues era de todos conocido como el «Autor de la teoría de los Nueve Universos», seudónimo que alternaba con el de «el Astrólogo», «el Amante de las Galaxias» o simplemente «el Galáxico». ¡Oh, Dios!, ¿qué había detrás de aquellas frentes? ¡Qué infinita variedad de dolencias, congeladas o en evolución, las que dejaban traslucir tan diferentes miradas, posturas y actitudes! Había un hombre alto, delgado, de largas piernas y brazos, casi totalmente calvo y pecho hundido, que no había dejado de llorar desde que Alicia le vio por primera vez. No miraba a nadie, no gritaba, no hipaba: su llanto era silencioso como esa lluvia que en Santander llaman *rosaura* y en Vasconia *sirimiri*. Y la tristeza que emanaba de su rostro era de tal gravedad y sinceridad que conmovería a las mismas piedras si éstas poseyeran la virtud de la compasión. Tan contagiosa era su pena, que algunos de los reclusos más próximos a él, al contemplarle, lloraban también. Las dos personas que, junto con «el Caballero Llorón» (pues en efecto su atuendo y aspecto era el de un caballero), hirieron más hondamente por su comportamiento la sensibilidad de Alicia, eran un ciego —como supo en seguida— que mordisqueaba con saña el puño de su bastón, como si quisiese comerlo, y una preciosa muchacha rubia, de rasgos perfectos y armoniosos, de figura tan frágil que se diría de porcelana, la cual apenas la soltó de la mano una enfermera que la trajo hasta allí, se sentó cara a la pared y comenzó a ladear el cuerpo de izquierda a derecha y de derecha a izquierda rítmicamente, monótonamente, sin pausa y sin descanso. Tan abstraída estaba Alicia al contemplarla, calibrando cuánto duraría aquel ejercicio, que tardó en notar, y más tarde en entender, qué significaba un pegajoso calor que notó en sus asentaderas. Volvióse y quedó paralizada por la sorpresa y la indignación al ver junto a ella al chepudo de las grandes orejas, palpándole impúdicamente las nalgas.

—No llevas corsé... —dijo éste con voz tartajosa, y acentuando su sonrisa.

—No. No lo llevo —respondió Alicia, retirando con violencia la mano intrusa.

—Mi mamá sí lo llevaba. Y Conrada también. Y Roberta también. Pero la Castell, no. Y la duquesa tampoco. Y tú tampoco.

No tuvo tiempo de tranquilizarse al considerar que su trasero no era el objetivo exclusivo del gnomo, especializado, por lo que oía, en palpaciones similares, pues un individuo de no más de treinta y pocos años —hombretón atlético, bien conformado y físicamente atractivo— alzó al orejudo por las axilas y lo echó de allí.

—¡Vete de aquí, lapa, que eso eres tú: una lapa! ¿No sabes distinguir lo que es una señora, de las putas, como tu madre?

Alicia, que se sintió halagada por la primera parte de la regañina, al oírse llamar «señora», a pesar de su atuendo, quedó aterrada por la dureza de la segunda. Le parecía atroz y cruel tratar así a un débil mental, como sin duda lo era el de las grandes orejas, a pesar de que éste no pareció enfadarse, y se alejó, riendo más que nunca, en busca de nuevas nalgas.

Eligió las de un hombre —casi tan grande como «el Elefante»— que estaba quieto, de pie, en el centro de la sala y que no se movió ni defendió ante la provocación del tonto. Alicia reconoció en él al «Hombre de Cera», a quien también denominaban «la Estatua de sí mismo», y a quien había visto cenar la noche anterior.

—No me juzgue mal, señora, si le he parecido demasiado duro —dijo el recién llegado—. Y usted no dude en abofetearle si lo repite. Le sirve de lección, no se enfada y no es reincidente con quienes le castigan. ¿Me permite que me siente junto a usted?

—Por favor... ¡hágalo!

—Antes le ofrecí un cigarrillo y me lo rechazó. ¿Puedo ofrecérselo ahora?

—Se lo agradezco mucho —respondió Alicia, aceptándolo.

—¿Es usted nueva?

—Sí.

—Me llamo Ignacio Urquieta. Ya soy veterano.

—Mi apellido es Almenara. Alicia de Almenara —dijo ésta. Y en seguida añadió—: Perdón por la pregunta: ¿es usted médico o enfermero?

—¡Gracias! —exclamó él riendo—. No, señora. Soy solamente el más peculiar de los locos que hay aquí. Y mi peculiaridad consiste en saber y en confesar que lo soy. Porque ninguna de esas «piezas de museo» que tiene usted enfrente, lo confiesa... y yo sí. ¿Usted tampoco está enferma... verdad?

—No —respondió secamente Alicia.

—¿Ve usted? ¡Sigo siendo la excepción!

Alicia enrojeció vivamente y, obedeciendo a un impulso que no pudo dominar, se levantó y dejó con la palabra en la boca a Ignacio Urquieta, pues era evidente que si los locos no confesaban serlo y ella había dado la misma negativa... el tal señor Urquieta la había llamado loca. Su enfado era incongruente. ¿No era eso lo que ella deseaba: pasar por lo que no era? Alicia comenzó a lamentar su movimiento de despecho al tiempo mismo que lo realizaba. Lo cierto es que ese joven era de lo más potable de cuanto allí había; su presencia la tranquilizó y su amistad podía serle de gran ayuda para soportar aquel ambiente y quién sabe si para su propia investigación. Lo malo es que al levantarse, su silla fue inmediatamente ocupada, y Alicia se quedó sin saber dónde dirigirse, de quién debía huir o a quién no le importaba acercarse.

La víspera, en la conversación que mantuvo con el doctor Ruipérez, empleó una expresión cruel para referirse a los allí residentes: «su pequeña colección de monstruos», le dijo al médico, antes de haberlos visto. Mas ahora comprendía que su definición era exacta: triste y dolorosamente exacta: aquello era un museo de horrores, un álbum vivo de esperpentos, un gallinero de excentricidades, pero eran seres humanos: no árboles ni bestias. En algún lugar y un tiempo desconocidos tuvieron unos padres, un hogar y una cuna. «¡No es horror, Alice Gould, lo que deben producirte —se recriminó—, sino una sincera compasión y un gran afán de ayudarlos! ¡No dudes en mirarlos de frente! ¡Sonríeles, Alice Gould!»

Aunque nada satisfecha de su malcrianza con el llamado Ignacio Urquieta, reanudó la marcha por el corredor con otro talante. Un chiquillo, que no parecía mayor de quince años —aunque más tarde supo que tenía dieciocho—, estaba detenido ante una llorona (que era la dúplica, en femenino, del cincuentón de la «Triste Figura») y la imitaba en sus gestos, hipidos y ademanes con tantas veras que se diría su espejo. Pronto se cansó de ella y se puso a las espaldas del *aquijotado*, que gesticulaba y se movía sin cesar —como si fuese a iniciar una conversación y dudara a quién escoger como interlocutor— y lo imitó punto por punto, con idéntica maestría. Más tarde escogió como modelo a una vieja que cantaba sin emitir sonidos, e hizo lo mismo. De súbito, Alice vio otro niño físicamente igual al imitador: igual en términos absolutos, salvo en su conducta. Éste no se movía: no gesticulaba, no hablaba, no reía. Su cara —de rasgos normales— no decía nada. Era como una hoja en blanco. El catatónico que vio la noche anterior en el comedor —el del cuerpo grande y el cráneo diminuto al que acababa de palpar con infame procacidad el gnomo de las grandes orejas— seguía de pie, solo, en una postura absurda, y tan quieto como puede serlo la imagen fotográfica tomada a alguien que está en movimiento. Una sesentona, muy pintarrajeada, se apiadó —según supuso Alicia— de lo innoble e incómodo de su posición y le colocó la cabeza y las manos en una situación más digna. Pero al hacerlo, la Almenara, horrorizada, la oyó decir: *Si te portas bien, no volveré a cortarte la lengua*.

¿Aquella vieja había cortado realmente la lengua al «Hombre de Cera»? ¿Creía que se la había cortado y no era cierto? ¿O sus palabras tenían una acepción simbólica que significaba otra cosa distinta? Todo era posible en aquel reino de lo absurdo, donde la extravagancia es ley. «¿Cómo podré, entre tanta gente, ¡y gente tan peculiar! —se dijo Alice Gould—, no digo culminar, sino siquiera iniciar una investigación? Si el doctor Alvar estuviese en su puesto, otro gallo me cantara. Pero el doctor Alvar no está, y no debo esperar a su regreso para formarme un juicio. Tal vez entre todos estos perturbados haya más de un criminal. Pero el homicida que yo busco es sólo uno, y conozco su letra.»

En estas cavilaciones andaba cuando advirtió frente a ella la cara sonriente y amical de Ignacio Urquieta.

—Le debo una explicación, señora de Almenara.

—Tal vez haya estado un poco brusca al levantarme tan intempestivamente —se disculpó ella.

—Sentiría de verdad haberla molestado. Tuve la intuición de que usted y yo llegaríamos a ser amigos y...

—¡Seremos amigos! —exclamó Alicia—. No hablemos más del tema. Además, le necesito a usted para que me aclare algunas cosas. He visto un niño, muy guapo chico, que se dedica a imitar a todo el mundo. Y más lejos, otro igual, sólo que más pacífico. ¿Son hermanos gemelos?

—Sí. Pero ellos lo niegan o fingen no saberlo. Sus padres eran ambos oligofrénicos. No sé quién tuvo la humorada de bautizarlos Rómulo y Remo.

—¿Cuál es Rómulo?

—El mimético: el imitador. El otro, el que no molesta a nadie, es Remo.

—¿Y no se reconocen como hermanos entre sí?

—No. Rómulo dice que su «hermanita» es la «Niña Oscilante» y, en cuanto se agota de hacer gansadas, se sienta junto a ella y le da conversación y la mima.

—¿Y es su hermana realmente?

—¡No: en absoluto! Pero él lo cree así y mataría a quien le contradijese.

—¿Ha dicho usted «mataría»? ¿No es exagerado afirmar eso?

—No. No es exagerado.

Sintió Alicia una indefinible angustia. ¡Cuando aceptó la proposición de García del Olmo, no supo dónde se metía!

Raimundo García del Olmo, su cliente, le firmó un cheque, como adelanto, por la investigación que le encomendaba, con la promesa de pagarle una cantidad igual si la llevaba a buen término. Le pareció una cantidad exagerada. Nunca había cobrado tanto por un trabajo. Ahora —al considerar el ambiente en el que había de actuar— comprendía que sus honorarios no estaban injustificados.

—Parece usted distraída, Alicia.

—En efecto, lo estaba. Le ruego me disculpe.

—Quiero hacerle una pregunta. Ahora vamos a desayunarnos. No tardarán en avisarme. De entre toda esa tropa que le rodea, ¿junto a quién le gustaría sentarse?

—¡Junto a usted, desde luego! Pero no se envanezca. La verdad es que tengo un poco de miedo. ¿Hay un sitio libre en su mesa?

—No; no lo hay. Pero eso lo arreglaremos en seguida. Venga conmigo.

Cruzaron unos metros, e Ignacio se acercó al hombre que lloraba. Le colocó amistosamente las manos en los hombros.

—¿Cómo van esas penas, don Luis?

—Mal... muy mal —respondió éste.

—¡Vamos, vamos, levante este ánimo! ¡De cuando en cuando conviene pensar en cosas alegres!

El llamado don Luis alzó los ojos con tal expresión de gratitud, que Alicia no pudo por menos de admirarse.

—Lo que me consuela —dijo— es saber que tengo buenos amigos como usted, que me aprecian y me comprenden.

—Esta tarde le contaré el chiste más gracioso que he oído en mi vida. ¡Le juro que le haré reír a usted!

El hombre sonrió y dejó de llorar.

—¡Cuéntemelo ahora!

—No. Porque quiero presentarle a esta amiga mía, que ingresó ayer en el hospital. Don Luis Ortiz... ésta es Alicia, señora de Almenara.

Don Luis se puso muy ceremoniosamente en pie e inclinó la cabeza.

—No le doy a usted la mano —dijo sombríamente el hombre— porque usted no merece que yo la contamine. Si hubiese justicia en el mundo —añadió—, mis manos debían haber sido cortadas hace mucho tiempo.

Y no pudiendo evitarlo, rompió de nuevo a sollozar.

—¿Cómo se atreve usted a llorar en este momento? —protestó Urquieta—. ¿No es un motivo de alegría contar entre nosotros con una señora tan atractiva?

—Tiene usted razón —dijo don Luis, pasando del llanto a la risa—: la señora es muy guapa y de ella puede decirse lo de la canción: «que sólo con mirarla, las penas quita».

—Es usted muy galante, señor Ortiz —dijo Alicia, esforzándose en sonreír.

Y el señor Ortiz la contempló con tan sincera gratitud como antes a Ignacio.

—Quiero pedirle un favor, don Luis —dijo éste—. Que ceda usted su puesto en mi mesa a la señora de Almenara. Ya le he dicho que somos antiguos amigos.

—Pues no hablemos más. Concedido. Ya sabe usted que, aunque vil y miserable, agradezco mucho sus consuelos. (Y tenía razón «el Caballero Llorón». Tan consolado quedó de la ligera muestra de amistad de Ignacio Urquieta, que tardó más de una hora en volver a sollozar.)

Unas palmadas anunciaron que el desayuno estaba servido. «La Niña Oscilante», «el Hombre Estatua» y otros catatónicos más fueron conducidos de la mano. Carecían de impulsos propios para moverse, pero obedecían dócilmente las incitaciones de otros. Eso lo hacían los enfermeros; pero muchos pacientes de otras modalidades colaboraban también en esta piadosa función, teniendo cada uno de los inmóviles, entre los propios locos, su cuidador voluntario y particular. Rómulo acompañaba a «la Niña Oscilante», y «el Aquijotado» al «Hombre de Cera».

La mesa que había de ocupar Alice Gould estaba en el último rincón —y no por azar, como supo muchos días después—. En ella se sentaban Carolo Bocanegra (que no era un apodo, sino nombre verdadero) y una muchacha de facciones correctas, algo inhibida y de pocas palabras. Al ir a sentarse, Ignacio protestó cortésmente.

—Perdón, Alicia, debe usted sentarse enfrente de mí. Yo... por razones especiales, tengo reservado este puesto.

Obedeció, de suerte que ella quedó de cara al inmenso refectorio, y Urquieta de espaldas a la sala y sin visibilidad, por tanto, respecto a los demás comensales.

—Me temo —dijo Ignacio— que el peso de la conversación recaerá exclusivamente sobre nosotros, porque aquí la señorita Maqueira habla muy poco y el señor Bocanegra, aquí presente, es mutista.

—Hablo poco —protestó la joven— por culpa de la insulina.

(Y, en efecto, no abrió la boca a partir de entonces más que para comer, y con gran apetito por cierto.)

—¿Qué quiere decir «mutista»? —preguntó tímidamente Alicia dirigiéndose a Carolo.

Ignacio respondió por él.

—Mutistas son los que no hablan.

—¿No puede usted hablar? —preguntó, asombrada, Alicia al señor Bocanegra.

El hombre sacó un cuadernillo de hule que llevaba siempre en su bolsillo, y escribió a grandes rasgos con un rotulador naranja: «*Sí puedo, pero no me da la gama.*»

Abrió Alicia grandes ojos, pero se abstuvo de reír o de comentar, que eran las dos cosas que le pedía el cuerpo.

La visión del comedor y de las muy distintas actitudes de los residentes, la colmó de perplejidad. Algunos comían con desesperante parsimonia; otros engullían, devoraban, con avidez animal e insaciable. Entre los primeros los había que desmenuzaban el pan en partículas minúsculas y las observaban y hasta las olían antes de llevarlas a la boca, y aun entonces, no las masticaban, sino que las degustaban antes de tragarlas, cual si temieran ser envenenados, ¡y lo temían, en efecto! Entre los segundos, había quienes robaban las raciones de sus vecinos; quienes rugían de placer al masticar los alimentos; quienes reían tras cada bocado; quienes rodeaban con sus brazos el condumio, creando una pequeña ciudad amurallada de imposible acceso para los amigos de los alimentos ajenos. Había, en fin, aquellos a quienes era obligado llevar los alimentos a la boca, o bien porque no podían valerse por sí mismos, o porque se negaban a comer. Y aun entre éstos cabía distinguir dos grupos: los radicalmente faltos de apetito y los que mantenían esa actitud sólo por fastidiar y obligar a sus cuidadores —cruelmente— a este notable esfuerzo suplementario.

Se les distinguía por el inequívoco gesto de hastío e inapetencia de los primeros y por la terca cerrazón de dientes de los segundos, quienes acababan cediendo y tragando lo que con inaudita paciencia se les ofrecía.

Las observaciones de Alicia, con ser tantas y tan variadas, no cegaron sus entendederas hasta el punto de hacerla olvidar las notas de distintos colores que embadurnaban el cuadernillo de hule de Carolo Bocanegra, a quien desde ahora apodaría «el Falso Mutista» e incluiría en una primera lista de sospechosos, como posible autor de las criminales misivas dirigidas a Raimundo García del Olmo, su cliente.

Concluido el desayuno, y reintegrados todos a la «Sala de los Desamparados», Alicia preguntó a su, hasta el momento, único amigo:

—¿Qué se hace ahora?

No tuvo tiempo Urquieta de explicárselo, ni ella de enterarse, pues una voz potente gritó:

—¡Almenara, la llaman a la consulta!

CH

EL SILENCIO NO EXISTE

EXPERIMENTÓ UNA SENSACIÓN de alivio al cruzar la gran puerta de hierro que separaba los pabellones de los enfermos de la zona reservada a los administrativos, a los médicos y a las asistentas sociales. Eran dos mundos opuestos a los que aquella gruesa puerta servía de frontera. Montserrat Castell la esperaba en la misma aduana:

—El doctor don César Arellano, jefe de los Servicios Clínicos, va a examinarla, Alicia. ¡Venga conmigo! Y si, al concluir, no la reclaman para otra cosa... ¡no deje de pasarse por mi despacho! ¿Me permite un consejo? ¡Por lo que más quiera, no diga una sola mentira! ¡No intente engañar al médico... al menos, de un modo consciente!

Meditó Alicia estas palabras: «¡...al menos de un modo consciente...!» ¿Por qué le habría dicho eso Montserrat?

—Pase, por aquí, por favor...

El doctor Arellano era un hombre de mediana edad, pelo canoso y abundante, cara ancha y sonriente, nariz gruesa y unos grotescos lentes de pinza y cristales sin montura, que se ponía y quitaba constantemente mientras hablaba para humedecerlos de vaho y limpiarlos después con una pequeña gamuza. «Si no fuera por esos lentes —pensó Alicia—, podría pasar por un hombre atractivo.»

—Siéntese, señora.

Del mismo modo que Alicia apreció de un solo vistazo que el doctor Ruipérez no era un individuo de mucha categoría, juzgó que este otro médico tenía peso específico. Irradiaba serenidad, equilibrio, inteligencia y, sobre todo, autoridad. Su cara, de tez sanguínea, era más joven de lo que correspondía a la blancura de su pelo. Era alto, ancho, tal vez un poco cargado de hombros. A Alicia se le antojó pensar que su cara recordaba vagamente al actor norteamericano Spencer Tracy y su cuerpo al jugador rumano de tenis Ilie Nastase.

Apenas ocupó un asiento frente a la mesa escritorio del médico, éste le ofreció un cigarrillo.

Tras ver la marca, Alicia lo rehusó.

—Fumo «rubio», doctor. El «negro» me hace toser.

Abrió el médico un cajón y le ofreció otra marca.

—Gracias —dijo Alice Gould aceptándolo.

El doctor Arellano comenzó a hablar, mientras le encendía el pitillo con su mechero.

—Señora de Almenara: junto a la solicitud de ingreso había una carta particular del doctor Donadío dirigida al doctor Alvar, con determinadas sugestiones clínicas, que sólo el director deberá decidir si son convenientes o no. Es usted, por tanto, una paciente directa del doctor Alvar... y, en consecuencia, el doctor Ruipérez y yo hemos considerado más conveniente no someterla a ningún tratamiento en tanto no regrese de sus vacaciones el director del hospital. Él decidirá, por tanto, qué médico ha de cuidarse de usted. Veo que esta noticia le produce alegría.

—¡No he movido un músculo de la cara —respondió Alicia con jovialidad—: es usted un buen lector de almas, doctor!

—Es mi profesión —replicó amablemente el médico.

Y volviendo a tomar el hilo de sus palabras, prosiguió:

—Ello quiere decir que permanecerá usted aquí en régimen de observación hasta que él llegue. Nuestra única labor será la de almacenar datos y ponerlos a disposición suya para que él decida la medicación más apropiada.

—Luego no seré medicada...

—Con psicofármacos, desde luego, no. A pesar de ello, si siente usted neuralgias o padece insomnio, puede pedir las pastillas que más confianza le merezcan: lo mismo que si estuviese en su casa. Tampoco se le aplicará terapéutica insulínica ni, por supuesto, electroconvulsionante.

—Me tranquiliza usted mucho, doctor. Pero me pregunto en qué consistirán sus métodos para almacenar esos datos que busca, meterlos en un saquito y dárselos al director diciendo: «Toma, Samuel: aquí tienes unos trocitos del alma de Alice Gould...»

—Su conversación, señora, es particularmente expresiva. ¡Eso es precisamente lo que pretendo! Entregarle a nuestro director, don Samuel Alvar, trocitos de su alma, para que él los junte como en un *puzzle* y trace el diagnóstico exacto de su personalidad. Y sin usar el narcoanálisis, ni la tomografía computarizada, ni la gramagrafía cerebral.

—No le pregunto, doctor, qué significa todo eso, porque no lo entendería. ¡Los médicos son ustedes amiguísimos de las palabras complicadas!

—Veamos si me entiende usted ahora: quiero, en primer lugar, conocer su consciente: lo que usted *sabe* de sí misma, *cómo* es, y *cómo* desearía ser. Esto lo lograremos simplemente charlando con sinceridad. Después quiero conocer lo que usted *ignora* de sí misma (su subconsciente) y hacerlo aflorar a su plano consciente. De modo que preciso de usted dos declaraciones: que me cuente lo que sabe... ¡y lo que no sabe de Alice Gould!

—Esa última parte —bromeó ella— debe de ser un tanto complicada. ¿Cómo voy a contarle «yo» lo que desconozco?

—No dude que acabará contándomelo. ¿Está usted dispuesta?

Alicia meditó un instante. Deseaba ser totalmente veraz y sincera con aquel hombre amable y bondadoso, que irradiaba comprensión y confianza. Pero era evidente que no podía decirle «todo» —sin traicionar a su cliente García del Olmo— y esto la contrariaba y la confundía.

—Hay una parte, doctor, que desearía reservar a don Samuel Alvar para cuando regrese. ¡No sería justo darle todo el trabajo hecho! Él tendrá que poner algo de su parte, ¿no le parece? ¿Cómo, si no, justificar su sueldo, no sólo de director, sino de «médico personal mío», ya que usted mismo me ha dicho que yo seré su «paciente particular»? Si usted me lo permite, doctor Arellano, hay una parte de mi vida (¡una muy pequeña parte, créame!) que desearía reservar a don Samuel para cuando éste venga.

—Aceptado el trato. Cuando usted penetre en esa zona reservada al director, no tiene más que decir «¡Acotado de caza!» Por cierto, ¿desea usted que le sirva algo?

—Sí, doctor, se lo agradezco: una taza de té.

—¿Acostumbra a beber alcohol?

—Nunca por las mañanas.

—¿Y por las tardes?

—A veces.

—¿A diario?

—No, pero sí con frecuencia. Cuando mi marido y yo regresamos de nuestros quehaceres, nos gusta tomarnos un whisky, o dos, antes de cenar, y contarnos nuestras respectivas experiencias.

—¿Qué opina usted de su marido?

—«¡Acotado de caza!»

—Le pediré una taza de té.

Pulsó un timbre e hizo el encargo.

—¡Dos tés!

Meditó un instante.

—¿Tiene usted hijos?

—No.

—¿No ha deseado tenerlos?

—Fervientemente. ¡Ahí tiene usted, doctor, un campo bien abonado para hallar en mí una frustración!

—¿De quién es la culpa de no tener descendencia?

—Lo ignoro, doctor.

—¿Por qué?

—Porque de ser la culpa de mi marido, hubiera representado una gran humillación para él saberlo, que de ningún modo quise ni quiero causarle.

—¿No deseó nunca adoptar un niño?

—Sí. Y yo misma hice las gestiones legales, pero mi esposo se opuso. Yo respeté, claro es, sus sentimientos.

—¿Le ha sido siempre fiel?

—¿Él a mí?

—Sí. Él a usted.

—No lo he indagado.

—¿Por qué?

—Porque hubiera supuesto una ofensa para él esa muestra de desconfianza.

—Nunca se habría enterado.

—Ello no obsta para que yo, en mi fuero interno, le hubiese ofendido.

—Y usted, señora de Almenara, ¿le ha sido siempre fiel?

—Siempre.

—¿No ha sido nunca solicitada por otro hombre?

—Muchas veces, doctor, y por muchos.

—¿Ello la halagaba?

—No puedo ocultarlo. Sí: me halagaba.

—¿Y nunca cedió a ese halago?

—Nunca.

—¿Alguno de sus pretendientes le agradaba?

—Sí, y mucho.

—Y a pesar de ello...

—Jamás, doctor.

—Explíqueme detalladamente por qué.

—Por respeto a mi marido, pero también por respeto a mí misma. Tengo un alto concepto de la dignidad humana; creo que somos una especie... distinta. Y que esta distinción nos impone derechos y deberes. No podemos exigir los primeros sin sentirnos solidarios con los segundos. Si me lo permite, doctor, éstas son convicciones muy arraigadas en mí.

—¿Es usted creyente?

—No lo fui en mi infancia. Ahora sí.

—Eso contradice la... norma general.

—¡Nunca me ha interesado la norma general!

—¿Esas convicciones las heredó usted de su padre?

—No sé si esas cosas se *heredan*. Ignoro si se *transmiten* en los genes. Más exacto sería decir que las *recibí* de mi padre: no que las heredé. Fue conmigo un educador excepcional. A medida que pasa el tiempo su figura se agranda dentro de mí.

—¿Y la de su madre?

—Mi madre murió siendo yo muy niña. Y mi padre tuvo el acierto de ensalzarla grandemente a mis ojos. Hablaba de ella con mucha ternura. Mas también con sincera admiración. Cuando me reprendía, era frecuente que dijera: «Tu madre no hubiera dicho eso» o «no hubiera hecho eso».

—¿Y no la molestaba o no hería su sensibilidad infantil esa comparación constante con una mujer que, aun siendo su madre, usted no llegó prácticamente a conocer?

—No, doctor, no. Mi madre era el ideal que yo debía alcanzar. Mi padre me la pintaba como la suma de las perfecciones, como el modelo que yo (si quería ser digna, bondadosa y fuerte) debía imitar.

—¿No tuvo nunca celos del amor que su padre manifestaba por su madre?

—No, doctor. Sigmund Freud, que es quien ha metido esa idea en la cabeza de todos los psicoanalistas, era un perfecto cretino...

—No exactamente un cretino —murmuró el doctor.

—Pero sí equivocado en las interpretaciones exclusivamente sexuales que daba a los símbolos, los sueños y los secretos ocultos de nuestro subconsciente. ¡Vamos, vamos! Pensar que quien sueñe con la aguja de una catedral o con el obelisco de Trajano en Roma está expresando anhelos relacionados con el órgano viril... ¡ésa no puede ser más que la interpretación de un obseso! ¿Por qué no podía Freud viajar en tren? ¿Qué clase de extraña fobia era ésa? ¡Me gustaría ser yo quien hiciese el psicoanálisis a ese caballero! Creo verdaderamente que el obseso sexual era él y no sus pacientes. ¡Eso es lo que pienso! ¡Y no retiro lo de cretino!

—Si eso le sirve de consuelo, le diré, señora, que opino lo mismo que usted: salvo en lo de cretino... Freud era un sabio que descubrió uno de los métodos más eficaces para hacer aflorar al consciente secretos morbosos, escondidos en nuestro interior, perdidos en la memoria, como un niño abandonado en el bosque... que sabe que existe un camino para su salvación, pero que no lo encuentra. Su error estriba en la dirección unilateral que dio a sus interpretaciones.

—¡No sólo somos sexo, doctor! ¡Odio a Freud!

—¿Le odia usted realmente?

—No, doctor: es una manera de decir. Yo no odio a nadie, pero siento una indecible aversión por los obsesos, por las cabezas cuadradas y por los que aplican la geometría al estudio del alma humana. Tienden a simplificar lo que es tan variado, tan complejo, tan interesante y tan grande... como... como el espíritu. ¡Ah, doctor, disculpe usted mi audacia! En realidad, me estoy metiendo en el campo de usted.

—Y ello me agrada profundamente, señora. Tal vez sus ideas sean apasionadas, pero son inteligentes y apoyadas en criterios sanos y lúcidos. ¿Puede usted escuchar a un hombre de edad, sin que ello la ofenda, que me agrada usted mucho?

—Oír eso no puede ofender a ninguna mujer, doctor. Y, además, usted no es un «hombre de edad».

—Vamos a proseguir. ¿Le agrada el silencio?

—El silencio no existe, doctor.

—Anoto que eso tiene usted que desarrollarlo después. ¿Le agrada la soledad?

—A veces la busco y la necesito. Pero con limitaciones. ¡Soy humana y como humana un animal social! Mis incursiones en la soledad son esporádicas... pero si persistieran contra mi voluntad, estaría dispuesta a echarme en brazos del primer ser viviente con quien me topara... ¡y traicionar todos mis prejuicios puritanos!

—Ha dicho usted el primer ser viviente. ¿Aunque fuese una mujer?

—¡Ay, doctor! Recuerde usted las palabras de Valle-Inclán, puestas en boca del marqués de Bradomín: «Hay sólo dos cosas que no entiendo: el amor de los efebos y la música de Wagner.» Cámbieme usted a Wagner (al que adoro) por Mahler (al que no entiendo) y a los efebos por las ninfas: y mi respuesta sería igual. Carezco de esas inclinaciones, aunque me siento profundamente impresionada y atraída por la personalidad de algunas mujeres cuando reúnen *al completo* las cualidades esenciales de la femineidad.

—¿Qué cualidades son esas que más admira usted en la mujer?

—La abnegación, la delicadeza, la intuición y el buen gusto.

—¿Y la belleza?

—¡Ah, doctor! Por supuesto que sí. También admiro la belleza en la mujer, sobre todo cuando su exterior es como un reflejo de su interioridad...

—Perdóneme esta pregunta delicada, señora de Almenara: ¿es usted frígida?

—No, no, no, doctor.

—Muchas mujeres lo son.

—O no son mujeres o sus maridos son muy torpes... o muy egoístas.

—Ése es un mundo muy complicado —murmuró el doctor Arellano.

—Para mí es un mundo resuelto, doctor. No es ése mi caso. Y creo que pierde usted el tiempo buceando en esas aguas.

—¿Por qué intentó usted envenenar a su marido?

—¡Campo acotado!

—¿Qué le indujo a hacerse detective?

—¡Vedado de caza!

—Dígame: ¿qué es lo que más le desagrada de usted misma?

—¡Verme así vestida!

—¿De qué está usted más satisfecha?

—De mi afán de superación...

—¿Y más descontenta?

—De no hacer todo lo que debo por cultivar mi espíritu y ayudar a los demás.

—¿Qué piensa usted de las artes?

—El arte es la ciencia de lo inútil.

El médico frunció la frente sorprendido. Aquella respuesta no cuadraba con la personalidad que había creído adivinar en su paciente.

—¿Quiere decir que desprecia usted las artes; que las considera algo trivial, y a quienes las practican gentes desocupadas que no tienen otra cosa mejor que hacer?

—¡Nada de eso, doctor! ¡Considero que el arte es tanto más sublime cuanto mayor es su inutilidad!

—Explíquese mejor.

—El hombre es el único animal que se crea necesidades que nada tienen que ver con la subsistencia del individuo y con la reproducción de la especie. No le basta comer para alimentarse, sino que condimenta los alimentos, de modo que añadan placer a la satisfacción de su necesidad. No le basta vestirse para abrigarse, sino que añade, a esta función tan elemental, la exigencia de confeccionar su ropa con determinadas formas y colores. No se contenta con cobijarse, sino que construye edificios con líneas armoniosas y caprichosas que exceden de su necesidad: lo cual no ocurre con la guarida del zorro, la madriguera del conejo o el nido de la cigüeña. ¿Hay algo más inútil que la corbata que lleva usted puesta? ¿De qué le sirve al estómago una salsa cumberland o un chateaubriand a la Périgord? ¿Qué añade al cobijo del hombre el friso de una escayola o las orlas en forma de signos de interrogación de los hierros que sostienen el pasamanos de una escalera? Pues bien: todo eso que está inútilmente «añadido a la pura necesidad»... ¡ya es arte! La gastronomía, la hoy llamada alta costura y la decoración son las primeras artes creadas por nuestra especie, porque representan los excesos inútiles añadidos a las necesidades primarias de comer, abrigarse y guarecerse.

—Dígame, señora de Almenara, ¿dónde ha leído ese ensayo sobre la inutilidad? ¡Me gustaría conocerlo!

—¡No necesito leer a los demás para formarme una opinión, doctor!

—Prosiga, señora: me tiene usted absolutamente fascinado.

—Pues bien —continuó Alicia—. En el momento mismo en que el espíritu creador del hombre se despegó incluso de la necesidad primaria para producir sus lucubraciones, nacieron las grandes Artes: la Poesía, la Danza, la Música y la Pintura.

—Olvida la Arquitectura.

—Considero a la Arquitectura, como a la Gastronomía, un añadido inútil a una necesidad «primaria». La Danza, en cierto modo, también tiene este lastre, pero se aleja más de la necesidad. Es... ¿cómo explicarme?, una... una... ¡una mímica sublimada! ¡Eso es lo que quería decir! Tal vez la Danza sea anterior al lenguaje y tuviera en sus orígenes una intencionalidad práctica: con carga erótica, reverencial o religiosa. ¡Yo no estaba allí, y no sé qué «intencionalidad» tenía! Pero no hay duda que encerraba «un propósito», encaminado a la consecución de un fin. No sé si me explico, pero la intencionalidad es algo muy superior a la «necesidad primaria». Está ya directamente relacionada con el juicio y la voluntad. «Quiero *esto* y voy a demostrarlo con gestos y ademanes rítmicos.» ¡Y la Humanidad se puso a danzar! ¡De ahí a la Paulova o a Nureyev no había más que un paso! La Pintura pertenece a un género superior. ¡Es más inútil todavía! Tiene un lejanísimo parentesco con la escritura ideográfica, mas una vez añadida su carga de inutilidad, la distancia entre lo necesario y lo que no sirve para nada, se hace tan grande, que la considero entre las primeras de las Artes Mayores. ¿No opina lo mismo, doctor?

—Mi querida amiga, no es mi opinión lo que interesa, sino la suya.

—¿Y no le *interesa* que a mí me *interese* conocer su opinión, doctor? ¡Sería muy poco galante de su parte dejarme hablar y hablar sin intervenir!

—Eso es precisamente lo que deseo, señora. Y empiezo a pensar que se le ha acabado la inspiración. ¿Cómo juzga usted la Poesía?

—Paralela en méritos a la Pintura, aunque un tanto más inútil todavía. ¿Qué quiere decir, o para qué sirve decir:

Mi corazón, como una sierpe
se ha desprendido de su piel,
y aquí la miro entre mis dedos
llena de heridas y de miel?

»¡Oh, doctor! Ni el corazón tiene una piel como la de las serpientes que se la cambian cada temporada como las modas de las mujeres, ni los ofidios ni el corazón acostumbran a impregnarse del zumo de las abejas; ni hay hombre que pueda contemplar víscera tan delicada entre las manos: pues si estuviese vivo moriría en el intento; y si muerto, no podría contemplarla. ¡Y sin embargo este poemilla de García Lorca es arte puro!

»Queda, por último, la Música. ¿Qué mayor inutilidad que unir unos ruidos con otros ruidos que no expresan directamente nada y que pueden ser interpretados de mil distintas maneras según el estado de ánimo de quien los escuche? ¿A quién alimenta eso? ¿A quién abriga? ¿A quién cobija? ¡A nadie! La Música es la más inútil, biológicamente hablando, de todas las Artes y, por ello, por su pavorosa y radical inutilidad, es la más grande de todas ellas; la menos irracional, la más intelectual, la más espiritual, la más humana, en tanto que esto signifique superación de los seres inferiores. Porque lo cierto es que hay quien entiende, ¡equivocadamente, claro está!, por «humano...».

Alicia se detuvo y se sonrojó:

—¡Ah, doctor, estoy hablando como un ser pedante e insufrible! Discúlpeme. No quiero hablar más.

—La he llamado precisamente para que conversemos —insistió el doctor.

—Estoy tan avergonzada de mi charlatanería... que ahora desearía ser «mutista», como mi compañero de mesa en el desayuno.

—¿Un tal Rosendo López? —preguntó el doctor.

—No. Mi vecino de mesa se llama Bocanegra, o algo parecido, y me ha escrito una nota diciendo que «no habla porque no le da la gana».

—Ése sí que es un *verdadero* enfermo —comentó el doctor—. ¡Un *verdadero* enfermo!

Y al punto se arrepintió de haberlo dicho, porque indirectamente había insinuado que ella no lo era. Y afirmar eso sería tanto como engañarla.

—Me estaba usted diciendo qué es lo que se entiende y lo que no debe entenderse por «humano».

—La gente equivoca este término y entiende por «debilidades humanas» lo que en realidad son «debilidades animales». Lo humano, por el contrario, es lo que supera a lo animal: lo que está por encima de lo que hay en nosotros, de fieras.

—Me dijo usted antes, señora de Almenara, que el silencio no existía... ¡He aquí un tema que me gustaría escucharla!

—¿Me va usted a tolerar seguir parloteando, doctor?

—La voy a provocar a seguir hablando.

—Pero, doctor, me avergüenza el concepto que va usted a formarse de mí. ¡Yo nunca he sido charlatana!

—¿Y si le dijera que además de conocerla *clínicamente* me interesa conocerla intelectualmente?

—¡Me sentiría muy pedante, doctor Arellano! Me gusta tener cierto sentido de la medida.

—Expláyese mejor. ¿Por qué afirmó antes que el silencio no existía?

—Por puro sentido de la observación, doctor.

—Explíqueme eso con cierto detalle.

—Muchos afirman —comenzó Alice Gould con aire distraído y distante— que el hombre ha matado el silencio. Es muy injusto decir eso, porque el silencio ¡no existe! A veces huimos de la gran ciudad para escapar del bullicio, pero no hacemos sino trocar unos ruidos por otros. Cuando se acercan las vacaciones, deseamos *conscientemente* cambiar de ocupación: la máquina de calcular, por la bicicleta; o la de escribir, por el arpón submarino. También de un modo consciente deseamos cambiar de paisaje: la ventana del inquilino de enfrente por la montaña, el campo o la playa. Pero de una manera *inconsciente*, lo que anhelamos, sin saberlo, es cambiar de ruidos: el bocinazo, el frenazo, el chirriar de las máquinas, las radios del vecino, por otros menos desapacibles como el rumor del viento entre los pinos o la honda y angustiada respiración del mar.

—¿Considera usted al mar como un ser vivo?

—¡Naturalmente, doctor! La tierra no es un planeta muerto. Y el mar ocupa las tres quintas partes de la tierra... o... o algo parecido. Y, además, se muere y hace ruido. ¡Todo lo que vive lleva el sonido consigo!

—Me sorprendió usted, señora de Almenara, desde que entró por esa puerta; sería injusto negarle que mi sorpresa va de aumento en aumento. No obstante, sigo creyendo que la total soledad se aproxima mucho al silencio.

—No, doctor. No hay bosque, por oculto y lejano que se halle, por tranquilo que esté el aire que lo envuelve, que no tenga su propio idioma sonoro. ¿Usted no ha oído hablar a los árboles? ¡Todo el mundo los ha oído hablar! No se sabe bien qué es lo que se escucha, qué es lo que suena. No hay arroyos en las proximidades, no hay pájaros, no hay insectos, y las copas están quietas. Con esto y con todo, hay un pálpito indefinible, indescifrable. Se dice entonces que se oye el silencio. Es una manera de decir porque lo cierto es que «algo» se oye... mientras que el silencio es inaudible.

—No se interrumpa, señora. Estoy embobado escuchándola.

Animada y halagada por la admiración que despertaba en el doctor, Alice Gould, prosiguió:

—He aquí una palabra, «silencio», que el hombre ha inventado para expresar una realidad que no ha experimentado jamás, para describir lo que nunca ha conocido: porque todo en él y alrededor de él es un cúmulo de mínimos estruendos. Y la voz que sonó una vez no se pierde para siempre. La vibración de la onda sonora se expande y aleja, pero permanece eternamente. Esta conversación que estamos teniendo, doctor, existirá en el futuro en algún lugar lejano.

—¿Quiere usted decir que toda palabra es eterna?

—Es una simpleza lo que digo. No hay nada de original en ello, puesto que está probado. La curiosidad insaciable del hombre creó grandes ojos (los telescopios) para ver más allá de lo que la vista alcanza. Ahora ha creado grandes orejas (los radiotelescopios) para captar los ruidos del

Universo. Y he leído que aún se oye el sordo clamor de la primera explosión: la que fue origen de la creación del mundo y de la fuga de las galaxias. ¡Antes de esto, sí existía el silencio! ¡Y se acabó! ¡No hablo más! ¡Me ha forzado usted a expresarme ex cáthedra, pedantescamente! Ha conseguido avergonzarme. ¡Me siento muy ridícula!

Quedó mudo el doctor y observó descaradamente —entre compadecido y admirado— a aquella singular mujer, inteligente, sensitiva, fina, atacada de una enfermedad aún sin diagnosticar.

—¡Oh, doctor, le he aburrido; estoy segura de que le he aburrido! ¿No me responde, don César?

—Después de sus admirables palabras sobre el silencio, respéteme usted, señora de Almenara, que me recree recordándolas.

Estuvo callado mucho más tiempo de lo que Alicia hubiese querido.

—¿Le he molestado en algo, doctor?

—Sí. ¡Cállese!

Al cabo de unos segundos, preguntó:

—¿Puedo retirarme?

—¡¡No!! —fue la respuesta desabrida de César Arellano.

Y, en seguida, añadió disculpándose:

—He dicho «no»... porque me faltaba preguntarle si necesita usted algo... y si yo puedo proporcionárselo.

—Sí, doctor... ¡Míreme! ¡No estoy acostumbrada a andar vestida así! Ello me deprime. He visto a algunos residentes, correctamente vestidos: tal vez exageradamente bien vestidos. Yo no aspiro a tanto. Quiero, sencillamente, no estar disfrazada de lo que no soy: un chulo de barrio, un hortera de pueblo. ¡Quiero vestirme de mí misma! ¡Claro que no quiero galas ni elegancias sofisticadas! Pero, eso sí, vestirme con cierta armonía, de acuerdo con las circunstancias en las que estoy... y... y... recuperar mis objetos de tocador.

—Cuando suba usted a su cuarto se encontrará con sus objetos personales. Sólo le ruego que se vista usted con cierta discreción.

—¡Oh, doctor! ¿Es cierto lo que me dice? —exclamó con gran alegría.

—Un momento... un momento... ¡No quiero precipitarme! ¿Quién dio la orden de...? En realidad haré todo lo posible para que recupere usted sus cosas... en cuanto hable con el doctor Ruipérez. ¡Vamos, señora, no vale la pena de que se afecte tanto por haberme desdecido! Me precipité en decirle que sí, impulsado por un gran deseo de complacerla. Mañana proseguiremos nuestras conversaciones.

—Esto que hemos hecho hoy, ¿se llama psicoanálisis?

—¡No! ¡En absoluto! Yo no usaré esa terapia con usted; ni siquiera la hipnosis; salvo que me lo ordene el doctor Alvar. Pretendo simplemente conocerla... y que usted me conozca, hasta confesarme voluntariamente su secreto, que intuyo que no está alveolado en su subconsciente, sino flotando libre y alegremente en su consciente. ¿Me equivoco?

—Zona *rastrillai*...

—¿Qué quiere decir eso?

—Zona acotada..., en ruso.

—Hábleme de su secreto.

—¡Vedado de caza!

—Bien, señora de Almenara. Es usted una mujer... «modélica»... ¡Qué expresión más torpe! Es usted una mujer admirable: ésa es la palabra: digna de admiración, y con una personalidad cautivadora. Me siento realmente satisfecho de haberla conocido. Sólo lamento... el sitio... y la ocasión.

—Doctor, ¿qué dije antes para que usted se enfadara?

—No me enfadé con usted, Alicia, sino con el hecho de que... sea usted tan perfecta y que a pesar de ello... ¡Bien! ¡Me callo! Algún día se lo diré.

Cuando la paciente hubo salido, el médico anotó unas palabras en un bloc. A las que añadió con gesto malhumorado: «¡No es usual ver a los ángeles en el infierno!» Mas en seguida lo tachó porque se avergonzaba de haberse dejado fascinar, cautivar, por la belleza, el encanto y la rara personalidad de Alice Gould.

D

«EL ASTRÓLOGO» Y «LA DUQUESA»

CRUZÓ ALICIA la gruesa puerta de acero —a la que ya para siempre denominaría «la frontera»— y observó que en la «Sala de los Desamparados» había mucha menos gente que en los minutos que precedieron al desayuno. La mayoría de los pacientes paseaban por el parque. Las cristaleras que comunicaban con el exterior estaban abiertas, y a través de ellas se veía deambular a los reclusos en pequeños grupos o en solitario. Afuera brillaba el sol.

En el interior no quedaban más que una veintena de enfermos y dos «batas blancas». Allí continuaban «el Hombre de Cera», de pie, inmóvil y con la cabeza levantada, como una cariátide de piedra que sostuviera con su frente un capitel; varios «solitarios» que rumiaban sus penas, bien caminando o bien sentados, y una pareja cuya visión hirió, primero, sus pupilas, y después su compasión. «La Niña Oscilante» estaba sentada en el suelo, de cara a la pared, en el mismo sitio en que la vio por la mañana, y moviendo su cuerpo de uno a otro lado, como la vez primera. Junto a ella, y en su misma postura, «el Mimético» le acariciaba la cabeza con gran ternura e, impulsado por su tendencia irresistible a imitar los movimientos ajenos, se balanceaba él también. Pero no lo hacía con afán de burla, como un simio en su jaula, sino simplemente llevando un compás cual si él y ella escuchasen una misma música imaginaria.

Era una escena dolorosamente delicada y tierna.

Alejada de ellos, Alicia buscó un asiento y se quedó observándolos. No era la única persona que hacía lo mismo. «El Hombre Elefante», sentado cerca de ellos, les contemplaba también. Su inmenso corpachón no cabía en una sola silla, de modo que utilizaba dos para mejor acomodo de sus inmensas posaderas. Tenía este hombre de común con «el Hombre Estatua» su tamaño y su forma piramidal: puntiagudo por arriba y anchísimo por abajo. Más que caídos, los hombros de ambos parecían derrumbados: la distancia entre el pescuezo y el límite en que nacían los brazos era ingente y en forma de ladera muy pina. Sus tórax eran estrechos, pero enormes sus abdómenes y aún más sus caderas, de las que nacían dos piernas anchas como columnas y faltas de forma, de tal suerte que los tobillos eran tan grandes como los muslos. Se distinguían en el tamaño de la cabeza, que era mínima en «el Hombre Estatua o de Cera», y regular en «el Elefante». Y sobre todo, en la expresión. El inmóvil absoluto carecía de ella; el rostro del inmóvil relativo, por el contrario (a pesar de su boca abierta, por cuyas comisuras caían hilos de saliva, y de sus ojos abombados y torpes) sí decía algo. Alicia pensó que los dos padecían una misma enfermedad endocrinológica, glandular, y una dolencia mental distinta o en diverso grado de desarrollo. Las miradas de ambos gigantes eran fijas. Pero la del «de Cera» estaba asentada en la nada. Y la del «Elefante» —¡Alicia se conmovió al comprenderlo!— en «la Niña Pendular». La suya era una mirada amorosa. ¿Lasciva? ¿Tierna? ¿Compadecida? Era difícil precisar estos matices que por ventura no cabrían en la mente del «Elefante»..., pero, en cualquier caso, era la suya una mirada hechizada, cautivada, por la pequeña. ¡Una mirada de amor! Alicia, al comprenderlo, sintió una congoja infinita que le subía del pecho a los ojos. Era demasiado triste haberlo comprobado. Súbitamente el gigante comenzó a agitarse y, haciendo ímprobos esfuerzos, se puso de pie, y dio un paso al frente para mantener el equilibrio y no caerse.

Rómulo —«el Niño Mimético», que no era tan niño, aunque lo pareciera— dejó de acariciar a «la Oscilante», y de un salto se puso de rodillas, alzó el busto, levantó los brazos, colocó sus manos en forma de garras, enseñó los dientes y comenzó a rugir. Parecía talmente un joven leopardo. Pegaba pequeños saltos sobre sus rodillas, al par que avanzaba las garras amagando un ataque que no llegaba a realizar.

«Es seguro que habrá visto a un gato acorralado hacer esos movimientos —se dijo Alicia—. O, tal vez, a una fiera salvaje por la televisión.»

A cada ademán amenazador del pequeño, se producía un movimiento convulsivo en el gigante: un ademán de miedo. Al fin, inició la retirada lateralmente. Sin dejar de dar la cara a su enemigo, salió al parque, por la abierta cristalera y, con la poca agilidad que su torpeza le permitía, emprendió la fuga.

Alicia quedó anonadada. ¿Había visto realmente esta escena o todo fue una alucinación? Se propuso dibujarla: ¡grabarla en su mente y dibujarla! «La Niña», entretanto, ajena a todo aquel duelo de celos, de la que fue causa desencadenante, basculaba, basculaba; no cesó de bascular.

La paz volvió al rostro del pequeño Rómulo —pequeño de cuerpo, pequeño de miembros, pequeño de facciones— tan súbitamente como le llegó la cólera. Fue la suya una tempestad automáticamente calmada. «*Automáticamente* —pensó Alicia—: he aquí una palabra que seguramente pertenecerá al vocabulario de la psiquiatría.»

No bien volvió Rómulo a acariciar la frente y la cabeza de la que creía su hermana, se levantó y buscó con ojos ávidos una «bata blanca». Se acercó a la enfermera.

—Mi hermana se ha hecho caca —dijo simplemente.

La mujer se acercó a la chiquilla y la ayudó a ponerse en pie. Los excrementos le resbalaban bajo las faldas hasta los calcetines. Le dio la mano y tiró de ella con suavidad. La niña, obediente al impulso ajeno —pues era de las que carecían de impulsos propios conscientes—, la siguió.

Alicia adivinó que su propio rostro dejó traslucir una sucesiva muestra de sentimientos: sorpresa, compasión, asco, interés y un mudo homenaje admirativo por la abnegación de las enfermeras. Y dedujo que su rostro expresó todo esto al verlo reflejado en el del joven Rómulo, que, plantado descaradamente frente a ella, la contemplaba... y la imitaba.

Sonrióle Alicia, y el chico le sonrió. Contemplóle en silencio, penetrando en sus ojos. Él hizo lo propio.

—Eres muy guapo chico.

—Mi hermana es muy guapa también. Y tú también. Y la Castell también. Los demás son todos feos.

—No todos. Hay un muchacho de tu misma edad, que se parece mucho a ti. Y que es muy majo.

—Yo no le conozco.

—¿No le has visto nunca?

—No.

Rómulo negaba, no ya su parentesco, sino la realidad misma de su hermano gemelo. ¿A qué oscura corriente de su espíritu pertenecería esta aberrante obstinación? ¿Era sincero al ignorar la existencia de aquel otro muchacho de su misma sangre, que se parecía tanto a él como a una fotografía su duplicado? En este caso, la aberración era intelectual: su desviación, manaba de la mente. ¿Era insincero, y conocía que allí —a pocos pasos— vagaba un ser que compartió con él el claustro materno y, aun sabiéndolo, se obstinaba en negarlo? De ser así, la malformación morbosa de su personalidad pertenecía a los sentimientos. ¿Y cuál de ambos males era más pavoroso? ¿Qué siniestra jerarquía de malignidad se llevaba la palma del horror: la ruina de la inteligencia, de donde mana el conocimiento, o de la voluntad, donde anidan los afectos?

Pensaba en esto Alice Gould cuando súbitamente se oyó una voz desapacible y aguda. Pertenecía a una mujer que era la viva imagen de la extravagancia, y que descendía en este instante por la escalera hablando a gritos.

—¡Hala, hala! ¡Todo el mundo fuera de mi vista! —decía—. Estoy harta de vuestras innobles presencias, y vuestra falta de higiene, y vuestras zalemas estúpidas, y vuestras conversaciones insípidas, y vuestros pensamientos lascivos, y vuestras miradas serviles, y vuestras conductas deshonestas, y vuestras falsas promesas, y vuestras almas de esclavos, y vuestra falta de clase, y vuestra ignorancia, y vuestras pretensiones, y vuestra miseria, y vuestra cobardía, y de los abusos que cometéis en mis despensas, y en mis cuentas corrientes, y en mis ganados, y en mis tierras, y en mis ajuares, y en mi vestuario, y en mis cofres de joyas y...

(«¡Qué capacidad enumerativa!», pensó Alicia, admirada de tanta locuacidad.)

—He dicho que no quiero ver a nadie, pues vuestras miradas me ensucian; vuestras palabras me aburren; vuestros pasos me hieren los oídos; vuestros movimientos me irritan, y vuestra sombra me contamina. ¡Fuera todo el mundo he dicho...!

Lo asombroso para Alicia es que fueron muchos los que la obedecieron mas no por acatar sus órdenes —como supo más tarde— sino por huir de su logorrea; pues ni los locos podían sufrir sus excesos locuaces cuando rebrotaban sus crisis. Sólo los paralíticos permanecieron indiferentes donde estaban.

Era una mujer de unos ochenta años. Iba inimaginablemente disfrazada de... de nada. Llevaba un turbante en la cabeza, compuesto con una gruesa toalla de felpa. Se había anudado una sábana al cuello, de suerte que le caía por las espaldas como una esclavina de largo vuelo, que le dejaba a la vista la parte frontal del cuerpo; cubierto éste con otra toalla atada a la cintura a modo de minifalda y un sujetador colorado, que apenas oprimía la flaccidez de sus pechos. Una pierna estaba cubierta con una media de malla, de las que usan las cabareteras de los tugurios, y la otra no. Los zapatos, de altísimo tacón, era lo único de su indumentaria que hacían juego entre sí y con el sujetador, pues también eran escarlatas. Su atuendo era una mixtura extravagante de césar romano, ayatollah persa, odalisca oriental y fulana de Montmartre.

—Lo dicho no va para usted, señora de Almenara —dijo dirigiéndose a Alicia, cuyo verdadero nombre ya conocía, como el de todo el mundo—. Sé muy bien que no es usted de los Almenaras de Córdoba, que son todos bastardos; ni de los Almenaras de Toledo, que son judíos; ni de los de Valencia, que son nietos de corsarios; ni de los de Murcia, que se dedicaban a la trata de blancas, y aun de negras, pues en sus prostíbulos había no pocas moriscas; sino de los Almenaras de León, de sangre real, emparentados antaño con los Fernán González y hoy con los Calabria, los Pignatelli y los Osuna. Sea bien venida a mi casa y espero que la pandilla de gamberros que la pueblan no le sea excesivamente molesta. Son criados viejos, algunos sirvieron al Gran Duque, y aunque me huele que están todos medio locos, no me avengo a echarles por aquello del «*Honni soit qui mal y pense*», que en latín quiere decir «*in dubio pro reo*», y en castellano viejo: «¡A los perros, longanizas!» Por cierto que el chiquillo que estaba con usted es de lo mejor de esta casa. Tiene sangre de reyes por la rama bastarda. ¿Le ha tocado usted la oreja? ¿No? Hubiera podido comprobarlo por sí misma. ¿Me permite que le toque la oreja? ¡Ah, querida, querida, eso la desmerece mucho a mis ojos! Alguna abuela suya se tumbó en el tálamo de un rey, a espaldas de la reina; lo pasó en grande, sin duda, porque los orgasmos de los reyes son orgasmos reales; ¡pero la dejó a usted tarada para siempre! ¡Toque mis orejas! Yo no poseo esa adiposidad en el lóbulo izquierdo que usted tiene, al igual que lo tiene Rómulo, que es descendiente, por la mano izquierda, del primer rey de Roma. Yo vengo de la rama legítima de los Zares de Rusia, y aunque mi abuela se acostó con Rasputín, no dejó huellas. Lo siento, señora de Almenara, pero le cambiaré la habitación que le tenía reservada, y le pondré a su servicio una azafata bien distinta a la que pensaba. ¡Pedro! ¡Pedro Ivanovich, ven aquí!

Se precipitó hacia «el Hombre de Cera», y lo trajo ante ella a trompicones, tirándole de las manos.

—Le corté la lengua cuando era joven, por decirme palabras deshonestas. Desde entonces me obedece como un robot. Mire usted: le pongo una mano en la nariz y otra en el colodrillo. ¡Pedro! ¡No te muevas! Y como usted ve, me obedece. No todos son así. El resto, además de locos, son revolucionarios, aunque a decir verdad todo significa un poco lo mismo. ¿No piensa usted que sig...?

En esto abrieron los comedores; la máquina de palabras se interrumpió, y echó a correr hacia el olor de la comida. El almuerzo fue un puro martirio, y no porque el condumio dejara mucho que desear, sino por el insoportable protagonismo de aquella individua insufrible, que no dejó de hablar, dar órdenes y pronunciar discursos, arengas y soflamas. Afortunadamente para ellos, sus vecinos inmediatos de mesa eran oligofrénicos profundos y no se enteraban, pero eran muchos los que comenzaron a dar señales de agitación, como contagiados por aquel aluvión de palabras que, sin perder del todo la coherencia, era difícilmente inteligible, porque eran más las ideas que acudían a su mente que el tiempo obligado que requería la pura fonética de las palabras para poder ser expresadas.

—El viernes, que es día de visitas, puesto que es sábado, vendrá a verme el duque de Plymouth, que es un Saxo-Coburgo Gotha, de los Gotha del almanaque, compuesto en papel de Holanda, que es una ciudad de los Países Bajos, donde estuve de niña, cuando todavía se jugaba al diábolo, que es un cucurucho de goma que se lanza a las nubes, y si se las toca las hace llover, y el mar se crece y se mete en esos países, que se llaman así porque están más bajos que el mar, y se inundan todos los días de lunes a viernes, menos los fines de semana, en que ponen unos diques para que no se mojen los quesos y los molinos de viento, y las mujeres puedan ir a misa para casarse con los obispos, porque allí acostarse con un obispo no está mal visto como aquí, que somos unos retrógrados y unos ignorantes. De modo que espero que os bañéis desde hoy mismo tres veces al día, para no oler como hoy, a hienas, que es el reptil que peor huele, porque se alimenta de cadáveres y de excrementos. De modo que dejad por un día de comeros unos a otros y gritemos ¡Viva el Zar! ¡Esclavos: brindad por el Emperador! Y decidme —añadió, abriendo su túnica y desenlazando la toalla que le servía de minifalda— si mis carnes no son las de una muchacha de veinte años a pesar de haber cumplido los veintiocho. ¡Tocad, tocad mis muslos y mis pechos y decidme si no son dignos de un Saxo-Coburgo Gotha!

Los enfermeros —¡al fin!— se la llevaron colgada de las axilas: Alicia aún la oyó gritar: «¡Mueran las hienas! ¡Viva el Emperador! ¡Tocad, tocad mis carnes, esclavos, y comparadlas con las de vuestras concubinas!»

Sus piernecillas escuálidas, llenas de sabañones y necrosis, pateaban al aire y exhibía impúdicamente a los comensales sus braguitas coloradas, por entre cuyos bordes se escapaba en las ingles un vello lacio y canoso.

La visión de esta vieja decrépita, pintarrajeada y ridícula, llevada en volandas por los loqueros, la afectó profundamente.

—Debe usted comer algo, Alicia. Los días aquí son muy largos.

Era la voz de Ignacio Urquieta. «Sí, sí debía comer algo, aunque fuera esforzándose.» «No era bueno dejarse dominar por sus impresiones.»

—Dígame, señor Urquieta: ¿Está permitido subir a la habitación libremente? Después de comer... desearía descansar.

—También está autorizado pasear por el parque. Hoy hace un día espléndido y puedo permitirme el lujo de invitarla a dar un paseo. No todos los días podré, ¿sabe?

Alicia no quiso averiguar la causa por la que aquel hombre joven, fuerte, de grata conversación y bien educado, podría pasear unos días sí y otros no. Prefería ignorarlo. Se comprendía incapaz de almacenar tantos horrores.

Apenas concluyó de almorzar, subió lentamente la escalera para refugiarse entre las cuatro paredes de su dormitorio sin techo. Se detuvo en el rellano y miró hacia abajo.

¡Dios, Dios, sólo hacía diecisiete horas que había ingresado y le parecía un siglo! Comprendió lo que era ese extraño vocablo «alopsíquica», con el que los psiquiatras adjetivan la desorientación en el tiempo y en el espacio. La segunda modalidad no temía que la alterase nunca, pues bien sabía dónde estaba, y nunca lo olvidaría; pero comprendió el riesgo de llegar a no saber qué día era, ni qué hora, ni qué mes, ni qué año. Y eso es exactamente lo que le aconteció al despertar de una siesta profundísima y paradójicamente muy poco reparadora. El salto de tigre del

«Niño» encelado, la baba cayendo de la boca abierta del «Elefante» enamorado, la tristeza infinita —que no tenía nada de cómica y sí de patética— del señor de las lágrimas, el gnomo de las grandes orejas sobándole los muslos, las braguitas rojas de la vieja que se creía joven; el mutismo del hombre que no hablaba porque no quería; el aquijotado de la gran nuez y los ojos alucinados, y como un calmante o un sedante la voz equilibrada de Ignacio Urquieta pidiéndole permiso para sentarse a su lado... ¿Todos esos recuerdos de cuándo eran? «¿Es posible —se dijo— que todo eso haya ocurrido hoy? ¿No hace ya una semana de ello? ¿Y la conversación con el doctor Arellano cuándo fue?»

Sintió como un mareo —«¡un mareo alopsíquico!», se dijo, para sí, riendo— al considerar que aún no habían transcurrido veinticuatro horas desde que un hombre y ella, detenidos junto a la gran verja de entrada, bromearon acerca de lo que significaba cruzar «la Puerta del Infierno».

—No te preocupes —le dijo él—. No hay ningún cartel que diga «Lasciate ogni speranza».

Estaba dispuesta a descender al parque cuando decidió que le sería muy útil reconsiderar su situación. ¿Hizo bien en hablar con el médico con la franqueza con que habló?

Las palabras de Montserrat Castell —«¡No intente engañar al médico al menos de un modo consciente!»— la habían impulsado a ser muy veraz: a comportarse tal cual era en realidad.

No estaría de más —se dijo— hacer cada día examen de conciencia y recapitular acerca de los dos objetivos por los que se encontraba en el manicomio: fingir una psicosis y descubrir al autor de unas cartas y probablemente de un asesinato. Nadie iba a medicarla mientras no llegara el doctor Alvar. Toda la terapia que le aplicarían sería repetir —ignoraba con qué frecuencia— sus gratísimas conversaciones con el doctor del pelo blanco, los lentes de oro y el corazón probablemente de lo mismo. Entretanto, debería escuchar, atender, observar y eliminar.

Nadie podría echarla del hospital mientras Samuel Alvar no regresara. Y cuando éste volviera, ya se encargaría de prolongar su estancia hasta que la investigación estuviese concluida. Samuel Alvar era su cómplice. Samuel Alvar era el único que sabía con certeza que ella era una mujer totalmente sana. Samuel Alvar era quien le había aconsejado que se fingiese paranoica. Samuel Alvar era íntimo amigo de su cliente —también médico— Raimundo García del Olmo. Samuel Alvar le había prometido su colaboración para facilitarle cuantos datos necesitase respecto a los sospechosos. Samuel Alvar, Samuel Alvar, Samuel Alvar... Su nombre era como un quiste que de día en día crecía en su cerebro.

Fue un gran acierto el de este hombre haber escogido la modalidad paranoide para su fingimiento de enferma mental, ya que cuantos padecen este mal son razonadores; muchos de ellos inteligentes y suelen cumplir a la perfección las obligaciones propias de sus oficios o profesiones. De otra parte, los paranoicos no muestran más síndromes de anormalidad que los relacionados con su delirio particular, de modo que no se vería obligada a simular la euforia del maníaco, ni la pavorosa tristeza del deprimido, ni la absurdidad del esquizofrénico, ni la idiocia del demente.

Alicia no servía para actuar de payaso. No se imaginaba pegando saltos histéricos ni fingiendo crisis de furia. Y se congratulaba de poder conservar —salvo las mínimas excepciones obligadas— su propia personalidad.

En relación con Montserrat Castell, su actitud no había precisado fingimiento alguno salvo su reiteración de que ella «no era una enferma» (lo cual de otro lado era cierto) y que estaba «legalmente secuestrada», lo que, a lo largo del tiempo que durase su investigación, debía ser el *leitmotiv* de la interpretación paranoica de su reclusión. También había exagerado en alguna de sus reacciones como cuando tiró el mechero al suelo o cuando juró por tres veces que nunca más se dejaría arrebatar por la cólera. En todo lo demás había sido sincera con ella. La muchacha le pareció llena de encanto y de bondad, era lindísima, y se sintió instintivamente deseosa de acogerse a su protección ante el misterio y las incógnitas y los sinsabores de este mundo desconocido en el que había penetrado. ¿Qué le importaba, entretanto, aparecer como normal ante las personas cuya compañía más le agradaba? Éstas, por ahora, eran tres: Montse Castell, el doctor César Arellano e Ignacio Urquieta, el de la misteriosa y —para ella— desconocida enfermedad.

Cuando descendió, «el Hombre de Cera» se mantenía en la misma postura en que le vio por última vez. Apiadado de él, Alicia le cambió las manos de sitio, y supuso que la nueva posición sería menos incómoda. Pasó sin mirar junto al trío formado por «la Niña», «el Cachorro de Tigre» y «el Elefante», y se internó en el parque.

Un hombre —pantalón de pana, boina calada hasta las orejas, grandes botas de goma— regaba unas plantas. La saludó al pasar.

—No quieri usté ná con los sus compañerus —le recriminó con cordialidad y acento muy pronunciado de Asturias o Santander.

Alicia se acercó a él.

—Es que soy nueva. Y sólo conozco a muy pocos.

—Ya sé que usté es la nueva, ya... Pero no se amilane por esu. Aquí hay mu buena gente. Yo soy amigu de tos.

—¿Es usted el jardinero?

—Llámanme Cosme, el Hortelanu. ¿Y usté, cuál es su gracia?

—Alicia.

—Un nome mu curiosu. ¿Gústanla las flores?

—Me gustan las flores. Pero no tengo lo que llaman «mano verde». ¡Las flores que siembro no salen nunca!

Rió el Hortelano, enseñando al hacerlo dos únicos dientes en sus encías descarnadas, y le prometió enseñarle cuándo era la época para cada semilla y el modo de regarlas y cuánto tiempo debían exponerse al sol y cuánto guardarse a la sombra.

—Cada oficiu tié su cencia —sentenció—. Pero hoy no

puedu acompañarla, porque estus esquejes que ve ahí, andan muertines de sed. ¡Hala, siga usté paseando y ya sabe aonde tié un amigu!

(Ignoraba Alicia hasta qué punto estas palabras se convertirían en proféticas.)

Se acercó en ese instante Montserrat Castell. Quedó admirada Alicia del ascendiente que la joven y bella psicóloga tenía entre los reclusos. Eran muchos los que se acercaban a ella, la piropeaban o la saludaban de lejos como a una visita grata e inesperada.

—La acompaño a usted hasta el bar —le dijo a Alicia la catalana.

—¡Ignoraba que hubiese un bar! —exclamó Alicia.

—Es un bar de «cocas», «fantas» y zumos. Pero con barra, mesas, juegos, tabaco y golosinas. El hospital está muy bien atendido desde que contamos con un director como el que tenemos.

—¿Samuel Alvar? —preguntó Alicia interesada.

—¿Le conoce usted, Alicia?

—Tenemos amigos comunes —respondió ésta vagamente.

La tomó Montserrat del brazo y comenzaron a pasear. Ante las preguntas insistentes de Alicia, que quería saberlo todo, enterarse de todo y ponerse al día, Montserrat le explicó que desde hacía muy pocos años el régimen del hospital era «abierto». Eso significaba que los enfermos tenían derecho a moverse con relativa libertad por el edificio y por el parque. Quienes querían se asentaban en el «bar», organizaban sus partidas de dominó, brisca o parchís, o paseaban charlando por el jardín, o se perdían por la zona de monte, que era muy grande, o asistían a las sesiones de terapia ocupacional, o trabajaban en los grandes y múltiples talleres de laborterapia, verdaderas miniindustrias, en las que se fabricaban diversos objetos que más tarde se vendían, y por cuyo trabajo los pacientes no dejaban de percibir un salario muy variado, según sus aptitudes y su rendimiento. La libertad se extendía hasta poder salir del sanatorio —y trasladarse en autobús a algún pueblo de las cercanías—, lo que era muy solicitado sobre todo en las fiestas de tales pueblos, en los que había bailoteo, lanzamiento de cohetes e incluso corridas con becerras. Esto era la norma general; pero las excepciones eran muchas también.

Quienes estaban sometidos a observación, pendientes de diagnóstico —tal era el caso de Alicia— no podían salir al exterior; tampoco los recluidos por orden judicial, si así lo especificaba la notificación de ingreso. Y carecían de libertad para moverse fuera del edificio los encerrados en las unidades especiales. Éstas eran de diversa clase. La más dura era la de los demenciados; la menos severa, la de quienes padecían recaídas, brotes virulentos de su dolencia mental: crisis, en definitiva. «El Soñador», que Alicia había conocido antes del desayuno, acababa de ser encerrado en una de ellas, donde —sometido a una rigurosa vigilancia y a una medicación adecuada— permanecería hasta la desaparición de sus delirios oníricos. La «maníaca» de grandezas que había armado el alboroto en el comedor, también acababa de ser encerrada en una de estas unidades. Los amigos de los apodos la denominaban «la Gran Duquesa de Pitiminí»; y a la unidad en que los metían cuando les brotaban sus crisis, «el Saco».

El grado de demenciación de los encerrados en «la Jaula de los Leones» era tan alto que, si no se les vestía, vagaban desnudos por sus aulas o patios interiores; si no se les llevaba la comida a la boca, no se alimentaban; si no se les metía en la cama, no se acostaban; si no se conseguía de ellos el «reflejo condicionado» de hacer sus necesidades a horas fijas —para lo cual era necesario sentarlos en la taza de los excusados y limpiarlos— se defecaban y orinaban encima, y algunos jugaban, o se embadurnaban con sus detritos, o se comían sus propios excrementos.

Comentó con horror Montserrat Castell que sólo diez o quince años atrás, a este tipo de locos, una vez encerrados, se los abandonaba a su suerte: «se les echaba» de comer como a las fieras: el más fuerte devoraba los alimentos de los demás, a los que sólo permitían lamer los restos. Y a los furiosos se les ataba con una argolla a otra argolla en la pared o a los hierros de su catre. La mortandad era altísima, o bien porque se mataban unos a otros, o bien porque morían de inanición o se golpeaban el cráneo contra las paredes. En los anales del hospital —en 1891— se registró un caso de necrofagia —un recluso se comió un cadáver— y como la experiencia le gustó, atacaba a dentelladas a los otros enfermos para comérselos vivos. Hubo que abatirle a tiros desde el exterior, a través de las rejas. Y sólo entonces se atrevieron los cuidadores a penetrar en el pavoroso recinto.

Hoy día, por fortuna, ya no era así. Un enfermero, por cada cuatro recluidos, los lavaba, vestía, alimentaba y acostaba. Había algunos bancos con correas —como los cinturones de seguridad en las naves aéreas— donde se ataba a los furiosos durante sus accesos, y los psicofármacos modernos habían revolucionado las terapias tradicionales.

No todos los absolutamente demenciados iban a parar allí: sólo los antisociales, los peligrosos y los agresivos. «La Niña Oscilante» —de la que Alicia habló a Montserrat con gran ternura— estaba totalmente demenciada, pero no era agresiva ni antisocial y convivía con la comunidad.

Montserrat Castell reiteró sus elogios del «ausente» director, Samuel Alvar, por haber sido él quien inició las reformas del hospital.

—Es un magnífico organizador —comentó Montserrat— y un gran teórico en psiquiatría. Ahora bien: como clínico es muy superior don César Arellano. Los diagnósticos y pronósticos de este último tienen fama de infalibles. Estamos llegando a «la Jaula de los Leones», Alicia. Observe usted a los dos dementes asomados a las ventanas.

El espectáculo que vieron sus ojos era digno de lo que en Francia llaman Gran-Guignol: teatro de esperpentos, comedias cortas de terror: flashes escenificados, sin otra intención artística que provocar el pánico entre *les petits bourgeois*. El gnomo de las grandes orejas se dedicaba a provocar a los encerrados en el pabellón de furiosos. Asomados a las ventanas —ventanas abiertas y a metro y medio del suelo, de las que no sería difícil escapar— dos locos, en el colmo de la furia y el paroxismo, pegaban gritos agudos estridentes, amenazantes, dirigidos al palpador de nalgas ajenas. Éste, frente a ellos y desde el parterre, daba cabriolas, gesticulaba grotescamente, se revolcaba por el suelo y hacía gestos obscenos con el solo intento de encender su cólera, como lo haría un niño insensato frente a una jaula de panteras hambrientas y de reciente cautividad. Los «profundos» o «demenciados» rugían —¡literalmente rugían!—; enseñaban los dientes, todo el cuerpo fuera de las ventanas.

—¿Cómo es posible que no tengan rejas? —preguntó asustada Alicia.

—El director las ha prohibido —respondió la Castell.

Ante la cruel provocación del tonto chepudo y la ira creciente de los furiosos, Montserrat comentó:

—¡Voy a avisar a los enfermeros!

—No, por favor, no me deje sola. Tengo miedo. Esos hombres pueden saltar y despedazarnos a todos.

—No lo harán.

—¿Cómo puede afirmar usted que no lo harán?

La explicación que dio Montserrat dejó maravillada a Alice Gould.

—Porque... no saben —explicó la Castell.

—No saben... ¿qué?

—Ignoran —continuó Montserrat— que para escapar de la unidad de demenciados les basta con alzar una pierna, sentarse en el alféizar y dejarse caer metro y medio. No se les ocurre; su cerebro no da para tanto. Carecen de impulsos para ello. Un perro, un gato o cualquier otro animal allí encerrado y con las ventanas abiertas se escaparía, pero ellos tienen menos inteligencia que los bichos. ¡Es triste comprobarlo! —comentó Montserrat mientras los observaba.

Dos enfermeros salieron entonces del bar y caminaron a buen paso hacia «el Gnomo». Éste, apenas los vio venir, echó a correr. Lo hacía en líneas quebradas, a una velocidad increíble para su cuerpo deforme, y alternando la carrera con grandes saltos. «Algún día se va a matar», oyó Alicia comentar a uno de los batas blancas.

Los rugidos de los demenciados se prolongaron un buen rato... pero más sosegados, como tormenta que se aleja y el trueno ya sólo se escucha como un lejano rodar.

Un loco con cara de loco —pues muchos que lo eran no lo parecían— y que estaba deseando entablar conversación con Alicia desde que la vio a la hora del desayuno, se acercaba haciendo muchos aspavientos y gestos de cortesía. Era el que ella bautizó como «el Quijote» o «el Aquijotado» cuando le vio por primera vez.

—El que se acerca —comentó Montserrat— es un tipo interesante. Procure usted no llevarle la contraria en nada. De otro modo sería peligroso. Pero si le sigue usted la corriente, le jurará eterna amistad.

—¡No me dejará usted sola con él!

—Sí, Alicia, la dejo sola. ¡Debe usted ir acostumbrándose!

—A por usted vengo —comentó el de la gran nuez, dirigiéndose a Alicia y al mismo tiempo que Montserrat se alejaba—. No es justo que una «nueva» ande sola sin que un caballero se ofrezca a acompañarla. Se llama usted Alicia, ¿verdad? Yo soy Sergio Zapatero, aunque me llaman «el Astrónomo». Cuando la vi pensé que era usted una «bata blanca», pero sin bata, porque se ve a la legua que no pertenece al resto del ganado. Cuando yo ingresé, todos creyeron que era un médico en prácticas, por la misma razón.

Alicia quedó no poco aturdida ante su falta de autocrítica. Si el grado de locura de las gentes se midiera por su aspecto, este gallo era el más loco del corral: andaba como si bailara un rock and roll; gesticulaba como si pronunciara una soflama; la nuez de su cuello subía y bajaba por la laringe como un ascensor borracho; y sus ojos de alucinado fosforescían con el fulgor de la trascendencia. Pero sus palabras eran educadas y corteses. Y perfectamente coherentes.

—Se preguntará usted —añadió el loco— por qué un

hombre como yo está encerrado aquí. No me importa decirlo. Cuando descubrí la teoría de los nueve universos, mandé una comunicación a la NASA, y ésta a través de la CIA me hizo detener.

—¡Qué injusticia! —exclamó Alicia—. ¿Y por qué?

—Porque ellos estaban a punto de descubrir lo mismo, y les faltaban los últimos cálculos; las últimas pruebas. Y no querían que me adelantara. Cuando esos cabrones, dicho sea con perdón, se hayan apuntado el tanto, me dejarán en libertad. Pero no lo conseguirán, porque aun aquí, pienso adelantarme a ellos. Estoy ultimando todos los cálculos.

—Pero... ¿no los tenía ya concluidos cuando envió la comunicación a la NASA?

—Sí. Pero, al ingresarme aquí, comenzaron a tratarme con la cura de sueño y se me olvidaron todos. Y cuando cesaron de medicarme, volví a empezar. Y a punto estaba ya de reconstruir todo el sistema cuando volvieron a tratarme. Y vuelta a olvidárseme. Pero ahora ya va la definitiva. ¿Usted entiende de alta matemática?

—Me temo que no —respondió Alicia.

—¡Entonces —comentó él con profunda incongruencia— lo comprenderá mejor!

Miró a uno y otro lado con mucho misterio, para no ser visto de nadie; extrajo un cuaderno de su bolsillo, y lo hojeó ante los ojos maravillados de Alice Gould. Con una letra diminuta y de varios colores, millares de operaciones, quebrados, raíces cúbicas, logaritmos, cantidades elevadas a la enésima potencia, números de treinta cifras con once decimales, e ilustrado todo ello con figuras geométricas, rosas de los vientos, distancias intergalácticas expresadas con gráficos, curvas, líneas quebradas, y extrañísimos guarismos. De vez en cuando, en recuadritos adornados con orlas y con perfecta grafía se leían breves sentencias contundentes: «*En el Universo no hay derecha ni izquierda*»; o bien: «*Einstein estaba perturbado. Euclides tenía razón.*» O bien: «*La línea recta no existe. Todo es curvo.*» Y, como queda dicho, rodeados —dibujos y marbetes— de infinitud de ecuaciones, operaciones, signos y grafismos... sin excluir el abecedario griego.

—Y dígame, Sergio. ¿No se marea usted de tanto pensar?

—¡Claro! ¡Casi todos los días caigo redondo, como muerto! Pero mi cerebro no deja por eso de funcionar. Y cuando me recupero, mis cálculos han avanzado muchísimo.

—Lo malo es si le practican la cura de sueño...

—¡Si me aplican esa terapia se va todo al carajo (dicho sea con perdón), y tengo que volver a empezar! Pero soy tenaz, no crea usted. ¡Muy tenaz! De no ser así, ¡ya habría perdido el juicio!

El edificio de la cafetería antialcohólica era uno más, de un pequeño barrio de otros iguales: tarugos de madera, en forma de paralelepípedos a los que se ascendía por tres tablones que hacían de peldaños. Los otros tarugos correspondían a viviendas de hombres y de mujeres seleccionados entre los enfermos más pacíficos y sociables que vivían en forma de comunidad, alternándose en las faenas de la casa, como en una familia.

Sergio Zapatero explicó a Alicia que todo aquel centro urbano enclavado en el inmenso parque fue iniciativa del doctor Samuel Alvar, del que también hizo grandes elogios.

—Tiene mucho sentido social —dijo—. La gente no le quiere porque... simpático, lo que se dice ser simpático... ¡no es! Pero los que tenemos algo aquí dentro (y se palpó la frente con el respeto de quien roza un amuleto) le apreciamos en lo que vale.

El llamado «bar» tenía más parroquia que una taberna de pueblo el día de la patrona. Muchos fumaban, pero Alicia observó que para encender el cigarrillo debían pedir fuego a un «bata blanca». Quienes tenían permiso para usar mechero o poseer cerillas —como Ignacio Urquieta— eran muy pocos. Alicia se dio cuenta de que la clientela se comportaba con mucha urbanidad. Si no fuese por los aspectos físicos de algunos —cuya deformación interna se veía claramente reflejada en su exterior— no habría diferencia alguna con cualquier establecimiento similar. Solamente un contertulio de una de las mesas se comportaba desabridamente cual si estuviese borracho —cosa imposible, pues no se vendían bebidas alcohólicas—, pero los demás le toleraban, como toleran los amigos al compañero que ha ingerido unas copas de más. La presencia del ciego tampoco debía ser cómoda para sus vecinos de mesa, a causa de su increíble movilidad: sacudía la cabeza como una coctelera, mordía los objetos con saña, balanceaba su bastón indiscriminadamente, golpeando (sin desearlo, mas también sin evitarlo) a los que estaban más cerca; y todos le aguantaban y hasta le ayudaban a sentarse y levantarse cada vez que salía o entraba —pues repitió en seis ocasiones lo mismo— del bar al parque y del parque al bar.

Sergio Zapatero —aunque obsesionado con sus cálculos astrales— era gentil y correcto. Alicia le escuchó sin pestañear el ladrillazo astronómico que le soltó, porque intuyó —e intuyó bien— que esta prueba era inevitable pasarla algún día. Y que no había cristiano en todo el manicomio, por analfabeto que fuese, que no hubiese sido víctima auditora, alguna vez, del obseso del espacio.

—¡Mire usted aquí! —le dijo, señalando la página 102 de su cuaderno y donde acababan las operaciones—. ¡Sólo me falta una línea para concluir! Deseo hacerlo con toda mi alma... pero me da tal miedo demostrar lo que ya sé, que no me atrevo a terminar. Quiero y no quiero. Y, ante la duda, empiezo un nuevo cuaderno. Ya tengo ochenta y seis.

—¿Ochenta y seis cuadernos?

Muy orgulloso de haber despertado la admiración de Alicia arqueó de nuevo repetidas veces las cejas en señal de suficiencia, pero tan rápidamente y con tanta movilidad que Alicia pensó que se le iban a escapar de la frente.

—Señor Zapatero —le dijo Alicia—, ¿me permite que, a partir de ahora, le llame Maestro?

—¡Se lo ruego! —respondió modosamente «el Astrólogo»—. ¡Son muchos los que me llaman así!

El doctor Arellano, acompañado de una asistenta social distinta a Montserrat, penetró en el establecimiento. Se acercaron ambos a la barra. Al abrirse paso entre las mesas, el médico saludaba a cada uno por su nombre.

—Hola, Carlitos, ¿cómo van las cosas?

—Doztor, doztor... Mu bien, doztor... Sólo que m'a salido un tumor mu grandísimo aquí. —Y se señalaba una clavícula.

—Hola, Teresiña...

—Hola, don César...

—Dios te guarde, Armando, ¿cómo va eso?

—¿Cómo va a ir? ¡Como siempre! ¡Si tuviese un cuchillo me rebañaría los ojos!

—Salud. Bienvenido... ¡Hala, hala, no te levantes!

Pero éste se levantó y siguió al doctor hasta la barra:

—Zurrato Yapé Turunil —le dijo.

—Sí, sí. Ya estoy enterado —respondió el médico—, pero ahora déjame, que estoy trabajando con la señorita Artigas.

—Aloruno, fumiyato ratita, taraxeta —suplicó el amigo Bienvenido.

—De acuerdo. Tienes toda la razón. Mañana me lo cuentas en la consulta. Ahora, vuelve a tu mesa.

—Maestro —preguntó Alicia—. ¿En qué idioma habla el Bienvenido ese?

—En ninguno. ¡Es un loco que cree haber inventado una lengua nueva!

Movió la nuez al compás de sus pupilas con más agilidad que un malabarista sus trebejos. Y el inventor de los Nueve Universos sentenció:

—¡No hay locos más locos que los inventores!

Al regresar al edificio grande, tuvieron que pasar de nuevo ante «la Jaula de los Leones». Los dos demenciados profundos, que antes rugían ante las befas del gnomo de las grandes orejas, seguían acodados a sus ventanas, medio cuerpo fuera, oteando la lejanía, en la misma dirección por la que huyó su burlador, cual si desearan verle aparecer de nuevo y tener así ocasión de probar la potencia de sus pulmones y sus gargantas.

Al cruzar Alicia y Sergio junto a ellos, uno de los dos emitió un chillido agudo, en dos tonos, como la voz discordante de un ave nocturna. Tal vez fuese un saludo en honor de «la nueva».

El sol en la raya del horizonte iniciaba su ocaso. En ese instante Alicia cayó en la cuenta de que se cumplían veinticuatro horas de su ingreso en el hospital.

E

LOS TESTS

«¡ALMENARA A CONSULTA!», fue la primera voz que oyó tras el desayuno del segundo día. Sintió un gran alivio por la opotunidad que le brindaban de volver a cruzar «la frontera», y, apenas lo hubo hecho, exclamó:

—Celebro encontrar a la bella aduanera en la puerta.

Rió Montserrat, agradeciendo el cumplido. Y le dijo:

—He sido encargada por el doctor Arellano de hacerle a usted los tests.

—¡Va usted a aprender demasiadas cosas malas de mí! ¿En qué consisten?

—Test de inteligencia, de conocimientos, y de aptitudes; uno suplementario, en el que el doctor tiene especial interés: el test de personalidad, y unas pruebas elementales para confirmar que carece usted de trastornos psicomotores y de lenguaje, o desorientación alopsíquica.

—¿Y todo este instrumental necesita usted para mí?

En efecto: el despacho de Montserrat estaba abarrotado de cuestionarios, grabados, dibujos y hasta juguetes.

—La mayor parte de todo este arsenal es inútil para un caso como el suyo... pero...

—«¡Para un caso como el mío!»... ¿Cuál cree usted que es mi caso, Montserrat?

—Eso lo dirán los médicos. Yo no soy más que una simple

amanuense. Quiero decir que aunque muchas de estas pruebas no tienen conexión alguna con sus aptitudes y su personalidad, le interesará saber para qué sirven... y hasta haremos una pequeña picardía... que es examinar al paciente por el que tenga usted mayor interés, caso de que eso le entretenga.

—¿De verdad podremos hacer eso?

—Hablaremos de ello cuando llegue el caso. Comencemos: dígame usted su apellido.

—Gould.

—Repita usted: ocho y tres.

—Ocho y tres.

—¿Qué ve usted en este grabado?

—Una vaca que pace en el prado y un hombre que se acerca a ella con un cubo en la mano, supongo que para ordeñarla, pues tiene las ubres llenas. Hay una colina lejana, dos nubes y tres pájaros volando.

—Repítame usted esta frase: «Mamá llega a casa.»

—Mamá llega a casa.

—Bien, ahora señale usted primero su nariz, y después una rodilla.

Alice Gould hizo lo que le indicaban.

—Bien, Alicia —rió Montserrat—, acabamos de hacer un gran descubrimiento: ¡Su edad mental es superior a los tres años!

—¿Hay alguien en el sanatorio —preguntó Alice, sorprendida— que no hubiese sabido contestar a eso?

—Muchos, querida, muchos. ¿Tiene usted interés en que hagamos la experiencia con alguno?

—Con «el Hombre de Cera».

—Imposible: no habla... y no se mueve: su cociente intelectual es nulo.

—Con los gemelos Remo y Rómulo.

—Bien. Voy a llamarlos. Rómulo pasará la prueba, pues tiene seis años mentales. Remo no la pasará. Su edad quedó congelada a los tres. Su coeficiente mental es muy bajo. ¿Los llamo?

—No, Montserrat. Me daría demasiada pena comprobarlo. Siga usted.

—Daré un pequeño salto: ¿puede usted decirme tres palabras que rimen entre sí?

—Jamón, pasión, león.

—¿Podría usted repetirme lo mismo, con rimas algo más difíciles?

—Agua, enagua, Managua...

—¿Más difíciles?

—Demonio, Antonio, plutonio.

—Mire usted esta frase: «Pescar muelle va a Romualdo al obladas.» ¿Podría usted reconstruirla correctamente?

—Supongo que podría decirse: «Romualdo va al muelle a pescar obladas.»

—¿Qué significa «abstruso»?

—Difícil, complicado, oscuro.

—¿Inefable?

—Lo que es tan «abstruso» (por repetir la palabra de antes) que no existen palabras para definirlo: es una mezcla de «indecible e inexplicable».

—Dígame usted el alfabeto al revés.

Alicia cerró los ojos. Comentó que aquello era menos sencillo de lo que parecía, e intentó la prueba.

—Z, y, x, w, v, t, s, r, q, p...

—¡Vale, vale, no hace falta que siga! Le confesaré, Alicia, que no estoy siguiendo un orden riguroso de los tests tradicionales; e, incluso, en el ejercicio que vamos a empezar ahora, introduciré preguntas por mi cuenta. Se trata de que automáticamente y sin meditarlo, diga usted una palabra sugerida por otra que previamente le haya dicho yo. Por ejemplo: ¿Signo de interrogación?

—Cisne —respondió Alice Gould.

—¿Ferrocarril?

—Paisajes nuevos. Pero, Montserrat... ¿cree usted realmente que esto sirve para algo?

—Le contestaré con otros ejemplos. A la palabra interrogación, una internada contestó: «Sexo de hombre en reposo.» Es evidente que esta mujer tenía una obsesión sexual, que después se confirma con otras respuestas de la misma persona; pero también un sentido plástico, pues atendió a «la forma» del signo de interrogación más que a su interpretación de duda, pregunta o cuestión. El intérprete de ese texto habrá anotado, por tanto, respecto a aquélla: «Obsesión sexual y sentido plástico.» Y de usted: «Sentido plástico y estético», puesto que también ha sido inspirada por la forma, pero la ha aplicado a un animal bello y armonioso. Contésteme a esto: «Cisne.»

—Nieve —respondió Alice Gould.

—En usted se confirma el sentido plástico, pues es la extraordinaria blancura del color del animal la que le sugiere otro elemento igualmente blanco. Pero a esta misma pregunta un residente respondió: «Agonía»: lo cual sugiere, en primer lugar, que no era un ser inculto, pues conocía aquello del «canto del cisne» que precede a su muerte, y, en segundo término, «vivencias catastróficas, pesimismo, destrucción».

—Empiezo a entender... —murmuró Alice Gould.

—Pero insisto que esta impresión ha de ser confirmada por la misma constante en otras respuestas. Y que, en definitiva, estos tests no sirven como auténticos diagnósticos, sino como elementos coadyuvantes para elaborarlos, o como confirmación de que han sido bien hechos. Sigamos:

—¿Sol?

—Vida.

—¿Sombra?

—Muerte.

—¿Muerte?

—Luz.

—¿Coito?

—Maternidad.

—¿Caballo?

—Lealtad.

—¿Hombre?

—Seguridad.

—¿Hembra?

—Oveja.

—¿Mujer?

—Montserrat.

—¿Enfermedad?
—Crepúsculo.
—¿Salud?
—Mediodía.
—¿Duda?
—¡Hamlet!
—¿Tesón?
—¡Churchill!
—¿Armonía?
—¡Rosa!
—¿Arte?
—Inutilidad sublimada.
—¿Manantial?
—Nacimiento.
—¿Mar?
—Llegada.
—¿Dios?
—Padre...
—¿Cristo?
—Camino.
—¿Orgasmo?
—Glándulas.
—¿Ley?
—Orden.
—¿Orden?
—Equilibrio.
—¿Sonido?
—Vida.
—¿Movimiento?
—Vida.
—¿Vibración?
—Vida.
—¿Psiquiatría?
—Ciencia inexacta; terapéutica dudosa.
—¿Locura?
—Conflicto entre el yo real y el anhelado.
—¿Mariposa?
—Belleza efímera.

—¿Excremento?

—Exceso.

—¿Ejército?

—Paz.

—¿Guerrillero?

—Guerra.

—¿Paz?

—¡Libertad!

—¿Libertad?

—¡Dignidad!

—¿Dignidad?

—¡Deberes y derechos!

—Ahora, Alicia, un pequeño bachillerato: muy elemental, por cierto. ¿Capital de Finlandia?

—Helsinki.

—Nómbreme tres filósofos.

—Sócrates, Aristóteles, Platón.

—Que no sean griegos.

—Descartes, Kant, Schopenhauer, a quien, por cierto, no hubiera debido citar.

—¿Por qué?

—Ese gran majadero dijo que las mujeres éramos animales de pelos largos e inteligencia corta. ¡Pero eso no lo ponga en el test, por favor!

—Nómbreme cinco músicos.

—Wagner, Beethoven, Schubert, Bach y Falla.

—Cinco pintores.

—Velázquez, Goya, El Greco, Ribera, Picasso.

—Que no sean españoles.

—Matisse, Van Gogh, Watteau, Rembrandt, Rubens.

—¿De qué trata Fausto?

—Del drama de quien quiere ser eternamente joven.

—¿Qué es el Deuteronomio?

—Uno de los libros del Antiguo Testamento.

—¿Por qué el calzado se hace de cuero?

—¡Qué pregunta más singular! ¡Supongo que porque el cuero es flexible y resistente! Pero que conste que hay ajorcas de madera y alpargatas de lona y zapatillas de gamuza. Yo creo que esa pregunta encerraba una trampa, o estaba mal hecha.

—¿Qué haría usted si se encontrara con un sobre cerrado, llevando también el sello y la dirección?

—Abrir el sobre y leer su contenido.

—¿Se atrevería usted a hacerlo?

—¡Usted no me ha dicho que el sobre no fuera dirigido a mí!

—Tendré que decirle eso al señor Wechsler.

—¿Quién es ese caballero?

—El autor del test.

—¡Pues dígale que no estoy dispuesta a que se me rebaje ni un punto por una pregunta que está mal formulada!

Vino después el test de razonamientos aritméticos, con problemas tan elementales y sencillos que Alicia, que se autoacusaba de equivocarse siempre en las cuentas, los resolvió con facilidad; más tarde la repetición de series de cifras en directo y al inverso y, por último, el test de semejanzas.

—¿En qué se parecen una naranja y un plátano?

—En que ambas son frutas.

—¿Y un huevo y una castaña?

—En que son comestibles.

—¿Y un tornillo y una cigüeña?

—En que tienen peso, forma y volumen. ¡No veo en qué otra cosa pueden parecerse!

—Aquí tiene usted varios dibujos defectuosos. Dígame qué anomalía les encuentra.

—A este niño le falta una oreja, a este caballo le sobra una pata; esta casa tiene ventanas, pero no puertas; el humo de este barco debe ir en dirección opuesta a la marcha, máxime no habiendo viento, pues, en caso contrario, estaría agitado el mar. ¡Querida Montserrat: este test es para deficientes mentales!

—Exactamente, Alicia. Estamos en un hospital mental: no lo olvide. Lleno de deficientes. Y de lo que se trata es de comprobar experimentalmente que usted no lo es.

Sonrojóse Alice Gould.

«Esa frase que has dicho, debías anotarla en el Libro de Oro de lo que No Debe Decirse», le hubiera amonestado su padre de haberla escuchado. Y en verdad que no estuvo muy afortunada en su exclamación. Era una frase hecha. ¡No había pretendido burlarse de aquella pobre humanidad doliente del otro lado de «la frontera»! Ni mucho menos de los heroicos y meritorios ciudadanos que se dedicaban a estudiarlos, diagnosticarlos y cuidarlos. Ni de la pacientísima técnica, inspirada por la generosidad de esta Montserrat Castell que sin saber si ella era loca o no lo era —«deficiente», en suma— la trataba de igual a igual, y se molestaba en explicarle el porqué de cada pregunta o de cada test. ¡Ah, qué estúpida, qué necia, estuvo al decir esto!

Mordióse Alicia los labios y, muy sofocada, no volvió a hacer comentario alguno; ni al trazar un rompecabezas muy sencillo —los llamados cubos de Kohs— ni al explicar el significado de palabras tan fáciles como «pared», «torre» o «escoba». Cierto que la lista era de cuarenta vocablos y definirlos no siempre resultaba fácil: «relación», «concomitancia», «cóncavo», «vivencia», «trauma», «interioridad», «hipocondríaco».

—Tráceme de memoria el mapa de la península italiana.

—Veamos —dijo Alicia mientras dibujaba—. Italia tiene la forma de una bota de mosquetero. La abertura por donde entra la pierna es la frontera de los Alpes, que la separa de Francia, Suiza y Yugoslavia... ¡Así! Ahora... la caña de la bota, que es casi toda la península... ¡Así...! Aquí el empeine, donde está Cosenza; aquí la puntera, frente al estrecho de Mesina, rematado en un cabo, que creo se llama... ¡No me acuerdo de cómo se llama!; la suela es todo el golfo de Tarento: más o menos, así. Ahora el tacón, donde está Brindisi... Y frente a la puntera, un balón, como en el fútbol, o mejor, como en el rugby, porque no es redondo. Este balón se denomina Sicilia... ¡Ya está! ¡Qué bonita es Italia! ¿La conoce usted?

—Sí. Estuve en los funerales de Juan XXIII, y no vi nada porque me harté de llorar. Sigamos trabajando, Alicia. Hágame ahora un dibujo de un espacio cerrado y otro de uno abierto. Usted misma elija los temas. Tómese el tiempo que quiera. Yo voy a ausentarme unos minutos.

Trazó Alice Gould el espacio interior de la «Sala de los Desamparados», y dibujó torpemente, pues carecía de este arte y del conocimiento técnico de las perspectivas, la escena que tanto la impresionó del pequeño leopardo humano amagando simulacros de ataque al gigantesco y temeroso «Hombre Elefante».

En el espacio exterior dibujó un jardín en el que había un hombre en una mecedora leyendo *The Times*, con una pipa humeante en los labios y, en su proximidad, una niña de largas trenzas, estudiando. En la mesa en que se amontonaban los libros de texto había un marco conteniendo el retrato de una dama. En un ángulo del cuadro, una cinta negra y una cruz. Y en las proximidades, sauces, parterres, flores y un perrito dormido junto a su amo.

Regresó Montserrat y guardó los dibujos en una carpeta. Después de observarlos atentamente, sugirió:

—Estos dibujos quedan reservados al doctor Arellano, para que los comenten juntos. Y si no está usted muy cansada, vamos a pasar ahora al test de Rorschach. Los psicólogos le dan una gran importancia. ¡De niña tal vez haya jugado a doblar una cuartilla; echar en el doblez unos borrones de tinta —de uno o de dos colores— y frotar por el exterior del papel doblado! La tinta se expande y al desplegar el papel aparece una figura arbitraria y simétrica...

—¡Claro que he jugado a eso! —dijo riendo Alice Gould—. Se trata de adivinar a qué se parece ese dibujo, lo mismo que cuando dos personas comentan a qué se asemeja una nube de formas caprichosas. Y siendo la misma, cada uno «ve» la nube de distinta manera.

—Yo tomaré nota del tiempo que tarda usted en encontrar una semejanza; usted me declara lo que le sugiere y después comentaremos cómo y por qué se le ha ocurrido a usted encontrar ese parecido concreto. Empecemos: aquí tiene usted la primera lámina.

Alicia la estudió.

—Para mí está muy claro —dijo—. ¡Es un ángel con las alas plegadas, quieto; y sus pies descansan en una nube!

En la segunda lámina, Alicia vio un árbol de Navidad con múltiples regalos y velas, y lucecitas encendidas colocadas arbitrariamente... pero con sentido armónico.

En el tercero, dos cachorros de perro frente por frente, olfateándose los morros.

En el cuarto, un tiesto de cerámica valenciana con azaleas florecidas. En los siguientes, el océano fotografiado desde el borde de una playa y dos veleros idénticos cerca del horizonte; una ánfora griega; dos gatos de angora; un sauce; dos cabezas siamesas, unidas por el cráneo y fumando una pipa; y por último —«¡está clarísimo!», confirmó— una caracola de las que, si se aplica el oído, se oye el murmurio lejano y misterioso del mar.

—¿Usted no ve lo mismo que yo?

—¡Nadie ve lo mismo, Alicia!

—No lo entiendo...

—Le leeré las respuestas de «A» y «B», respecto a las mismas figuras: el primero un enfermo con gran tendencia a la agresividad y «B» una mujer con manías de grandeza y obsesiones sexuales. Lo que usted ha visto como un ángel, «A» lo vio como Drácula, con los pies en un charco de sangre, y «B», una diadema de la corona imperial; su árbol de Navidad, para «A» es un cuchillo de monte apuntando hacia arriba y sus velas encendidas salpicaduras de sangre; para «B», en cambio, era el estandarte de un ejército victorioso. Sus inocentes cachorrillos, para «A», eran dos hombres amenazándose, y para «B» dos lesbianas besándose. Sus siameses fumando en pipa, para «A», son dos duelistas de espaldas, con los revólveres preparados, esperando que el juez los mande separarse, andar unos pasos, volverse y disparar; y para «B», es un acto lascivo en triángulo, de dos hombres con una sola mujer. Su caracola de mar, para «A», es una granada de mano —¡de nuevo manchada de sangre!— y para «B» una postura erótica, que ella denomina «amor en tornillo», descrito, según ella, en el *Kama-Sutra*.

—Me temo que ya sé quién es «B» —murmuró Alice...

—Yo no puedo decírselo —aseguró formalmente Montserrat—. ¿Quién piensa usted que es?

—Una vieja insoportable, máquina incansable de incoherencias, que se cree nacida de los cuernos de la Luna, que le gusta disfrazarse y quiere que los demás la soben para comprobar lo duras y jóvenes que están sus carnes.

—Ya sé a quién se refiere usted. Le han puesto como apodo la Duquesa de Pitiminí. Esa pobre mujer fue institutriz de una familia exiliada rusa. Acaba de tener una crisis aguda... y ahora está recluida bajo un tratamiento muy severo. Parece ser que está reaccionando bien. ¡Pronto se pondrá buena!

—¿Es ella la que respondió al test?

—Ya le dije, Alicia, que no puedo decírselo. ¡Y ahora vamos a hacer un poco de gimnasia!

—¿Me está usted hablando en serio, Montserrat?

—Ya lo creo que hablo en serio. Procure usted imitar mis movimientos. Brazos arriba, pies juntos. ¡Uno! ¡Manos a las rodillas! ¡Dos: arriba! ¡Tres: manos a los tobillos! ¡Cuatro: arriba! ¡Cinco: manos al suelo! ¡Seis: arriba! Muy bien, Alicia. No creo que tenga usted problemas psicomotores. Imite ahora todo lo que yo haga...

Hubo flexiones de piernas, cintura, cuello, brazos en aspa, falsa bicicleta... hasta que Montserrat quedó agotada.

—¡Por favor, querida —suplicó Alice Gould—, oblígueme a hacer esto a diario! ¡Me conviene para guardar la línea!

—Basta por hoy: Dígame muy despacio: Trescientos treinta y tres trillones de tigres.

Repitióselo Alicia y comentó:

—Sé un trabalengua en francés... ¡divino! ¿Le interesa?

—¡Me interesa!

La fonética de lo que oyó Montserrat sonaba así: sisonsisúsansisú, susesonsusisisonsisosisonsos.

—Pero ¿qué galimatías es ése?

—Quiere decir: «Seiscientos seis borrachos sin seis perras chicas chupaban sin recelo seiscientas seis salchichas sin salsa.» Pero éste, en inglés, todavía es mejor: «Shiselsishelsondesishor», que si lo escribe usted con su ortografía correcta y separa debidamente las palabras significa: «Ella vende conchas en la playa.»

—¡De modo que tampoco padece usted trastornos de lenguaje!

—¡Me temo que no!

—¡Es usted insoportablemente perfecta!

—¡Créame que lo siento!

Estuvieron cerca de una hora más charlando, comentando, aclarando. Cuando al cabo de este tiempo —y tras las puntuaciones y correcciones necesarias— penetró Montserrat con los resultados en el despacho del doctor Arellano, éste la recibió malhumorado:

—Ya sé lo que va usted a decirme: «Alice Gould de Almenara: Personalidad superior, espíritu exquisito, altamente cultivada. Carece de taras visibles.» ¿No es eso?

—En efecto, doctor —respondió Montserrat muy molesta—. ¡Personalidad superior, espíritu exquisito, altamente cultivada! ¿Quiere que modifique el psicograma sólo por capricho?

—¿Deterioro por la edad?

—¡Su coeficiente queda muy por encima del que le corresponde!

—¿Alguna observación particular?

—Sí. Fuerte influencia de su propia infancia. Gran lealtad al recuerdo de su padre. Y, en su conjunto, cierta inocencia, ¡no sé cómo explicarme!, cierta candidez. Hay en ella algunos rasgos de ingenuidad: de falta de astucia. Pero, por Dios, doctor... ¡nada de complejo de Electra! ¡Adora el recuerdo de su madre! No puede medirse la interioridad de esta señora como lo hubiese hecho Freud... pongamos por caso. ¡No sé si me he explicado bien!

El doctor rompió a reír:

—¿No le gusta Freud, Montserrat?

—Me temo que no.

—Ya somos al menos tres personas que pensamos igual —comentó jocosamente el doctor Arellano.

—¿Tres? —preguntó asombrada Montserrat Castell.

—Sí, tres. Usted, yo... y Alice Gould.

F

LA HISTORIA DEL «HORTELANO»

DURANTE TODOS AQUELLOS DÍAS, Alicia no pudo, sino muy ocasionalmente, cumplir el horario normal de los demás recluidos. Pasaba más tiempo del lado de «allá» de «la frontera» que del lado de acá. Se le hicieron exámenes de orina y diversos de sangre; se le midió la tensión arterial antes y después de las comidas, así como antes y después de un ejercicio violento —previamente programado—; las funciones de su hígado, corazón y pulmones fueron medidas, controladas y sopesadas. Al fin, se le hizo un electroencefalograma.

—Muchas dolencias mentales —le explicaba más tarde don César Arellano— tienen su origen en lesiones o perturbaciones somáticas.

—¿Qué quiere decir «somático»?

—He querido decir que muchas enfermedades psíquicas están producidas por causas fisiológicas: tumores cerebrales, excesos glandulares, número defectuoso de hormonas. Y es muy importante averiguar esto porque, llegado el momento de medicar, lo que es bueno para conseguir una reacción concreta, puede ser perjudicial para la deficiencia o la lesión funcional del individuo. De modo que todas las perrerías que le estamos haciendo a usted tienen una utilidad excepcional para...

—Para almacenar trocitos del alma de Alice Gould —respondió ésta—. Y esperar a que el doctor Alvar recomponga el *puzzle*, a su regreso.

Las entrevistas Almenara-Arellano (tres o cuatro semanales) tenían sin duda un fondo psicoterapéutico. Eran especies de psicoanálisis de otro estilo a los habituales. Pero lo cierto es que se parecían mucho más a una tertulia social o a una reunión entre viejos amigos. Cuando Alicia entraba, ya estaba preparada una bandeja con tetera, pastas y golosinas. Y charlaban de Historia, Religión, Arte, Política, Educación o viajes por países exóticos, por no agotar la lista variadísima de temas. El médico preguntaba, planteaba la cuestión y no intervenía más que para provocar a Alicia a hablar. No era tampoco extraño que fuera él quien tomara la palabra sobre temas muy concretos —sexuales, agresivos, milagros, visiones, alucinaciones—, en cuyo caso hundía la mirada en ella para leer en su alma la reacción que la producía.

A Alicia le gustaba mucho este hombre. Era sin duda un gran médico. Pero también le agradaba el individuo: irradiaba autoridad y su sosiego era venturosamente contagioso. Una tarde que entró en su despacho visiblemente alterada (porque la mujer de los morritos la abofeteó y la llamó «monja sacrílega») se tranquilizó con sólo verle sonreír y sonrojarse. Era realmente sorprendente este fenómeno. César Arellano, con todo su aplomo y su edad y su prestigio, era un tímido congénito y se sonrojaba cada vez que estrechaba su mano.

Una tarde le dijo:

—Hoy, Alicia, va a ser usted quien fije el tema de nuestra charla.

—¿Aunque mis preguntas sean indiscretas?

—¡Aunque sean indiscretas!

—¿Y si son impertinentes?

—¡Aunque lo sean!

—Pues bien, doctor. No me gustan nada esos lentes que usted usa, que le pinchan la nariz y que acabarán dejándole dos marcas o dos llagas junto a los ojos. Debería usar gafas grandes de carey y bifocales, para no quitárselas y volvérselas a poner continuamente, según mire de cerca o de lejos. Y además estaría usted mucho más guapo e interesante.

Rió el doctor Arellano de buena gana.

—¡Le juro, señora de Almenara, que a pesar de mi larga experiencia clínica, nunca he tenido un paciente que osara hacerme esa observación!

—Es que tampoco ha tenido una paciente que le admirara y apreciara tanto como yo —dijo Alicia a modo de disculpa cortés—. Bien. Esto era sólo la impertinencia. Ahora voy con las indiscreciones.

—La escucho.

—Algunos compañeros míos de residencia... me conmueven hondamente; de otros me apasiona su personalidad. ¿Podría usted decirme qué tienen, cuáles son sus males y si son curables o no?

—En algunos casos... sí. Depende de sus preguntas. ¿Quién le interesa más?

—Uno de los niños gemelos que se llama Rómulo. Y «la Niña Basculante», que él cree que es su hermana; y el verdadero hermano, Remo, ¡siempre tan triste!

—Los tres son oligofrénicos, y en tres grados distintos —respondió el doctor—. La niña es idiota u oligofrénica profunda; Remo, imbécil u oligofrénico medio, y Rómulo, leve, o simplemente débil mental. Este último podría llegar a aprender un oficio y ser socialmente recuperable, siempre que no se entremezclen otras complicaciones a su insuficiencia congénita. Su habilidad mimética me preocupa, así como sus crisis de agresividad. De todos ellos, clínicamente es el más interesante.

—¿Por qué, don César?

—Porque su dolencia no es pura. Está entremezclada con otros síndromes de diagnóstico muy difícil. Así como la pequeña Alicia...

—¿Quién es esa Alicia?

—La que usted denomina «la Niña Basculante» se llama Alicia, igual que usted.

—¡No lo sabía!

—Pues bien, esa pequeña que, como le he dicho, es oligofrénica profunda posee, además, síndromes catatónicos. Está perfectamente diagnosticada. Su idiocia es irreversible. No sufre. No sabe lo que es sufrir.

—¡Somos los demás los que sufrimos al verla! —exclamó Alicia—. Me produce una gran pena contemplarla. ¡Y es tan bonita! Su perfil parece el de un camafeo. No es sólo piedad lo que siento por ella, sino una especie de atracción maternal.

—Remo es distinto —prosiguió el doctor—. Su tristeza es verdadera. La imbecilidad que padece no es tan grande como para no conocer y darse cuenta de su invalidez. No entiende lo que ocurre en torno suyo... pero entiende que no entiende. Su doble (es decir, su hermano Rómulo) se mueve, gesticula, habla, ríe. ¿Por qué Rómulo sí, y él, no? La pregunta no se la formula con esta nitidez, por supuesto. Pero es como una perplejidad difusa y latente que le hace sufrir. Por supuesto Rómulo, para él, es un ser excepcional. Un sabio que sabe leer y sabe reír: un superhombre. Más he aquí que Rómulo no le reconoce como hermano. ¡Su ídolo no le mira, no le quiere, le ignora! Y esto es lo que aún no está resuelto en el caso de Rómulo. ¿Por qué ha renunciado a su hermano y lo ha sustituido por la niña oligofrénica? Algo hay en ese chico clínicamente impuro que me impide trazar un pronóstico de su evolución. Lo mismo puede ser recuperable que derivar a tendencias asesinas o suicidas. Nadie sabe eso todavía... O al menos yo no lo sé. Dígame, Alicia, esos tres pacientes ¿son los que más le afectan?

—Sí. Son los que por su edad podrían ser mis hijos... y... a veces siento... ¡oh, no! ¡Es demasiado estúpido lo que iba a decir!

—¡Dígalo, Alicia! No olvide que, mientras hablamos, me está ayudando a trazar su propio diagnóstico.

—¡Le digo que es demasiado estúpido, doctor!

—Sea sincera conmigo. Y dígame qué es eso que, a veces, siente.

—Siento la impresión de que estoy llamada a hacer las veces de su madre. ¡Pero ya le dije que era una necedad!

—¿Por qué?

—Porque mi marido se ha opuesto siempre a que adoptáramos niños normales. ¡Imagínese si le propusiera ahora adoptar a éstos!

Miróla asombrado el médico, y meditó un instante... Fue a decir algo y prefirió callar. ¿Olvidaba esta señora que estaba recluida a petición de su marido, a quien había pretendido envenenar?

—También me interesaría saber —continuó Alice Gould sin advertir el gesto de perplejidad que aún quedaba en el doctor— por qué llora tanto y tan desconsoladamente un caballero que llaman don Luis. Su dolor parece sincero y muy hondo. Cuantos le miran se sienten afectados y contagiados por su pena, cuyas causas deben conocer y que yo ignoro. ¿Qué le ha ocurrido en la vida a don Luis?

—¿Conoce usted, Alicia, la diferencia que va de una neurosis a una psicosis?

—Cuando entré aquí tenía una vaga idea... Por aproximación, imaginaba que la neurosis era algo relacionado con los nervios, y la psicosis con la mente. Pero ahora estoy completamente perdida.

—Pues se lo voy a explicar con el ejemplo de ese don Luis, que tanto le interesa. Este caballero, que es viudo, cometió una felonía de muchos quilates. Tenía un hijo único a quien quería mucho... lo cual no fue óbice para que cometiera con él una de las tropelías más grandes que un padre puede cometer contra su hijo. Éste iba a casarse con una muchacha alemana muy joven y, según se supuso después, un tanto ligera de cascos. Pues bien, don Luis la sedujo, y se la llevó a la cama no una sino muchas veces...

—¡Qué miserable! —exclamó Alicia sin poder ocultar su indignación.

—Se hizo el amante de su futura nuera, a la que dejó preñada. Ella tuvo que acelerar su boda, y, al cabo del tiempo justo, dio a luz una criatura, que todo el mundo considera nieta de don Luis, cuando en realidad es hija suya... ¡y hermana, por tanto, del que toman por su padre!

—¡Me deja anonadada, doctor! El tal don Luis, ni por su físico ni por su modo de comportarse parece precisamente un don Juan, ni un felón. ¡Pero es un perfecto canalla!

—No se precipite en sus juicios, señora de Almenara. No son los aspectos morales del caso los que ahora nos interesan, sino el proceso de su hipotética neurosis.

—¿Por qué dice «neurosis»?

—Porque este tipo de dolencia está siempre provocado por vivencias traumatizantes: es decir, por sucesos reales, no imaginarios, que han acaecido en la historia del sujeto: sucesos, lo suficientemente poderosos como para haber modificado la mente y la conducta de individuos que antes eran normales. El arrepentimiento, el horror de la infamia cometida, la vergüenza de enfrentarse con su hijo injuriado, el pensar constantemente en ello le trastornaron de tal modo que hoy es el pobre diablo enfermo que usted conoce. Pensamos que padecía una depresión reactiva cronificada, y como tal iniciamos el tratamiento, con grandes esperanzas de recuperarlo. Pero el paciente no mejoró. ¡Lo suyo no era una neurosis!

—¿No era una neurosis? ¡Merecía serlo, porque la bellaquería que cometió contra su hijo... era como para traumatizar a cualquiera!

—No cometió infamia alguna...

—¿No considera una canallada, una bribonada incalificable lo que...?

—No. Por la sencilla razón de que es mentira...

—No entiendo.

—Él no tuvo nunca amores con su futura nuera; no le hizo un crío; no engañó a su hijo. La niña que todos consideran que es su nieta... ¡es su nieta en efecto! ¿Me comprende usted ahora...?

—¡Ahhh...! —dijo Alice Gould; y volvió a exclamar «¡ahhh...!», y, al final—: No. No lo entiendo.

—Toda esa historia que él nos contó, puesto que ingresó aquí voluntariamente y no por solicitud de ningún familiar..., ¡es falsa! Él cree que es verdadera. Lo cree a pie juntillas. Pero es una idea delirante. De haber sido cierta, su diagnóstico sería: neurosis, y en su caso *neurastenia*. Al ser falsa, su diagnóstico es *psicosis* y, en su caso, *psicosis depresiva endógena*.

—Me ha dejado usted fascinada... ¡Qué bien me lo ha explicado, doctor! No sólo es usted un gran clínico, como dice Montserrat Castell, sino un gran profesor. A pocas lecciones como éstas, conseguiré doctorarme en psiquiatría.

—Pues aproveche usted mis buenas cualidades docentes —rió don César— y siga preguntando.

—«El Hombre Elefante», doctor, y «el Hombre de Cera» y «el Hortelano»: los tres me intrigan, aunque por razones distintas...

—Los tres, no obstante, tienen una historia común: son seres abandonados. Sus familias los depositaron aquí, como fardos, y jamás los han visitado, ni enviado algún regalo, ni siquiera preguntaron por ellos... en los últimos cuarenta años. Perdón, rectifico: los dos oligofrénicos son más modernos: el que lleva cuarenta años abandonado es «el Hortelano». Ingresó a los veinte; sanó a los veinticinco. Ya ha cumplido sesenta.

—Y al sanar..., ¿por qué no le dejaron libre?

—Ninguno de los actuales médicos trabajábamos entonces aquí. Pero conocemos bien la historia, que es ésta: los padres fueron avisados de que vinieran a recogerle, tal como vinieron a depositarle. Se negaron. Eran gentes modestas, pero no insolventes. Tenían tierras propias y las cultivaban con sus manos. Entonces, como dispone la ley, fue llevado a su pueblo acompañado de un enfermero. A medida que se acercaban al lugar, «el Hortelano» comenzó a sentir una gran agitación, tuvo un acceso súbito de fiebre, vomitó y comenzó a delirar. Con muy buen criterio, el enfermero interrumpió el viaje y tomaron el autobús de regreso. A medida que se acercaban al manicomio, que entonces se denominaba así, la fiebre comenzó a descender, los delirios cesaron y, cuando cruzó la verja de entrada, estaba completamente curado. Tres años después se repitió la experiencia. Esta vez viajó en ferrocarril y, al acercarse a la aldea, quiso tirarse por la ventanilla del tren en marcha. No se volvió a repetir la prueba. Él considera éste su hogar. Y aquí quiere vivir y morir. Cuando falleció su padre, unos sobrinos suyos quisieron alzarse con la herencia. El manicomio intervino en nombre y defensa de su residente. Y éste heredó. Y donó todo su dinero al hospital, alegando que no quería nada de una familia que nada quiso de él; y que le bastaba para sus caprichos superfluos con el salario que recibía como jardinero y cuidador de la huerta. Ésta es, Alicia, la historia de «el Hortelano».

Alice, que había escuchado boquiabierta el relato, no pudo evitar que las lágrimas aflorasen a sus ojos y resbalasen por sus mejillas.

—¡Ah, qué boba soy! —protestó contra sí misma, secándose los ojos.

—Y ahora, señora de Almenara, voy a decirle los trocitos que ya tengo detectados del alma de Alice Gould. ¿Le interesa conocerlos?

Alicia afirmó con la cabeza y le miró expectante.

—Personalidad superior. Espíritu exquisito. Altamente cultivada. Gran lealtad a sus mayores. Deseos de perfección cultural y moral. Sentido de la maternidad. Compasiva frente al sufrimiento ajeno, juicio crítico y autocrítico. Presencia muy activa de su infancia en las líneas actuales de su pensamiento y su conducta, lo que la priva de ciertas defensas para luchar contra maldades ajenas, inconcebibles para ella. Algo altiva, orgullosa; no soberbia. Demasiado segura de sí misma. Excesivamente aventurada en sus juicios, bien que capaz de rectificarlos en el momento mismo en que entienda haber errado. Organismo sano. Gran poder de seducción, que ella conoce y ejerce. Tendencia a mentir o a ocultar algo. Y ahora viene lo más grave de todo: ¡Crasa impotencia de su médico para saber en qué miente o qué es lo que oculta! Pero ¿qué es eso, Alicia? ¿Está usted llorando?

—¡No! —respondió Alice Gould, sin dejar de llorar.

—¡Ahí tiene usted su tendencia a mentir! ¿Puedo saber qué es lo que la hace llorar?

—¡La historia de «el Hortelano»!

—Nueva mentira.

—¡Lloro porque no me gustan sus lentes!

—Otro embuste.

—Lloro... porque tengo ganas de llorar.

—¡Ahora ha dicho la verdad!

El caso es que Alice Gould no sabía interpretar su acceso de lágrimas. Pero el doctor Arellano, sí.

Cuando Alice Gould, un poco turbada, cruzó al otro lado de «la frontera» cayó en la cuenta de que no había preguntado a don César lo que más le interesaba: saber qué enfermedad padecía un hombre aparentemente tan equilibrado como Ignacio Urquieta.

La siguiente entrevista que tuvo Alicia con su médico le reservó una gran sorpresa: César Arellano había prescindido de sus pintorescos lentes de pinza y llevaba unas grandes gafas, con montura de carey. En efecto: ¡estaba mucho más atractivo!

G

LA LLUVIA

CUATRO DÍAS estuvo Alicia sin ver a su compañero de mesa Ignacio Urquieta. Cuatro días solemnemente aburridos, porque el tiempo estaba desapacible y tormentoso, con lo que no podía pasear por el parque; a lo que se sumaba que hubo dos días seguidos de fiesta, con lo que quedaron interrumpidas sus sesiones de psicoterapia con don César Arellano. Y, por añadidura, al faltar Ignacio Urquieta, las horas del yantar se hacían especialmente tediosas, pues nadie hablaba: la tratada con insulina porque se encontraba débil; Carolo Bocanegra, porque no quería, y ella porque no tenía con quién. Con lo que su mesa estaba compuesta por una mediomutista, un falso mutista y una mutista a la fuerza.

Sus investigaciones proseguían por el procedimiento de exclusión. Mas eran tantas las caras nuevas que descubría cotidianamente, que su trabajo se hacía especialmente difícil: unos eran nuevos para ella, simplemente porque las primeras semanas sus ojos sólo se posaban en las personalidades excepcionales, sin que su atención se hubiese fijado en los demás. Otros le parecían «nuevos», porque los días o las semanas precedentes estuvieron recluidos y sometidos a tratamiento intenso, como lo estaban ahora el que soñaba despierto y «la Duquesa de Pitiminí». Otros, en fin, por serlo realmente, cual era el caso de los recién ingresados. Con esto y con todo, las comprobaciones complementarias no podría realizarlas mientras no regresara su cómplice en aquella investigación: Samuel Alvar.

El primer domingo que hubo misa —porque los dos anteriores el capellán se hallaba ausente y no se encontró sustituto—, le dio ocasión de anotar en su memoria algunas observaciones. La primera, puramente visual y de conjunto: su reafirmación de que en un manicomio hay más gordos —radical y definitivamente gordos— que en cualquiera otra comunidad. Mujeres que sobrepasaban los ciento veinte kilos había muchas, y hombres lo mismo. La segunda que (aun no asistiendo a misa ninguno de los oscilantes graves) eran muchas las personas que se balanceaban: que fue una de las cosas que más le llamó la atención el primer día. La tercera, de carácter crítico e intelectual, fue la cortedad de luces y la necedad congénita del capellán, quien pronunció frases que merecían pasar a esa antología de lo que no debe ser dicho, de que tanto le hablaba su padre. Como estas palabras: «aunque algunos, y aun muchos de vosotros, sois como arbolitos, sólo capaces de vegetar...»; o bien, «¡Cuánta impiedad, cuánto vicio entre vosotros que violáis las leyes de un Dios que tanto bien os ha hecho!». La bondad de Dios —pensó Alicia— es inescrutable. Y la justicia divina no es de este mundo, sino del otro. Ella creía firmemente que en un incógnito «más allá» se restablecería la balanza de la justicia. Pero entretanto no podía decirse que aquellos pobres entes —esquizofrénicos, paranoicos, idiotas, epilépticos, ciegos— ¡fueran precisamente unos privilegiados de la Providencia!

La indignación de Alicia al escuchar esta homilía fue tan grande que escribió una carta al obispo de la diócesis denunciando la improcedencia de las frases de este eclesiástico, que carecía de sensibilidad para medir la inadecuación de sus palabras con el auditorio al que iban dirigidas. Cerca de ella, Montserrat Castell, arrodillada (y la cara cubierta por las manos) debía de sufrir, supuso Alicia, tanto como ella al escuchar un sermón tan carente de caridad cuanto de prudencia.

Comenzaron unas monjitas a cantar, y el pueblo fiel a corearlas. ¡Pueblo fiel, sin duda, cuando atendía a tales pastores! Los locos cantaban bien. Sobre el fondo de las voces de las mujeres había dos, muy bien timbradas, de hombre; y una tercera que hacía florituras, entre las pausas, un tanto extravagantes, bien es cierto —pues imitaba instrumentos musicales que allí no había—, pero con indudable buen oído y habilidad. Alicia descubrió que esas intervenciones «extras» correspondían a su amigo «El autor de la teoría de los nueve universos», y que una de las bellas voces timbradas era la del ciego mordedor de bastones, quien —apenas cesó el canto— se salió al exterior a fumar un cigarrillo, aunque regresó, dando trompicones y bastonazos, en cuanto se reanudó la música: ceremonia que realizó media docena de veces. Lo que no acertaba Alicia a descubrir era a quién pertenecía la segunda voz varonil que tanto le agradaba: voz de barítono, profunda, pastosa, excelentemente bien modulada. Cuando la descubrió, no supo si reír o llorar. ¡Quien así cantaba era el Falso Mutista, su compañero de mesa, el que —según propia manifestación expresada por escrito— no hablaba «porque no le daba la gana»! ¡Qué insondables misterios los del alma! Si otras veces quedó aturdida —por la visión de «la Jaula de los Leones» o el salto de tigre de «su niño»—, ahora no acababa de entender que un hombre con aquella voz y excelente dicción, se negara a hablar, pudiendo hacerlo. Recordó Alicia las palabras de Montserrat Castell días pasados, quien la explicó que así como hay *mutistas* que no hablan porque no pueden y otros porque no quieren, del mismo modo había *quietistas* que no se mueven por tener estropeado el cable por donde el cerebro transmite órdenes a los músculos; pero que había otros que no se movían jamás porque no querían. «El Hombre de Cera» pertenecía a la alcurnia de los primeros. Mas había otros «hombres estatuas» que se habían hecho voluntariamente profesionales de la quietud, servidores lealísimos de la inmovilidad.

—Si su parálisis es fingida —comentó Alicia— no están enfermos. Son simples simuladores.

Montserrat replicó:

—¡Claro que están enfermos! Los unos lo son de la mente. Los otros, de la voluntad.

Meditó Alicia estas palabras. Los «quietos» voluntarios ¿intentarían por ventura parodiar a la Muerte —la Eterna Inmóvil— del mismo modo que los niños imitan lo que desean? También los antiguos (esos niños de la humanidad) pintaban sus anhelos. El bisonte y el ciervo de las cuevas de Altamira eran con gran probabilidad una manifestación artística cuya traducción era el hambre. La «quietud» del loco, su inacción, su estatismo, ¿se debería, tal vez, a una imitación de la eterna parálisis del muerto? Pensaba en ello y se le encogía el corazón.

Lentamente, progresivamente, el gran enigma de la locura se iba abriendo paso en su interés y sensibilidad.

Al salir de misa brillaba el sol; las nubes tormentosas habían desaparecido, y vio avanzar hacia ella, feliz, confiado, animoso, a Ignacio Urquieta.

No puede decirse, de manera general, que los muy locos son más feos y los menos locos más armoniosos, pues ahí estaba, para contradecir esta idea, el ejemplo de «Los tres niños», que eran positivamente guapos; sobre todo la joven péndulo que, siendo la más bonita, era la más afectada por la idiotez. Pero sí era cierto que los morros abultados, las frentes minúsculas, las bocas carnosas y abiertas, las orejas voladoras, los pómulos mongólicos —cuando no los cuerpos deformes— abundaban en la comunidad. Y aquellos que no eran feos ni monstruosos manifestaban su deformidad en sus conductas extravagantes, degeneradas o anuladas. Pero Ignacio Urquieta era un hombre tan bien proporcionado en su compostura como en su aspecto. Y Alicia se preguntaba cuál sería su dolencia, qué hacía allí, quién le encerró y por qué causa.

—¡Hace un día espléndido —comentó Urquieta— y está

usted presente: son dos circunstancias que no se han dado nunca juntas y hoy estoy dispuesto a aprovecharlas!

—Le he echado de menos estos días en el comedor —respondió Alicia—. La conversación de nuestros compañeros de mesa no era lo que se dice muy animada. ¿Cómo piensa usted aprovechar las dos circunstancias que dice?

—Invitándola a un paseo corto, antes de almorzar, y a otro en regla por la tarde; fuera del sanatorio y monte arriba.

—¡Aceptado!

—¿Vamos allá?

—¡Vamos!

Se dirigían hacia la lejana verja de entrada cuando Ignacio se detuvo:

—¿Ve usted —le dijo— al hombre vestido de azul, que habla con «el Astrólogo» y con el ciego?

—¿El que lleva corbata?

—El mismo.

—Es un recuperado.

—¿Qué quiere decir eso?

—Que estuvo en «la Jaula de los Leones» muchos años y los médicos consiguieron sacarle adelante. Y esperan curarle totalmente. Está aquí por orden judicial: mató a tres hombres.

—¿Ése... mató a tres?

—Sí, y no es el único «compañero» que ha dejado tres fiambres a sus espaldas. Éste es natural de Bilbao, igual que yo. Era maquinista de la marina. Hizo la guerra en un «bou», y no sé bien por qué acción obtuvo la Medalla Militar Individual. En los años de la posguerra y cuando España estuvo acosada para intervenir en la guerra mundial, un día creyó recibir la orden «de mente a mente» del almirante jefe de la Armada para que matase a dos marineros y a un suboficial, porque eran separatistas vascos. Él, como marino disciplinado, obedeció las órdenes con una frialdad pasmosa, y los degolló uno tras otro. Cuando creyó que iban a condecorarlo y ascenderlo, le formaron un tribunal militar, que le declaró irresponsable y le mandaron aquí. ¡Se lo voy a presentar!

—No, por favor: me da miedo.

Ya era tarde. Habían llegado cerca de ellos. Y los dos videntes los contemplaban avanzar, con ademán de saludarlos, mientras el ciego de la buena voz mordía desesperadamente el puño de su bastón.

—Por fin tengo ocasión de saludar a «la nueva» —dijo amistosamente el triple asesino, tendiéndole la mano—. Da gusto tener entre nosotros a una mujer tan guapa.

—¡Y tan inteligente! —añadió el amigo de los espacios siderales, haciendo reverencias tan extravagantes que parecían cabriolas.

—¿Cómo se encuentra, Maestro?

—¡Mejor que nunca! ¡Estoy a punto de dar la gran campanada entre los astrónomos del mundo!

—Vamos a aprovechar el día dando un paseo —murmuró Alice Gould, deseando alejarse.

Y dirigiéndose al ciego, añadió:

—Le he oído cantar esta mañana. Tiene usted una voz excelente.

El ciego rió halagado, y respondió tartajeando:

—Se... se.. se... a-a-gradece.

Y dio tal bocado al puño de su bastón, que parecía milagroso no se quedara sin dientes.

Se acercaron lentamente hacia la verja. Anhelaba Alicia verse ya al otro lado. Le apetecía mover las piernas, hacer ejercicio, cansarse. Y le agradaba la compañía de Ignacio Urquieta.

—Me dejó usted helada cuando me dijo que el hombre del traje azul había matado a tres compañeros suyos en la Marina. ¡Parece absolutamente normal! ¿Cómo se llama?

—Norberto Machimbarrena.

Ignacio le explicó que cuando ingresaron al tal Norberto, acompañado de dos oficiales de la Marina de Guerra y dos loqueros, su violencia impresionaba incluso a los más experimentados y curtidos: mordía, golpeaba, pataleaba y sus alaridos se oyeron hasta en el pueblo vecino. Hubo que ponerle una inyección y dormirle. Cuando despertó, estaba atado en «la Jaula de los Leones». Creía firmemente que había sido apresado por los gudaris —a cuyos tres espías dio muerte— y que le querían torturar para arrancarle altos secretos militares. Y él prefería dejarse matar antes que traicionar a España. Su violencia era tal, cuando le daban los ataques, que se necesitaban tres enfermeros corpulentos para reducirle.

—¿Cuánto tiempo hace de eso? —preguntó Alicia.

—Más de treinta años. Cinco que permaneció encerrado y un cuarto de siglo que goza de semilibertad. Ahora ya no es peligroso.

—¿Qué enfermedad es la suya?

—Paranoia, que es, por cierto, prácticamente incurable, salvo alguna rara excepción. ¡Y él puede ser una de ellas!

—¿Con qué le trataron?

—Electroshock.

—¿Y qué idea tiene él de por qué está aquí ahora?

—Se ha inventado una historia. Cree firmemente que está en el manicomio cumpliendo órdenes superiores de los Servicios de Información de la Marina, para averiguar si entre los médicos o los enfermos hay separatistas vascos. Pero ya no tiene órdenes de matarlos, sino simplemente de denunciarlos. Eso es lo que dice él.

—¡Menos mal! Lo cuenta usted tan a lo vivo como si lo hubiese presenciado.

—No lo presencié. Yo no estaba aquí entonces.

No hizo Alicia comentario alguno, pero se estremeció al oírle repetir que había otro residente con tres muertes también a sus espaldas: la de su madre, a la que mató a hachazos por creer que se trataba de una serpiente, y la de dos empleados del hospital: una asistenta social, a la que lanzó por el hueco de una escalera (y que fue sustituida por Montserrat Castell), y un enfermero al que acuchilló, confundiéndolos también con animales peligrosos. ¿Sería tal vez el propio Urquieta el protagonista de esta historia? La sola posibilidad de que así fuese y de alejarse con él por aquellas soledades, que ya se entreveían tras las rejas, la dejó sin habla.

—Fue una campesina —comentó él cual si leyera sus pensamientos y quisiese tranquilizarla—. Hoy ya está sana. ¡Es un encanto de mujer! ¿No la conoce usted? Se llama Teresa Carballeira: una gallega muy cordial y agradable.

—¡No será nuestra compañera de mesa! ¡Usted me la presentó con un nombre muy parecido!

—No. Nuestra charlatana compañera se apellida Maqueira. Y no le interesa hablar con los humanos, porque las conversaciones que mantiene con los extraterrestres son mucho más interesantes e instructivas. También es una paranoica.

—Parece tan normal... —murmuró Alicia.

—Todos los paranoicos parecen muy normales —dijo él mirándola descaradamente a la cara.

—Y si la asesina de su madre ya está sana, ¿por qué no la reintegran a su casa?

—No tiene casa. Está sola en el mundo. Y aquí vive bien, acogida a la beneficencia. Tiene un hermano rico que emigró a Argentina, pero éste se niega a hacerse cargo de la homicida de su madre.

Y añadió:

—Algún día... deberá usted contarme su caso, Alicia.

—No sin que me cuente primero el suyo —respondió ella—. Es usted más antiguo que yo y me debe esa prioridad. Dígame, Ignacio, ¿cuál era su profesión antes de entrar aquí? ¿A qué se dedicaba usted?

—Era topógrafo: esos que se dedican a dibujar cómo es un terreno, qué curvas de nivel tienen y esas cosas. Me entretenía porque soy buen dibujante y matemático. Mi gran ilusión hubiese sido ser cartógrafo de la Armada.

Se acercaban ya a la salida cuando se oyó una gran voz que decía:

—¡Urquieta, Urquieta, espere!

Volviéronse. Un enfermero gritó desde lejos:

—¡Urquieta! ¡Tiene usted visita!

Dibujóse una gran alegría en la cara del hombre. Alicia procuró que en la suya no se advirtiese la decepción.

—Perdóneme usted, Alicia; otra vez será...

Y salió corriendo. Sus zancadas eran atléticas, como las de un buen deportista, y sus brazos se movían rítmicos y acompasados cual los de un gimnasta. Antes de llegar al edificio central, se detuvo ante la presencia de tres personas —dos hombres y una mujer— y cayó en brazos del mayor de los varones. Por su vestimenta parecían gentes de la clase media acomodada. Sintió envidia Alicia por el buen corte del vestido de la mujer y, sin mirar más, siguió caminando sola. ¿Qué razón había para que no le devolvieran sus trajes y sus objetos de tocador? —pensó—. ¡Era humillante para ella ir así vestida! La mayor parte de la población hospitalizada eran campesinos y artesanos. Otros, como «el Falso Mutista», don Luis Ortiz (el que lloraba), «el Astrólogo» de la gran nuez y muchos más eran empleados, maestros, delineantes. «La Gran Duquesa» fue institutriz. Y Rosendo López, otro de los mutistas, farmacéutico. Y unos y otros iban vestidos a su aire, pero con ropas propias, según su condición. Y los domingos y festivos procuraban lucir sus mejores galas. ¿Por qué esta excepción con ella?

Alicia meditaba en esto para ocultarse a sí misma el origen de su tristeza, bifurcada en dos direcciones: «la visitante de Ignacio Urquieta iba mucho mejor vestida que ella», y «le hubiera apetecido mucho charlar y pasear con el único residente con el que empezaba a congeniar». La inoportuna llegada de esas tres personas le había aguado el paseo, la charla y el día. ¡Buen domingo la esperaba!

Llamaron a comer. Volvió a repetirse la escena de otros días (aunque más acentuada, porque la gente estaba más dispersa): los que corrían ávidos, dando bufidos de placer ante la idea del rancho que los esperaba; los que avanzaban indolentes hacia el sacrificio que suponía tener que alimentarse para vivir; los que había que ayudar para que caminaran y los que había que forzar, pues se negaban tercamente a dirigirse al comedor. Aquel día Alicia se sumó al grupo de los indolentes. En su mesa —a la que faltaba, como era de esperar, Ignacio Urquieta— la tratada con insulina estaba cada vez más pálida y alicaída. A Alicia le alarmó su aspecto porque ignoraba en qué consistía la dureza de su tratamiento, y le irritó el silencio del gran majadero sentado a su derecha. Cierto que aquel domingo Alice Gould estaba particularmente proclive a la excitación.

—Es una pena que no hable usted —le dijo con sorna—, pues estoy segura de que su conversación sería muy amena.

El hombre enarcó las cejas como si asintiera: «En efecto, mi conversación sería amenísima. ¡Pero ya ve usted lo que son las cosas!», parecía indicar.

—Su voz me conmovió esta mañana al oírle cantar —insistió Alicia—. Y estaría dispuesta a dejarme conmover oyéndole hablar.

«El Falso Mutista» sacó entonces su cuadernillo de hule, garabateado de notas de colores, y escribió: HAY AQUÍ UN INDIVIDUO QUE, SI HABLO, ME ROBARÍA LOS PENSAMIENTOS.

—¡Ah! —exclamó Alicia—. Indíqueme con la mirada quién es... para evitar que me los robe también a mí.

Carolo Bocanegra cerró entonces los ojos y, del mismo modo que se hizo mudo voluntario, fingió, desde ahora, ser ciego. Y de ahí en adelante, cada vez que se cruzaba con Alicia abatía con fuerza los párpados, para no verla. A los postres hubo un incidente. Por ser domingo se mejoraba el condumio habitual con alguna golosina. Y, entre las mejoras, estaba el postre: yemas de Ávila, media docena por cabeza, y por cierto exquisitas. Uno de los falsos inapetentes se negaba a tomarlas. Con infinita paciencia una enfermera se las llevaba a la boca, que él mantenía obstinadamente cerrada. Al fin se tomó la yema. Nueva operación con la segunda, y nueva negativa inicial. Entonces su vecino, que pertenecía a la estirpe de los glotones, se las arrebató todas y las engulló. Cuando el falso inapetente se dio cuenta del expolio, arremetió contra el expoliador, que era un mozo que rebasaba en mucho los cien kilos, y le golpeó con furia, lo que provocó en el agredido un ataque de risa. Y ni siquiera intentó defenderse. Cuanto más pegaba el expoliado, más se reía el gordo. Alicia supuso que la crisis que sobrevino al primero sería de histeria, pues así se llaman esas rabietas entre el pueblo llano, aunque clínicamente no sabía cómo denominarla. El caso es que entre alaridos, pataleos y arañazos a sus captores, fue sacado de allí por dos forzudos enfermeros, probablemente para echarle en el mismo saco que al «Soñador» y a la «Duquesa de Pitiminí».

De súbito, uno de los enfermos comenzó a orinar en un vaso. Era un autista muy conocido porque, aunque andaba siempre solo y rehuía el trato con sus semejantes, saludaba cortésmente a todos con los que se cruzaba, caso que, al decir de los médicos, era rarísimo en un «solitario». Un enfermo cruzó a grandes pasos el refectorio hacia él, pero no llegó a tiempo de evitar que se bebiese la orina.

—¿Qué haces, insensato? —le espetó el «bata blanca».

—Lo hago siempre —respondió el autista relamiéndose los labios—. Es un antídoto estupendo contra las ganas de arrancarse la lengua. Si usted no lo hace acabará mutilándose.

—¿Tienes ganas, dices, de arrancarte la lengua?

—¡Ya no! ¿No ha visto que me tomé el antídoto?

Sentóse pacíficamente. Y no hubo más.

Por la tarde, Alicia salió a pasear. No quería privarse de la caminata en regla que le habían propuesto; y, ya que no podía realizarla acompañada, la haría sola. Se dirigió al portalón de la entrada, por la que circulaban libremente algunos reclusos. El guarda de la puerta le interceptó el paso:

—¿Tienes permiso escrito para salir?

Mordióse Alicia los labios, pues le molestó el tuteo.

—No —respondió—. No lo tengo.

—¡Entonces pa dentro! Y no vuelvas a acercarte por aquí. ¡Hala, aléjate!

Bordeó Alicia el antiguo edificio de piedra por donde ocho siglos antes musitaban sus oraciones los cartujos, y se acercó a una zona todavía desconocida para ella: la deportiva, creada por Samuel Alvar. Había muchas cestas de baloncesto adosadas a una pared, donde los aficionados —con gran diferencia de habilidad o torpeza— trataban, desde una distancia adecuada, de meter el balón en la red. Algo más lejos estaba la piscina, completamente vallada con telas de alambre, tan altas como las que se usan en los campos de tenis. Estaba cerrada y nadie dentro, seguramente por ser la hora de la digestión, ya que el calor apretaba. Cerca de allí estaba la huerta. Cinco o seis hombres trabajaban en ella. Uno de ellos, Cosme, cuya tristísima historia conoció de labios del doctor Arellano. Más allá, monte abierto, monte de pastos, abundante de hierba por las recientes lluvias, y las manchas verdinegras de abundantes encinas.

Se acercó al «Hortelano»:

—¿Qué es esto, Cosme? ¿Trabaja usted en domingo?

—Las lechugas no entienden de domingos. Están pidiendu a gritos que se las saque di aquí.

—Voy a dar un paseo por el monte. ¡Qué bonito y qué verde está el campo!

—Como sigan estas calores mu pronto se agostará.

—Pues voy a aprovechar que aún está verde.

—¡Hasta más ver, Almenara!

—¡Hasta más ver, Hortelano!

Alicia inició con buen ánimo la subida de la pendiente. El campo estaba glorioso. Las últimas lluvias caídas y el sol de ahora limpiaban el aire y daban a los pastos un brillo inusitado. Vio un gazapillo, cruelmente atacado de mixomatosis —al que hubiera podido cazar a mano de haberlo pretendido—, y no pudo menos de reírse ante la mala catadura de un asno, atadas las patas delanteras, que se empeñó en trotar desgarbadamente frente a ella por el mismo camino que pretendía seguir. Continuó ascendiendo la suave ladera en busca de la compañía de unas encinas desperdigadas.

Desde lo alto de la loma se veía la enorme extensión de la finca que fue cartuja hasta la desamortización por Carlos III de los bienes de la Iglesia, y que hoy pertenecía a la Diputación Provincial. ¿Cuántas hectáreas tendría aquello? Los límites eran bien visibles, ya que toda la propiedad estaba cercada de altísimas murallas que protegían antaño la propiedad de los frailes de las rapiñas del campesinado y hoy evitaban que se fugasen los locos. Buscó Alicia la sombra protectora de una encina, y se tumbó en la hierba. La copa del árbol, vista desde esta posición, se recortaba, como un cromo, sobre un cielo purísimo, en el que había una nubecilla aislada que semejaba una hilacha de lino, caída, por descuido, sobre un gran suelo enlosado de azul.

Comenzó a divagar, con talante más lírico que filosófico, acerca de la diferencia que va de ver las cosas desde una u otra posición, ya que, en verdad, la altura semejaba un suelo que ella viera desde el techo; consideró después que esta idea era extravagante, pero no demasiado original, y al fin su atención se fijó de nuevo en la nubecilla. ¿Crecía o menguaba? Uno de sus extremos se fundía como azúcar en un líquido caliente; otro, por el contrario, se hinchaba alimentándose de la humedad dispersa en el espacio. Otra hilacha de algodón apareció cerca de ella, y Alicia se preguntó si llegarían a unirse. Su pensamiento saltaba de aquí para allá, tan pronto fijándose en temas abstractos como observando minucias: una hilera de hormigas portadoras de pesos que quintuplicaban el suyo propio; unas golondrinas fugaces; unas cigüeñas que se posaban en tierra, no lejos de ella; y unas bellísimas mariposas condenadas a procrear seres tan repugnantes como las orugas y los gusanos. «¡Qué falta de proporción —pensó— entre la belleza y la fealdad dentro de una misma familia!» Y de aquí pasó a considerar el drama de los padres sanos que tienen hijos monstruosos y demenciados y que tal vez fuera mucho mejor para ella y para Heliodoro no haber tenido hijos que tenerlos; y que Heliodoro era, en hombre, tan *handsome*, buen mozo, y bien formado, como aquella mariposa, en insecto, fina, bella y delicada. La varonil belleza de Heliodoro no era óbice para que pudiera engendrar hijos vesánicos y repulsivos, como el jorobado de las orejas de pantallas de radar, del mismo modo que la linda mariposa procreaba gusanos. Al fin, sus pensamientos —fugitivos hasta ahora y voladores— se posaron y aquietaron en un objeto solo: su marido.

Realmente estuvo muy torpe al no confesarle la verdad.

¿Qué necesidad tenía de decirle que había de irse a Buenos Aires a investigar la falsificación de un testamento? ¿Por qué no informarle de que necesitaba recluirse en un manicomio para investigar un crimen? Cierto que él, en circunstancias normales, hubiera considerado absurdo ese propósito. ¡Pero, tratándose de su amigo García del Olmo, habría sin duda aceptado! Y ese domingo estaría allí, de visita con ella, tumbados bajo esta encina, contándose sus cosas, como cuando regresaban a casa de sus respectivos trabajos y se servían unos whiskies, y pasaban revista a las experiencias cotidianas de cada uno. Rió Alicia para sus adentros al considerar que tal vez hubieran hablado menos y actuado más. No era malo aquel paraje para la intimidad matrimonial, y lo cierto es que ella, a estas alturas de su aislamiento, añoraba tanto su compañía de marido cuanto sus abrazos de hombre.

No pudo menos de considerar la sarta de embustes que se había visto precisada a engarzar el día de su primera entrevista con el doctor Ruipérez. Motivos tendrían para reírse juntos cuando le contara cómo le había pintado y los sentimientos de desprecio que había fingido tener por él. ¿Que Heliodoro se burló a veces de ella y que en el fondo de su pensamiento consideraba una extravagancia la decisión de hacerse detective? Esto es cierto; pero sus chanzas eran cariñosas y nunca hirientes y despectivas. ¿Que él a veces abusaba de su gusto por el riesgo en juegos de envite? También era verdad; pero jamás llegó a ser tan temerario como para poner en peligro su equilibrio económico.

Pensaba Alicia con añoranza en el hombre con el que compartía su vida. Dio un suspiro y entreabrió los ojos.

Las dos nubecillas, en efecto, se habían juntado, y de su ayuntamiento les habían nacido numerosos hijos que ya crecían y se desarrollaban. Súbitamente oyó unas voces. Alguien se acercaba. Incorporóse y, aunque sentada, apoyó su tronco en el de la encina. A campo traviesa avanzaban, cogidos los cuatro del brazo, Ignacio Urquieta y sus visitantes. ¿Amigos? ¿Familiares? Probablemente lo último. El mayor de todos —situado a la izquierda del grupo según les veía venir— sin ser un hombre viejo, podía ser su padre. Ignacio estaba a su lado, y tenía al otro a la mujer —¿tal vez su cuñada?—; cerraba el grupo por el otro extremo un hombre joven y fuerte, aunque de más edad que Ignacio, y que muy bien podría ser su hermano. Sus facciones no eran opuestas y sus contexturas atléticas, muy semejantes. Hablaban en voz baja y reían discretamente de lo que se contaban. Pasaron junto a Alicia y se saludaron. Si ella hubiera estado vestida de otra suerte, era altamente probable que la hubiese presentado. «Ésta es la señora de Almenara, muy amiga mía, y éstos, Alicia, son mi padre, mi hermano Pedro y mi cuñada Juana.» Pero tales palabras no fueron dichas. Era lógico. ¿Qué razón había para romper la intimidad familiar presentando a una loca vestida de lo mismo? Siguieron su camino. Y súbitamente Alicia se preguntó qué la autorizaba a pensar que aquella señora joven no fuese la mujer de Ignacio.

Esta idea la malhumoró. Sorprendióse de su propio enfado y se recriminó: «¡Vamos, Alice Gould, no seas estúpida!» Mas es el caso que, estúpida o no, la idea de que aquella mujer fuese la esposa de Ignacio la conturbó. El grupo siguió adelante y se perdió de vista. Fue Alicia a encender un cigarrillo, mas no tenía mechero —le estaba prohibido tenerlo, cual si tuviese fama de pirómana— y estrujó con ira el pitillo en la palma de la mano, esparciendo después sus residuos por el campo.

Es difícil precisar el tiempo —tal vez una hora más— que permaneció, medio adormilada, junto a la encina. Las nubes se habían agrupado y algunas tenían aspecto de mal agüero. Decidió levantarse y seguir caminando.

Lo que entonces vio no se le olvidaría mientras viviera. Alocado, bufando, emitiendo gemidos, cubierto el rostro de sudor y perturbados los ojos, pasó junto a ella, como una exhalación, sin verla y a punto de derribarla, Ignacio Urquieta. Alicia quedó paralizada por el pasmo. No era el suyo el trotar de antes, cuando le anunciaron que tenía visita; antes bien, un galope desbocado, desatinado, como quien huye de un peligro inminente y le va la vida en alcanzar refugio. Al descender la pendiente, tropezó; y cayó aparatosamente rodando varios metros. Mas ello no impidió al topógrafo incorporarse de un salto y proseguir su insensata carrera. Pasó entonces junto a Alicia el supuesto hermano de Ignacio, con rostro preocupado y avanzando a pasos largos y rápidos. El camino más corto para entrar en el edificio, era el que ella siguió para venir, cruzando ante la huerta, los talleres y la zona deportiva. Pero Ignacio iba ciego y escogió el camino más largo, el que rodea el bar, la capilla y las «unidades familiares». En ese instante comenzó a llover e Ignacio cayó al suelo como en un ataque epiléptico. El posible padre y la esposa, o cuñada imaginaria, llegaron entonces a la altura de Alicia:

—¿Cómo pensar que aún siguiera así? ¡Pobre hijo mío!

—Escogimos muy mal el día —comentó ella—. ¡No hemos tenido suerte!

Emprendió Alicia el regreso, bien que más despacio que las dos personas que la precedían, para respetar su congoja con la distancia. A lo lejos vio cómo dos «batas blancas» y varios reclusos levantaban a Ignacio y se lo llevaban. No habían concluido para Alice Gould las emociones. Aquel domingo habría que marcarlo con trazos negros en su calendario. Oyó pasos tras ella, intuyó una sensación de peligro y se volvió asustada. Era «el Gnomo», que la seguía.

—¿Por qué te has asustado? —preguntó éste con voz humilde.

—¡Ah, eres tú, «Gnomo»! —dijo reponiéndose.

(«Le he llamado "Gnomo". No debería haberlo hecho. He podido herirle, sin razón alguna. No está bien humillar a los enfermos. Lo cierto es que ignoro su nombre.»)

—¿Adónde vas? —preguntó el jorobado con tono meloso—. Quiero enseñarte una cosa muy bonita.

—Está lloviendo. Ya me la enseñarás otro día.

—¡Déjame que te la enseñe!

Se acercó a ella y comenzó a tocarla con sus manos, mugrientas y pegajosas.

—¡Yo quiero enseñártela, ahora! ¡No otro día! ¡Ahora!

Armóse Alicia de paciencia y se detuvo.

—¿Qué quieres enseñarme?

—¡Mira! —dijo él, e introduciendo sus manos en la bragueta del pantalón que llevaba abierta, le exhibió su sexo—. ¡Tócalo! ¡Ya verás qué caliente está!

La bofetada de Alice Gould tardó en producirse los segundos que invirtió en reaccionar. «El Gnomo» se lanzó entonces contra ella y consiguió derribarla. Vio Alicia su inmensa boca de media luna jadeando sobre su rostro, sintió el calor de su fétido aliento en la piel y sus manos húmedas y nerviosas intentando rasgarle la ropa. La cinturón azul de judo se portó como quien era. De un movimiento brusco, pasó de estar debajo a estar encima de su atacante. De otro, lo incorporó. Al tercer movimiento, «el Gnomo» volaba por los aires. Frotóse las manos, satisfecha de su buena forma y, sin volver la vista atrás, se encaminó a buen paso hacia el hospital, angustiada por conocer el estado de Ignacio Urquieta.

H

EL VUELO DEL JOROBADO

PENETRÓ ACONGOJADA en la «Sala de los Desamparados».

—¿Qué ha sido de Ignacio Urquieta? —preguntó a Carolo Bocanegra, olvidando su voluntaria mudez.

El muy cretino cerró los ojos como solía.

—¡Ciego, mudo y majadero! ¡Este último es su verdadero diagnóstico! —le dijo Alicia, escupiendo sus palabras con cólera.

Se acercó a Conrada, que aquel domingo estaba de guardia.

—¿Qué le ha pasado al señor Urquieta? —le preguntó.

Mas ésta, en lugar de responderle, la recriminó con acritud.

—Delante de mí, no vuelvas a tratar a un compañero tuyo como lo has hecho con ese enfermo. ¿Entendido?

—¿Le he parecido descortés?

—¡Sí!

—¡Pues también lo es usted al tutearme! ¡No recuerdo habérselo autorizado!

Volvióse en redondo buscando una cara amiga, mas ¿a quién dirigirse? ¿Al loco espacial? ¿Al ciego que daba bastonazos? Pensó en la señorita Maqueira, su compañera de mesa, y preguntó por ella.

—Está en coma —le dijeron con tanta simplicidad como si le contaran que se había torcido un dedo.

«¡Pobre chica!», murmuró para sí. Lo cierto es que no había tenido ocasión ni posibilidad de hacer amistad con ella. Era bonita, joven y discreta. Pero creía firmemente que los extraterrestres le enviaban mensajes para los terrícolas, en los que se encontraba la clave de la salvación de la humanidad. «¡Si muere —pensó—, tendrá verdaderamente ocasión de hablar con los extraterrestres!» ¡Oh Dios, este domingo parecía propicio para acumular desgracias!

Súbitamente vio entrar al «Hortelano» en la «Sala de los Desamparados». Acudió a él, como a una tabla de salvación.

—Estoy angustiada, Cosme. ¿Qué le ha pasado al señor Urquieta?

—Lo de siempre.

—¿Qué es lo de siempre? ¿Qué es?

—Es muy difícil de explicar...

—¿Dónde está ahora?

—En la unidad de recuperación, que dicen. Allí lo hemos llevau.

—¿Usted ayudó a llevarlo?

—Yo soy como de la casa.

—¿Cómo se encuentra?

—Mu mal.

—¿Me habla usted en serio?

—Digo que mu mal, ahora. Pero no se preocupe por él. Pondráse güeno mu pronto.

—Pero... ¿qué es lo que le ha pasado?

—Comprendió mu tarde que iba a llover y cayóle el agua encima. ¡Y el agua es pa él lo que el perejil pa los loros!

Recordó Alicia su entrevista del primer día con el doctor Ruipérez. Éste le habló de un paciente que tenía fobia al agua, que vomitaba, le subía la fiebre, le salían erupciones en la piel si veía, oía o tocaba agua. E incluso se desmayaba. ¿Cómo imaginar que este caso singularísimo era el que padecía Ignacio Urquieta, el más cabal, el más correcto, el más equilibrado de los allí recluidos? Comprendía sus largas ausencias, que coincidían precisamente con los días lluviosos. Entendía por qué, en el comedor, estaba situado de espaldas al resto de los enfermos: ¡para no ver las jarras de agua ni los vasos de los demás! Averiguaba la razón del privilegio de que en su mesa se sirviese sólo vino y gaseosa. Se daba cuenta de por qué, deseando vivamente refugiarse, prefirió el camino más largo al más corto. ¡Para evitar toparse con la piscina!

—Dígame, «Hortelano», ¿quién fue el miserable que le lanzó un día un cubo de agua a los pies?

—Aquel día, ¡fíjese usté lo que son las rarezas del mundo!, estuvo mismamente a punto de morir; ¡y sólo por un cubo di agua!

—Pero ¿quién fue el que se lo echó?

—Uno, medio jorobeta, con la nariz así caída, y la boca de oreja a oreja, y...

—¡«El Gnomo»! ¡Yo le llamo «el Gnomo»!

—Pos el mismu debe ser, porqui al que yo digo, no le va mal el «alias» ese qui usted li ha puesto.

Acordóse Alicia de que lo dejó abandonado después del costalazo; le contó al «Hortelano» lo ocurrido, y le rogó se acercase a mirar si no se había roto un hueso.

—Pero ¿llegó usted mismamente a luchar con él?

—Pregúnteselo cuando le vea.

—¿Y le venció?

—Lo mismo le digo: pregúnteselo a él. Espero que el susto le sirva de lección.

—¡Pero si él, pequeñajo comu es, y jorobaduco comu es, es fortísimo!

—Me sorprende no verle por aquí a estas horas.

—¿En qué parte de la huerta dijo usté que fue la cosa?

—Donde cultiva usted las lechugas. Muy cerca de donde hablamos. Pero no dentro de la huerta, sino unos metros más lejos; en los pastos.

—Pos *ayá* voy a ver. *Aonde* usté me dice. Y que conste que ha hecho usted mu requetebién.

Calóse Cosme la boina y salió bajo la lluvia. Se acercó Alicia a una «bata blanca» llamada Cecilia.

—¿Se sabe algo del señor Urquieta?

—El médico de guardia le ha mandado a la unidad de recuperación.

—¿Quién es el médico de guardia, hoy domingo?

—El doctor Ruipérez.

—¿No podría hablar con él?

—Es imposible. Está reunido con la familia del señor Urquieta.

—¿Tan grave está?

—No se preocupe, señora de Almenara. Créame: el señor Urquieta siempre sale adelante.

—Gracias, enfermera... Eso me consuela... Es el único amigo que tengo aquí. Y también me consuela ver a una persona educada, como usted, que responde a las preguntas que se le hacen, y sabe tratar a las personas, y...

—Parece usted un poco excitada. ¿Le ocurre algo?

Iba Alicia a responder que sí; que aquel domingo le había caído encima como una losa que cierra un sepulcro: su propio sepulcro con ella dentro. Mas la «bata blanca» frunció la frente y desvió de ella la mirada.

—Perdón, que no la pueda atender ahora —dijo—. Ese chico «nuevo» empieza a preocuparme.

—¿Ya no soy yo «la nueva»...?

—No. Ya no.

«El nuevo» representaba poco más de veinte años. Sus rasgos eran seminormales. No era mongólico, pues carecía de pómulos abultados si eso era «esencial» del mongolismo, cosa que Alicia ignoraba. Tampoco tenía los ojos orientales de algunos, ni esa frente abombada que tanto llama la atención, sobre todo en los niños nacidos con esa triste dolencia. A pesar de todo se advertía en su rostro (que no en su cuerpo) una anormalidad difícilmente definible, que Alicia intentaba descubrir. ¿Acaso sus labios demasiado gruesos y el inferior algo caído? ¿Por ventura su frente, que era algo cóncava en lugar de convexa? ¿Tal vez sus ojos demasiado pequeños para una cara tan ancha?

El joven buscaba con gran inquietud algo por las paredes. Al fin se detuvo ante el pomo de una puerta y lo agarró con la mano. Se agachó para acercar sus labios al pomo y comenzó a hablar, con marcado acento sudamericano, e intercalando entre cada frase lo mismo lágrimas que grandes risotadas.

—Papá... papá... estoy muy bien, papá... ¡ja, ja, ja! Ya he llegado. Esto es macanudo, viejo... ja, ja, ja, y la gente es muy dije y muy buena, papá, papá... y dan muy bien de comer y las camas y las frazadas son muy limpias, papá... y yo no quiero que llores más... Esto es muy bonito, papá... ja, ja, ja, ja, y la gente es muy dije y muy buena... y yo no quiero que llores... Adiós, viejo. ¡Que vengas a verme...! ¡Adiós!

Se apartó de la puerta. Y comenzó a deambular por la galería hablando solo y la mirada ida. Ignoraba que había cientos de ojos que le contemplaban. De pronto, regresó hacia el pomo de la puerta:

—¡Papá, papá... soy yo! Oye, viejo, quiero que le digas a la prima Manuela... que ya he llegado y que esto es muy bonito, y que la gente es muy buena... ja, ja, ja. Y que estoy muy contento. Y que no sea sonsa y que no gimotee por mi culpa, porque con sólo pensarlo me hace llorar a mí. ¡Papá, papá! Dile que las frazadas están muy limpias, y que se come macanudo y que los médicos son muy buenos... Y que no quiero que llore porque yo estoy muy contento. ¡Papá, papá!

Sería necio pensar que las gentes que le escuchaban —lo mismo sanos que enfermos— eran inconmovibles. Salvo los perversos, los antisociales, los absolutamente idiotas o los demenciados pacíficos (pues quienes no lo eran habitaban en «la Jaula de los Leones») sentíanse contagiados por una simpatía comunitaria hacia «el nuevo». Rómulo, situado tras él, le imitaba. Pero no como burla, sino como...

«¿Cómo qué? —se preguntó Alicia—. ¿Cómo qué?» Lo cierto es que Rómulo reía cuando el muchacho reía, asegurando que estaba muy contento. Y afirmaba con ademanes que la comida era excelente y las camas muy limpias y la gente muy buena. Y lloraba cuando el nuevo lloraba al pedir a su padre que no quería ver triste a su prima Manuela. Y le seguía los pasos por la «Sala de los Desamparados» imitando su gesto ido, el movimiento de sus labios, sus ademanes de desaliento y sus contradictorias carcajadas.

—¡Rómulo! —ordenó Alicia—. ¡Ven aquí!

Acercóse el chico.

—No molestes a ese señor. ¿No comprendes que está muy triste y si te ve, creerá que te burlas de él?

Acaeció entonces una cosa insólita, que dejó honda huella en el ánimo y la memoria de Alice Gould. El pequeño Rómulo se le colgó del cuello, la besó y le dijo misteriosamente al oído:

—Yo sé quién eres...

Y acto seguido echó a correr y se perdió en el fondo de la galería.

El nuevo se acercó otra vez al pomo de la puerta.

—Papá, papá... ¡que soy yo, el Antonio!

La vigilante hizo un gesto a dos enfermeros para que la siguieran.

—Escúchame, Antonio. Anda, sé buen chico y atiéndeme bien. Pon tus ojos en mí. ¿Me ves? Procura fijarte en mí, y escucharme... Ya sabes que todos somos muy buenos... Todos aquí somos muy buenos... ¿Me escuchas? Todos somos muy buenos, como le has dicho a tu padre. Y tú debes ser muy obediente también. Ahora sigue a estos amigos que van a acompañarte a tu cuarto...

El muchacho obedeció a los enfermeros. Éstos abrieron

la puerta ante él, y el chico los siguió. «¡Otro al que echan al "Saco"!», pensó Alicia.

Se oyó un largo murmullo en la sala. El amigo de las galaxias se acercó a Alice Gould con ademanes más agitados y amanerados que nunca, de puro corteses. Estaba llorando.

—Todos los locos me conmueven. ¡Dios mío, Dios mío, protege a ese joven!

—¿Cree usted en Dios? —le preguntó Alice Gould con voz neutra.

Él respondió enfadado:

—¿Quién, si no, ha podido crear de la nada nueve universos? ¡Yo creo en Él nueve veces más que los simples creyentes!

—Discúlpeme —dijo Alicia con voz suave—. Me están llamando.

No era verdad. Nadie la llamaba. Pero estaba inquieta y poseída de un íntimo desasosiego. Extrajo un cigarrillo que le temblaba en los dedos. Se acercó a la enfermera para pedirle fuego. Por decir algo, por puro afán de cortesía, por congraciarse con ella, comentó:

—Quiero felicitarla. Ha estado usted admirable con ese «nuevo».

La mujer la miró duramente a los ojos. Habló con lentitud.

—¿Y qué autoridad tiene usted —le dijo— para saber si lo he hecho bien o no?

—Perdón —respondió Alicia humildemente—. Sólo quise decirle algo agradable.

Sintió de pronto una congoja irreprimible, y rompió a llorar. Se llevó las manos a la cara. ¡No quería dar el espectáculo de Luis Ortiz, salpicando lágrimas a diestro y siniestro, sin pudor alguno! Mas no pudo acallar su angustia ni evitar que su cuerpo fuese sacudido por el llanto y por el esfuerzo mismo de evitarlo.

«¡Que Dios borre este domingo de mi memoria!», pensó. Procuró sobreponerse. La enfermera la contemplaba como dudando si había llegado la hora de echarla al

«Saco» a ella también. Alicia lo entendió así y, por evitarlo, salió al exterior, a que le diera el aire y la lluvia le mojase la cara. Así podría llorar a gusto y nadie notaría sus lágrimas. Apenas cruzó la puerta de cristales vio al «Hortelano» correr hacia ella. Cosme la agarró fuertemente por los codos.

—¿Qué has hecho, mujer? ¡Has matau al jorobau!

Alicia se dobló como ropa puesta a secar que se desprende del cable; arrugóse sobre sí misma y cayó al suelo privada de sentido.

I

EL «SACO»

SE DESPERTÓ CON LA GARGANTA SECA y mucha sed. No se atrevió a abrir los ojos por temor a ver la habitación moverse como un camarote de barco en día de mar gruesa. Se diría que su cama descendiese lentamente, colgada de un extraño paracaídas. «¿Qué me han hecho los médicos?», se preguntó. Quiso variar de postura, mas no pudo. Y no se esforzó más. Volvió a dormirse. Al cabo de varias horas se despertó de nuevo con la nítida sensación de que «algo le había ocurrido»: «algo terrible» que no podía precisar. Abrió los párpados. «Ésta no es mi casa», se dijo, mezclando incongruentemente recuerdos y sensaciones. «¿Dónde estoy?» «En mi casa el dormitorio no tiene techo, y la cama es más ancha.» Empezaba a entender que la habían acostado en el cuarto de la cocinera. Pero eso carecía de sentido. Allí no había puertas que tuvieran una ventana abierta en el centro de la hoja y menos aún enrejada. Miró en torno. ¡Estaba en la cárcel! ¡Aquélla era la celda de una cárcel! ¿Qué había hecho? ¿Por qué la encerraron? El recuerdo le vino como un vago zumbido que comienza a crecer hasta convertise en un clamor sordo que avanza implacable, atronando el espacio, hasta estallarle dentro del cráneo. «¡He matado a un hombre!» Sus ideas, hasta entonces dispersas y flotantes, encajaron de golpe en la realidad. «¿Qué has hecho, Alice Gould?» «¿Qué has hecho?» «¡Has matado a un hombre en el manicomio!» Fue como una descarga de electroshock lo que la hizo saltar. Se vio de súbito fuera de las sábanas, apoyada en la pared y golpeándola con los puños. «¡Has matado a un hombre! ¡Has matado al "Gnomo"!»

La puerta se abrió tras ella. La enfermera interpretó mal sus gestos y movimientos. Creyó que era la cabeza y no los puños con la que golpeaba la pared. Sintióse Alicia fuertemente sujetada, notó la aguja de una jeringuilla perforando su piel y no supo más de sí. La habitación en que despertó era igual a la primera, salvo las paredes, que estaban acolchadas; y la cama, que tenía adosadas grandes muñequeras, tobilleras y cinturones de cuero, que la inmovilizaban.

—Desátenla —ordenó una voz.

Los que hablaban eran dos médicos desconocidos para ella. Uno de ellos, muy pálido, con barba y bigote negros, y grandes gafas con montura del mismo color. Y muy joven. El otro era un hombre de más edad, de aspecto pulcro e inteligente. El primero le tomó el pulso, le miró el fondo de los ojos y apoyó su mano entre el cuello y la mejilla por comprobar —supuso Alicia— si tenía fiebre. Antes de esto le había palpado la cabeza con minuciosidad. Sin hablar una palabra, se ausentaron del cuarto.

Ya fuera, oyó la voz de uno de ellos.

—Dejen todo abierto y que le traigan su ropa. Puede entrar y salir si quiere.

Vistióse Alicia, pero no se aventuró a asomarse al pasillo, donde se oían voces apagadas. A una hora indefinida vino a visitarla Montserrat Castell. Entró llevando de la mano su propio asiento. Su rostro estaba serio y preocupado. Besó a Alicia y mantuvo largo tiempo la mejilla sobre su mejilla. Tomó una de sus manos y la apretó con calor.

—Fue involuntario —dijo Alicia con los ojos secos y angustiados—. Ha sido un accidente. Yo no hice sino defenderme. Tú me crees, ¿verdad?

Montserrat cerró la puerta y, aun así, habló en voz muy baja.

—El doctor ha prohibido a los pocos, poquísimos que saben lo ocurrido, que te hablaran nunca del tema. Yo voy a hacerlo hoy por primera y última vez. Pero considero que debes saber lo que voy a contarte. Afortunadamente tuviste un testigo excepcional que lo vio todo. Ha declarado que, el que llamabas «el Gnomo», te estuvo siguiendo toda la tarde en espera de la ocasión propicia para atacarte. La oportunidad se le presentó cuando empezó a llover y todos los paseantes se retiraron. Él te entretuvo diciendo que deseaba enseñarte algo (un viejo truco en él: ¡no eres la primera!) y cuando le abofeteaste, te derribó. Tu testigo acudió entonces, desde muy lejos, a defenderte. Mas no hizo falta. Te desembarazaste por ti misma de tu atacante y lo lanzaste al aire. En cuanto te viste libre de él, echaste a correr, temerosa de que volviese a por ti, hacia el edificio central. Pensó tu testigo que «el Gnomo» saldría huyendo en zigzag «como liebre fogueada» (fueron sus palabras) porque acostumbraba a dejar atrás los vientos de ese modo cuando le castigaban. Alarmado de no verle actuar como otras veces, se acercó a él. Estaba muerto. Eso fue lo que declaró el testigo, y sólo ante dos médicos y yo. ¡Nadie más en el hospital sabe lo ocurrido! ¡Puedes dar gracias a Dios, Alicia, por la suerte de que alguien lo haya presenciado todo, y que no sea un demente o un visionario, sino un hombre lúcido y sano!

—¡Bendito sea ése hombre por haber contado la verdad tal cual fue! —suspiró Alicia visiblemente aliviada.

—No sólo es a él a quien tienes que agradecer haber salido airosa de este aprieto... sino al director.

—¿Al director? ¿Por qué?

—Él te considera sin responsabilidad alguna por lo ocurrido, y no le pareció justo que quedaras para siempre con antecedentes de haber dado muerte a un hombre... ¡aunque fuese por accidente! En consecuencia, autorizó a ese testigo a que diese otra versión ante el juzgado y él se comprometió a remitirse a lo que dijera ese único testigo.

—¿Qué versión?

—Como el jorobado acostumbraba a correr como alocado y sin ton ni son, ¡tal como le vimos el día que se dedicaba a burlarse de los demenciados!, el testigo declaró que en una de esas carreras tropezó y se partió la espina dorsal contra una peña. Sin que interviniese nadie en su muerte. ¿Comprendes?

—Dime, Montse, ¿quién es ese testigo?

—Cosme, «el Hortelano».

Enrojeció Alicia al oír su nombre porque era evidente que el viejo Cosme no había presenciado nada. Fue ella misma quien le contó lo ocurrido. Convencido Cosme de que no mentía y que todo pasó tal como lo relataba, quiso ahorrarle el disgusto de que nadie la acusara de ejercitarse en el judo, por capricho o por locura, con los minusválidos y los deformes. Y declaró a los médicos haber visto lo que no vio, y al juzgado... lo que no ocurrió. Se abstuvo muy bien Alicia de llevar sus pensamientos a los labios, ni siquiera ante Montserrat Castell.

—No quiero quitar importancia a la desgracia de anteayer, Alicia. Pero con ser ésta muy grande, hay algo que me preocupa más: tú misma.

—¡Ya sé dónde vas a parar! ¡Te aseguro, Montse, que yo no me he golpeado la cabeza!

—La enfermera dice que sí.

—La enfermera es una incompetente. Si me hubiese golpeado, ¿dónde están mis heridas?

Observó Montserrat la cabeza de Alicia.

—Pálpame. ¡Búscame un rasguño, un morado, la huella de un golpe!

Montserrat lo hizo.

—¡También dos médicos me estuvieron observando y no encontraron nada! Lo que hice fue golpear la pared con los puños al recordar que yo, Alice Gould, había dado muerte a un pobre enfermo, a un débil mental. Esto me desazonaba, me desequilibraba, ¿entiendes? Me maldije a mí misma por haber abusado de mi condición de cinturón azul contra un ser inferior y sin reflejos. Porque lo que yo querría es ayudar con toda mi alma a estas pobres gentes, ¡como lo haces tú! ¡Y resulta que he matado a una de ellas!

—No pienses más en eso. No te tortures más. Y ahora, ¿cómo te encuentras?

—No sé lo que me han dado. Todo lo ocurrido lo veo muy lejano. Me siento desprovista de sensibilidad. Mi preocupación es intelectual, pero no afectiva, como cuando me desperté la primera vez.

—Escucha, Alicia. Tengo una gran sorpresa para ti. Ardo en deseos de darte una alegría. Pero ahora, en este sitio —y señaló las paredes enguatadas— resulta imposible.

—Dime, Montse: ¿dónde estamos ahora?

—En la Unidad de Recuperación. Y en la única celda de estas características que hay en ella.

—¿No toda es así?

—¡No!

—¡Qué abochornada me siento de estar aquí! ¡Qué vergüenza, Dios, qué vergüenza!

—No pienses más en ello...

—¡De modo que éste es «el Saco» donde echan a los predemenciados! ¡Es la antesala de «la Casa de las Fieras»!

—No, Alicia, no es así. La mayoría de los que aquí están no padecen enfermedades crónicas, sino crisis pasajeras. Es el caso de Ignacio Urquieta y de «la Duquesa», y del falso inapetente al que robaron las yemas de Ávila, y del soñador despierto, y de algunos más, a los que no conoces.

Abrióse entonces la puerta. La enfermera, a quien Alicia calificó de incompetente, la informó de que por órdenes del médico podía pasar a su nuevo dormitorio. Recorrieron los breves metros de pasillo que unía un cuarto con otro. ¡Alineados airosamente en el suelo, por orden de tamaños, estaban su maleta, su maletín, su saco de mano, su bolso y sus objetos de tocador!

—¡Tú lo has conseguido, Montse! ¡Estoy segura de que has sido tú! ¡Que Dios te lo pague!

—¡Yo no he sido más que la mediadora! Las órdenes partieron del director.

El corazón le dio un vuelco.

—¿Al fin ha regresado Samuel Alvar?

—¿Cómo me preguntas eso, Alicia? ¡Llevamos un buen rato hablando de él! ¿No te he dicho que fue el director quien sugirió al «Hortelano»...

Alicia no la dejó concluir:

—¡Pensé que te referías al director suplente: a Ruipérez!

—No, hija, no. Me refería al director titular. Es uno de los médicos que te atendió esta mañana. El otro, el más viejo, es el doctor Sobrino, jefe de esta unidad.

—¿El joven de las barbas? ¿Ése es Alvar?

—El mismo.

—¿Y él es uno de esos pocos que saben la verdad?

—Sí.

—Y ¿quién más lo sabe?

—Ruipérez y yo.

—¿Qué puedo hacer para ver inmediatamente al director?

—No pierdas el sentido de la medida, Alice Gould. ¿Olvidas que anteayer sufriste un gravísimo accidente, capaz de desequilibrar a una persona normal? ¿Se te ha borrado de la memoria que te desmayaste? ¿Ya no te acuerdas de que (equivocadamente o no) te han visto darte de cabezazos contra las paredes? La norma, muy sabia por cierto de nuestro director, es que más vale prevenir que curar. Y aquí has de pasarte unos cuantos días muy vigilada y observada.

—Escúchame, Montserrat. Ahora ya puedo decírtelo. El director es el único que sabe, desde antes de ingresar, que yo soy una persona totalmente sana. Que ni estoy ni he estado nunca enferma de la chola. Y conoce la verdadera causa por la que vine aquí. ¡Y tú, muy pronto, también lo sabrás!

Volvióse bruscamente hacia un gran ramo de flores que la ilusión de las maletas le había impedido, antes de ahora, apreciar.

—¿Es él quien me las envía?

—No, querida. Soy yo.

—Eres un amor.

Entresacó Alicia una rosa del ramo y la extendió a la Castell.

—Me vas a hacer dos favores: una, darle esta rosa al «Hortelano», diciéndole que es de parte de una admiradora suya que le aprecia mucho. Otra, preguntarle a Samuel Alvar si ha caído en la cuenta de quién soy yo. ¡No le digas más! Él ya entenderá lo que le quiero decir.

—¡Tienes ideas de bombero! Cumpliré el primer encargo. El segundo, no.

Imitó Alicia cómicamente los morritos de la vieja que no lloraba, pero que lo parecía, y besó con gran cariño a la asistenta, psicóloga y monitora cuando ésta cayó en la cuenta (y cayó en ese instante) de lo tarde que era y de la cantidad de cosas que aún le quedaban por hacer.

—Gracias por todo, Montse.

Ésta se volvió desde la puerta.

—Si se te pasa el efecto del calmante que te han dado y vuelves a encontrarte excitada, desasosegada o nerviosa, no dejes de decírselo a la enfermera. ¡Prométemelo!

—Prometido.

En efecto. Estaba excitada, como lo está un niño ante el regalo de Navidad con el que siempre ha soñado y que le ayuda a olvidar pasadas amarguras. Deshizo con cuidado el equipaje. Ordenó su armario —cosa nada fácil, pues era minúsculo y no cabían en él sus efectos personales— y su nerviosismo subió de punto al decidir cómo iba a vestirse para dar la gran campanada ante Ignacio Urquieta.

Cuando se hubo peinado, maquillado, vestido y arreglado las manos —operaciones encadenadas de no poca duración— salió al pasillo. Éste era un corredor de dimensiones normales: no como las gigantescas galerías del edificio central. En uno de sus extremos estaban los baños y servicios de hombres y mujeres. En el otro, la puerta de salida con el cerrojo echado. Supuso —y no se equivocó— que los huecos a uno y otro lado del pasillo correspondían a los distintos dormitorios, y más tarde comprobó que los dos abiertos —cerca de la entrada— daban a dos salones o cuartos de estar. Su primera visita fue a los lavabos, pues necesitaba imperiosamente mirarse al espejo, y en su cuarto no lo había. Quedó satisfecha de su inspección, bien que rozó con la yema de los dedos los bordes laterales de sus ojos junto a las sienes: «Tienes que vigilarte, Alice Gould. Estas arrugas son nuevas.»

Desanduvo el camino dispuesta a hacer una entrada triunfal en el cuarto de estar. Y cumplió su propósito. El expoliado de las yemas de Ávila silbó largamente:

—¡Caray, qué señora! —añadió como culminación de su silbido.

Los otros hombres no dijeron nada, pero leyó en sus ojos la admiración. Y esto la satisfizo. Ignacio Urquieta no estaba. El muchacho llamado Antonio, al que vio confundir el pomo de una puerta con el auricular de un teléfono, era el único con la cabeza ida, la mirada difusa y gran agitación en sus movimientos. Había dos tristes, infinitamente tristes, pavorosamente tristes; y tres mujeres que leían revistas, de aspecto normal, sin taras físicas, de muy distinta edad. Alicia tardó en reconocer a la de más años: era «la Duquesa de Pitiminí». Vestía un traje gris oscuro, peinaba moño, llevaba la cara lavada, sin pintarrajear. De no haber sabido que se encontraba en tal lugar, jamás la hubiera reconocido. La mujer levantó la mirada de su lectura y sonrió a Alicia.

—Buenas tardes, señora.

Sentóse Alicia a su lado.

—Ignoraba que estuviese entre nosotros.

—Ayer —confesó Alicia— me sentí muy mal. Tuve un desmayo.

—Lo siento de veras —comentó la anciana—. Yo estuve muy enferma también días pasados. Es la arteriosclerosis, ¿sabe? No sé lo que me pasó. No me acuerdo de nada. Pero dicen que estuve muy excitada.

—Ahora tiene usted excelente aspecto —la confortó Alicia.

—¡Ah, me encuentro mucho mejor, ya lo creo! Sólo que

la medicación es muy fuerte y, a veces, me tiemblan un poco las manos.

La enfermera intervino:

—Alicia, si usted quiere, le puedo enseñar el piso. Aún no lo conoce.

—Con permiso —dijo Alicia a la falsa duquesa.

—¡Vaya, vaya! ¡No se moleste por mí!

Quedó admirada Alicia de su mejoría y salió al pasillo, donde la enfermera la esperaba.

—Era un pretexto para hablar a solas con usted —le dijo—. Ayer cometí un grave error. Estoy desolada. Le ruego que me disculpe.

Calló Alicia, y la buena mujer prosiguió:

—Sabíamos que había sufrido usted un gran disgusto y que se desmayó a causa de ello. Al verla tan excitada, pensé que... ¡En fin, el director y don Salvador Sobrino me han echado una buena reprimenda!

—Pálpeme la cabeza. ¡No tengo golpe alguno! ¡Míreme la frente; no tengo un arañazo!

—Ya lo sé, ya lo sé... ¿No le digo que estoy desolada?

—Me dijo usted antes: «Ayer cometí un grave error.» ¿Cuánto tiempo entonces llevo aquí? ¿Qué día es hoy?

—Ingresó usted el domingo al anochecer. Hoy es martes.

—¡He perdido la noción del tiempo! En fin, no hablemos más de ello. Sus palabras me han reconfortado, porque no puedo negar que estaba bastante furiosa con usted. Pero todo está ya olvidado. ¿Cómo es su nombre?

—Conrada.

—¿Conrada? Hay otra Conrada en esta casa, ¡pero mucho menos simpática!

—Es mi madre.

El libro de oro de lo que no debe ser dicho afloró a su memoria.

—¡Vaya! ¡He de reconocer que hoy no es mi día!

—No se apure por lo que ha dicho. Todos sabemos que mi madre hace notables esfuerzos, ¡y todos con éxito!, para ocultar su innata bondad.

Sintió de pronto Alicia una viva simpatía por esta mujer. Su recelo se transformó en afecto en un abrir y cerrar de ojos. ¡Alicia era así!

—¿Me permite que la bese?

—No me lo merezco.

—¡Sí, se lo merece! —La besó ruidosamente—. ¡Usted y yo vamos a ser amiguísimas!

—Es usted muy buena, señora de Almenara. Si algún día necesita ayuda, no deje de acudir a mí. ¿Quiere usted pasear?

—¿Pasear por dónde?

—Por el pasillo.

—¡Vamos allá! ¿Puedo hacerle algunas preguntas?

—Puede.

—¿Cuál es el verdadero nombre de la que llaman «Duquesa de...»?

—Le diré cuanto sé de ella. Se llama Charito Pérez. Es soltera. De joven fue institutriz de niños. Y de mayor, dama de compañía de viejos.

—¿Cuál es su enfermedad?

—Psicosis maníaca. Las primaveras y los veranos son malos para ella. Su dolencia rebrota cada año por estas fechas. Pero el resto del tiempo es normal y muy modosa. Y poco amiga de alborotos. Su primera manifestación psicótica la tuvo muy tardíamente: a los sesenta y un años. Y tardó cuatro en reproducirse. La segunda manifestación tardó dos. Ahora, cada vez, los brotes son más frecuentes. Y el doctor Arellano teme que, dada su edad, acabe demenciándose totalmente.

—¿Qué significa «psicosis maníaca»?

Conrada Segunda, o Conrada la Joven, como automáticamente la bautizó Alice Gould, respondió preguntando:

—¿Conoce usted a don Luis Ortiz, el hombre que no para de llorar?

—Sí.

—Pues padece la misma enfermedad, sólo que al revés. Mientras él llora, ella ríe. Él se cree hundido en la miseria. Ella, poseedora de grandes tesoros. Él, autor de las mayores vilezas. Ella, de los actos más heroicos y meritorios. La psicosis maníaco-depresiva es como un molde y su vaciado. El vaciado es «el depresivo». El molde, el «maníaco» de grandezas.

—¡Sabe usted muchísimo! Dígame, Conrada: ¿la fobia qué es?

Faltó el tiempo para explicarlo, ya que unos nudillos golpearon la puerta; la joven acudió a abrir, y quien entró fue Ignacio Urquieta.

Quedó literalmente plantado en el umbral. Se diría «el Hombre de Cera».

—¿Qué hace usted aquí, Alicia?

—¿No es tiempo ya, Ignacio, de que nos tuteemos? ¡He venido a visitarte!

—¡Estás sensacional! Bueno, siempre lo fuiste... quiero decir que... ¡pero hoy estás deslumbrante!

—Es muy agradable oír esas exageraciones, ¿verdad, Conrada?

—El señor Urquieta fue siempre muy extremoso. Pero hoy es la primera vez que le escucho hablar con razón —comentó Conrada Segunda, con cierta ironía.

Y al punto, Alicia entendió que la joven enfermera había sido galanteada por Ignacio. ¡Eso no se le escapaba ni a su intuición de mujer ni a su olfato de detective!

—¿Puedo invitar a esta señora a mi cuarto —preguntó Ignacio a Conrada— sin que ello atente contra las buenas costumbres de la casa ni escandalice a nuestros ilustres huéspedes? ¡Necesitamos hablar a solas!

—Como la puerta quedará de par en par, ni habrá motivo de escándalo —comentó Alicia riendo— ni las buenas costumbres quedarán alteradas.

Conrada, por respuesta, se limitó a llevar al cuarto de Ignacio la silla volante que había utilizado Montserrat Castell.

—Te he medio mentido —comentó Alicia al sentarse—. No he venido aquí de visita. Me han echado al «Saco», como a los demás. Lo que sí es cierto es que estoy aquí por tu culpa.

—¿Desde cuándo estás aquí?

—Casi tanto como tú. ¡Dos o tres horas de diferencia!

—No he podido verte, porque he estado drogado hasta hoy por la mañana.

—Lo mismo me ha ocurrido a mí. ¡Y en la habitación enguatada!

—¿En la habitación enguatada? —preguntó Ignacio, alarmado.

Se llevó las manos a la frente con ademán mitad a mitad de rabia y de impotencia.

—¿Qué te ha ocurrido? ¿Qué has hecho? ¡Pareces tan sensible, tan equilibrada... que cuesta creer que puedas padecer síntomas como los que sufrimos los demás! ¡El mundo es injusto! ¡La vida es injusta! ¡Dios es injusto! Cuéntame qué te ha pasado.

—Sufrí un desvanecimiento y...

—¡No es bastante un desvanecimiento para atarte a la cama con cien correas!

—En ello participó, ¡y no poco!, un error de la enfermera.

—¡Todos decimos que es un error de la enfermera!

—En este caso es certísimo. Pregúntaselo a ella.

—¿Cuál es tu caso, Alicia Almenara? ¿Cuál es tu caso?

—Olvidas la última conversación que tuvimos.

—¡Claro que la he olvidado! ¡Lo he olvidado todo! Sólo sé lo que ocurrió por referencias de otros.

—Me preguntaste lo mismo que ahora. Y te respondí que eres mucho más antiguo que yo en el hospital y tienes, por tanto, la prioridad para contarme el tuyo.

—El mío lo sabes de memoria, por ser demasiado evidente. Todo el mundo lo conoce. Y tú no habrás dejado de preguntarlo. ¡Tengo horror patológico al agua!

—¿Puedes decir esa palabra? Yo no osaba pronunciarla delante de ti.

—Puedo decir «agua» y «nieve» y «lluvia», y «mar» y «océano». Lo que no puedo es ver, ni oír, ni tocar el agua. Cuando sé que está lloviendo me refugio entre las sábanas de la cama y me tapo, temblando como si fuese de azogue, presa de un terror invencible, indescriptible e inexplicado.

—¿«Inexplicado» has dicho?

—Sí, puesto que no se ha averiguado la causa. Para saber que padezco ante el agua las penas de la condenación, no preciso que me lo digan los médicos. Lo que necesito que me digan es por qué. ¿Por qué un hombre que fue campeón infantil de natación y campeón provincial, pero campeón, de saltos olímpicos cuando tenía dieciocho años, súbitamente, sin avisos previos, sin antecedente alguno, al cumplir los treinta se desmayó por primera vez ante un vaso de agua, y cayó como muerto al ducharse, y se le llenó el cuerpo de úlceras al escuchar caer el agua de un excusado? El día que lo averigüen, y me lo digan, estaré curado. ¿Tú sabes en términos psiquiátricos lo que es la fobia?

—Lo sé por sus efectos, ya que te vi. Y me impresionaron vivamente.

—La fobia es un pretexto que se ha inventado el organismo para ocultar un terror verdadero, justificado, pero que la mente se empeña en ignorar. Algo me ocurrió alguna vez, algo que yo ignoro, que mis padres no saben, que mis amigos desconocen, que está tapado por mi fobia al agua. Esta fobia es una tapadera simulada por mi subconsciente para que yo no me entere de que hay algo pavoroso en mi pasado. Tal vez estuve a punto de saber, de aprender o de recordar este «algo» pavoroso. Y de pronto mis defensas me crearon la fobia al agua para encubrir aquello otro, misterioso, pero verdadero. He leído todos los libros; he escuchado todas las explicaciones. Sé que mi subconsciente me oculta algo. Mas no se lo dice a los médicos ni me lo dice a mí. ¡Y entretanto soy un ser inútil para toda profesión, para la vida familiar y para el trato social!

—Tú eres un hombre limpio y perfectamente aseado. ¿Cómo te lavas?

—Con sifón y con alcohol.

—Pero el sifón es agua...

—Para mí no lo es. Tiene burbujitas.

—¡También las tiene el mar!

—¡No intentes buscar una lógica, Alicia, donde no la hay!

Mi fobia no razona. No es razonable. Y no está razonada.

—¿Cuántos años llevas aquí?

—¡Seis!

—¿Quién te trata?

—Ruipérez.

—¿Cómo?, ¿qué hace?, ¿qué te medica?

—¡Cuatro sesiones de psicoanálisis por semana, tumbado en el mismo diván, con la misma penumbra, el médico sentado tras de mí, siempre a la misma hora, en la misma posición, durante tres años!

—¿Tres años dura un psicoanálisis? —preguntó Alicia estupefacta.

Y recordó su ingenuidad al suponer que sus amables charlas con César Arellano suponían esta terapia.

—¿Para qué aburrirte más, Alicia, con esta historia? ¡El subconsciente no soltó prenda! Ni más tarde tampoco, en las sesiones hipnóticas que se hicieron con el mismo fin: ¡repescar un recuerdo perdido!

—No quiero ofenderte —comentó Alicia con voz débil—. A nadie le gusta que se minimice una enfermedad propia. Pero yo desearía ardientemente tener una fobia, ¡la tuya misma!, que borrara de mi memoria un episodio de mi vida.

—¡No sabes lo que dices, Alicia!

—La fobia es un mal útil —insistió ella— puesto que oculta con un pánico y una angustia injustificados otra angustia y otro pánico verdaderos. Y probablemente peores.

—No, Alicia, no es así.

—¡Yo daría mi salud por olvidar algo muy concreto!

—¡La salud pertenece al presente! ¡Y los recuerdos, al pasado! ¿Cómo sacrificar el «hoy», ¡qué es *aún* remediable!, a un tiempo ido, que es irremediable *ya*? ¡No pienses ese disparate!

El rostro de Alice Gould estaba visiblemente alterado.

—No me encuentro bien. Voy a avisar a la enfermera...

Lejos de hacerlo, se guareció en su cuarto. Fue Ignacio Urquieta quien la avisó.

—¿Qué es esto, Alicia? ¿Qué le pasa ahora? —preguntó Conrada la Joven.

—No quiero cenar con los demás. No podría.

—No tiene más remedio que hacerlo. Lleva dos días sin probar bocado.

—Le aseguro que no puedo. Quiero acostarme. Y olvidar, olvidar, olvidar.

—Vaya desnudándose. Yo misma le traeré la comida a la cama.

Tuvo Conrada que darle de comer llevándole los alimentos a la boca, como a los niños pequeños o a los inapetentes patológicos. Para ocultar u olvidarse de su desasosiego, se deshacía en lamentaciones por haber pronunciado, en ocasiones remotas, frases despectivas acerca de algún médico o algún enfermo. ¡Juraba que nunca volvería a decir mal de ninguno! ¡Todos eran ángeles! Y más que nadie esta Conrada II que le llevaba pacientemente la comida a los labios, mientras el pensamiento de Alicia seguía imaginando con horror la parábola que, sin duda, trazó «el Gnomo» en el aire antes de morir. «¡Eres una vulgar asesina, Alice Gould! La trampa de fingir una enfermedad que no tienes tal vez te salve del juicio, la sentencia y la cárcel. Pero moralmente y ante tu conciencia, ¡eres una asesina!»

Ante su creciente alteración, Conrada le propuso inyectarle un sedante —«más suave que el de ayer», especificó— que le permitiese dormir.

J

UNA CARTA DE AMOR

DESPERTÓSE ALICIA mucho más calmada y cumplió muy gustosa las obligaciones que imponían las normas. En el hospital era obligatorio bañarse o ducharse diariamente; cosa que agradecía tanto por ella misma cuanto por los demás. Como en la Unidad de Recuperación el número de bañeras y duchas era inferior al de los residentes, iban llamándolos por turno para cumplir esta función. Al ser avisada Alicia que le tocaba su vez, tardó unos segundos en enfundarse la bata y en meter en sus bolsillos unos puñados de sales de baño, ya que llevar el tarro a la vista se le antojó pretencioso. Al salir, se topó en el pasillo con uno de los dos tristísimos que, muy a la ligera, había atisbado la víspera. Fue patético cruzarse con él. No eran dos seres que se enfrentaban. Eran dos mundos. El de una mujer animosa, dispuesta a superar la crisis (o la melancolía, o la depresión, o como se llamara eso en términos científicos) que su atroz aventura del «domingo negro» le produjo, y un ente vencido, acosado, inmerso en las tinieblas pavorosas de la desesperación y el desconsuelo. Mientras deslizaba la suavidad del jabón sobre su piel, Alicia, muy vulnerable al sufrimiento ajeno, no pudo dejar de pensar en aquella imagen misma del dolor. Porque aquel individuo parecía haber tocado fondo: más abajo de su desesperanza, ya no había más. No existían otros estratos más profundos.

Cuando Alicia salió del baño, el hombre había conseguido alcanzar la meta más anhelada de su vida: el suicidio. Logró trepar —salvando dificultades inverosímiles— a un ventanuco situado encima de la bañera y se lanzó al vacío. Nadie habló de él durante el almuerzo en comunidad. Todos lo sabían. Ninguno lo comentó. También los manicomios tienen sus convencionalismos sociales, su no escrita normativa. ¡Era de mal gusto hablar de un «accidente» que un día u otro podía ocurrir a *cualquiera* de los demás!

«La Duquesa de Pitiminí» —Charito Pérez en sus días apacibles— estaba muy mejorada. Su crisis remitía a ojos vistas. Nada tenía que ver aquella señora mayor y bien educada, antigua institutriz de niños y viejos, con el esperpento que días pasados organizó la tremolina en el comedor. El muchacho del «pomo de la puerta-auricular telefónico» estaba más calmado, bien que su brote no había remitido del todo. Movía los labios cual si hablara, aunque sin emitir sonidos; reía o sonreía sin ton ni son y sus ojos se ablandaban y enternecían ante un recuerdo grato a su memoria. Pero su mirar no era ya el difuso de otras veces, y contestaba cuando le ofrecían sal o le preguntaban si deseaba más arroz. Alicia entendió que aquel infierno difería del de Dante, en tener una puerta accesible a la esperanza. El tristísimo, superviviente, era en cierto modo el más mimado de los presentes. Le acercaban el pan que él no se atrevía a pedir; le servían agua cuando su vaso estaba vacío; le colmaban en fin, de mínimas y discretas atenciones, que él agradecía con un gesto de cabeza o la sombra de una sonrisa. «Es un recuperable», pensó Alicia. ¿No era ésa la actitud del «Hortelano» muchos años atrás, según le habían contado no una sino muchas veces? Y allí estaba ese hombre, jovial, cortés con todos, intelectualmente sano y humanísimo en su conducta: tal como Alicia sabía mejor que nadie. El optimismo de este pensamiento la desconcertó al advertir su parte contraria. «Cosme está sano, sí. Pero aquí vive desde que le enclaustraron. Y aquí morirá.»

—Doña Alicia —dijo la antigua institutriz—. Si usted prefiere, podemos tomar el café en el salón.

Advirtió Alicia en la conversación de Charito Pérez que todos los síntomas de su locura de días pasados estaban presentes en su charla. No se consideraba zarina del Imperio, pero... sí alardeaba de grandes conocimientos sociales con gentes de alcurnia; no exhibía chuscamente sus pobres carnes al aplauso admirativo de los dementes, pero mantenía cierta proclividad a aludir a chismes procaces. A saber: quiénes se entendían entre sí y quiénes no en el manicomio y cuántas lesbianas había, y cuántos pederastas, y cuántas frígidas y cuántos impotentes. ¿Significaba esto que la locura consistía en la sublimación patológica o en la descoyuntación exagerada y morbosa de unas tendencias previas que ya estaban latentes en el individuo cuando era sano? A Alicia se le daba una higa que una bordadora de laborterapia se entendiese con uno de los cultivadores de la huerta, que el doctor Ruipérez —que, según la institutriz, era hijo ilegítimo— prolongase más de la cuenta sus sesiones de psicoterapia con una antigua maestra poseída de furor uterino. No obstante, para aquella ancianita llena de frustraciones, éstos eran temas del máximo interés. Era realmente paradójico que en unos casos —como en el de la falsa duquesa— la perturbación consistiese en la afloración al consciente de las tendencias reprimidas en el subconsciente y en otros —como en el de Ignacio Urquieta— en la terca obstinación del subconsciente a no decir al consciente su verdad. En ambos casos era un conflicto entre el yo verdadero y el falso yo. El yo verdadero, en el caso de los exaltados —como la institutriz— era el reprimido. El yo verdadero en el caso de los angustiados —como Ignacio— era el oculto. Luego eran versiones distintas de un mismo cuadro. ¿Acertó en el test al definir la locura como un conflicto entre el «yo» real y el anhelado? La dificultad para los psiquiatras estaba en saber cuál era el «real».

En estos berenjenales andaba (pues era perfectamente compatible el vagar de sus meditaciones y un cortés asentimiento de cabeza a cada muestra de chismes eróticos o genealógicos de la institutriz), cuando oyóse un gran tumulto en la entrada. Más tarde supo que era su amigo, «el Aquijotado», al que echaban al «Saco», pues había sufrido un rebrote peligroso de sus delirios y era urgente aprovechar la cama que dejó vacante el suicida. El amigo de los espacios anunciaba el fin inminente del mundo, y tenía inquieta y alborotada a la grey del edificio central.

Quienes no iban nunca por Recuperación eran los oligofrénicos, y Alicia juzgó que estaban clínicamente mejor atendidos los locos —siempre conflictivos— que los tontos, poco proclives a los conflictos. Recordó a sus «tres niños» con gran ternura, y las misteriosas palabras de Rómulo: «Ya sé quién eres...»

En los tres días subsiguientes, Alicia no vio al autor de «la novena teoría», pues su agitación no cesaba y acabaron trasladándole al cuarto enguatado, del que ella misma fue inquilina. Urquieta era el único de la unidad que almorzaba solo en su dormitorio y que tenía permiso para salir (y aun la orden de salir, porque el tiempo era soleado y seco, y debía aprovecharlo); con lo cual sus oportunidades de charlar con él eran pocas.

Una tarde en que la vigilante andaba muy atareada observando a Antonio el sudamericano, Alicia, sin ser vista, y sin pedir permiso, se deslizó en el cuarto enguatado, en cuya cama, atado de pies y manos, yacía su amigo «el Astrólogo». Su contemplación le produjo una gran tristeza. Sergio Zapatero parecía dormir, pero su agitación era terrible. Todo él era un puro temblor. Alicia se sentó al borde de la cama y le acarició la frente procurando sosegarle. Al cabo de un tiempo, el amante de los espacios siderales entreabrió los ojos, la contempló lleno de gratitud, rompió a llorar y pronunció estas extrañas palabras:

—¡Oh, señora, yo no soy digno de que vengas a visitarme! Me habías prohibido hacer la última operación aritmética y te he desobedecido. Ya lo sé todo. Ya sé cuándo ocurrirá lo que me prohibiste averiguar. No soy merecedor de que me consueles... ¡oh, María, María, Madre de Dios vivo, estrella de mi infancia, pañuelo de los tristes, bendita entre todas las mujeres!

Estremecióse Alicia al escuchar estas palabras. Se consideró cometiendo un burdo sacrilegio, pero le pareció atroz desengañarle, y no le habló. Se limitó a acariciarle la frente. Sergio Zapatero se fue calmando. Sus convulsiones cesaron. Y se quedó dormido.

Quien no pudo dormir aquella noche fue Alice Gould.

Los días pasaban sin que acertara —a pesar de sus múltiples avisos— a comunicarse con el director; sin que Samuel Alvar la llamase —lo que la tenía absorta y confundida—; sin que el doctor César Arellano —al que creía su amigo— la atendiese; sin que Raimundo García del Olmo, su cliente, le enviase la menor comunicación, ni la visitase; sin que ninguna novedad, en fin, viniese a turbar la monotonía de ver cómo los psicofármacos aplacaban paulatinamente la turbulenta agitación del «comunicante con su padre»; elevaban la moral del «triste», sosegaban las inclinaciones maníacas de la institutriz y atemperaban, en ella misma, la obsesión y los remordimientos por la muerte involuntaria del «Gnomo» de las grandes orejas, la boca de media luna, la nariz descolgada, el aliento fétido y la joroba torcida.

En el hospital el tiempo debía medirse con un reloj de ritmo distinto a los del resto del mundo. Por Conrada la Joven, Alicia sabía que el doctor Alvar estaba empeñado en grandes obras: suprimir las rejas denigrantes allí donde todavía subsistían, multiplicar los espacios deportivos y los talleres de terapia, adicionar al sanatorio clínicas de Traumatología, Obstetricia, Odontología, y no sabía cuántas más; que el doctor Ruipérez apenas podía ocuparse de los enfermos porque toda la administración estaba en sus manos, incluida la admisión de nuevos pacientes; que el doctor Arellano estaba ausente; y que los demás clínicos no daban abasto, ya que no era un adagio más lo de «la primavera la sangre altera», sino que real y verdaderamente la llegada de los calores multiplicaba los brotes esquizofrénicos, encendía los maníacos, excitaba las deformaciones sexuales y ponía fuego a la pira (muy bien aderezada por las malformaciones congénitas) de toda suerte de visiones, obsesiones, alucinaciones y delirios.

Dispuesta a no malgastar su tiempo, Alicia había ultimado un catálogo de preguntas dirigidas a su cómplice, el doctor Alvar, al que precedía un informe respecto al estado de su investigación criminal y al que seguía la petición del permiso necesario para poder tomar (con la colaboración de Montserrat Castell, aunque sin que ésta conociera el fin último pretendido) una serie de iniciativas. Entre éstas una que consideraba esencial: organizar concursos de redacción y caligrafía entre los que supiesen escribir. Las preguntas, cuya aclaración pedía al director, eran las fechas de ingreso de seis sospechosos cualificados, y los días de asueto, o de permiso para salir al exterior, que hubiesen tenido una treintena de reclusos en los últimos dos años. Acongojóse no poco Alicia de no haber excluido a Ignacio Urquieta ni a Sergio Zapatero —cuya demenciación progresaba irreversiblemente— de la nómina de los «posibles». Pero una cosa era la simpatía y otra muy distinta su deber profesional.

Empezaba ya a pensar que su permanencia en la unidad sería eterna, cuando dos sucesos vinieron a alterar la monotonía de su encierro. Uno, la recepción de una carta; otro, una visita inesperada.

La carta la encontró junto al umbral de la puerta de su cuarto (seguramente deslizada por el intersticio entre la hoja y el suelo). Era larguísima, carecía de comas, puntos y comas, puntos simples y puntos y aparte. No había separación entre los vocablos. Su caligrafía era estrafalaria, amanerada hasta el paroxismo y difícilmente legible; su redacción incoherente y extravagante, con algunos rasgos de ingeniosa lucidez; su texto decía así:

MORAL COLECTIVA ES UN ARTICULO QUE ENTRESACAMOS DE IDEAS PROCERES BIENEN A SER UN SUMANDO DE ESTA SUMA HEROE Y SOLITARIO REHUYE HIR A LA TURBA AVASALLADORA DONDE LO ACOMPASIONE MAS LA FIGURA A PASTERNAK ESTUDIANTE LA NOBIA DE MI COMPADRE ESPECIE DE ROBACULOS 1 + 1 = 1 × 2 = = 23 × 2 = 5 – 1 EL RUIDO ES UN ATENTADO CONTRA LA SALUD Y EL PRINCIPIO PARA LA ALEGRIA DE LA POBLACION 1.ª 2.ª 3.ª PSICOLOGOS PSICOLOGO GUIA DETECTIVE COLEGA BALADRON GREGORIO Y MARAÑON 6 + 1 = 6 ANATOMIA DEL CRIMEN 8 + 2 = = 10 × 9 = 19 + 6 – 5 = 25 FUME MEDIO ASCO ASPERO

NOBEL × POLBORA = DINAMITA

KARBURO

POLBORA × NOBEL = DINAMITA

SOL DO RE MI FA ALMORROIDES!!!

La carta carecía de firma. ¿Qué quería decir esa majadería? ¿Por qué se la enviaban a ella? ¿Quién la había introducido en su cuarto? ¿Qué significado podía darse a esos vocablos «anatomía del crimen» entre dos operaciones aritméticas mal hechas? ¿Era un mensaje, un aviso, una amenaza? ¿Encerraba una clave? ¿Guardaba alguna semejanza la letra con las misivas recibidas por García del Olmo? Su mejoría respondía afirmativamente. En cuanto regresara a Madrid haría una confrontación grafológica de ambas escrituras. Estaba considerando esto cuando unos nudillos golpearon suavemente su puerta. Acudió a abrir y no pudo evitar que su epidermis sajona se sonrojase («¡las epidermis sajonas son así!», se dijo para disculparse) al ver ante ella una persona que no esperaba ver, que deseaba ver y cuya presencia, inexplicablemente, la turbó: el doctor Arellano. Su mirada era grave y severa:

—Acabo de saber que estaba usted aquí. ¿Cómo se encuentra?

—Ya me encuentro bien, doctor. No puedo ofrecerle un asiento porque no lo hay.

—¡Conrada! —ordenó autoritario—. ¡Tráigame una silla!

Hizo una pausa. Se le notaba violento y contrariado.

—He estado ausente desde el pasado sábado. Acabo de enterarme de lo ocurrido. Ninguna otra persona lo sabe más que el director, Ruipérez, la Castell y yo. Pero quiero oírselo a usted misma. ¿Cómo fue?

—Doctor... —preguntó Alice Gould con voz apenas perceptible—, ¿viene usted a verme como fiscal, como médico o como amigo?

—Tiene usted la virtud de saber hacer preguntas incontestables.

—¡La última persona del mundo que quería que se enterase es usted! —protestó Alicia—. Y ya le han ido con el soplo. ¿Es que acaso lo van divulgando a los cuatro vientos?

—No, Alicia. Del mismo modo que considero una ligereza por parte «de ellos» el haber mentido a la autoridad judicial, no considero lo mismo el hecho de decirme a mí, que soy su médico directo, la verdad.

No se le escapó a Alicia el matiz de referirse al director y a su ayudante como «ellos», cual si formaran parte de un equipo médico distinto. ¿Habría alguna enemistad entre César Arellano y Samuel Alvar?

Trajo Conrada la silla; sentóse en ella el doctor, y Alicia al borde de la cama.

Arellano se esforzó en mostrarse amable. Debió de recordar, sin duda, los consejos que los tratados de psiquiatría dan a los médicos de esta especialidad respecto a la «transferencia» —lo que los angloparlantes llaman *transfer*—, de muy difícil traducción, pero que alude al arte tan necesario del médico para saber captar la atención, la confianza y la simpatía del loco. Ésta, al menos, fue la aventurada interpretación de Alice Gould a sus palabras:

—Está usted muy bella, Alicia. Y celebro que, al fin, le hayan permitido tener consigo sus pertenencias.

Alice Gould no musitó.

—¿Cómo ocurrió esa desgracia?

—Tal como la ha relatado «el Hortelano», que fue el único que la presenció.

Endurecióse el rostro del médico.

—Si usted no ha salido de aquí, y a los pocos que saben la verdad se les ha prohibido que hablen de este tema con usted, ¿cómo sabe lo que declaró «el Hortelano»?

—No se preocupa usted, doctor, de cómo pudo suicidarse un paciente desde este mismo piso, ¿y le preocupa o le sorprende que yo tenga amigos que puedan tranquilizarme y sosegarme en un asunto tan trascendental? Hay gentes en este infierno que me aprecian, que saben que yo no pude atentar voluntariamente (¡ni tan siquiera por negligencia!) contra la vida de un hombre; que entienden la conmoción que esta desgracia ha supuesto en mi sensibilidad; y que me han hecho el regalo de consolarme al darme un poco de información de lo que ocurría detrás de estas paredes. ¿Le parece a usted mal que me hayan prestado ese poco de caridad?

—No, Alicia. No me parece mal. Y por el aprecio y la estimación que le profeso, agradezco a ese ser incógnito el bien que le ha hecho. ¡No me hable usted con esa acritud, Alicia! No me la merezco. Acabo de enterarme ahora de lo que ocurrió y lo primero que he hecho ha sido venir a verla, con el deseo de comprobar por mis propios ojos que la depresión de los primeros días, de la que me han hablado, ha sido vencida ya por su coraje y su equilibrio.

—Sí, doctor. Ya le he dicho que me encuentro mucho

mejor. Los primeros días pedí a Dios que me concediese «una fobia» de esas milagrosas que da a algunos privilegiados para que olviden sus verdaderos traumas. Y ahora le pido lo contrario. Hay que aceptar la realidad tal cual es. Y yo no fui responsable. Actué en legítima defensa contra un bicho innoble y brutal.

—¡Así me gusta verla, Alicia! ¡Animosa y dispuesta a vencer al mundo!

—Pues así me ve usted, doctor.

—Observo además con gran satisfacción que esos traumas no afectan para nada a su belleza.

—Ya me lo dijo usted antes.

—Pero simuló no haberlo oído.

—Pensé y sigo pensando que sus palabras se debían a una deformación profesional. El deseo de eso que ustedes llaman «transferencia»: ¡el éxito del gran clínico con el enfermo mental que le ha tocado en turno!

—No es ése nuestro caso, Alicia —respondió secamente Arellano.

Sonó de súbito el pitido característico, la señal de llamada en el aparato que los médicos llevan en el bolsillo de la bata, y Alicia fue incapaz de reprimir un gesto de decepción. Asomóse el doctor a la puerta:

—Conrada —dijo—. Pregunte usted por teléfono si la llamada es urgente. Caso de serlo, me avisa. De no serlo, no es necesario que nos interrumpa.

—Gracias por quedarse, doctor. El caso es que tengo tres cosas para usted. Sólo tres. Pero importantes. Muy importantes. ¡Importantísimas! Y quisiera decírselas por orden.

Entró Conrada.

—Es urgente, doctor. ¡Otro suicidio!

El médico, a grandes zancadas, salió sin despedirse.

—¡Lo milagroso es que no haya más! —comentó con ira al cerrar la puerta.

No tuvo tiempo Alicia de analizar el verdadero sentido de estas palabras, pues apenas salido el médico se entreabrió la puerta y asomó la cabeza de Ignacio.

—¿Puedo pasar?

—Tengo silla vacante. Pasa y siéntate.

—Pareces triste.

—Sí, lo estoy.

—Y yo aburrido. Hay un pequeño drama aquí dentro: ¡«la Duquesa» mejora por minutos! Y eso es terrible... Me acaba de explicar toda su genealogía. Ella no es Pérez a secas, me ha dicho. Es Pérez de Guzmán. Y hemos trepado por su árbol genealógico durante dos horas hasta llegar al siglo XV. Comprenderás que después de este esfuerzo esté agotado. Dime: ¿por qué estás triste?

—Decepcionada, sería más justo decir. Tenía cosas muy importantes que hablar con el médico y nos han interrumpido.

—¡Ten cuidado con los médicos! El 85 % de las enfermas tienen la proclividad de enamorarse de ellos. Y algunos se aprovechan de esa circunstancia. ¡Y hacen bien!

—Ni yo soy una enferma ni me gusta oírte hablar así, «señor Urquieta». ¡No te va!

—¿Por qué?

—No sé cómo explicártelo. Es como si con un traje azul te pusieses una corbata de color café con leche. Tu personalidad es otra.

—Yo no tengo personalidad alguna, Alicia. La tuve y la perdí. ¡Se la tragó el subconsciente!

—Vas a acabar enfadándome, Ignacio. ¡Tú tienes una gran personalidad! Si yo fuera médico...

—Sigue: ¿qué ibas a decir?

—¡Te curaría!

—Pues te suplico por caridad que empieces ahora mismo el tratamiento. ¡Sólo por darte gusto sería capaz de dejarme curar!

Unos golpes ya conocidos sonaron en la puerta.

—¡Entre, doctor!

—¿Cómo sabes que es el doctor?

César Arellano entreabrió la puerta.

—Hicieron mal en avisarme. Ruipérez ya se había hecho cargo del caso. Era un enfermo que acababa de ingresar: un neurótico. No hubo tiempo siquiera para medicarle. ¡Lástima! —Guardó silencio antes de proseguir—: ¿Cómo se encuentra usted, Ignacio?

—¡Como un rey! La radio ha anunciado tiempo soleado y seco. ¿Qué más quiero? ¡Bueno... los dejo! ¡No conviene interrumpir la «transferencia» entre médico y paciente! Que descanses, Alicia. Hasta mañana, doctor.

—Me decía usted antes —recordó César Arellano— que tenía tres cosas muy importantes para mí. Empecemos por la primera. La escucho.

—Quería darle las gracias por haber seguido mi consejo.

—¿Qué consejo?

—Cambiar sus horripilantes lentes de pinza, con los que parecía una caricatura de Fresno de los años veinte, por esas excelentes gafas bifocales, que tienen una montura preciosa, que dignifican su rostro y que le hacen parecer hasta guapo.

—Seriamente, Alicia. ¿Ésta es la primera de las cosas importantísimas que tenía que decirme? ¿Cómo serán las demás?

—¡No se envanezca, don César! Las tres cosas que quiero decirle van en orden inverso a su importancia: de menor a mayor. La segunda va a sorprenderle. He recibido esta carta —añadió, tendiéndosela— y quisiera saber de quién es y qué significa.

El doctor la ojeó, sin poder reprimir una sonrisa.

—Ésta es una carta de amor... ¿Le halaga?

Alicia replicó:

—De haber sabido que iba a ser galanteada por carta, me hubiera gustado escoger a mi galán. ¡Su estilo es tan poco romántico! Pero ¿habla usted en serio? ¿Es una carta de amor?

—No, Alicia, no hablaba en serio. Y además no está dirigida a usted, sino a mí. Su autor es... pero ¿para qué hablar de él?, se lo voy a presentar.

César Arellano se puso en pie y llamó a Conrada Segunda.

—Procure usted —le dijo— que me busquen a Pepito

Méndez, uno al que llaman «el Albaricoque», y le digan que suba aquí a verme.

—Ahora mismo, doctor.

Repasó de nuevo Alicia la extraña letra. Cada vez que pensaba más en ello, consideraba que se parecía como una gota de agua a otra a la de las misivas que recibió Raimundo García del Olmo. Lo que no imaginaba era la prontitud y la eficacia del doctor Arellano en satisfacer su curiosidad.

—¿Qué enfermedad padece?

—Esquizofrenia hebefrénica y, afortunadamente, dependencia patológica del hospital.

—¡Bravo por la claridad! ¿Qué quiere decir ese insigne galimatías?

—Mi insigne galimatías significa que su mentalidad, sus actos y sus afectos son tan estrafalarios, incoherentes y absurdos como su escritura.

—Y ¿por qué dijo que «afortunadamente» padece hospitalismo? ¿Qué significa eso?

—Quiere decir que sólo se encuentra a gusto en el hospital. Él desea fervientemente ir a ver a una tía suya, que es la única familia que le queda, y cada vez que se lo permitimos, vomita. ¡Al «Hortelano» le pasaba lo mismo: enfermaba al acercarse a su casa y se ponía automáticamente bueno al regresar aquí! Eso es lo que llamamos «fobia de alejamiento» o «dependencia neurótica de un centro hospitalario». Pero este pollo, al que va usted a conocer en seguida, es tan incongruente que no sueña con otra cosa que ir a su casa y, apenas la pisa, son tales sus vómitos y accesos de fiebre que pide a gritos que le traigan aquí, donde se dedica a hacer méritos para que, como premio a su buena conducta, le permitamos ir a visitar a su tía. Y así sucesivamente.

—¿Y cuáles son los méritos que hace?

—Escribirme centenares de cartas y depositarlas bajo todas las puertas por las que pasa: porque yo soy su Dios y estoy en todas partes. Él fue maestro de escuela...

—¡Pobres alumnos! —interrumpió Alice Gould.

—Fue maestro de escuela —prosiguió el doctor— y sabe que los alumnos que hacen bien sus ejercicios o sus deberes son merecedores de premio. Estas cartas, en realidad, son «pruebas de exámenes voluntarios» que él hace para que yo le premie dejándole ir a ver a su tía.

—Es asombroso...

—No haga usted demasiado caso a esta interpretación que doy a sus cartas relacionándolas con su antiguo oficio, porque en realidad, los médicos no conocemos el proceso mental del esquizofrénico, que es siempre disparatado, simbólico e incomprensible.

—Doctor —preguntó Alicia con aire de preocupación—, ¿querrá ese hombre, «el Albaricoque», explayarse ante usted delante de mí?

—A usted no la verá...

—¿No me verá?

—No. Su atención estará tan prendida en mí, que no la verá.

La puerta se abrió violentamente. Entró un hombre muy rubio, redondito y sonrosado. ¡Quien le puso el apodo frutícola no carecía de ingenio! Su físico carecía de malformaciones, pero sus ademanes y gestos eran tan extremosos como los del «Astrólogo». La mirada que dirigió al médico traslucía veneración, adoración y una infinita gratitud por el honor de ser llamado.

—¡Doctor, doctor! ¿Qué quiere?

—He recibido una carta tuya muy interesante.

—Doctor, doctor, usted es Dios y también el monte Kilimanjaro, de África Occidental. Y yo le quiero mucho, doctor, porque también es mi madre. Y cinco por cinco, quince. Y tres por dos, dieciocho.

—¿Para qué me has escrito?

—Para que me deje ir a ver a mi tía. Se va a morir sin que yo la vea. Se ha muerto ya, y todavía no la he visto, doctor. Y el Pisuerga pasa por Salamanca. Y nunca me han castigado a un rincón. Moctezuma, multiplicado por Cortés, igual a Méjico, doctor. Arreatozipi-tapo. Arreato zipiton.

—Y ¿por qué quieres ir a ver a tu tía?

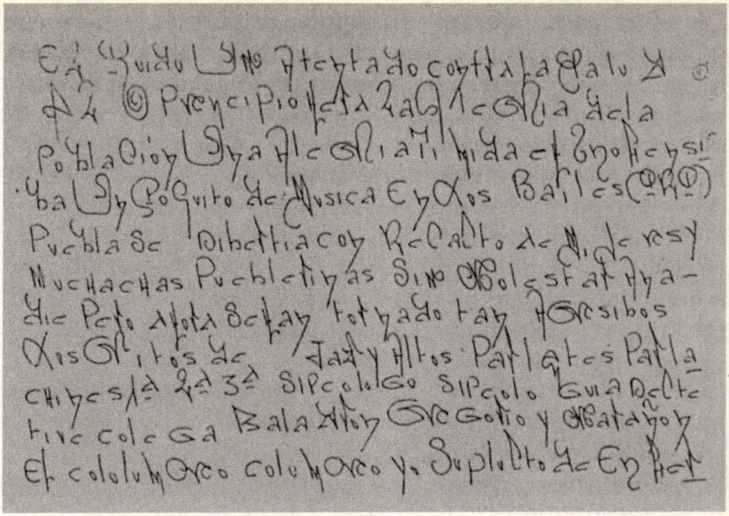

Dos muestras de la interesante sintaxis y caligrafía del «Albaricoque».

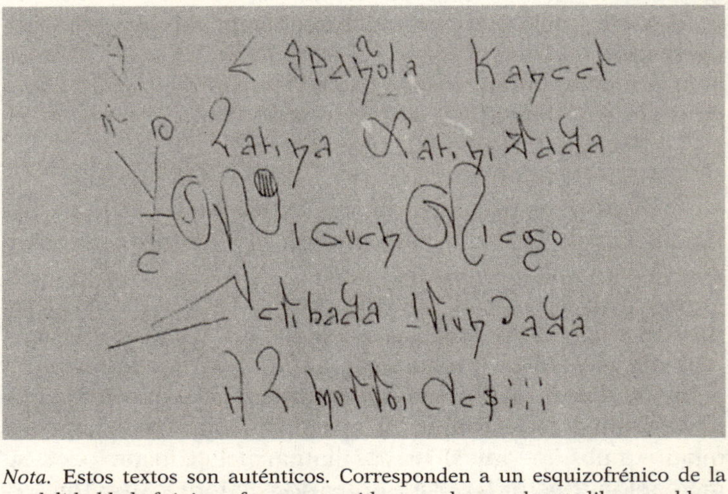

Nota. Estos textos son auténticos. Corresponden a un esquizofrénico de la modalidad hebefrénica y fueron recogidos por el autor de este libro en el hospital psiquiátrico en que se recluyó para documentarse.

—Porque la odio mucho, doctor. Y porque es hermana de una sobrina que yo tengo, doctor. Y porque está ya muy joven, doctor. Y porque también es el Kilimanjaro, que pasa por Valladolid. Y porque la quiero mucho, doctor. Y porque Dios es un triángulo.

—Esta vez no puedo darte permiso.

—Por favor, doctor. Que mi tía libra los jueves. Y la víbora enciende las nubes. Y yo soy muy bueno. Y Pétchora, Omega, Niemen, Volga, Vístula y Ural. Y las fauces del conejo patinan las portadas de los geranios, doctor. ¡Déjeme ir a ver a la abuela, doctor, que yo soy muy bueno!

—De acuerdo. Te dejaré ir.

—¡Viva la huelga de hormigas nadadoras, doctor! Fu, fu, fu. Teodorico, Teudiselo y Wamba.

—¿Estás ya contento?

—Sí, doctor.

—Pues ¡hala! ya puedes marcharte.

Se fue moviendo mucho el trasero y braceando. El médico preguntó:

—¿Qué le ha parecido el autor de las cartas que usted recibe?

—Me ha dado mucha pena conocerle. Mucha. ¿Es homosexual?

—Es amanerado, como su escritura, pero no es pederasta. Carece de huellas de perforación anal.

—¡No le había pedido tantos detalles, doctor!

Azoróse éste y varió de tema.

—Me dijo usted que eran tres las cosas de las que quería hablarme. Le he complacido en las dos primeras, Alicia. ¿Cuál es la tercera?

Se frotó las manos nerviosamente. La súplica contenida en su mirada rebosaba ansiedad.

—La tercera es tan importante, doctor, que enfermaría si me la denegara. ¡Necesito, con urgencia, ser recibida por el director! ¡No acabo de comprender cómo no ha sido él quien tomase la iniciativa de llamarme! ¡Encarezco a su mediación, doctor Arellano, que don Samuel Alvar me reciba mañana.

K

LA CAMISA DE FUERZA

A PRIMERAS HORAS DEL DÍA SIGUIENTE, y a los dos meses de su ingreso en el hospital, Alicia fue puesta en libertad: quiérese decir que abandonó el enclaustramiento forzoso en la Unidad de Recuperación, en la que mejoraban lentamente el «tristísimo superviviente», Antonio el Sudamericano y la falsa duquesa. Al «Aquijotado» no logró verlo más: su encierro se prolongaba: su crisis no remitía.

Suplicó Montserrat Castell a la elegante señora de Almenara que no se vistiese con ropas de tanta calidad para convivir a diario con el común de los residentes del edificio central, con lo que decidió comprarse otra más adecuada en la primera ocasión en que le dieran permiso para salir. El regreso del doctor Alvar no sólo era imprescindible para el progreso de su investigación sino que mejoraría considerablemente su status personal. Era seguro que, a partir de ahora, la dejarían moverse con libertad por dentro y fuera del hospital. A pesar de la recomendación de Montse, y como no tenía más ropa que la suya propia (y le repugnaba ir vestida de hortera) se vistió uno de sus trajes sastres —tal vez excesivamente sofisticado para el lugar...—. ¡Pero no tenía otros!

—¡Qué conjunto tan mono! —le dijo la institutriz al despedirla.

Como tenía perdido el conocimiento cuando la trasladaron a la unidad, y las ventanas de los cuartos eran inaccesibles para acodarse en ellas, Alicia no supo, ni se preocupó en saber, en qué parte de la propiedad estaba enclavada la residencia. Al salir, ahora, por vez primera, sorprendióse de lo lejos que estaba de la mole del edificio central y aun de las dependencias aisladas del bar, la capilla y las llamadas casitas familiares. Las «familias» que en ellas vivían —familias de hombres en una acera y de mujeres en la otra— estaban compuestas por gentes muy recuperadas, que llevaban años sin haber padecido una crisis y que si no se las devolvía a sus hogares era sencillamente por carecer de hogar y no tener parientes próximos o lejanos que quisiesen hacerse cargo de «la loca» o del «loco», aunque estuviesen harto más equilibrados que muchos que andan sueltos por las calles o que rigen desde el gobierno los destinos de las naciones. Aunque su propósito era dirigirse en línea recta al edificio central, tuvo que dar un pequeño rodeo porque se topó en el camino con una pareja tumbada en el suelo que practicaba con singular entusiasmo el noble ejercicio de la procreación. Consideró que la primera norma del lugar en que se hallaba, y que merecía estar escrita en letras de bronce junto a la verja de entrada, debería ser ésta: «Prohibido asombrarse de cuanto se observe más allá de estas murallas.»

A pesar de haberse hecho este propósito ¿cómo no sorprenderse de lo que vio, no lejos de ahí, en una especie de aprisco adosado a una granja? Subido a lo alto de una peña había un hombre ancianísimo de colosal estatura y larguísimas barbas que la brisa mecía. Tales barbas era lo único en su cuerpo que tenía movimiento. Por lo demás, y si no estuviese de pie, se diría estar muerto. En torno suyo, cerca de un centenar de hombres y mujeres yacían en el suelo, tumbados boca abajo, los brazos extendidos hacia el frente, como si lo adoraran. No entendió qué significaba este rito y se dispuso preguntarlo al primer «bata blanca» que encontrase. Prosiguió su camino hacia las viviendas familiares. Al llegar le llamó la atención contemplar los parterres, y las flores, y los arbolitos armoniosamente situados frente a las casas por iniciativa de los mismos enfermos; y le satisfizo mucho la pacífica actividad que en su interior se desarrollaba y que bien podía advertirse, pues casi todas las ventanas estaban abiertas. Unos barrían, otros fregaban platos, o hacían las camas, o tendían ropa a secar. Realmente las iniciativas del joven y barbudo director representaban un colosal avance en el sistema hospitalario, respecto a las antiguamente llamadas casas de locos. Asomado a una ventana, Norberto Machimbarrena, el triple homicida, mecánico de la Armada, a quien se había dejado de considerar peligroso, la saludó con gran cortesía. A Alicia le interesaba mucho este hombre ya viejo, aunque fuertote y sano, porque era un paranoico, que era el mal que Alicia fingía sufrir. Si no le habían devuelto la libertad era por creerse espía de la Marina de Guerra, lo que indicaba que no estaba totalmente curado. «¿Y si fuese verdad lo que él dice —pensó Alicia para sí— del mismo modo que yo *creo* ser detective y lo soy en realidad?» Un «bata blanca» salió de una vivienda, cruzóse con Alicia y penetró en otra. Por lo que le oyó decir, dedujo que estaba inspeccionando la limpieza de cada residencia.

De una de ellas salió Cosme, «el Hortelano», quien quedó muy sorprendido de ver a Alicia por aquellas latitudes.

—¡Bien venida a nuestro barrio, Almenara!

—¡Que Dios te bendiga, «Hortelano»! ¡Gracias por lo que has hecho por mí!

La tomó «el Hortelano» de un brazo y se alejaron donde no pudieran ser oídos. Contóle Cosme que creyó a pie juntillas lo que ella le había contado del ataque del «Gnomo», porque él («con estus los mis ojus que comerán la tierra») había visto cómo, en otras ocasiones, atacaba a otras mujeres, entre otras a «la Niña Oscilante», a la que quiso violar. Al oír esto llevóse Alicia las manos al rostro, horrorizada.

—Llegué a tiempu pa impedirlo; le di una güena somanta de palus y le juré, que si lo golbía a jacer, le partiría la su joroba en dos. El qui haya sío usté o yo mesmo el que se l'ha partío no cambia la cosa. De modu y manera que declaré lo que no vi, mesmamente que si lo jubiera visto.

Alice Gould quiso confrontar por ella misma lo que ya le había contado Montserrat Castell.

—Dígame, Cosme. Cuando hay un muerto por accidente, ¿no interviene el juzgado?

—Sí, interviene, sí. Pero yo les dije lo que tó el mundo sabe. Qui acostumbraba a correr comu liebre fogueada y qu'aquel día tropezó, diose con un peñascu y se partió la su joroba. Ustè, Almenara, no piense más en ello. ¡Y cuide su salud! Y hasta más ver, que hoy tengo cita con las zanahorias y no está bien que me quede de palique con ustè mientras ellas me esperan.

Fuese «el Hortelano» y prosiguió Alicia su camino entre las viviendas.

Una cincuentona de buenas carnes barría el polvo a la entrada de su pabellón y, al verla avanzar, dejó de mover la escoba y la saludó con gran simpatía.

—Buenos días, señora Alicia.

—Buenos días, ¿cómo sabe usted cómo me llamo?

—La vi un día en misa y otro en el bar. Pregunté que quién era usted, y me dijeron su nombre.

—¿Y usted cómo se llama?

—Teresiña Carballeira, para servirla. Pero me llaman «la Bordadora». Tiene usted que venir un día por el taller. Ya verá qué cosas más lindas hacemos.

—¡Ya lo creo que iré! ¿Y qué bordan ustedes?

—¡Uf! Mil cosas: al canutillo, al tambor, de realce, y también de imaginería. Y nos pagan muy bien.

—Pues no dude que iré a visitarla al taller. ¡Hasta luego, Teresiña!

—¡Hasta más ver, señora Alicia!

Siguió caminando sin poder quitarse de la cabeza que esta Teresiña fue la que mató a hachazos a su madre confundiéndola con una serpiente. Y mandó al otro mundo a dos servidores del manicomio el mismo día que ingresó. ¡Los médicos consiguieron sacarla a pulso del pozo en que se encontraba! ¡Arreglaron la oscura maquinaria de su juicio perturbado! ¡Acertaron con la avería, como los expertos de un taller en un coche que no anda, y consiguen ponerlo en marcha! El habilísimo mecánico que manipuló en su interioridad y a quien debía la salud, era el doctor Arellano. Mas a quien debía poder vivir en la actualidad como una buena ama de casa, y no en una celda, y trabajar en un taller de artesanía y ganar un salario digno era a Samuel Alvar. Estaba deseando conocer a fondo al director. Le necesitaba profesionalmente, pero también le interesaba desde una perspectiva puramente humana.

Adentróse entre los paseantes que deambulaban en torno al bar y a los jardines. ¡Cuánta gente le era aún desconocida! ¡Sería milagroso que el esquizofrénico de las mil cartas fuese el hombre que buscaba! ¿No sería demasiada casualidad que «el Albaricoque» y el autor de las misivas a García del Olmo fueran la misma persona y que la solución de la incógnita quedara así, resuelta por puro azar?

Extrajo un cigarrillo y se acercó a un «autista» o solitario a pedirle fuego.

—¡Déjeme en paz! —respondió éste con violencia inusitada.

Tardó Alice Gould en reaccionar. El hombre, encendido en cólera, tiró al suelo su pitillo.

—¡Atrévase a tocarlo —dijo— y le arranco la lengua!

Alejóse Alicia con más celeridad de la acostumbrada y se llevó un gran sobresalto al sentirse brutalmente agarrada por la muñeca. Mas no era el encorajinado solitario, como ella pensó, sino una mujer de extremada corpulencia quien la sostenía con fuerza. Vestía una bata azul y zapatillas negras. Sus dedos eran de hierro. Más que asirla, la atenazaban. Nada decía la mujer. Nada hacía tampoco, si no era mirarla. ¡Ah, qué pavoroso vacío el de aquellos ojos! Carecían totalmente de expresión. Eran ojos mudos. Detrás de ellos estaba la Nada. Alicia tuvo miedo. El rostro de aquella mole humana era monstruoso, cetrino y feroz. Un bozo lacio y negro se unía en el labio superior a las hilas que le colgaban de la nariz. También le salían pelos de las orejas; sus cejas estaban unidas, y un vello oscuro y desigualmente distribuido le cubría las anchas mejillas. Alicia se propuso no utilizar el judo, salvo en caso de ser atacada. Y aun así, de poco le serviría su habilidad, pues aquella mujer duplicaba su peso. La situación era grotesca al par que peligrosa. No sabía Alicia qué hacer. Si hablaba, si se movía, si intentaba desasirse, tal vez moviera el resorte que aquel oscuro entendimiento necesitaba, para atacarla a dentelladas. Un «bata blanca» corrió presuroso hacia ellas.

—Manténgase serena, no hable, no pretenda huir —le dijo a Alicia.

Y variando el tono ordenó a la forzada:

—¡Suéltala!

Ésta, lejos de obedecer, arrugó el labio superior uniéndolo a la nariz, enseñó los dientes y emitió un rugido sordo que paralizó el corazón de Alicia. Tres «batas blancas» se acercaron cautelosamente.

—¡Suéltala!

Nuevo rugido amenazador, esta vez más prolongado. Uno de los cuidadores, que estaba tras la fiera, la enlazó vigorosamente por el cuello con todo el antebrazo.

—¡Suelta tu garra o te estrangulo!

Aplacóse la presión de su mano, mas no el rugido.

—Ahora extiende tus pezuñas.

La hembra rugiente extendió los brazos.

Con habilidad y rapidez suma, le enchufaron una suerte de lona, de inmensas mangas. Fue la primera vez que vio una camisa de fuerza. (Aquel mismo día vería una segunda.)

La condujeron hacia su jaula. Al verla avanzar, a grandes y torpes zancadas, arrastrada por sus captores, Alicia recordó a los esclavos antiguos, apresados en las guerras púnicas y uncidos al carro triunfal de un césar romano victorioso.

—¡Hala, a dispersarse! —ordenó el primero de los «batas blancas» al grupo de curiosos que se había apelotonado para presenciar la captura de «la Mujer Gorila», como supo después que la denominaban—. Y usted —le dijo a Alicia— venga conmigo.

—No sé si podré sostenerme sobre las piernas —respondió ésta—. Estoy aterrada. Preferiría sentarme.

No lejos de allí había un grueso castaño con un banco circular en torno a él. El «bata blanca» condujo a Alicia del brazo.

—Tómese esta pastilla y siéntese aquí conmigo.

—Prefiero no drogarme. ¿Es usted enfermero?

—No. Soy médico. Usted es visitante, ¿no?

—Soy residente; pero por poco tiempo ya.

—¿Es usted residente? ¡Nunca lo hubiera imaginado! ¿Ha pasado mucho susto?

—¡Mucho, doctor!

—¿Está segura de que no quiere una pastilla?

—Creo que no voy a necesitarla, ¡salvo que vuelva esa mujer a acercarse por aquí! ¿Quién es? ¿Qué tiene? ¿Es oligofrénica?

—No. Es una demente.

—Pero ¿no significa lo mismo?

—En absoluto. El oligofrénico padece una *insuficiencia* en el desarrollo de la inteligencia, mientras que el demente sufre un debilitamiento psíquico profundo, global y progresivo. Esta que acaba usted de conocer está en su estado terminal, absolutamente deteriorada. Se nos había escapado. Aún no sabemos cómo.

—¿Usted cree que me quiso atacar?

—Es poco probable. Sólo ataca cuando tiene miedo. ¡Hizo usted muy bien en mantenerse en absoluta inmovilidad! De lo contrario la hubiera usted asustado. Ella no sabía si lo que tenía agarrado era un ser humano o una sartén, o una planta o un animal.

Quedó Alicia empavorecida al oír esto.

—¿Es posible, doctor? ¿Hasta ese punto llega su obnubilación? ¡Es terrible saber que estas cosas sean así!

—A los veintiún años —comentó el doctor— tuvo su primer brote. Antes de eso trabajaba de pianista en un cabaret. He visto fotografías suyas de entonces. ¡Era preciosa!

Guardó Alicia silencio. ¡Que aquella evolución fuera posible la asustaba aún más que el haber estado apresada entre sus garras!

—Me sorprende, doctor, no haberle conocido antes.

—Soy jefe de la Unidad de Demenciados. Y salgo poco de mi unidad.

—¿La Unidad de Demenciados es lo que llaman «la Jaula de los Leones»?

El «bata blanca» pareció enfadarse.

—Quien haya inventado esa denominación es un infame. Los que residen en mi unidad son seres humanos enfermos: los más profundamente enfermos del hospital. Los más dignos de lástima. Los más necesitados de ayuda y protección.

—Me gusta mucho oírle hablar así, doctor, y lamento haber usado esa expresión.

Leyó Alicia el nombre del médico bordado en su bata: J. Rosellini.

—¿Es usted italiano?

—Nieto de italianos. ¿Se encuentra ya mejor?

—Sí. Creo que sí.

El físico del doctor Rosellini era —al parecer de Alicia— demasiado perfecto. Su perfil era casi femenino. Su peinado, un tanto antiguo: sólido por la gomina a lo Carlos Gardel o Rodolfo Valentino. Se le antojó a Alicia (que era gran examinadora de menudencias) que su excesiva seriedad era forzada. ¿Cómo expresar con claridad su pensamiento? Se diría que el doctor Rosellini tenía complejo de guapo, y lamentaba que su rostro fuese más el de un niño bonito que no el de un científico. No le vio sonreír ni una vez.

—Pensé que estaba usted aquí de visita y sigo sorprendido de que sea usted una paciente. ¿Quién la atiende?

—El doctor Arellano.

—No hay en el hospital mejor médico ni mejor hombre que él. ¡No todos son iguales!

—Celebro oírselo decir, doctor Rosellini. Yo aprecio mucho a don César. Y le considero un gran clínico.

—¿Cómo se llama usted, señora? —preguntó el médico después de comprobar discretamente que llevaba anillo de casada.

—Alicia Gould de Almenara.

Leyó Alicia en los ojos del médico el deseo de preguntarle algo (a qué tratamiento estaba sometida, de qué mal estaba diagnosticada o cosa semejante), mas ella se anticipó.

—He visto, doctor, una especie de granja, en que todo el mundo estaba tumbado menos un anciano.

—Ya sé a lo que se refiere...

—¿Quiénes son? ¿Qué hacen en esa postura?

—Padecen una locura colectiva.

—¿Locura colectiva?

—Sí. El anciano tiene, o tuvo, porque muchos murieron, unos treinta hijos. Todos los que usted vio tumbados son hijos, nueras, yernos, nietos y bisnietos suyos y padecen un mismo delirio.

Sonaron en ese instante los característicos pitidos en el avisador mecánico de su bolsillo.

—Lo siento. Me llaman a la unidad. ¡Veremos qué ha pasado con la prófuga! Me hubiera interesado mucho seguir hablando con usted.

Se despidió de Alicia; fuese a buen paso hacia su pabellón; y ella, apesadumbrada por la interrupción, reemprendió el camino hacia el edificio central. Le había gustado mucho ese médico. Le agradaría hacer amistad con él. ¿Qué habría querido decir al afirmar que no todos los doctores —ni como médicos ni como hombres— tenían la calidad de César Arellano? Por segunda vez tuvo la intuición de que una guerra sorda se desarrollaba en el hospital al margen del mundo de los enfermos.

No había Alicia conseguido fumar su cigarrillo. Pero se abstuvo de pedir fuego a otro que no fuese un «bata blanca».

Le devolvió la calma y la ayudó a restablecer el control sobre sí misma el abrazo que recibió de Rómulo, apenas la vio entrar en la «Sala de los Desamparados».

—¿Dónde has estado tanto tiempo?

—Me han dado unas vacaciones.

—No es verdad. Yo vi que te ponías muy malita. Y que te llevaban en brazos. Y me dio mucha pena.

—Pero ahora ya estoy completamente curada. ¿Te alegra saberlo?

—¡Mucho! ¡Mira, tócame esta oreja! —le dijo mientras él hacía lo propio con Alicia—. ¿Ves? ¡Tengo un guisante debajo de la piel, igual que tú!

Era cierto. Ambos tenían una mínima adiposidad en el pabellón de la oreja, encima del lóbulo.

—Me han dicho, Rómulo, que sabes escribir. ¿Es verdad?

—¡Sí! —respondió con orgullo—, pero lo hago muy despacito.

—Algún día tienes que escribir algo para que yo lo vea.

—¡Te lo voy a escribir ahora! —dijo jovialmente.

Y muy agitado salió corriendo, y a poco regresó con bolígrafo y papel. La lengua entre los dientes, toda la atención prendida de su labor, escribió con lentitud: «Yo sé quién eres tú...»

Era la segunda vez que le decía esto. ¿Qué querría significar?

Tan abstraída estaba Alicia en su conversación con aquel pobre muchacho, cuya edad había quedado congelada a los seis años, y en el misterio que aquellas palabras encerraban, que no vio a Montserrat Castell cruzar toda la galería para llegar hasta ella, ni las señas que la joven le hacía desde lejos.

—Alicia, el director te llama.

Se puso en pie rápidamente.

—¡Al fin! —murmuró la detective apretando los párpados.

Con pasos precipitados corrió Alice Gould, anhelante, hacia «la frontera»; mas de pronto la asistenta social la detuvo.

—¿No tendrías tiempo de cambiarte de ropa antes de ser recibida? Estás demasiado bien vestida, Alicia. Al director puede molestarle verte así. No le gustan las diferencias tan marcadas entre sus pacientes.

«¡Increíble comentario el de la Castell!», pensó Alicia para su coleto. Lejos de lo que ella decía, de haber sabido que Samuel Alvar estaba dispuesto a recibirla, se hubiera puesto el traje con el que llegó al sanatorio y adornado con su broche de oro.

—¡Estoy impaciente por verle!, Montserrat. No quiero hacerle esperar, perdiendo el tiempo en cambiarme. ¿Puedo pasar un momento por tu despacho?

Facilitóle Montserrat Castell peine y cepillo; y Alicia se atusó y ordenó lo mejor que pudo.

Consideró Alicia que los espejos, como muchas personas, tienen respuestas distintas para las mismas preguntas, según los casos. Al regresar a su casa de Madrid, después de una corta temporada de playa, advertía con asombro lo tostada que estaba su piel, aunque se hubiera estado viendo a diario reflejada en los espejos de su vivienda veraniega. Ella era la misma... pero el espejo no. Y era éste quien la hablaba, como si dijera: «Estás muy mejorada desde la última vez que te vi.» Esta asociación de ideas le venía ahora a Alicia, porque en aquel espejito del despacho de Montserrat Castell se había visto reflejada por última vez cuando aún vestía como una hortera y la llamaban «la Rubia», «la nueva» o «la Almenara».

—¡Ya no parezco tan loca! —musitó riendo en voz alta.

Montserrat no movió un músculo del rostro, pero Alicia creyó advertir cierta conmiseración en su mirada, como si dijera para sus adentros que sólo por fuera se distinguía de los demás. Muy turbada por ese pensamiento, Alicia penetró en el despacho del director.

Visto de cerca, le pareció un hombre aún más joven que cuando lo atisbó en la habitación acolchada, y medio ebria aún por los calmantes. Tras la barba y el bigote negros, y las grandes gafas con montura de pasta del mismo color, se columbraba el rostro de un hombre que apenas sobrepasaba la treintena. Tal vez fuera ésa la razón por la que se dejara barba: simular más años y dar a su talante una severidad que, de afeitarse, carecería. Sus modos eran suaves y contenidos. Hablaba en voz muy baja. Y no sonreía ni para saludar. Sus zapatos eran viejos y usaba calcetines colorados.

No era sólo Alicia quien contemplaba a Samuel Alvar. También el director la contemplaba a ella. No la había visto más que una vez, atada a una cama, sudoroso el rostro y el pelo desordenado sobre la cara. ¿A qué venían esos aires de princesa, ese atuendo de turista de lujo en vacaciones y ese talante de superioridad?

Samuel Alvar tragó saliva y señaló fríamente un asiento frente a su escritorio. Apoyó los codos en la mesa y juntó las yemas de los dedos de ambas manos, bajo su barbilla, esperando que ella le expusiera los motivos de su insistencia en ser recibida. Pero Alicia no habló.

—¿Tiene usted algún problema? —preguntó el médico, sorprendido ante su mutismo—. Expláyese con toda confianza. No tenga miedo. ¡Vamos, anímese!

Alicia sonrió con aire de complicidad.

—¿Es eso todo lo que tiene que decirme, doctor?

Éste la miró de hito en hito. Sus dedos comenzaron a tamborilear impacientes.

—La he recibido porque usted pidió verme. No la he llamado espontáneamente. Dígame, pues, lo que desea.

Volvióse Alice Gould a un lado y otro de la habitación; comprobó que las puertas estaban cerradas.

—¡Estamos solos, doctor!

—En efecto, estamos solos —respondió el médico.

—Soy Alice Gould. ¡Alice Gould de Almenara! ¿No le dice nada mi nombre?

—Sé perfectamente quién es usted —replicó el doctor—. He leído su expediente y conozco su historial.

—¿Y no recuerda la carta que me escribió antes de ingresar yo en el sanatorio exigiendo determinadas condiciones para mi ingreso?

Los dedos que antes tamborileaban impacientes se distendieron. Su rostro mostró una profunda atención.

—Hábleme de esa carta... —dijo en un susurro de voz. Visiblemente excitada, Alicia replicó:

—En esa carta usted condicionaba mi ingreso en el sanatorio a que nadie, ni médicos ni enfermos, conociera la verdadera razón de mi estancia aquí, y a que me comportara ante todos como una paciente. Para ello me aconsejaba que leyera un manual titulado *Síndromes y modalidades de la paranoia*, del doctor Arthur Hill, editado en castellano por Editorial Coloma, y que estudiase todo lo relacionado con la modalidad que yo debía simular. ¡Y así lo hice! Y me aprendí muy bien lo del «delirio crónico, sistematizado, irrebatible a la argumentación lógica». ¡He seguido todas sus instrucciones, doctor Alvar! Las ideas delirantes secundarias que he fingido...

—Perdón, señora de Almenara, ¿qué entiende usted por ideas delirantes *secundarias*?

—Las que derivan de algunos acontecimientos de la vida del enfermo que dejaron una profunda huella en su ánimo. Yo no sé si estuve torpe al fingir como causa desencadenante de mis delirios la ingratitud de un caballo... ¿El caballo era bello? Mi marido también. ¿El caballo era ingrato? ¡También lo era mi marido! ¿El primero me coceó? ¡El segundo intentó envenenarme! Para una persona «constitucionalmente predispuesta» para la enfermedad, pensé que fingir eso era un buen comienzo para redondear una «fábula delirante», cuyo final era obligado.

—¿El final era obligado?

—¡Sí! Es como uno de esos certámenes que ponen en el colegio a los alumnos de literatura: «¡Inventen ustedes una historia cuyo final sea la boda de los protagonistas!»

—¿Y cuál es el final de su «historia delirante»?

—Que mi marido, una vez fracasados sus intentos de envenenarme, consiguió con malas artes «secuestrarme legalmente» en un hospital psiquiátrico.

—¿Y por qué era obligado ese final?

—¡Porque yo necesitaba encerrarme en este centro para realizar la investigación criminal de que le habló a usted el doctor García del Olmo!

—¿Y qué títulos tiene usted para realizar tal investigación criminal?

—¡Soy detective diplomado! ¿Lo ha olvidado usted?

—Perdón, señora de Almenara... Le ruego que me disculpe. Había olvidado ese extremo importantísimo. Como en el entretanto he gozado de unas largas vacaciones, he perdido contacto con los temas que dejé pendientes antes de marcharme. Por ejemplo, tampoco recuerdo con exactitud la clase de investigación que debía usted realizar aquí en el sanatorio.

Alicia, cada vez más atónita, comentó:

—No entiendo, doctor, a qué clase de examen me está

sometiendo. Sólo estoy segura de que usted sabe todo lo que me pregunta. ¿Cómo puede ignorar que el padre del doctor García del Olmo fue encontrado muerto hace más de dos años por su propio hijo, cuando éste regresaba de un congreso de su especialidad que se celebraba en París? Todos los periódicos publicaron noticias tanto del congreso, en el que García del Olmo presentó varias mociones, como del crimen, cuya víctima era el padre de una personalidad muy conocida en España y fuera de ella... ¡y amigo personal de usted!

Guardó silencio Alice Gould, esperando que el director del hospital rompiera su inexpresividad de monje budista en trance de meditación. Éste se limitó a decir:

—Prosiga.

—Ignoro si Raimundo García del Olmo le dijo a usted toda la verdad acerca de su caso o silenció algunos extremos. El más delicado es que la policía llegó a sospechar de mi cliente. Temían que, conociendo éste los terribles dolores que sufría su padre a causa del cáncer de estómago que padecía, y a sabiendas de que el mal era irreversible y que le quedaban pocos meses de vida, hubiera querido ahorrarle más sufrimientos y le adelantara la muerte por piedad. ¡Esto no fue así, por supuesto! Pero es lo que la policía llegó a temer. Doctor, ¿le contó este extremo su amigo García del Olmo?

—Prosiga, señora, prosiga...

—Por entonces, comenzó a recibir las misivas semanales que usted sabe ya. Y me encargó que investigase de dónde procedían. No tardé en averiguar, por el examen grafológico, que el autor era un psicótico y que estaba recluido aquí, y que el papel en que escribía sus misivas no pertenecía al que se facilita a los enfermos, sino al que usan ustedes en las oficinas. En realidad, se trataba del mismo papel de cartas que usa usted, salvo que habían recortado a tijera la parte alta de la hoja, suprimiendo el membrete con el nombre del sanatorio y la dirección. Lo comprobé al ver la carta que me dirigió usted imponiéndome sus condiciones para ingresar aquí.

—Prosiga, señora de Almenara.

—No continuaré, doctor —dijo Alice Gould, sin ocultar su enojo—, ni diré una palabra más mientras no me aclare por qué me pregunta cosas que usted sabe tanto o mejor que yo. ¡Tengo la desagradable sensación de que se está usted burlando de mí!

—Nada más lejos de la realidad, señora de Almenara. ¡No acostumbro a burlarme de los pacientes que están sometidos a mi cuidado y a mi responsabilidad!

Alicia quedó sin aliento. Fijó largamente los ojos en el médico intentando calcular hasta cuándo duraría la broma. Pero el rostro de Samuel Alvar era impenetrable.

—Doctor... —alcanzó a decir, casi sin voz—, ¡yo no soy una paciente suya! ¡Estoy aquí por mi propia voluntad! ¡Soy una detective profesional!

—Aclaremos bien esto —añadió el director del manicomio, poniéndose en pie y comenzando a pasear lentamente por el cuarto—. Para una reclusión voluntaria le hubiese bastado una declaración firmada por usted misma indicando su deseo de ser tratada en este establecimiento y un certificado del doctor Ruipérez, que fue quien la recibió, señalando que era usted admitida. ¡No es eso, señora mía, lo que consta en su expediente! En su ingreso se han seguido los trámites de los casos involuntarios: a saber, certificación médica del doctor Donadío, colegiado de Madrid, dejando constancia de la enfermedad, así como de la necesidad de internamiento, y solicitud de su esposo, don Heliodoro Almenara, como pariente más próximo, dirigida directamente a mí, como director médico del establecimiento, para que autorizara su reclusión.

—¡Conozco muy bien todo eso, doctor! ¡La solicitud de mi marido fui yo misma quien la redactó y le arranqué la firma sin que él mismo supiese de qué se trataba! ¡Y el informe médico del doctor Donadío está falsificado!

—¿Y la firma del subdelegado de Medicina de Madrid, legalizando la del doctor Donadío, está falsificada también? ¿Y la de su marido haciéndose responsable de los gastos que ocasione usted en el hospital, ya que es usted «enferma de pago», y que estampó en las oficinas de este centro el día que la acompañó a recluirse... ¿también está falsificada?

—¡Mi marido no me acompañó aquí el día de mi ingreso! ¡Fue mi cliente quien me acompañó: Raimundo García del Olmo, su amigo de usted! La gran sorpresa para mí fue saber que el director no estaba, sino un sustituto suyo... ¡Mi investigación iba a ser mucho más ardua sin su ayuda!

—Y... dígame, señora de Almenara... ¿ha conseguido usted averiguar algo sin mi ayuda?

—Sí, doctor Alvar. Estoy segura de que el autor de los escritos delatores es hombre y no mujer; tiene entre cincuenta y cincuenta y cinco años; tuvo algún día una posición social, familiar o económica, de cierta brillantez y posee una personalidad fuertemente vengativa. Su inteligencia está más degradada que su memoria. Vive para rumiar sus venganzas: se regodea con este pensamiento. Es resentido y envidioso. Ya era un malvado antes de enfermar. Posee tendencias agresivas y sádicas. Y no es un inductor, sino el autor directo del crimen. Esto es lo que he averiguado sola, amén de disminuir a poco más de media docena la lista de sospechosos. ¡No es poco, si tenemos en cuenta que el manicomio alberga a más de ochocientos enfermos! Para que esta lista quede reducida a uno solo, preciso su colaboración.

Samuel Alvar, que se movía a pasos cortos, las manos en la espalda, por su despacho, al llegar a este punto arqueó las cejas interrogante.

—Preciso —continuó Alice Gould— dos datos y un favor. Los datos son éstos: conocer la fecha de ingreso en el hospital de una pequeña lista de residentes (ocho o diez a lo sumo), que yo le daré; conocer asimismo si alguno de ellos, caso de estar ya ingresado, gozó de un permiso, o se le permitió, en suma, salir del hospital, no menos de dos días enteros, entre el 10 y el 12 de marzo de hace dos años.

—Esos datos, señora, pertenecen al secreto de nuestros archivos.

—¡No le pido revolver los archivos de todo el hospital, sino conocer los expedientes de ocho o diez sospechosos! Si ello supone una pequeña irregularidad administrativa... mayores son las ya cometidas por nosotros, inducidos por usted.

Las cejas del médico seguían arqueadas.

—Me ha hablado usted de los datos, no del favor.

—El favor es —prosiguió Alice Gould— que me permita usted permanecer en el hospital unos días más de lo convenido.

Las cejas del doctor Alvar se arquearon aún más.

—¿Cuántos días más?

—Unos diez. En caso contrario...

—Me pide usted algo verdaderamente extraño. Pero no quiero interrumpirla. Prosiga. ¿En caso contrario?

—En caso contrario, me temo que no pueda llegar a una conclusión definitiva. Habré fracasado en mi investigación por su culpa; confesaré a mi marido dónde estoy y le rogaré que venga a buscarme.

—¡Vamos a ver, vamos a ver, señora de Almenara! ¿Me está usted diciendo que su marido ignora dónde se encuentra usted?

—Exactamente, doctor: eso es lo que he dicho.

—Pero... ¿no declaró que se consideraba «legalmente secuestrada» y precisamente por su marido?

Alice sonrió con cierta conmiseración. El doctor Alvar, con toda su apariencia de hombre frío, sereno, puntilloso y metódico, parecía haber olvidado los puntos claves de su compromiso. Unas largas vacaciones son, a veces, necesarias como lavado de cerebro de las personas ocupadas y con cargos de responsabilidad... ¡pero no hasta el punto de olvidar pactos tan graves y delicados como los que le ataban a ella!

—Procuraré, doctor, refrescarle la memoria. Cierto que yo me declaro, en nombre de mi cliente, la única responsable, junto con él, de las «anormalidades legales» que hemos cometido para justificar mi presencia aquí. Pero usted no puede negar que fue quien me sugirió que lo hiciera.

—Mi querida señora...

—¡Déjeme concluir! Esa declaración que le hice al doctor Ruipérez, en ausencia de usted, de considerarme «legalmente secuestrada» fue una argucia más para fingir una personalidad falsa. Mi marido no puede tenerme secuestrada, sencillamente porque ignora dónde estoy. Ya le he dicho que le hice firmar, como tantas otras veces, multitud de papeles y entre ellos el que contenía su solicitud de mi internamiento. Y él lo firmó en barbecho... Intuyo, doctor, que quiere averiguar si le he metido a usted en un compromiso, y le reitero que no. Quienes hemos cometido algunas irregularidades hemos sido Raimundo y yo. Estoy dispuesta a firmarlo y rubricarlo.

—Y... ¿cómo puedo yo saber —preguntó el médico, perdiendo por primera vez la compostura— si cuando dice la verdad es ahora o entonces?

Alice se enfadó:

—¡No sé qué clase de juego es éste, doctor! ¡Repito una y cien veces que todo lo que yo declaré entonces es pura mentira, para adaptarme a la personalidad psicótica que usted me aconsejó y poder ingresar en el manicomio para realizar mi investigación criminal, sin que nadie conociera mi verdadera personalidad, con la sola excepción de usted! ¿Qué nueva cobardía es ésta?

—Procure usted calmarse, señora. No necesita gritar para que yo la oiga ni he tolerado nunca que mis pacientes me griten.

—Yo le tengo mucho respeto, doctor Alvar... ¡pero no mayor del que debe usted tenerme y demostrarme! ¿De quién se está burlando: de su amigo García del Olmo, de mi marido o de mí?

—Está usted seriamente enferma, señora, y sería deplorable que...

La indignación de Alice Gould llegó al colmo. ¿Quién se había creído que era ese pobre mequetrefe, esa piltrafa de ciencia mal aprendida y peor digerida, para desdecirse hoy de lo que dijo ayer, ante ella, Alice Gould, y con el daño irreparable que tal actitud podía suponer para su cliente?

Si malo fue que Alice Gould, obnubilada por la indignación, pensara esto..., peor fue decirlo perdiendo totalmente la compostura.

El director escuchó sin alterarse esta explosión de cólera. Su voz, calmosa y suave, contrastó con la de ella, descompuesta y airada.

—En una declaración que hizo usted al doctor Ruipérez el día de su ingreso, le dijo: «Yo soy muy dócil, y haré siempre lo que se me ordene...» Yo le ruego, señora de Almenara, que sea consecuente con tan buenos propósitos y sea dócil. El no serlo *no le servirá de nada*, y retrasará su curación, puesto que está usted enferma, ¡lo cual no quiere ni mucho menos decir que su mal sea incurable! Necesitamos su colaboración para devolverle la salud, porque la alteración pasajera de su equilibrio mental...

No pudo el director Samuel Alvar proseguir porque una sonora bofetada le cortó la palabra y el aliento. No se inmutó en sus ademanes, aunque una ligera palidez ensombreció su rostro.

Este tipo de enfermos arrogantes y soberbios, que se creen nacidos de los cuernos de la Luna, son los más peligrosos y difíciles de tratar. A su condición de locos razonadores sumaba esta mujer la altivez típica de la clase social de la que procedía, acostumbrada a dominar, someter y ser servida. Un símbolo más de la opresión social de la que no se libran ni las cárceles ni los manicomios. Fría y astuta —mientras no se la contradiga— era casi un modelo de las cualidades mentales que debe reunir una envenenadora. Su única duda era dilucidar si el lugar más apropiado para ella era la cárcel o el manicomio.

Situóse el director tras su mesa escritorio y cruzó los brazos sobre el pecho sin interrumpirla.

—¿Cómo se atreve, doctor, a cuidar pobres tontos, cuando es usted más tonto que aquellos a quienes trata? ¡No tengo por qué tolerar sus bromas! ¿No tiene usted ojos en la cara, ya que carece de toda ciencia, para saber distinguir a los que viven bajo su mismo techo? ¡Ya me sorprendió la facilidad con que pude engañar a su ayudante al entrar aquí! ¡Ahora no me sorprende nada! ¡Tal ayudante para tal jefe! ¿Se da cuenta, pobre joven sin luces, de que por su culpa García del Olmo puede no sólo dar con sus huesos en la cárcel, sino perder su carrera? ¿Se da cuenta de que...?

Quien no se dio cuenta de que dos enfermeros habían penetrado a sus espaldas en el despacho del director fue Alice Gould. No los advirtió hasta que sintió sus poderosas manos sujetándola fuertemente por los brazos.

—¡Llévensela! —ordenó el director.

Ella enmudeció súbitamente, y no hizo ningún ademán por debatirse. La sacaron en vilo del despacho y cerraron la puerta que daba a las oficinas. Por la otra, apareció Ruipérez.

—Está todo grabado —dijo escuetamente—. ¡Qué bien hiciste en tomar esta precaución!

—¿Grabaste desde el principio?

—Desde el momento mismo en que la invitaste a sentarse. Te confieso que me apena mucho lo ocurrido. Hasta ahora ha sido una paciente excepcional. Nunca había dado motivos de queja.

Por primera vez Samuel Alvar se alteró. Apretó las mandíbulas y los labios le temblaron.

—¿No ha dado motivos de queja dices? ¡Creo recordar que ha matado a un hombre y ha abofeteado al director de su hospital! ¿Te parece poco? ¡Nadie, hasta ahora, le había llevado la contraria! Vivía feliz con sus delirios sin que nadie la contradijese ni la desdijese. El miércoles de la próxima semana, antes de la junta de médicos, quiero que escuchemos juntos la grabación de hoy y que la comparemos con la de la charla que tuvo contigo el día de su ingreso. Creo que deberíamos modificar algún punto del diagnóstico.

—¿Cuál es tu idea?

—Me la reservo hasta después de haber oído las cintas.

—¿Quieres que esa tarde asista alguien más a la audición?

—Sí. Díselo a César Arellano, que es quien la conoce mejor.

Iban a separarse cuando el director detuvo a Ruipérez. Su voz sonaba de nuevo impersonal y lejana:

—Escucha, Teodoro. Nadie debe enterarse de que esa bruja me ha abofeteado. Cuento con tu amistad y tu discreción. Con «batas blancas» o sin ellas, el hospital está lleno de hijos de puta que lo pasarían en grande si se enterasen.

—Descuida, Samuel. Nadie lo sabrá por mí.

Unos nudillos imperiosos golpearon la hoja de la puerta. Sin esperar a que la autorizasen a entrar, penetró en el despacho Montserrat Castell, con una hoja escrita en la mano. Tenía lágrimas en sus ojos, y se la veía debatirse entre su acostumbrada compostura y la cólera.

—Samuel, ¿tú has ordenado que impongan a Alice Gould la camisa de fuerza?

—No...

—Entonces fírmame este papel que dice: «*No está autorizada la camisa de fuerza para la señora de Almenara.*»

—Depende de lo que haya hecho, además de lo que ya hizo. ¿Qué ha sucedido?

—¿Ni siquiera a mí vas a concederme lo que te pido?

Samuel Alvar comentó mientras firmaba:

—Si de ti dependiera, convertirías este hospital en un crucero de placer para ancianos y niños en vacaciones.

—¡No lo dudes! —respondió Montserrat con energía. Y tomando el papel entre sus manos, salió corriendo, y cerró con violencia la puerta del despacho de su jefe.

L

EL CEPO

ALICIA NO LLORABA, pero estaba profundamente abatida. Así lo advirtió Montserrat Castell, apenas penetró, como una exhalación, en la celda de castigo o «de protección», como se la denominaba en la jerga hospitalaria. Contempló a su amiga con tanta pena como irritación hacia los autores de aquella estúpida iniciativa, y entregó a los loqueros la cédula que acababa de firmar el director.

—¡No está autorizada la camisa de fuerza para la señora de Almenara! —gritó, mientras extendía el papel—. ¡Vamos! ¡Desátenla!

Uno de los hombres leyó el escrito, lo arrugó y lo tiró al suelo.

—¿Sabes lo que te digo, guapa? ¡Que te vayas a hacer puñetas! Y si hay que desempaquetarla... ¡hazlo tú! Y la próxima vez que haya que dominar a un furioso te ocupas tú de ello; ¡ya verás de qué te sirven tus lecciones de judo! ¡Hala! ¡Hasta más ver!

Arrodillóse Montserrat junto a Alicia y comenzó la difícil labor de «desempaquetarla». Estaba bien dicho el eufemismo, porque era un verdadero fardo, varias veces precintado, a lo que quedaba reducido el desgraciado sujeto envuelto en aquel siniestro envoltorio. «Ha sido un error», murmuró por tres veces, mientras deshacía la difícil y habilísima combinación de nudos. Cuando hubo concluido su operación, había lágrimas en los ojos de Alice Gould. Y al advertirlo, como si de un mismo manantial se tratara, surgieron otras en los de Montserrat.

—¿Has sufrido mucho? ¿Te han hecho daño?

Alice no contestó. Las insistentes preguntas de la muchacha, y las reiteradas protestas de que había sido una iniciativa estúpida e incontrolada, tampoco obtuvieron respuesta. Alicia agradecía la solicitud de la catalana, pero quería estar sola. Ella misma saldría por sus propios pies de la celda de protección y se dirigiría al jardín. Montserrat (tal vez un poco decepcionada de que fuese rechazado el consuelo que había querido brindarle como compensación de la humillación sufrida) respetó los deseos de la más lúcida de las enfermas, y salió. Estaba en un error al pensar eso. Alicia no había sufrido humillación alguna por la camisa de fuerza o, al menos, este sentimiento pasaba a tan segundo término que no merecía anotarse en los archivos de su sensibilidad. Hubiera aguantado muchas horas más, las manos cruzadas en el regazo, y las largas mangas que la envolvían atadas a la espalda; y su idea obsesiva no hubiera variado un punto: ¡estaba secuestrada! ¡Alguien la retenía involuntariamente en aquel maldito lugar contra toda lógica, contra toda razón, por la fuerza e ilegalmente! Sus reiteradas declaraciones de que «estaba legalmente secuestrada» se habían vuelto paradójicamente ciertas. Lo que ella dijo como mentira resultaba a la postre ser verdad. Las ideas se le amontonaban con tal profusión en la cabeza que se estorbaban unas a otras, impidiéndola razonar con claridad. Los sentimientos de cólera; de humillación por haber sido engañada; de vergüenza de sí misma por haber colaborado cándidamente a su propio secuestro, se entremezclaban aumentando su confusión. «He de razonar ordenadamente», se decía; pero el mandato dirigido a su conciencia no era obedecido. Abandonó la celda de protección y se dejó conducir por sus pasos allí donde la llevaran. Descendió con gran lentitud peldaño tras peldaño y tan abstraída estaba que, a veces, dejaba una pierna en el aire, detenida, antes de dar el paso siguiente, como una grulla.

Desde aquel rellano debía de verse la apretada humanidad de los locos, pero carecían de interés para ella. Eran muebles humanos, siempre los mismos y en el mismo lugar. Tal vez sus ojos se posaran indiferentes en «el Hombre de Cera», que se creía estatua de sí mismo, y en «la Niña Oscilante», convertida en un reloj de pared; acaso llorara el deprimido ante la contemplación de sus desgracias inexistentes, y por ventura, el ciego mordería en ese instante con más saña que nunca el pomo de su bastón. ¡Tal vez, tal vez...!, pero ella no los veía, y si los veía, su atención se despegaba de ellos, que era tanto como no verlos. A quien veía con el recuerdo era a su marido firmando displicente los papeles que ella le pasaba —recibos de pisos arrendados; un poder a procuradores para entablar un pleito; una postal a unos amigos felicitándolos por su santo y, entremezclado con los papeles triviales, la solicitud de internamiento, que ella misma redactó y en la que Heliodoro estampó su firma sin saber lo que firmaba. ¿Cómo recurrir a él pidiéndole que la sacara de allí, cuando su correspondencia había sido retenida por la dirección del manicomio, como ocurrió con la carta dirigida al obispo de la diócesis protestando contra el capellán? Mas si Heliodoro, alarmado por su tardanza en regresar, preocupado por la prolongación de su ausencia más allá de lo previsto, intentara buscarla, ¿dónde la encontraría? ¿Cómo imaginar que no estaba en Buenos Aires, donde le había dicho que debía centrarse una investigación sobre la falsificación de un testamento, sino encerrada en un manicomio en la pedanía de un pueblo y sin poder salir ni comunicarse con él?

¿Qué tendría que ver García del Olmo en este juego? ¿Era autor, era cómplice, era el hombre de paja de un tercero, o por ventura no tenía nada que ver con su secuestro y había sido engañado como lo fue ella misma? Estas preguntas se entremezclaban con la actitud de Samuel Alvar, quien podía ser sincero y estar engañado; o insincero y engañar, con lo que su complicidad ni era descartable ni podía ser aceptada, sin más.

Cruzó Alicia la «Sala de los Desamparados» y pasó al parque, donde —por ser día de visitas— muchos pacientes paseaban con sus amigos y familiares. La idea de huir, y de cómo huir, la azuzaba intermitentemente como una abeja cien veces espantada y que otras tantas volviera, tenaz, hacia su objetivo. No desechaba la idea de la fuga, mas consideró que no era el momento propicio para planteársela. No le faltarían ocasiones de pensar en ello. Ni siquiera le preocupaba cómo sacar el dinero que tenía depositado en las oficinas. Una mínima cantidad sería suficiente para alejarse de allí y comunicarse con Heliodoro. Ya pensaría en ello. Ahora no. La acuciaban otros problemas. Unos, relacionados con la actitud que debía adoptar cara a los médicos y a los enfermos. Otro, investigar el motivo por el que había sido encerrada. Era evidente que alguien se beneficiaba con su encierro, o que se había beneficiado ya, en cuyo caso la prolongación de su estancia allí era ya inútil, incluso para su secuestrador.

Se fue alejando Alice Gould por el parque en dirección a las murallas, bien que rehuyendo el territorio donde fue atacada por «el Gnomo». Era por donde menos paseaban los locos. La mayoría buscaba la zona ajardinada o la deportiva. Por allí sólo se aventuraban los «autistas» —enemigos del trato social— y los melancólicos. Halló Alicia un reborde en las mismas murallas que podía servirle de asiento y se aisló del mundo sin otra compañía que sus meditaciones.

La palabra «motivo» la atormentaba como un clavo que perforase su mente. Era preciso estructurar ese «motivo»: ese beneficio del que alguien —un ser incógnito y no imaginado— gozaba al retenerla apartada del mundo. Este beneficio podría ser positivo (el *interés* o la *venganza*) o negativo (*evitar* que ella alcanzase una meta determinada). Analizó la palabra «venganza». Dada su profesión, es evidente que había perjudicado a no pocas personas, chantajistas, estafadores, en su mayor parte. El tema de la venganza no debía ser descartado. Escribiría una lista de todos los casos, anotaría los nombres de los implicados...

Pasó a estudiar la posibilidad de que, al encerrarla, alguien quisiese evitar que alcanzase su objetivo. Y esta idea la cautivó. «¿Y qué objetivo puede ser ése, Alice Gould —comentó en voz alta—, dadas tu dedicación y tu profesión?» «¡Evitar que descubras un delito que estabas a punto de desentrañar!» «¿Ves alguna fisura a tu deducción?» «Sí —respondió al punto—: veo una. No es necesario que yo estuviese a punto de descubrir un delito. Basta con que mi verdugo creyera (con razón o sin ella) que yo iba a descubrirlo.» «Vas por el buen camino, Alice, procura no distraerte», añadió, dándose ánimos. Y en seguida prosiguió: «Pero esto no es suficiente. La persona que pensase tal cosa tenía que tener medios bastantes para encerrarte. Luego es necesario que además de temer de ti la averiguación de "algo" estuviese en sus manos la facultad de encerrarte.» «Estas personas no son más que tres —se dijo Alice—: Heliodoro, mi marido; Raimundo García del Olmo, mi cliente... y el director del hospital, Samuel Alvar. Procedamos a un análisis: Heliodoro carece de motivo.» Cierto que ella era más rica que él, pero su marido disponía a su antojo de cuanto necesitaba, y él ganaba por sí mismo dinero suficiente para mantener un alto nivel de vida. De otra parte, no había colaborado en su encierro. Ella misma le había engañado para poder encerrarse, porque temía —¡con harta razón!— que se opusiese a tan extravagante medida. ¡Ah, qué temerariamente se había comportado al fingir la historia de los venenos y qué injusta al pintarle como un pobre diablo, sin más horizontes que hacer hoyos en el golf sobre la par y perder, por tonto y por enviciado, su dinero a las cartas!

Enjugóse Alice Gould una lágrima —que era tanto de ira por su necedad cuanto de arrepentimiento— y se dispuso a seguir sistematizando «el hipotético motivo» de su incógnito verdugo.

García del Olmo fue el segundo, cuya actuación intentó interpretar. Sus ideas eran terriblemente vagas en relación con él. Las causas de este hombre para querer encerrarla no las veía por ninguna parte. El riesgo, para un hombre de su prestigio, de cometer semejante felonía y ser descubierto era un precio demasiado alto para el provecho (que ella no entendía ni imaginaba, ni se acercaba siquiera a una lejana sospecha o intuición) que pudiera obtener con su encierro. No obstante... no obstante... Estas palabras quedaron enganchadas en su mente, como la repetición de un disco estropeado. No obstante... no obstante... era obligado —¡aunque no entendiese los motivos!— analizar la actuación de su cliente.

Volvió Alice Gould a hablar —bien que musitando— en voz alta. Los pensamientos le fluían más coherentes si los expresaba con sonidos. Y, sobre todo, advertía mejor los fallos de su argumentación, si los «oía» que si solamente los «pensaba».

«Hay algo incomprensible —se dijo— en la actuación de mi cliente. Él deseaba que yo ingresase aquí para realizar, en su favor, una investigación determinada. Era lo único que quería, era lo solo que necesitaba. Mas he aquí que yo hubiera podido ingresar "voluntariamente". Como mi plaza, según estaba previsto, sería "de pago", el responsable del hospital me hubiera aceptado "en régimen de observación", aunque a los quince días me dijera: "¡Señora, váyase con viento fresco: está usted más sana que una cereza sin picotear!" Y he aquí que, a pesar de la sencillez de este procedimiento (con el que yo hubiese podido, con igual fortuna, realizar la investigación que a él interesaba), prefirió que mi ingreso fuese "involuntario", lo cual suponía una complicación extraordinaria en los trámites de admisión: dictamen médico, firma legalizada por una autoridad (todo ello falsificado) y "solicitud" marital para mi internamiento. ¡No cuadra! ¡Esto no cuadra! ¿Falsificar un documento oficial, pudiendo no hacerlo, para alcanzar el mismo objetivo? ¿Exponerse a que le descubran? ¿Exponerme a mí a que Heliodoro hubiese observado la naturaleza de lo que firmaba y, con ello, dar al traste con mi ingreso en el hospital? Aquí hay un fallo. He de anotarlo en mi memoria, aislarlo y, una vez que tenga completo el cuadro de la situación, volver después a analizarlo. No te olvides, Alice Gould. *De aquí ha de partir la investigación.*»

El sol daba de plano sobre las murallas y Alice Gould tuvo calor. Tan abstraída estaba en sus meditaciones, que no recordaba el tiempo que llevaba expuesta al sol. Unas gotitas de sudor le perlaban la frente. Se las enjugó con el dorso de la mano. Mas no se movió de allí. Se sabía cerca de la verdad. Y no quería hacer el menor ademán o movimiento que la distrajera.

La diferencia —se dijo— entre el sistema *voluntario* de ingreso en un hospital psiquiátrico y el *involuntario* no estriba sólo en los trámites *previos*, sino en las consecuencias *posteriores*. Y estas consecuencias eran radicalmente distintas en uno y otro caso.

Cuando el ingreso es voluntario, el así admitido abandona el manicomio con casi tanta sencillez como entró.

Mientras que si la reclusión es por solicitud familiar a causa de un informe médico que aconseja el internamiento, la salida *ya no es* tan fácil, del mismo modo que un encarcelado no puede abandonar la prisión cuando le plazca, sino cuando la condena se haya cumplido.

La conclusión a la que llegó Alice Gould era bien triste, pero de una evidencia cegadora. Si se había seguido con ella para ingresarla en el manicomio el segundo sistema, a pesar de sus complicaciones..., ¡era *precisamente* para que no pudiese salir!

El autor material de este secuestro había sido Raimundo García del Olmo con la complicidad del doctor Alvar y la ingenua, necia y temeraria colaboración de ella misma. Estaba muy lejos de sospechar las razones. Pero eso era así. Había sido atrapada en un cepo. ¡el queso que utilizaron como señuelo fue la investigación criminal de un delito inexistente! ¡Y ella, la más estúpida de las ratitas de Indias que se cultivan en los laboratorios!

Se puso bruscamente en pie poseída de cólera contra sí misma. Y se lanzó una sarta de improperios en inglés, costumbre adquirida desde niña, pues era en este idioma en el que sus padres la regañaban por aturdida. Divisó a lo lejos, caminando hacia donde ella estaba, a un grupo de tres reclusos: «el Hortelano», «el Albaricoque» y «el Falso Mutista». Estos dos últimos pertenecían a la lista de los sospechosos que Alice había confeccionado con la ingenua pretensión de que el doctor Alvar la informase de a cuál o a cuáles de ellos se les permitió salir del sanatorio en las fechas en que fue asesinado el padre de Raimundo García del Olmo. Se llevó ambas manos a la cabeza. ¿No acababa de llegar a la conclusión de que tal delito era inexistente? ¡Acabaría por perder el juicio si alguna vez lo tuvo! ¡Aquel crimen sucedió en la realidad! ¡No era por tanto inexistente! ¡Los periódicos lo publicaron y comentaron! ¡Ella ya estaba en antecedentes de que había quedado impune cuando conoció a Raimundo!

Los tres hombres se cruzaron con la Almenara. «El Hortelano» se llevó un dedo a la gorra para saludar a la señora Alicia; ésta le devolvió el saludo, besándose la mano y soplando en dirección suya para que el beso le llegase; «el Mutista» cerró los ojos para no verla, y cada uno siguió su camino.

Las ideas de Alice Gould eran cada vez más confusas. A la incógnita del crimen del viejo García del Olmo se sumaba la de las causas de su propio encierro. Y sobre estos pensamientos, el deseo acuciante de comunicarse con su marido y un imperioso afán de fuga.

LL

EL DIAGNÓSTICO DEL DIRECTOR

TAL COMO ESTABA PREVISTO, aquel miércoles se reunieron los doctores Alvar, Ruipérez y César Arellano en el despacho del primero. Los tres médicos escucharon, con creciente interés, la cinta en la que estaba grabada la primera manifestación sobre sí misma que hizo Alicia Gould de Almenara el día de su ingreso. Concluida la audición, el doctor Ruipérez se dirigió al director y resumió:

—Los síntomas me parecieron lo suficientemente claros y coincidentes con el informe que nos hacía el que fue su médico particular. De modo que encomendé la enferma al jefe de los Servicios Clínicos para que éste la estudiase y te pasara sus conclusiones a tu llegada. Yo le remití una nota resumiéndole las mías: «Paranoia pura, sin mezcla —al menos apreciable— de otros síndromes.»

—¿Estás de acuerdo, César? —preguntó a éste el director.

—En efecto, los hechos fueron así —respondió el doctor Arellano, eludiendo lo más importante de la pregunta.

—No me refiero a los hechos —aclaró el doctor Alvar—, sino al diagnóstico de Ruipérez.

—Tu ayudante no hizo diagnóstico alguno —precisó el

jefe de los Servicios Clínicos—, puesto que no la estudió. Tan sólo me remitió un avance de opinión.

—Eso es lo que te preguntaba. Si estás de acuerdo con su opinión de que nos encontramos ante una paranoia pura sin mezcla de otros síndromes.

César Arellano humedeció sus nuevas gafas con el vaho de su aliento y respondió evasivo:

—Estoy de acuerdo en que otros síndromes no hay.

—¿A qué pruebas la has sometido?

—Por tratarse de una envenenadora potencial, el caso de esta mujer me interesó vivamente desde el primer día. Pero mi interés aumentó al descubrir que me hallaba ante una personalidad de altos vuelos, distinta y superior al resto de los enfermos de este hospital; y distinta y superior también al común de los sanos. Tras mi segunda sesión con ella, tomé estas notas que os voy a leer: «Personalidad superior. Espíritu exquisito. Altamente cultivada.»

»No sólo advertí que ocultaba algo. Ella misma me lo confesó. Ese «algo» era un secreto que guardaba exclusivamente para ti, director. Caso de tratarse de una psicosis delirante, pensé que en ese secreto estaría la clave de su delirio. Ello no fue óbice para que la sometiera a toda clase de pruebas.

—Hiciste bien. Vengan los resultados.

—Son todos negativos. No tiene trastornos psicomotores. Anda, se mueve y gesticula con naturalidad; carece de tics; es una gran gimnasta. Practica el judo. Y, en cuanto a su rapidez de reflejos, ahí está, como el mejor ejemplo, su desgraciado incidente con el jorobado.

»¿Trastornos de lenguaje? Tampoco los tiene. Su dicción es correcta, no tartamudea, sabe adecuar las palabras a sus pensamientos y pronuncia, sin equivocar un sonido, curiosos trabalenguas en varios idiomas.

»Se le han hecho análisis del aparato respiratorio, digestivo, cardiovascular y urinario. El hormonal y del líquido encefalorraquídeo los superó con éxito. No hay asomo de sífilis propia o heredada. Hay que descartar cualquier tipo de toxicomanía: odia las medicinas, no toma pastillas para dormir. Lo mismo digo del alcoholismo. Han transcurrido más de dos meses desde que ingresó y no ha tomado alcohol, ni lo ha pedido, ni se ha angustiado al no consumirlo. Puedo, por tanto, afirmar con la mayor seguridad que, de padecer esta señora una psicosis, ésta no es de origen orgánico.

—¿Se le hizo encefalograma?

—Se me olvidaba decírtelo. No hay falsas respuestas. No hay lesión cerebral. En consecuencia, puse mucho énfasis en el estudio de los tests y en su preparación. Aparte de los tradicionales de Binet-Simon, Wechsler, Jung y Rorschard, introduje por mi cuenta algunas variaciones.

—¿Por ejemplo?

—En el test de las palabras inductoras de Jung. La lista de tales palabras la hice yo mismo. Buscaba afanosamente una respuesta esquizofrénica (que en el caso de esa señora no podría ser más que la paranoide) y no la hallé. Perdóname, Samuel, si me vanaglorio de aquella antigua iniciativa mía de que los tests se archivasen no por «individuos», como antes, sino por grupos de enfermedades diagnosticadas y confirmadas. Pues bien: he comparado sus respuestas a las manchas de Rorschard, tanto con las estadísticas aportadas por el mismo, cuanto con las de este hospital. Y no hay un solo esquizofrénico en la casa que coincida con las interpretaciones de la Almenara. Lo mismo acontece con los dibujos de un espacio abierto y uno cerrado que la psicóloga le ordenó hacer: no son simbólicos, ni abstractos, amanerados o extravagantes, sino la expresión gráfica y un tanto ingenua de dos recuerdos triviales.

»En consecuencia: su encuadramiento psicosociológico es el de una burguesa de clase media elevada, de costumbres sanas, muy inteligente y que siente una profunda aversión por las mentes cuadradas, los espíritus mezquinos y los obsesos intelectuales.

Samuel Alvar le interrumpió:

—Háblame de su conducta.

—No ha dado motivo de queja desde que ingresó.

—¡Me parece que exageras, César! ¿Cómo puede decirse que no ha dado motivo de queja una mujer con antecedentes de envenenadora que a la quinta semana de internamiento ya dio muerte a un hombre?

—¡La muerte del «Gnomo» fue un accidente! ¡Hubo un testigo en cuyo testimonio siempre has fiado! —protestó con énfasis el doctor Arellano.

—¡Hubo una muerte, César! El testimonio del «Hortelano» sólo me sirve para saber que ella, en efecto, fue atacada. Mas no se defendió de cualquier modo. ¡Se defendió matando! ¿Sigues no considerándola peligrosa?

—Sabemos muy bien que fue un accidente —insistió el interpelado—. De no haber sido por la deformación de su columna vertebral, el hombre que la atacó estaría ahora jugando a los bolos, y no bajo tierra.

—Ella sabía muy bien cuál era la malformación física de aquel individuo... ¡y le partió la columna! Esa mujer —prosiguió el director— será dócil en tanto en cuanto nadie la humille, la contradiga o la ofenda. Representa un peligro potencial para los demás enfermos y para sus cuidadores, mayor que el de Teresiña Carballeira el día que ingresó.

—¡Estás exagerando!

—¡No estoy exagerando! La Carballeira padecía un acceso de locura, es decir, una crisis pasajera capaz de ser reducida. Mientras que la Almenara es una enferma crónica. Su crisis, por decirlo de un modo acientífico pero muy claro, es permanente. Ella está buscando al asesino de un anciano llamado García del Olmo. Cuando crea descubrirlo, lo denunciará. Y, en vista de que el juzgado no se lo lleva, ejercerá la justicia por su mano, del mismo modo que otro de los paranoicos de esta casa mató a tres compañeros suyos de barco por considerarlos separatistas vascos.

Le sorprendió al doctor Arellano la dureza con que se expresaba Samuel Alvar. No era habitual en él cuando se trataba de diagnosticar a un paciente. No tardó en conocer los motivos de tal dureza.

—¡Y no es el único acto de violencia el que ha cometido «ese espíritu exquisito» que tú has descubierto en ella! ¡En este mismo despacho se permitió el capricho de abofetear al director del hospital en que está internada!

César Arellano no podía dar crédito a lo que acababa de escuchar.

—¿Quieres decirme que Alicia Almenara te abofeteó?

—Lo que estás oyendo.

—¿Y cómo no fui informado yo de eso?

—Le rogué a Ruipérez que guardara la máxima discreción.

—¿Conmigo también? —preguntó indignado—. ¿Qué quieres que te diga, director? ¡Me parece incorrecto que no se me haya dicho una palabra acerca de un suceso tan grave relacionado con esa mujer!

Ruipérez intervino en defensa de su jefe.

—En realidad, tal vez me excedí en la petición que me hizo el director. ¡Samuel no me pidió que te lo ocultara a ti!

—Señores —intervino Alvar con tono pacificador—. Los problemas que hemos de tratar son largos y hemos de concluir antes de que empiece la junta de médicos. Si os parece vamos a pasar la cinta de su conversación conmigo. Después de oírla, os daré mi parecer.

—Estoy impaciente por escucharla —exclamó César Arellano, con la voz más calmada y procurando ocultar la doble irritación que sentía. Contra Alicia Almenara, por la increíble audacia de haber agredido al director. Contra el director, por habérselo ocultado.

—Te aconsejo —le sugirió el doctor Ruipérez con tono de chanza mientras pulsaba el conmutador del magnetófono— que te mantengas bien sentado durante la audición para no caerte de espaldas ante lo que vas a oír.

Fue un buen consejo. César Arellano quedó profundamente deprimido y triste. Había soñado con dar, algún día, un diagnóstico favorable de esta señora tan singular, y tal esperanza se desvanecía a medida que escuchaba la insólita colección de disparates ensartados por Alice Gould en su primera entrevista con el director. Tampoco estaba de acuerdo con el *modus operandi* de Samuel Alvar. Su invitación a ser dócil constituía una provocación. Sus palabras —«está usted muy enferma»—, imprudentísimas y contradictorias. Había conversado con ella cual si fuese una mujer mentalmente sana. ¿Por qué entonces soltarle a bocajarro que estaba «muy enferma»? Y si realmente lo estaba, ¡no era ése el modo de conseguir la necesaria «transferencia» para ganar su confianza y sumisión! Samuel Alvar era un buen director para llevar el timón de aquella nave de ochocientos penosos pasajeros. Pero era un mal clínico. Sabía beneficiar con sus iniciativas a *la masa* de enfermos, pero no *al individuo* doliente. Su visión, puesta al servicio del *conjunto*, no era capaz de acertar con «la» persona. Le faltaba práctica en el trato directo de los psicóticos, y, por ende, experiencia. «¡Muy mal, muy mal. Samuel Alvar!», se decía Arellano para sus adentros. Mas esto no le consolaba de la desazón que le producía considerar que aquella alma cautivadora de Alice Gould estaba realmente trastornada por un mal.

—¿Qué te ha parecido, César? —le preguntó el director, apenas hubo pulsado el interruptor del magnetófono.

El doctor Arellano se movió incómodo en su asiento.

—A partir de aquí he de trazar un diagnóstico: ¡Y eso no puede improvisarse, Samuel!

—No te pido un diagnóstico en regla, sino un avance provisional.

—Sin negar que pueda desdecirme algún día —respondió lentamente el jefe de los Servicios Clínicos—, mi impresión actual es que estamos ante una paranoia o ante una simulación.

Juntó el director, al oír esto, las yemas de los dedos de ambas manos —ademán tan característico en él como lo era en Arellano limpiarse las gafas—, y dijo:

—Considero que las eventualidades que has aventurado, César, no son forzosamente incompatibles entre sí. He meditado mucho en ello estos últimos días y he llegado al siguiente resultado: ¡Considero que nos encontramos ante *un caso conjunto de paranoia y simulación*!

Calló prudentemente el doctor Arellano.

Encendió Alvar un cigarrillo, e, inmediatamente, por distracción, lo apagó. Se encontraba más cómodo con las yemas de ambas manos unidas.

—Voy a exponeros mi impresión personal.

Hizo una pausa, para dar más énfasis a su declaración. Inclinó el busto hacia delante.

—Señores —añadió con cierta solemnidad—, creo que nos encontramos ante el caso singularísimo de una auténtica paranoica (que, como todas, ignora que lo está) y que finge una falsa paranoia puesta al servicio de su verdadero delirio.

Ruipérez lanzó un largo silbido admirativo, o bien por adular a su jefe (cosa en él habitual), o bien porque sinceramente veía en esas palabras la clave del misterio de la extraña personalidad de Alicia Almenara.

César Arellano mostró igual perplejidad. Él había dicho: «*o paranoia o simulación*». Mas he aquí que Samuel Alvar precisaba: «*paranoia y simulación*».

Animado por la expectación producida en su breve auditorio, Samuel Alvar prosiguió:

—Antes de que surgiera su primer brote, ella, aun estando sana, poseía ya una personalidad muy predispuesta. La supervalorización de su «yo» era algo más que simple presunción, soberbia y vanidad, tan común en las mujeres de su clase. Se consideraba más inteligente, sensible, culta, espiritual, distinguida, elegante y delicada que cuantos la rodeaban. Todo ello, en grados que ya rozaban lo patológico, y que la inclinaban a despreciar, minusvalorar a los demás. Su afán de superación la llevó a extremos ciertamente inusuales en una mujer de su ambiente y de su posición. Como, por su sexo, no le era dado presumir de ser más fuerte que los varones, aprendió judo; y llegó, con tenacidad inaudita, a ser, nada menos, que cinturón azul, con lo que, sin duda, se habilitaba para poder vencer a un hombre corpulento. El binomio «exaltación del propio yo-minusvalorización del ajeno» lo hemos comprobado nosotros mismos. Voy a poner unos cuantos ejemplos extraídos de manifestaciones suyas:

»1.º) «*Freud es un cretino. Le odio.*»

»2.º) «*Me gustaría ser yo quien le hiciese a Freud un psicoanálisis.*»

»3.º) «*El capellán es un incompetente*»: palabras a las que hay que añadir la audacia de dirigírselas por escrito al obispo de la diócesis, a quien no conoce.

»4.º) «*¡Este test es para deficientes mentales!*», como significando: «No para mí, que soy un ser superior.»

»5.º) «*No recuerdo haberle autorizado a que me tutee*», dicho a una enfermera, cuidadora suya, pretendiendo establecer con ella una barrera social.

»6.º) «*Es usted ciego, mudo y majadero. ¡Éste es su verdadero diagnóstico!*», palabras escupidas a la cara de un infeliz esquizofrénico, y entre las que destaco muy particularmente la de «diagnóstico», vocablo que ella se considera con autoridad para utilizar.

»7.º) «*El doctor Donadío es muy poco inteligente el pobre.*»

»8.º) «*Schopenhauer es un imbécil.*»

»9.º) Después de haber llamado «cretino» a Freud e «imbécil» a Schopenhauer, no me acompleja demasiado que haya llamado tonto al propio director del hospital en que ella está recluida. A lo que hay que añadir tu acertada declaración, César, de que *tiene fobia a las mentes cuadradas, a los espíritus mezquinos y a los obsesos intelectuales*. Y la tuya, Ruipérez, de que *le parecía mal, incluso la legislación que regula la admisión de los enfermos*.

»Me he detenido hasta ahora en los aspectos negativos. En los que manifiesta su desprecio desde Freud a Schopenhauer hasta este modesto servidor de ustedes. Pero no quiero pasar por alto los positivos, directamente relacionados con la supervaloración patológica de su «yo»:

»1.º) «*Me siento llamada por Dios para ser madre de estos desgraciados.*»

»2.º) «*Si yo fuera médico... ¡le curaría!*», palabras dichas a Ignacio Urquieta.

»3.º) «*Mi padre no sólo me quería: me admiraba*», o algo muy parecido.

»4.º) «*¿Esas flores me las ha enviado el director?*» ¡Como si yo pudiera entretenerme en mandar florecitas a las pacientes!

»5.º) «*¡Cristo era superior a Anás y, no obstante, le crucificaron!*» De modo que al hablar de sí misma no se le ocurre otro ejemplo más próximo y apropiado que el del propio Cristo.

»Merece la pena observar que ni siquiera en estas manifestaciones de autoexaltación prescinde del menosprecio a los otros. Su idea, tan altruista, de maternidad espiritual tiene como contrapartida despectiva a «estos desgraciados». Su afirmación de que ella curaría a Urquieta va acompañada de una velada acusación de incompetencia a todos nosotros que no hemos sabido sanarle. Y la figura de «Cristo-víctima» igual a «Alicia-víctima» tiene como contrapartida a dos seres menores, Anás y Caifás, que lograron llevar al patíbulo al Hijo del Hombre, y que son iguales a otros dos seres inferiores: su marido y su médico, que consiguieron recluirla. ¿Para qué seguir?

—No podrías seguir, Samuel —comentó César Arellano con velado sarcasmo—. Has reconstruido paso a paso durante setenta días todas sus manifestaciones con nosotros, con los enfermeros y con los enfermos. Has debido de tener muchos y muy diversos informadores. Tu relación es completísima. Fuera de lo que has dicho... ¡no hay más!

—Prosigo —continuó el director—. Y con esto entro en la parte más importante de mi exposición. Tendréis que disculparme si echo mano de un ejemplo un tanto burdo. Si una persona recibe un golpe de mediana intensidad en una parte sana de su cuerpo —el antebrazo, pongamos por caso— el dolor que le produce es muy inferior que si lo recibe en una parte enferma: ese mismo brazo que estaba roto por un accidente anterior, o que padecía osteomielitis o tuberculosis ósea. En el primer caso, el daño producido por el golpe se reduce a una contusión pasajera. En el segundo, puede producirle una invalidez. Éste es el caso de Alicia Almenara, cuando recibe un mazazo —¡un terrible mazazo!— y no en cualquier sitio sino en la parte de su personalidad más «predispuesta»: su orgullo patológico, enfermizo.

»Pensad que ella ha intentado envenenar a su marido y que ha sido descubierta. El psiquiatra amigo de la familia recomienda su internamiento. ¡Éstos son hechos probados y no por ella precisamente! Ella sabe que va a ser hospitalizada. Su soberbia patológica «le impide ver» la verdad de su fracaso tanto en el envenenamiento cuanto en no haber sabido eludir sus responsabilidades. ¡Y surge el delirio de interpretación paranoico! Ella no viene aquí como enferma, ni como subterfugio para escapar de la cárcel, sino voluntariamente y para realizar una misión altamente meritoria: «combatir una lacra, la delincuencia; del mismo modo que ustedes los médicos combaten otra lacra, la enfermedad», según le dijo a Ruipérez el día de su ingreso. ¡Ella lo cree firmemente así! Del mismo modo que cree que falsificó el informe del doctor Donadío con mi complicidad; que el hombre que la depositó en el manicomio no es su marido, sino su cliente, y que yo la iba a ayudar a descubrir a un asesino. Ésta es su fábula: éste su delirio de interpretación. Ésta es la verdadera paranoia de Alicia Almenara. Ahora bien: ¿de qué medios ha de valerse para poder ingresar en un hospital psiquiátrico y realizar su altruista y sublime misión? Decide fingirse enferma, simular una paranoia para que la *permitamos* realizar una investigación criminal. Y esta paranoia falsa y simulada es la contenida en su declaración del primer día: la coz del caballo, el intento de su marido de querer envenenarla a ella, etc. Todo eso es falso: ella lo sabe y es parte de su simulación. Nos encontramos, por tanto, ante una envenenadora que ha dado muerte a un hombre y que me ha abofeteado a mí, triplemente peligrosa: por su paranoia auténtica (que ella desconoce), por su paranoia fingida (que ella simula) y por su propia inteligencia.

Hizo una pausa, inquieto de que nadie le apoyase ni le replicara.

—¿Qué opinas, César, de lo que he dicho?

—¿Me permites que te hable con toda claridad?

—No sólo te lo permito. Te lo ruego.

—Pues bien, Samuel. Considero que tu opinión no se tiene en pie.

Estas palabras, dichas por el clínico más prestigioso del hospital le alteraron visiblemente. No obstante, con un admirable sentido del autodominio, suplicó:

—Te ruego que me digas por qué. Estoy dispuesto a rectificar mi hipótesis, caso de que me convenzas.

César Arellano expuso su criterio con voz proferosal.

—Acabas de decir que la declaración de Alice Gould a nuestro colega Teodoro Ruipérez, el día de su ingreso, pertenecía a una simulación de «paranoia»: Supongamos que sea cierto. Pero en ese caso, querido director, no puedes utilizar sus palabras de aquel día («bella cabeza vacía», refiriéndose a su marido; «muy poco inteligente el pobre», refiriéndose a su médico particular; «a Cristo también le crucificaron», etc.) para avalar su dolencia verdadera. Una de dos: o fingía (como tú dices) o declaraba su verdadera personalidad. Y tú no tienes derecho, como acabas de hacer, a utilizar los elementos de su «paranoia fingida» para demostrar la supervaloración de su «yo», en la que basas su auténtica paranoia. Creo que mi argumento no tiene vuelta de hoja.

—En efecto —reconoció Samuel Alvar con increíble capacidad de encajar golpes—. Tu objeción es buena. ¿Tienes alguna otra?

—Sí. Y me temo que ésta sea superior a la primera. Tú has dicho que el brote paranoico de Alicia Almenara surgió en ella al saberse cogida: al saber que iba a ser encerrada en un manicomio. Quiero hacerte reconsiderar esa opinión que juzgo precipitada. Piensa bien que el doctor Donadío ya la consideraba paranoica de «antes». De modo que hay que convenir que ese médico era tonto al declarar una paranoia inexistente (¡en cuyo caso tenía razón Alicia Almenara!) o es un futurólogo excepcional, ya que diagnóstico una dolencia que acabaría produciéndose después.

—Tus argumentos son impecables —reconoció el director con humildad—. Con esto y con todo, recuerda lo que te digo. Mi anticipo de diagnóstico está mal formulado, de acuerdo. ¡Pero esa bruja está loca!

Un silencio glacial acogió las palabras del director. Ni siquiera Ruipérez se atrevió a apoyarle. Su hostilidad hacia esa mujer comenzaba a hacerse sospechosa.

Arellano insistió:

—Tú, que conoces bien a ese doctor Donadío, que le hizo el primer diagnóstico, ¿es un profesional competente?

—Yo no le conozco de nada —mintió Samuel Alvar, algo alterado.

—Y si no os conocéis..., ¿no te parece inusual la carta que te escribió?

—¡Siempre es inusual la cortesía!

—Dime, director: ¿qué historia es esa de unas misivas, gracias a las cuales esta mujer, que se cree una detective, piensa que podrá descubrir un crimen?

—No acabó de contármelo. Su arrebato de cólera se lo impidió.

—Considero esencial —comentó Arellano— conocer entera «su fábula delirante». Ella la tenía reservada para cuando tú llegases y yo lo ignoro todo al respecto. ¿Por qué no la haces llamar?

—¿Qué opinas, Teodoro?

—Yo no tengo más opinión que lo que tú mandes —respondió Ruipérez.

Y César Arellano consideró que su joven colega había dicho una gran verdad. Iba éste a añadir algo, cuando el avisador electrónico de bolsillo de Ruipérez produjo unos sonidos característicos. Descolgó al instante el teléfono e informó al director:

—Los demás clínicos nos recuerdan «con la mayor cortesía» y con un poco de sorna, que hoy es día de junta y que llevan una hora esperando.

—Diles que ya vamos —dijo Samuel Alvar poniéndose en pie.

Ruipérez bromeó por teléfono:

—¡El director me dice que está indignado con vuestro

retraso! Lleva una hora esperando que le aviséis. ¡Ahora vamos para allá!

Samuel Alvar redactó una nota y se la dio a Teodoro Ruipérez, para que la entregase a Montserrat Castell, y ésta informase a la señora de Almenara que, en el curso de la tarde, iba a ser recibida por la junta de médicos. Entretanto, Arellano —mientras caminaba— exhaló el aire de sus pulmones sobre sus cristales y los limpió con más minuciosidad que nunca. No tenía ideas claras todavía, pero eran muchas —¡muchas!— las cosas que no cuadraban ni en la brillante exposición del director ni en la rara personalidad de Alice Gould.

M

LA JUNTA DE MÉDICOS

VEINTE AÑOS ANTES de que Alice Gould ingresara en el hospital psiquiátrico, cuatro chiquillos de una aldea llamada Villafuente de Calcamar, perdida en lo más abrupto de las montañas leonesas, vagaban entre las frondas de un bosque, cosechando, por encargo de sus padres, hierbas aromáticas y medicinales. Se apodaban «el Currinche», «el Pecas», «el Adobe» y «el Mustafá». Los dos últimos eran hermanos. «El Adobe» contaba nueve años y «el Mustafá» había cumplido doce. Tenían ya repletos varios sacos con otras tantas variedades cuando «el Currinche», que era el experto de la expedición —pues sabía distinguir las hierbas por sus nombres y conocía las propiedades medicinales de cada una— comenzó a escarbar junto al tronco de una planta y misteriosamente comentó con sus amigos:

—Mirad, ¡ésa es la que llaman la raíz maldita! ¡Si se la mastica se ve al demonio!

Quedaron los otros espantados de contemplarla por primera vez, ya que todos la conocían de oídas, y «el Pecas» les propuso probarla para ver si era verdad o cuento lo que de ella se decía. «El Adobe», aunque era el más joven, se opuso a ello y hasta se enfrentó con su hermano mayor, que aceptó la propuesta con gran entusiasmo. Insistió «el Adobe» en que si lo hacían correría a la aldea para chivarse y, como viera que comenzaban a desenterrar la raíz, cumplió su amenaza, y fuese a buen trote hacia el caserío. Lo último que oyó fue la voz del «Currinche», que le gritaba:

—¡No seas marica y vente pa acá! ¡Sabe a regaliz!

Cuando los padres de los chiquillos y otros hombres de la aldea llegaron al bosque conducidos por «el Adobe», los encontraron alucinados. Sus palabras trapajosas eran incomprensibles; sus gritos, destemplados; sus movimientos, ebrios, y sus miradas, de locos. Cargaron con ellos y se los llevaron a la aldea con intención de pedir al cura que les echara agua bendita y los exorcizase, pues los creían endemoniados. «El Currinche» murió antes de que llegasen a Villafuente de Calcamar; «el Mustafá» falleció al atardecer, presa de grandes convulsiones; y los alaridos de «el Pecas» se oyeron hasta la medianoche. Los que velaban a los muertos dejaron de oír sus voces con la última campanada del reloj de la parroquia.

La madre de este último explicó al siguiente día que su marido había cargado a hombros con el cadáver de «el Pecas» «pa enterrarle aonde descansan sus agüelos». No era cierto. Sólo era verdad que cargó a hombros con su cuerpo —no con su cadáver— y no para enterrarle, sino para enjaularle. Amordazado y atado lo condujo dentro de un saco hacia una lejana propiedad que tenía en un lugar apartadísimo y lo encerró en un hórreo abandonado. Ni su mujer ni él querían tener consigo a un hijo con el diablo dentro. No estaban dispuestos a que en la aldea les señalasen con el dedo considerándolos los padres de Satanás y achacándoles cada desgracia que sobreviniese. En consecuencia, decidieron ocultarle y turnarse marido y mujer para llevarle pan, agua y manzanas (o lo que se terciase) dos veces por semana. ¡Ojalá hubiese muerto con los otros niños endemoniados! El día de su encierro, «el Pecas» cumplía diez años de edad.

Durante varios días y cuando el viento soplaba de poniente (donde está la morada del diablo) se oyeron en la lejanía los alaridos de las almas de los niños condenados aterrorizando al vecindario. Después dejaron de oírse para siempre.

Veinte años más tarde —cuando Alice Gould llevaba dos semanas internada en la unidad de Recuperación— unos cazadores llegaron a Villafuente de Calcamar para contratar un guía que los condujese por aquellas espesuras para matar el urogallo. Llegaron a un acuerdo con un mocetón de veintinueve años al que apodaban «el Adobe». Estaban los tres, de noche cerrada, esperando el primer claror del alba (que es el momento en que el urogallo se traiciona y denuncia su presencia con su canto), cuando una fuerte tormenta descargó su furia en el lugar. Hubo que abandonar el puesto, porque en tales circunstancias el urogallo no canta. La lluvia caía a raudales; el camino forestal en que dejaron el Land Rover quedaba muy lejos, y no había en varias leguas a la redonda sitio alguno en que guarecerse. A mitad de camino decubrieron un hórreo abandonado del que ni siquiera «el Adobe» tenía noticia. Propuso el guía cobijarse allí hasta que escampase. Forzaron la pequeña gatera por donde se vuelca el grano (que estaba claveteada por fuera) e iban a descolgarse por ella, cuando a la luz de las linternas descubrieron dentro del hórreo a un hombre agazapado, totalmente desnudo, con barbas y melenas que le llegaban a la cintura, en tal estado de desnutrición que semejaba un esqueleto viviente, con uñas en pies y manos que parecían garras y un gesto indescriptible de terror ante los ruidos, las voces y la luz de la linterna. Ante aquella espantosa visión, prefirieron la lluvia al cobijo; y, tan pronto como llegaron a tierra de cristianos, pusieron en conocimiento del primer puesto de la Guardia Civil lo que habían visto. La Benemérita rescató al hombre con la ayuda de «el Adobe», y denunció el caso al juzgado. El juez, como primera medida, decretó el procesamiento de los padres del «Pecas» y el internamiento de éste en el manicomio, donde fue ingresado en el Departamento de Urgencias que dirigía el doctor don José Muescas. Lo trajo la Guardia Civil, envuelto en una manta, el mismo día en que Alice Gould tuvo su desgraciada entrevista con Samuel Alvar.

La historia que queda relatada (parte de la cual pudo desentrañarse por lo que «el Adobe» declaró a la Guardia Civil, y la Guardia Civil al doctor Muescas) fue contada por éste punto por punto ante sus compañeros en la junta de médicos. Estaban presentes el director, Samuel Alvar; el ayudante de Dirección, doctor Ruipérez; el jefe de los Servicios Clínicos, César Arellano; el jefe de la Unidad de Demenciados (o «Jaula de los Leones», según el vocabulario de Alicia), Alberto Rosellini; el jefe de las Unidades de Recuperación, Salvador Sobrino (a quien se le llamaba «el Nazi» o «el de las S. S.», a causa de las iniciales de su nombre y apellido), y la doctora Dolores Bernardos, que era la experta en el manejo de los aparatos para la tomografía computarizada, la electroencefalografía y el electroshock. Los médicos no psiquiatras (analistas, anestesistas, etc.) no asistían a la junta de los miércoles.

—¿Cuál es su estado actual? —preguntó César Arellano.

—¡Terrible! —comentó el doctor Muescas—. No sabe hablar; anda a gatas; come con las manos, huye con pavor si alguien pretende tocarle, y, cuando quiere hacer alguna necesidad, se baja los pantalones y defeca en un rincón.

—¡Es un precioso ejemplo de amor paternal! —comentó con ira la doctora Bernardos—. ¿Qué edad tiene ahora?

—Treinta años.

—¿Y dices que lo enjaularon a los diez?

—¡A los diez!

Arellano intervino:

—¿Está demenciado?

—¡Ahí está el problema! —respondió el doctor Muescas—. Pensé que lo mejor sería destinarle a la unidad de

Alberto Rosellini, pero éste, después de estudiarle, se opone a ello. ¡Y tal vez tenga razón!

—Me opongo —explicó Rosellini— porque no le considero un demente. Si anda a gatas es porque en el hórreo no cabía de pie; si come con las manos es porque no sabe manejar los cubiertos: o nunca le enseñaron, o en veinte años se le olvidó. Si no habla, es porque no lo ha hecho en los dos últimos tercios de su vida. Pero sus ojos sí hablan: he leído en ellos el miedo, pero también un paulatino sosiego a medida que me escuchaba y un infinito anhelo de protección. En mi unidad, este hombre carecería de esperanzas. Fuera de mi unidad, creo que podría ser recuperable.

—Si te parece, director, me haré cargo de él —propuso el doctor Sobrino, jefe de las Unidades de Recuperación.

—¿Qué opinas, César? —preguntó el director.

—Opino que ha hecho muy bien Rosellini en no aceptarle y que hay que seguir la propuesta del doctor Sobrino —respondió el interpelado—. Me gustaría ver a ese hombre.

—En cuanto me haga cargo de él, te avisaré.

—¡A quienes sí me gustaría recibir en mi departamento —dijo el del apellido italiano— es a sus padres! ¡A esos monstruos los aceptaría con gusto entre mis huéspedes!

—Perdón, perdón —cortó Samuel Alvar—. Discrepo de cuanto se ha dicho. En la Unidad de Recuperación, ese hombre se considerará un monstruo comparado con los otros residentes. En cambio, en la de Demenciados, se verá superior a ellos, puesto que su mente no está deteriorada y le será más fácil salir adelante. ¿Cuáles son tus otros dos casos, Pepe?

José Muescas comentó indigando.

—Nos han «colado» a dos políticos, director, que tienen de locos lo que yo de astronauta.

—Si es cierto lo que dices, no pienso consentirlo.

—¡No debes consentirlo —habló la doctora Bernardos— o al menos has de hacer hasta lo imposible por conseguir que los separen! ¡Juntos son un peligro! Se envalentonan el uno al otro: quieren demostrarse mutuamente cuál es más hombre, ¿comprendes? Lo primero que hicieron fue abofetear a una asistenta social, que es guipuzcoana, porque no les habló en vascuence.

—¿Son de ETA? —preguntó asombrado el director.

—Sí, ¡y que te cuente Pepe lo que ocurrió después!

Contó el doctor José Muescas que, cuando un enfermo llamado Melitón Deza tomó a uno de ellos por un brazo para acompañarle a hacer la primera inspección, éste le dio un rodillazo violentísimo en los testículos que lo dejó agarrotado de dolor. Cuando el enfermero se repuso, le tumbó de un puñetazo.

—¿Quién a quién? —preguntó severo Samuel Alvar.

—El enfermero al etarra —respondió José Muescas—. Y entonces el supuesto enfermo le dijo estas palabras sibilinas: «Veo que llevas anillo de casado. Probablemente tendrás hijos. ¡Cuídalos!» Melitón Deza mordiendo cada palabra le respondió: «Puede que algún cobarde se atreva a vengarse en mis hijos. Pero te juro que ése... ¡no serás tú!»

—Al enterarte de lo ocurrido —le interrumpió secamente el director—, ¿qué medidas tomaste?

—Destinar al enfermero a otra unidad.

—No es bastante. ¡Ábrele expediente!

—¿A Melitón Deza?

—¡Ábrele expediente he dicho! Es intolerable que un enfermero pegue a un paciente y además le amenace.

—Quiero recordarte que Melitón Deza es de lo mejor que hay en esta casa.

—¡Ábrele expediente!

Los médicos se miraron unos a otros, perplejos. La decisión del director no les parecía justa.

Aclaró Samuel Alvar que no eran problemas políticos los que a ellos competía dilucidar, sino los puramente clínicos. Si les habían metido gato por liebre, pedirían la revisión del proceso. Si estaban realmente enfermos los aceptaría en el hospital, pero elevando una solicitud urgente para que uno de ellos fuese trasladado a otro centro psiquiátrico.

Todos los presentes se mostraron conformes con las últimas palabras del director, mas no con la apertura del expediente al enfermero. Las dudas surgieron cuando se discutió dónde debían ser destinados, en tanto se les sometía a observación. Dolores Bernardos insistía en que su arrogancia era peligrosa; su aspecto, provocador y desafiante; y que no debían convivir en el edificio central con el común de los enfermos, porque serían fuente de continuos conflictos. El director decidió, con la aprobación de todos, que mientras hubiese camas libres en la Unidad de Urgencias, permaneciesen allí bajo la vigilancia del doctor Muescas, pero bajo la jurisdicción clínica de César Arellano, quien se aventuró a pronosticar que en sólo dos sesiones declararía si estaban locos o no.

A continuación tomó la palabra el doctor Sobrino.

—No todo han de ser conflictos o malas noticias en el hospital —dijo éste con ademán satisfecho—. Creo que «hemos sacado del pozo» a una enferma que parecía irreversible: la muchachita Maqueira.

—¿La confidente de los extraterrestres?

—A ésa me refiero.

—¿Quieres decir que el tratamiento con insulina la ha mejorado?

—¡Quiero decir que el tratamiento la ha curado!

—¿Cuántos brotes tuvo en su historial?

—Sólo uno. ¡Yo la considero totalmente repuesta! Está en la antesala. Y estoy deseando que ustedes comprueben por sí mismos... si... si hemos acertado o no. ¿Me permiten que vaya a buscarla?

Cuando la joven Maqueira entró en el despacho encontró frente a ella siete rostros sonrientes. Incluso el del director, que no era amigo de esas expansiones, sonreía también. El doctor Sobrino la traía de la mano.

—Siéntate aquí, Maruja. El director quiere hacerte unas preguntas.

—En realidad —dijo Samuel Alvar— quien va a hacerte las preguntas es el doctor Arellano. Así estaré más atento a tus respuestas.

Volvió la joven Maqueira los ojos, atemorizados e ilusionados al tiempo, hacia el médico del pelo casi blanco. Prefería contestarle a él que no al de la barba negra, tan antipático.

Arellano tardó en decir algo porque estuvo considerando que las palabras de Alvar «Así estaré más atento a tus respuestas» constituían una insigne torpeza. Éstas eran palabras intimidadoras y no alentadoras. «El director —se repitió Arellano por enésima vez— no sabe tratar a los pacientes. Tal vez por ser consciente de ello, me encarga a mí el interrogatorio.»

—Maruja —comenzó César Arellano—, ¿sabes por qué nos ves a todos tan satisfechos?

La joven Maqueira se encogió de hombros, no sabiendo qué responder.

—Estamos todos contentos por las buenas noticias que tenemos tuyas. Te hemos hecho muchas perrerías con tantas y tantas inyecciones, pero ya ves, al cabo de tres meses nosotros te consideramos casi curada. Y tú, ¿cómo te encuentras?

—Mucho mejor, doctor Arellano. Mucho mejor —respondió, refiriéndose en exclusiva a su estado físico—. Más de treinta veces creí que iba a morirme.

—Y nosotros también temimos por tu salud... ¡sin llegar a esos extremos de pesimismo! Por eso estamos ahora tan alegres. Gracias a tus padres, que se dieron cuenta a tiempo de que no estabas bien, hemos cortado de raíz tu *infección*. ¿Qué te dijeron tus padres al traerte aquí?

—Que había tenido una meningitis y que me quedé muy deprimida por culpa de las medicinas.

—¿Te acuerdas perfectamente de eso?

—No me acuerdo de la meningitis, pero sí de que mis padres me dijeron que la había tenido. Y que por eso estaba tan débil y delicada.

—¿Y de qué más te acuerdas?

—De todo.

—¿Qué es «todo»?

—El viaje hasta aquí; la fachada tan antigua de la Cartuja; el claustro tan bonito; mi primera conversación con usted y sus palabras: «Se va hacer cargo de ti un gran médico: el doctor Sobrino.»

—¡Ja, ja, ja! —rió el aludido—. ¿Elogios de un colega? ¡Eso es imposible! ¡Ahora sí que estás delirando, Marujita!

—Sí, me lo dijo. Prometo que me lo dijo.

—Fue una gran mentira para consolarte —bromeó Arellano—. ¡Es el peor médico de España!

Rieron todos. Y la joven Maqueira, al ver que iban de chunga, rió también, por primera vez desde que fue internada.

—¿Y qué más recuerdas? —prosiguió don César.

—La gente del comedor me daba un poco de miedo. En mi mesa había sólo una persona simpática: Ignacio Urquieta, y los dos últimos días una señora parecida a mi madre, pero mucho peor vestida. Antes de ésta, un señor que lloraba y otro que no hablaba. Después me puse a morir, doctor Arellano; y ya no recuerdo otra cosa que inyecciones y más inyecciones y mucho sudor.

—Durante la meningitis en tu casa y durante tu recaída aquí llegaste a delirar y dijiste muchos disparates. ¿Recuerdas alguno de ellos?

—No.

—Parecía como si entre sueños hablaras con extraterrestres.

—¿De verdad? ¡Qué vergüenza! La gente pensaría que yo era tonta.

—No tiene ninguna importancia, puesto que estabas delirando a causa de la fiebre. ¿No recuerdas nada de lo que delirabas?

—¡Nada! Salvo la convicción de que me iba a morir.

—Eso no era un delirio, Maruja. Estuviste de verdad muy enferma. Dime: ¿Qué desearías hacer ahora?

Maruja Maqueira sonrió.

—Si se lo digo, van a pensar que estoy mala otra vez.

—¡No seas timorata! ¡Vamos! ¡Di lo que te apetece!

—Volver a ver el claustro y copiar una inscripción en latín y que alguien me la traduzca. Y también que mis padres me traigan los libros de texto. He perdido los exámenes de junio, pero, a lo mejor, en septiembre puedo aprobar dos o tres asignaturas.

Samuel Alvar interrumpió.

—¿Dónde preferirías estudiarlas? ¿En tu casa de Santander o aquí?

—¡En Santander, claro!

—Pues las estudiarás en Santander. Y ahora, al salir, le dices a Montserrat Castell que tienes órdenes mías de que te enseñe el claustro. ¡Hasta luego, Maruja!

—¡Hasta luego a todos!

Se acercó al doctor Sobrino y le dio un beso.

—Gracias —musitó.

Al salir Maruja, las siete sonrisas que la despidieron eran aún más anchas que las que la saludaron al entrar.

—¿Padeció en realidad una meningitis? —preguntó Dolores Bernardos.

—No —respondió Salvador Sobrino—. Se lo hicimos creer, de acuerdo con sus padres, para justificar sus delirios. Éstos brotaron súbitamente tras una estúpida sesión de espiritismo en que ella creyó haber oído hablar al demonio. Sus compañeros, todos estudiantes de bachillerato, la vieron tan miedosa que, para calmarla, le dijeron que acaso no fuera Satán sino la voz de un extraterrestre. Ella se aferró a esta idea. Y durante muchas noches, siempre a la misma hora, oía una música lejana que era el aviso de que los extraterrestres iban a comunicarse con ella. E inmediatamente la hablaban. Eran mensajes que le transmitían, como mediadora entre dos mundos, para que los comunicase a los terrícolas. Sus padres, bien aconsejados, la internaron sin pérdida de tiempo. César Arellano diagnosticó la paranoia, y yo tuve la suerte de acertar con el tratamiento.

El cupo de sonreír de Samuel Alvar quedó agotado para tres meses. Su despilfarro de hoy necesitaba ese tiempo mínimo para reponerse. Mas era evidente que existía una corriente comunitaria de satisfacción cuando el equipo médico lograba sacar a flote a quien yacía en simas inalcanzables. Y entre estas profundidades, donde muy raramente llegaba la sonda del médico, estaba en primer lugar la temible paranoia. El hospital contaba entre ochocientos reclusos sólo con tres considerados paranoicos puros: Maruja Maqueira, la estudiante; Norberto Machimbarrena, el bilbaíno suboficial mecánico de la Armada, y Alicia Gould de Almenara, pendiente esta última de un diagnóstico definitivo. El haber salvado a la primera, gracias a la rapidísima intervención de sus padres y a la celeridad del diagnóstico y del tratamiento adecuado, era algo que a todos llenaba de lícito orgullo. El caso de Machimbarrena no era el mismo. Su paranoia no debía considerarse como totalmente desaparecida (aunque sí «encapsulada»), ya que seguía considerando justificada su estancia en el hospital psiquiátrico por pertenecer (lo cual era falso) a los servicios de información de la Marina de Guerra. Todos hubieran querido seguir comentando «el caso» de la señorita Maqueira, del mismo modo que los buenos jugadores comentan y analizan una jugada comprometida de ajedrez. Pero Alvar los llamó al orden. El doctor Sobrino —recordó el director— tenía otro caso delicado que exponer a la junta: el de Sergio Zapatero.

—Es muy triste —dijo éste—. Su proceso se va agravando sin que yo le encuentre una salida. Si llevo dos días sin medicarle es sólo para que ustedes puedan opinar.

La mirada desvaída, sudoroso el rostro, el pelo hirsuto, entró Sergio Zapatero sostenido por las axilas por dos «batas blancas». Comenzó a hablar, entre gemidos y gestos suplicantes, en una jerga ininteligible, en la que surgían aisladas algunas palabras en inglés.

César Arellano entendió al punto lo que vagaba en su mente dislocada, y le interrumpió.

—Todos nosotros hemos estudiado español, señor Zapatero. Puede usted, si prefiere, hablar en su propio idioma.

—Gracias, almirante. En efecto, prefiero hablar en espa... en espa... ¡Bueno, ustedes me entienden! ¿No deseaban mi muerte? ¿Qué esperan para matarme? ¡Me he adelantado a todos! La expansión de las... La expansión de las... ¡eso: de las gala... galaxias!... se ha terminado. Desde la creación se fueron expan... expandiendo... Fu... ¡Fuuuuuuú...! como la metralla de una bomba. Eso es: como la mmmmmetralla. Y ahora los trozos sueltos de esa explosión se han parado y regresan a su núcleo que es la espiritual... ¡No, no! la espiración... ¡No, no! La Espiral de Andrómeda. Eso es: la Espiral de Andrómeda, que es el núcleo del Noveno Universo. Los trocitos que llamáis estrellas iniciaron el jueves el camino de regreso por el mismo agujero que hicieron en el vacío cuando se expan... cuando se expan... ¡eso es!... expandieron.

Era penoso verle sufrir. Si los enfermeros le soltaran caería al suelo. Mas si no le soltaban no podía bracear. Se le veía debatirse para poder imitar con los brazos el movimiento de expansión y de retroceso de las galaxias, la fusión de los cuerpos celestes menores con los mayores, el choque horrísono y espantable de los satélites con sus planetas, de los planetas con sus soles, de los soles con sus galaxias y de las galaxias entre sí, hasta fundirse toda la materia astral en un solo cuerpo que se iría apretando cada vez más sobre su propio núcleo hasta reducirse al tamaño de un balón de fútbol, más tarde de una nuez, después de una canica, de un guisante, de un grano de mostaza, de una mota de polvo, de un corpúsculo microscópico de infinita densidad, pues contendría concentrada la totalidad de la masa de los Nueve Universos. Como no podía accionar los brazos para expresarse, lo hacía con las piernas y tan pronto quedaba en el aire, colgado de los sobacos, como pateaba, o dejaba los remos flojos en el suelo, como un pelele mal sostenido por los hilos que movía su manipulador. La angustia de Sergio Zapatero era pensar cómo podrían caber en un cuerpo celeste tan diminuto todos los pobladores de los mundos habitados. Pero lo que más desazón le causaba, hasta el punto de arrancarle lamentos, era lo incómodos que estarían, así de hacinados, los pobres locos, sobre todo los que no podían valerse por sí mismos, como Alicia, «la Niña Péndulo» o «el Hombre de Cera». Prorrumpió en fin en una patética oración pidiendo al

Creador que les diese la muerte antes del sábado próximo en que todo eso iba a ocurrir. Él mismo se ofrecía para pasar a cuchillo a todos sus compañeros y evitarles así presenciar la hecatombe cósmica. «No te preocupes por ellos —le decía a Dios— por... por... porque... todos son equi... equi... ¡eso es!... equivocaciones tuyas. Son los ren... renglones torci... torcidos, de cuando apren... apren... ¡eso es!... aprendiste a escribir. ¡Los pobres locos —continuó ahogado por los sollozos— son tus fal... faltas de orto-orto... ortografía!»

Se lo llevaron. Aun con la puerta cerrada, seguíanse oyendo sus lamentos. Hubo un largo silencio que rompió Samuel Alvar.

—¿Desde cuándo está así?

—Lleva en este estado dieciocho días... salvo los que le he hecho pasar dormido. Al despertar reemprende su delirio en el punto mismo en que lo dejó. Hemos comparado sus ochenta y seis cuadernos; los signos y grafismos de sus páginas son todos rigurosamente iguales, sin variar una raíz cúbica o la coma de un decimal. Se consultó con un matemático si aquello tenía sentido y respondió que no. Eran operaciones encadenadas en las que números de veinte o más cifras, con otros tantos decimales, se multiplicaban, dividían, elevaban a una potencia y se restaban o sumaban a la raíz cúbica de otra cifra de múltiples guarismos, todo ello sin concierto y sin llegar a ningún resultado.

La totalidad de sus cuadernos, salvo el último, llegaban a la mitad de la página 102, donde bruscamente el cálculo quedaba interrumpido:

—¿Y en el último?

—En el último, tras la última cifra se leía: «... igual a... EL JUEVES COMIENZA LA RECESIÓN DE LAS GALAXIAS». ¡Su cálculo había terminado!

—¿Qué opinas, César?

—No hay duda —dijo éste— de que nos encontramos ante un caso de una *bouffé* delirante en un enfermo crónico, y que no ha respondido a los psicofármacos que se le han aplicado. Creo que procede, ¡y con urgencia!, el electroshock.

—Creo lo mismo —dijo Salvador Sobrino.

El director ordenó:

—Doctora Bernardos: haga usted el estudio somático de Zapatero, para ver si el electroshock es todavía posible. Sólo después tomaremos una decisión.

Se pusieron todos en pie. Rosellini bostezó discretamente.

—¡Un momento, un momento, señores! —exclamó el director—. ¡No hemos terminado! ¡Yo también tengo una enferma que presentar!

César Arellano frunció la frente. Su ceño era de disgusto. No de sorpresa. El director prosiguió:

—Ruipérez; hazme el favor de avisar, a quien esté de guardia en la antesala, que le diga a la señora de Almenara que puede pasar.

N

ALICE GOULD CUENTA SU HISTORIA

LA SALA DE JUNTAS estaba situada en el antiguo edificio de la Cartuja: en la que antaño fue la sala capitular de los primitivos monjes. Se llegaba a ella por un pasillo de piedra increíblemente bajo. «Los frailes de entonces debían de ser muy pequeños», pensó Alice Gould. Tuvo que desandar parte del camino recorrido porque la circulación en dos sentidos no cabía en tan estrecho recinto. Y menos cuando los que venían de frente eran tres: dos «batas blancas» y, probablemente, un paralítico al que llevaban en volandas. Cuando retrocediendo llegó a un ensanchamiento (en el que había una aspillera por donde los cartujos podían disparar flechas, caso de ser atacados) se detuvo allí, para dejar paso a los que salían. ¡Qué penosa impresión la suya, al descubrir que el que colgaba, como un muñeco de trapo de los brazos de los enfermeros, era «el Autor de la Teoría de los Nueve Universos»!

—Maestro... —le saludó Alice Gould.

Mas éste no la vio. Sus ojos sólo columbraban lo que le dictaba su mente. Y en ésta no cabían más que cuerpos astrales chocando entre sí. Los enfermeros miraron a Alicia con severidad y prosiguieron su camino. Ella reemprendió el suyo.

Desde que Montserrat Castell le enseñó la nota del director, citándola a comparecer en la junta de médicos, decidió vestir su ropa mejor.

Avanzó Alice Gould, airosa como un cisne, por el antiguo laberinto. Si alguien lo suficientemente perspicaz hubiese sabido leer en sus ojos, y descifrar el misterio de su sonrisa, habría descubierto en su rostro muy distintos sentimientos y propósitos:

1.º) Necesitaba ganar la confianza y simpatía de los reunidos.

2.º) Tenía que vengarse de Samuel Alvar. Lo de ponerle la camisa de fuerza (de la que fue liberada por Montserrat Castell) era una injuria que no podía quedar impune. El mediquito de las barbas negras las iba a pasar moradas si pretendía medirse con ella.

Los días transcurridos desde el incidente con el director no fueron baldíos. Alicia visitó, desde las cocinas, hasta las salas de reunión de las enfermeras; se hizo presentar a los médicos no psiquiatras —que había muchos— con el pretexto de un diente picado o una luxación en un tobillo. Inquirió, preguntó, anduvo a la husma aquí y acullá, por averiguar los motivos del director para tenerla secuestrada. Y, aunque no halló lo que buscaba, ni llegó a donde pretendía, se enteró de no pocos datos, que no eran simples habladurías, y que bastarían, si llegaba el caso, para quitarle —como quien dice— el hojaldre al pastel.

De aquí ese aire medio triunfal con el que se acercaba al *sancta sanctorum* de los psiquiatras. Los médicos que participaban en las juntas de los miércoles —según se informó puntualmente— los conocía a casi todos. A la doctora Bernardos, porque fue la que dirigió las operaciones el día que le hicieron el electroencefalograma; al doctor Sobrino, por las semanas que pasó en recuperación; a Rosellini, por ser quien la liberó del puño de hierro de «la Mujer Gorila» y a «los tres Magníficos» —Alvar, Arellano, Ruipérez— estaba harta de verlos. A quien no tuvo nunca oportunidad de conocer era al jefe de los Servicios de Urgencia, del que no sabía ni siquiera el nombre. Con esto, sólo cuatro la habían visto vestida de ella misma: Ruipérez el primer día; Arellano y Sobrino, en la Unidad de Recuperación; Alvar y Rosellini una sola vez. La imagen de Alice Gould que la mayoría guardaba en sus retinas era la infamante del pantalón de hortera y la blusa desteñida. Llegó, pasillo adelante, a un amplio vestíbulo al que daban otros dos pasadizos tan estrechos y bajos como el que ella acababa de atravesar. Una inmensa puerta moderna estaba instalada en el hueco del arco antiguo. Un enfermero la cerró el paso.

—Me han dicho que espere hasta que ellos la llamen.

—¿De dónde le conozco yo a usted? —preguntó Alicia al de la «bata blanca».

—Me llamo Terrón. Fui el que enfundó la «camisa» a la mujer barbuda que la había atrapado.

—¿Ya no trabaja usted en «la Jaula»?

—Sólo actuamos allí una semana al mes. ¡Es muy duro! La junta ha prohibido que faenemos en la «Jaula» más de una semana seguida.

La miró con aire de compadrazgo.

—¿Qué? ¿La dan a usted hoy el pasaporte?

—No tengo noticias de que me vayan a dar de alta.

—Al verla así vestida, pensé que se iba ya para su casa. Todos en el hospital nos preguntamos qué diablos pinta usted aquí.

—¿Sabe lo que le digo? ¡También me lo pregunto yo!

Tardaron mucho tiempo en recibirla. Al cabo de media hora larga, el «chivato» que llevaba el enfermero en el bolsillo de la bata emitió unos pitidos, y el hombre penetró en la sala capitular. No había acabado de cerrar la puerta tras sí, cuando volvió a abrirla.

—Puede usted pasar. ¡Suerte!

—Gracias, amigo. ¡Hasta luego!

En el centro de la inmensa sala había una moderna mesa de trabajo que parecía pequeña, sin serlo, dadas las dimensiones del recinto. En torno a la mesa, los siete psiquiatras de la casa. Oyó Alicia la voz neutra del director.

—Pase usted, señora de Almenara, y siéntese entre nosotros.

Por el modo en que la miraban, Alicia entendió que el retraso en recibirla se debía a que su caso fue ampliamente explicado —¿por Alvar?, ¿por Arellano?— ante la junta de doctores. El primero presidía desde el centro; frente a él, Ruipérez. A la derecha del director, su amigo el jefe de los Servicios Clínicos. Los demás no mostraban por sus colocaciones una jerarquía determinada. Avanzó lentamente hacia la silla que le indicaban, situada en un extremo de la mesa; dijo un «buenas tardes», rutinario pero cortés, y tomó asiento con la naturalidad y autoridad de quien va a presidir un consejo de administración y está habituado a hacerlo. En efecto: se diría que, desde que ella se sentó, la presidencia de la mesa había cambiado de sitio. En la mirada del doctor Sobrino creyó advertir simpatía; en la de Arellano, preocupación; en las de Alvar y Ruipérez, hostilidad; en la de la doctora Bernardos, admiración por su buen porte; en la de Rosellini, sorpresa, al comprender que la enferma de la que habían estado hablando era aquella señora a la que apresó una demente escapada de su unidad; en la del otro médico —que después supo que se llamaba don José Muescas—, una viva curiosidad. Con mirada serena y tranquila —exenta de aparente preocupación— observó Alicia a quienes la observaban. La procesión iba por dentro.

Samuel Alvar explicó:

—El jefe de los Servicios Clínicos le va a hacer algunas preguntas, señora de Almenara. Le ruego que tenga presente que el interrogatorio de los médicos difiere mucho del que pueda hacer un periodista, un policía, un fiscal o un juez. Nosotros no pretendemos condenar. Sólo queremos salvar. Creemos haber descubierto ciertas contradicciones entre el examen a que la sometió su médico particular y los muchos que le han sido hechos aquí; entre sus antecedentes y su conducta; entre sus declaraciones y su personalidad. Necesitamos su ayuda para poder ayudarla. ¿Podemos contar con su colaboración?

—Sí, doctor. Deseo ayudarlos a que me ayuden. He cometido la gran torpeza de meterme en un laberinto y, sin su ayuda, no podré salir.

—Tiene la palabra el doctor Arellano.

Nadie podría acusarle de no ir directamente al grano. Su primera pregunta iba dirigida al centro de la diana.

—Dígame, Alicia. ¿Cuántas veces nos ha mentido usted desde que ingresó en el hospital?

—Son incontables, doctor —respondió entre sonriente y compungida Alice Gould.

—¿Acostumbra usted a mentir por vicio? ¿Es ése un hábito muy arraigado en usted?

—No, doctor. He acumulado, en sólo tres meses, todas las pequeñas o grandes mentiras que pueden decirse en toda una vida.

—Usted declaró que su marido trató de envenenarla. ¿Es cierto o no?

—Es cierto que lo declaré; pero no es cierto que tratara de envenenarme.

—¿Puede usted hacer relación de los embustes más importantes que usted recuerde habernos dicho?

—Sí, doctor. Mentí al describir una personalidad de mi marido totalmente falsa; mentí al simular un menosprecio por él que estoy muy lejos de sentir; mentí en la estúpida historia del caballo que me coceó. Casi toda mi primera declaración al doctor Ruipérez es puro invento; así como las palabras que dije o las actividades que tomé ante terceros y que no tenían otra finalidad que mostrarme ante ellos conforme a mi declaración del primer día. ¡Ah, y también mentí al decir que era licenciada en Químicas! En realidad soy doctora de Filosofía y Letras. Me doctoré con una tesis titulada *Psicología del delincuente infantil*. Si les interesa el tema puedo pedir a Madrid que me manden algunos ejemplares. La calificaron *cum laude* y, resumida y muy bien traducida, por cierto, me la publicó, en París, la *Revue de deux Mondes*.

La doctora Bernardos parpadeó repetidas veces. ¿Esta recluida mentía por toda la barba o decía simplemente la verdad? No le sería difícil averiguarlo. Su propia tesis doctoral se asemejaba mucho en el tema a la que decía esta señora haber escrito.

—¿Qué pretendía usted con sus mentiras, Alicia?

—Simular una enfermedad mental.

—¿Con qué fin?

—Con el fin de que no pusieran trabas a mi ingreso en el hospital.

Samuel Alvar pasó una nota a César Arellano que decía: «La paranoia fingida ha quedado ya delimitada. Bucea bien en la verdadera.»

—¿Por qué deseaba usted ingresar, Alicia?

—Para descubrir al asesino del padre de mi cliente.

—¿Qué dolencia o desequilibrio mental pretendía usted fingir?

—La paranoia.

—¿Por qué precisamente la paranoia y no cualquier otra dolencia?

Alicia dudó brevemente.

—No me niego a respoder a esa pregunta, doctor. Pero prefiriría aplazar su respuesta hasta después de haber dicho otras cosas, primero. Si declaro ahora por qué y quién me aconsejó que simulara esa enfermedad, me resultaría muy enojoso. Dicho en su lugar quedará más claro.

—La investigación criminal que pretendía usted iniciar en este sanatorio, dijo usted antes que era a cargo o por encargo de un cliente. ¿Cliente de qué o de quién?

—De mi Oficina de Investigación Privada. Soy detective diplomado.

—Antes dijo que su declaración a don Teodoro Ruipérez era toda falsa. Y no obstante esa afirmación que hace usted ahora de ser detective también se la hizo al doctor Ruipérez el día de su ingreso.

—Dije que *casi* toda mi declaración era falsa. Mi afirmación de ser detective pertenece al *casi* restante: a la parte en que dije la verdad.

—¿Y qué la movió a decir la verdad en ese extremo?

—Pensé que no lo creerían: que lo atribuirían a un elemento más de mi fábula delirante.

—De modo que unas veces miente y otras dice la verdad... Dígame, Alicia, ¿a mí me ha mentido alguna vez?

—Nunca, doctor. A usted nunca le he mentido. Puedo jurarlo, y usted lo sabe.

—¿Y por qué a mí no, y al doctor Ruipérez sí?

—Al doctor Ruipérez ya he dicho que le mentí porque necesitaba ingresar en el manicomio. A usted no necesitaba mentirle, porque ya había ingresado.

—Me interesaría saber qué la indujo a hacerse detective.

—Es un poco largo, doctor.

—No importa. La escucharemos.

—Y con mucho interés —precisó el director con cierta sorna, completando la afirmación de César Arellano.

Samuel Alvar estaba muy satisfecho de la marcha del interrogatorio. La propia Almenara acababa de confesar —¡tal como él había predicho!— que sus primeras declaraciones pertenecían a una paranoia simulada. Sólo faltaba ahora delimitar su paranoia verdadera, a la que pertenecía sin duda el embuste de declararse Premio Extraordinario del Doctorado. Lo sorprendente es que no se hubiera manifestado todavía Premio Nobel o Archipámpano de las Indias.

—Prosiga, señora de Almenara.

—¿Puedo fumar?

Varias manos se apresuraron a ofrecerle cigarrillos.

—Gracias, prefiero los míos. Sólo necesito fuego. No me está permitido usar mechero, ¿saben?

Lo dijo con toda sencillez, como quien cuenta algo que

se da por conocido, pero con la clara intención de dar a entender, a quienes no estuvieran en antecedentes, que el director la consideraba «enferma peligrosa».

—Hace aproximadamente seis años (y les ruego que tomen nota de cuantos nombres y datos voy a dar) oí comentar con gran disgusto a una amiga mía, Pilar Sahagún, directora del colegio de niñas Santa Catalina de Siena, que a algunas de sus alumnas las habían descubierto portando alucinógenos y que tenía el propósito de instruirles expediente escolar y echarlas del centro. Le aconsejé que no lo hiciera, pues de lo contrario nunca se descubriría el responsable de introducir y vender drogas en el colegio. Por el prestigio del local y evitar un escándalo entre los padres, la directora no quería dar parte a la policía. Y entonces yo, comprendiendo sus razones, y por ayudar a mi amiga, me ofrecí a hacer una investigación. Era necesario para ello que me contrataran como maestra de algo; y yo, dudando mucho de mis condiciones docentes, sugerí colocarme como profesora de gimnasia o de judo. Y como de lo primero ya había una monitora contratada, fui designada de lo segundo.

—¿Sabe usted judo? —preguntó asombrado el doctor Rosellini—. ¡Yo también! Si quisiera podríamos practicar algún día.

—No se lo aconsejo, doctor —rió Alice Gould—, ¡soy cinturón azul!

Dio una bocanada y prosiguió:

—El caso es que la adolescente que introducía y vendía heroína en el colegio fue a parar al Tribunal de Menores; y el miserable que la utilizaba como mediadora, a la cárcel. Fue muy duro para mí, porque la joven culpable resultó ser hija de la directora. Éste fue mi primer caso. Corrió la voz y comencé a tener peticiones de ayuda, primero de amigas mías, después de gentes desconocidas que eran víctimas de estafas, o recibían anónimos, o les desaparecían metódicamente artículos de venta en sus tiendas. Siempre eran cuestiones en que el perjudicado no se atrevía, por una u otra causa, a acudir a la policía.

La doctora Bernardos intervino:

—¿Qué motivo puede haber para que no se atreva a acudir a la policía el dueño de una tienda cuyos dependientes le roban?

—Los dependientes eran un hijo, un cuñado y dos yernos. ¡Y el dueño, hermano de mi cocinera, que fue quien me pidió el favor de intervenir! Total: que me harté de hacer servicios gratuitos a diestro y siniestro y decidí profesionalizarme y cobrar honorarios por mis trabajos. La licencia la obtuve hace tres años e inmediatamente monté mi oficina y contraté el personal auxiliar. Ésta es la razón por la que me hice detective. ¿He respondido correctamente a su pregunta, doctor Arellano?

—Ha respondido usted muy bien, Alicia. Ahora querríamos conocer a fondo el caso concreto que la indujo a querer internarse en un sanatorio mental. Y no en cualquiera, sino en éste precisamente.

—El doctor Alvar lo sabe —se limitó Alicia a responder.

—El doctor Alvar no sabe nada —afirmó desabridamente el director.

—Si no lo sabe, por lo que yo creía, debe saberlo, al menos, por lo que yo le conté en su despacho cuando tuvo la amabilidad de recibirme.

—Su conversación con nuestro director —puntualizó César Arellano— fue muy incompleta y profundamente incomprensible, Alicia. Usted daba por supuesto que don Samuel Alvar ya conocía el tema del que usted le hablaba y lo cierto es que él, por carecer de antecedentes, no entendió y sigue sin entender lo que usted pretendió decirle. De modo que debe usted contarnos esta historia como a personas que lo ignoran todo, incluido, por supuesto, nuestro director.

Alicia meditó largamente.

—No sé si debo —dijo ella—. Si yo hablara... atentaría no sólo contra el honor sino contra la seguridad de mi cliente. ¡Estoy atada por un secreto profesional! ¡Nunca lo he traicionado!

—Tampoco se ha encontrado usted nunca en una situación tan apurada, Alicia.

—¿Qué quiere decir, doctor? —preguntó Alicia alarmada.

Arellano se volvió hacia Samuel Alvar, que tenía sentado a su izquierda, y al resto de sus compañeros.

—¿Puedo hablar con toda claridad?

Unos cambiaron las piernas de posición, otros encendieron un cigarrillo, otros retiraron la mirada, pero nadie habló.

Se dirigió directa y exclusivamente al director.

—¿Puedo o no puedo?

—Toma tus responsabilidades por ti mismo. Tú eres quien ha pedido tratarla y dirigir este coloquio.

Volvióse hacia Alice Gould.

—Bien, Alicia. Voy a hablar con toda sinceridad. Usted ha entrado aquí como una paranoica que ha intentado por tres veces envenenar a su marido. Su ingreso se produjo previa solicitud de éste bajo la recomendación de un médico. Y nos es igual lo que usted diga a este respecto. Lo cierto es que nosotros la hemos admitido en el hospital bajo el compromiso de intentar sanarla. Entienda esto bien: *intentar sanar a una paranoica con antecedentes homicidas*. Para intentar sanarla (cosa que no siempre se consigue) hemos de someterla al tratamiento que indica nuestro Ripalda. Una de esas terapias es el choque insulínico: llevarla al borde mismo de la muerte provocándole una hipoglucemia progresiva hasta que entre usted en coma. Cuando esté ya a las puertas de la agonía, la reviviremos suministrándole dosis masivas de glucosa. Y apenas esté usted repuesta repetiremos el tratamiento cuarenta o cincuenta veces... en tres o cuatro meses. Si al final sigue usted considerándose detective y negándose a reconocer que la verdadera razón de su ingreso es un trastorno mental que la predispuso a envenenar a su marido, probaremos otro tratamiento: haremos pasar por su cerebro una corriente eléctrica hasta de 130 voltios que sea capaz de provocar convulsiones, pérdida de conciencia y amnesia. ¡Amnesia, Alicia, que es precisamente lo que se pretende: el olvido del delirio! Para lo que el electroshock es eficacísimo. Si no hemos empezado antes de ahora esta terapia, es por albergar ciertas dudas, que había usted prometido esclarecer ante el director. Aquella buena intención suya quedó fallida. Tiene usted ahora la oportunidad de eludir el tratamiento... ¿y prefiere quedar callada por escrúpulos hacia su cliente? ¿Puede decirme de qué le servirán a este caballero los servicios de una detective que ha perdido la memoria y que ignora por tanto qué es lo que hace aquí y lo que ha venido a investigar? Porque ése es el fin que pretenderemos, Alicia: que usted olvide las causas por las que cree estar aquí (una enfermedad supuesta) y por las que quiso usted envenenar a su marido (una enfermedad verdadera). ¡El tratamiento comenzará mañana!

—Pero, doctor. ¡Es absolutamente verdad que yo estoy aquí para investigar un crimen!

—No nos sirve de nada que usted lo afirme. Tiene que explicárnoslo. Y nosotros creerlo. Su negativa a hablar de ello comienza a ser sospechosa.

Alicia, muy pálida, parpadeó repetidas veces.

—¿Por qué me mira tan fijamente, doctor Rosellini? ¿Me está usted hipnotizando?

—No, señora. Pero me ha adivinado el pensamiento. Estaba considerando lo fácil que sería arrancarle por hipnosis lo que usted se niega a revelarnos de buen grado.

—Señora de Almenara —intervino el doctor Muescas—, su defensa del secreto profesional la honra mucho. Y yo la admiro por ello. Pero olvida usted que nosotros somos médicos y usted nuestra paciente. Y que, por tanto, también estamos obligados hacia usted por el secreto profesional. Nada de lo que nos pueda contar saldrá de entre nosotros. No olvide las palabras del director. Estamos aquí para salvarla. No para condenarla.

—¿Es cierto que están ustedes obligados a...?

—Nos ofendería si lo dudara, Alicia.

Estas palabras fueron dichas por César Arellano. Alicia le miró anhelante. Volvió después el rostro hacia cada uno de ellos.

—Bien, señores. ¡Hablaré, hablaré!

(En voz muy baja, pero no tanto como para que Arellano no lo oyera, Samuel Alvar comentó con Rosellini:

—¡Qué gran comedianta es!)

El jefe de la Unidad de Demenciados no replicó. Él había visto a aquella mujer comportarse con una sangre fría inusual el día en que la más temible de las reclusas de su departamento consiguió escapar de «la Jaula» y la atrapó con su mano de hierro. No advertía comedia alguna en sus reacciones. Con todo, no dejaba de sorprenderle el contraste entre la frialdad de aquel día en un trance tan grave, y su angustia de hoy, en un asunto que a Rosellini le parecía menor. Tal vez no lo fuera. Sentía viva curiosidad por escucharla, y, en cualquier caso, el comentario del director le pareció improcedente.

—Todo empezó —dijo Alice Gould con aire evocador— el 29 de febrero último, fecha del cumpleaños de mi marido. ¡Heliodoro es tan original que sólo cumple los bisiestos! Y con este motivo cada cuatro años damos una gran fiesta. Casi siempre somos los mismos, pero nunca faltan caras nuevas. Y aquella noche hubo varias, a quien mi esposo tuvo el capricho de invitar en una reunión de Antiguos Alumnos de su colegio que se había celebrado la antevíspera. Pido perdón por si todo esto es un poco premioso, pero les aseguro que no cito detalles superfluos. Durante la reunión, alguno de nuestros invitados se permitió bromear acerca de mis actividades profesionales, y otros exageraron los éxitos que obtuve en mi modesta carrera de detective.

(Alvar se inclinó hacia Arellano.

—Como verás —le dijo—, mi opinión se confirma punto por punto: «mis éxitos»... etc.)

—Cuando todos se retiraron quedó sólo una de las «caras nuevas». Y, mientras Heliodoro despedía en la puerta a los últimos invitados, me dijo: «Me interesaría hablar con usted, Alicia, no como amigo sino como cliente.» Le di mi tarjeta «profesional» y le cité a las once de la mañana de un lunes. No quiero engañarlos. Hubiera podido citarle mucho antes. Pero esas dilaciones..., ¡no sé cómo decirlo!..., dan prestigio.

—«Prestigio» —repitió como un eco, bien que con voz casi inaudible, el director.

La Almenara prosiguió:

—Regresó Heliodoro al salón. Y al ver que no quedaba más que un rezagado, le invitó a cenar. Como en las presentaciones precipitadas nadie sabe quién es quién, sólo entonces me enteré de que ese invitado era una persona famosa. Famosa —precisó Alicia— por sus propios méritos como médico, pues se trata de un colega de ustedes, y por un hecho desgraciadísimo que le había ocurrido dos años y medio antes: el asesinato de su padre.

—¿No se estará usted refiriendo al doctor García del Olmo? —preguntó José Muescas.

—Sí, doctor. A él me refiero.

—Sé muy bien quién es —murmuró el jefe de los Servicios de Urgencia—. Es un gastroenterólogo muy conocido.

—En efecto lo es —exclamó Alice Gould.

—Exacto. Y el asesinato de su padre causó no pocos quebraderos a la policía.

—Sí, doctor. La investigación de ese crimen ha quedado inconclusa, y el doctor Raimundo García del Olmo es el cliente por el cual me encuentro aquí.

Hubo —¿cómo negarlo?— una evidente emoción en los oyentes al escuchar esto. Sólo el director mantuvo su expresión de lama tibetano.

—El padre del doctor García del Olmo —recordó Alicia de Almenara— era ya un anciano octogenario cuando su cadáver fue encontrado por su propio hijo al regresar éste de un viaje a París, donde intervino en un congreso de su especialidad. El estudio forense demostró que el crimen se había producido cuarenta y ocho horas antes de ser hallado el cuerpo: tres días después de salir García del Olmo para París y dos antes de su regreso. Aparentemente el crimen carecía de justificación, pues nada de valor faltaba en la casa y ni puertas ni ventanas fueron forzadas. Era igualmente inexplicable la saña empleada al asesinarle. Su cabeza y su tórax fueron destrozados por un instrumento difícil de catalogar, como si le hubiesen golpeado repetidamente con un gran saco lleno de arena. Ni celos ni venganzas personales eran explicables en un hombre de tal edad que llevaba una vida retirada, acogido en casa de su hijo, y al que no se le conocían ni devaneos seniles ni enemigos. El interés también se daba por descartado: su único heredero era Raimundo y la posición económica de éste era mucho más sólida que la de su padre. A lo largo de los días los periódicos se ocuparon con gran detalle de este suceso.

»Aquella noche, en mi casa, hablamos largamente de aquel episodio y supuse que el tema del que quería informarme como cliente estaría relacionado con el caso, pero como no aludió ante mi marido a la cita que tenía concertada conmigo, yo tampoco dije nada.

»El lunes de marras, Raimundo se presentó puntualmente en mi despacho.

(Los siete médicos de la junta de los miércoles estaban materialmente volcados sobre la mesa para no perder una sílaba ni un movimiento de los labios de la relatora.)

—¡Ah, señores, cómo me cuesta violentar en este punto mi secreto profesional!

—«Nuestro» secreto profesional... —rectificó el doctor Muescas.

Alicia le sonrió agradecida y prosiguió.

—Las primeras palabras que me dijo García del Olmo me dejaron tan suspensa como lo estarán ustedes cuando yo se las repita. «La policía sospecha de mí»: esto fue lo que me dijo.

»A continuación me explicó que al cabo de un mes de haber hecho la denuncia y declarar cuanto sabía fue llamado de nuevo a la comisaría.

»—Escucha bien esto, Alice —me dijo con gran excitación—. Lo que voy a decirte no se lo he contado a nadie, ni siquiera a Heliodoro, ni a mis más íntimos amigos: las preguntas que me hacían eran degradantes y me hundieron moralmente. Atentaban contra mi honorabilidad y mi seriedad y mi prestigio. Querían saber todos los pasos que di en París, en los cinco días que estuve fuera; los nombres de las personas con quienes me reuní; las sesiones del congreso a las que asistí y a las que dejé de asistir, y a las que llegué con retraso. Y las mociones que presenté y las deliberaciones en que intervine y a qué horas y en qué días.

»"Me di cuenta de que pretendían averiguar si tuve ocasión de viajar de noche de París a Madrid, cometer el crimen y regresar a París para estar presente en la primera sesión de la mañana, a las pocas horas de haber sido cometido el crimen.

»Yo le interrumpí:

»—No entiendo —le dije— qué motivos podían alegar para acusarte de esa atrocidad.

»—La compasión —concretó García del Olmo—. Mi padre padecía un cáncer de estómago que le producía terribles dolores. Y suponen que, al comprender yo que le quedaban muy pocos meses de vida, quise ahorrarle padecimientos tan crueles.

»—Esa piedad tuya por tu padre —le dije— no se compagina con la saña que el verdadero asesino empleó contra él.

»—Suponen que le maté con un método más piadoso, una sobredosis de morfina —me respondió—. Y que sólo después desfiguré su rostro para fingir el crimen de un vesánico.

»—¡Pero esa sobredosis de morfina habría dejado alguna huella al realizar la autopsia! —protesté.

»—Querida Alice —insistió—, mi situación es más grave de lo que piensas. ¡Había morfina, en efecto, en su organismo! ¡Mi padre se la inyectaba por sí mismo para calmar sus dolores!

»—Y, a pesar del tiempo transcurrido —le pregunté—, ¿siguen sospechando de ti?

»—Afortunadamente —dijo— pude probar que aquella noche no había comunicación aérea posible París-Madrid y regreso al punto de partida, entre el final de la función de ópera a que fuimos invitados los congresistas y la primera sesión de la mañana siguiente que yo presidí, y a la que llegué con gran puntualidad.

»—Bien —comenté—, si desde entonces no te han vuelto a molestar, todo está resuelto.

»—Desgraciadamente no es así. Desde entonces, han ocurrido dos hechos muy singulares. Uno: me he enterado de que la policía está confirmando por medio de mis colegas, españoles o extranjeros, si los pasos que yo di fueron exactamente los que declaré. ¡Luego, la sospecha sigue en pie y la investigación continúa! Otro asunto inexplicable es éste.

»Y depositó sobre mi escritorio unas hojas de papel. Eran de pequeño formato y todas ellas tenían recortadas a tijera una pequeña franja cual si se tratase de hojas de escribir con membrete, en las que la parte impresa hubiese sido suprimida.

»Una de las cartas decía:

»*Asesino. Tú le mataste. No yo.*

»En la otra estaba escrito:

»*Me he vengado de ti. No de él.*

»En la última se leía:

»*Ríete ahora de mí, como te reíste otras veces.*

»Observé estos escritos con atención y curiosidad profesionales. Todas las misivas estaban rotuladas con bolígrafos de distintos colores: rojo, sepia y verde. Las letras eran grandes y desiguales; la caligrafía de las capitulares parecía un arabesco u orlas estrafalarias; las líneas estaban torcidas y algunos vocablos tachados. Sobre uno de estos manchones había algo que, tal vez, pudiese ser una huella dactilar.

»—Desde hace algo menos de un mes —comentó García del Olmo— recibo una por semana.

»—¿Se las has enseñado a la policía?

»—No.

»—¿Por qué?

»—Porque parecería que es una argucia mía, a la desesperada, para que dejasen de sospechar de mí. Sólo cuando consiga averiguar quién es el autor de estas cartas que se delatan a sí mismas se las entregaré a la policía. Pero ni un minuto antes. ¿Te imaginas lo que significa para un hombre de mi posición profesional verme en entredicho, y que los periódicos ávidos de escándalos publicaran alguna de estas cartas en que se me llama asesino?

Alice Gould meditó un instante.

»—No sé si haces bien en ocultar a la policía la existencia de esas cartas...

»—Alice: atiende bien esto. La noche en que mi padre fue brutalmente asesinado no había, como te he dicho, línea aérea directa París-Madrid-París. Pero ¿cómo puedo yo saber si no la había París-Copenhague-Roma-Madrid y regreso, u otra combinación extraña, pero posible, con Turquía, o El Cairo, que permitiera ir y regresar de París a Madrid en una sola noche? Además...

»—Además... ¿qué?

»Raimundo García del Olmo titubeó:

»—Un congresista italiano perdió su pasaporte y lo encontró días más tarde. Alguien pudo haberlo cogido, viajar con él una noche y regresar...

»—Escucha, Raimundo. Todo lo que dices, si eres de verdad inocente, como estoy segura, carece de sentido. ¿Viajó alguien con ese pasaporte perdido a Madrid? Éste es un dato muy fácil de saber. Yo puedo averiguártelo en un abrir y cerrar de ojos. ¡Es demasiado sencillo!

»—Eso es lo que quiero. Que me lo averigües y que te encargues de todo mi caso. Sobre todo de esto: ¿quién o quiénes, desde dónde y por qué, me escribe o me escriben estas cartas?

»—Por de pronto, déjamelas —le dije—. Quiero hacer un examen grafológico y dactilar de todas ellas. Y si recibes más, no las manosees, como te he visto hacer antes. Las tomas con pinzas y las envuelves suavemente, sin frotarlas, en papel de seda. Y me las das. Quizá esta investigación sea más fácil de lo que piensas. Ve haciendo memoria de tu infancia y primera juventud. Quien te escribe es alguien que, alguna vez, justa o injustamente, se sintió gravemente agraviado por ti. Tal vez haga de esto muchos años. Desde entonces este hombre o esta mujer ha sufrido al verte encumbrar y triunfar, mientras que él, que en un momento dado estuvo a tu mismo nivel social, económico o profesional, se ha ido degradando y tal vez viva ahora una existencia miserable. Bucea también en tu memoria y en tu conciencia si recuerdas haber cometido un desafuero contra alguien a quien tú despreciaras o minimizaras, o considerases, por las razones que fueren, inferior a ti. No descartes una mujer: una joven desairada, por ejemplo. Y ahora, querido Raimundo, deja de mirar al techo, que allí no vas a encontrar escrito el nombre de tu enemigo, y vuelve a verme pasado mañana a esta misma hora.

»Al ver que se ponía en pie, le advertí:

»—Excuso decirte que si me impides que hable con mi marido de tu caso... ¡tampoco debes tú decirle que me has encomendado este asunto!

»—¿Cómo se te ocurre que voy a...?

»—Se me ocurre... —le interrumpí— porque ser hombre y ser discreto son términos incompatibles. ¡Hala, vete; que tengo que empezar a trabajar!

Rió la doctora Bernardos, por la incompatibiliad que veía la señora de Almenara entre los varones y la discreción, y Alice Gould prosiguió con su historia.

—Tal vez los haya aburrido hasta ahora, pero les aseguro que lo que voy a decirles a continuación no los aburrirá. El examen grafológico de aquellas extrañas misivas era todo un diagnóstico. Su autor era sin duda alguna un perturbado mental y probablemente un esquizofrénico de la modalidad hebefrénica, cosa que yo entonces no sabía lo que era. Perdón por el inciso. ¿Recuerda usted, doctor Arellano, la carta que apareció en mi dormitorio, cuando estuve en Recuperación y que me envió uno que llaman «el Albaricoque»? Era una letra muy semejante a las misivas que recibió García del Olmo. Y las capitulares también estaban llenas de dibujitos, rombos y espirales. Bien: prosigo. Advertí que todos los sobres llevaban el matasellos de esta provincia. Me informé y supe (ya que antes lo ignoraba) que la famosa Cartuja de los monjes cistercienses albergaba hoy el más grande de los manicomios de España; que era nacional y no provincial: es decir que podía albergar a enfermos de todo el territorio y no sólo de esta provincia. También supe que era mixto: de hombres y mujeres. Y que era el primero de España en que se había inaugurado «el régimen abierto», en que los pacientes no peligrosos podían salir libremente y pasear fuera de sus murallas y visitar los pueblos cercanos e, incluso, pasar temporadas en sus casas. Consideré que siendo el autor de las cartas un esquizofrénico residente en esta provincia, sería altamente probable que estuviese recluido aquí o que lo hubiese estado en otro tiempo, o, en fin, que se tuviese noticias de él. Y me propuse tomar el coche y solicitar del director del sanatorio mental una información respecto a la clientela que albergaba. De aquí que averiguase primero el nombre de su director.

»Cuando expuse a García del Olmo mi propósito, Raimundo lo aprobó.

»—¿Cómo podríamos averiguar quién es el director del manicomio? —me preguntó.

»—Ya lo he averiguado —respondí triunfante—. Es don Samuel Alvar.

»—¿Qué dices? ¿Es Samuel Alvar director de ese manicomio?

»—Sí.

»—¡Samuel es íntimo amigo mío! —exclamó—. ¡Hace años que no nos vemos, pero nos queremos entrañablemente! Samuel no puede negarme nada que yo le pida, y más sabiéndome en una situación tan apurada y comprometida.

»—Realmente es una suerte que seáis tan amigos —comenté.

»—No sé qué debo hacer: si telefonearle o si ir a verle.

»—Tal vez las dos cosas —sugerí—. Pero ¿qué es exactamente lo que pretendes pedirle?

»—Que te permita vivir en el manicomio como si fueses una enfermera o una estudiante de psiquiatría que quiere hacer prácticas o... o lo que él mismo nos sugiera como mejor solución. ¡Esta misma tarde le telefonearé!

Los auditores de Alice Gould estaban cada vez más expectantes. La doctora Bernardos hubiese querido que le anticiparan la última página, como esos lectores que antes de empezar un libro quieren saber si termina mal o bien.

—Tres días más tarde —continuó Alicia dirigiéndose directamente a Samuel Alvar—, Raimundo García del Olmo me dijo que había estado aquí con usted y que le expuso su deseo de que una detective diplomada pudiese realizar dentro del sanatorio una exhaustiva investigación entre los reclusos. Añadió que usted no opuso reparo a esto, pero que le sugirió que yo ingresara simulando ser una enferma más, pues mis contactos con los residentes podrían, de este modo, ser mucho más directos y profundos. Así me lo explicó Raimundo —insistió Alicia con énfasis—, apenas regresó de su viaje, y me anunció que pronto recibiría una carta suya explicándome detalladamente los trámites que debían seguirse para mi ingreso.

—¿Y recibió usted esa carta? —preguntó el director.

—Sí, doctor. Ya hablamos de ello el otro día en su despacho.

—¿Recuerda usted cómo empezaba?

Alicia frunció los párpados:

—*Mi distinguida señora: Nuestro común amigo Raimundo García del Olmo me ha informado...*, etc., etc. A continuación me sugería que la dolencia que me sería más fácil simular era la paranoia y me aconsejaba que leyese un manual titulado *Síndromes y modalidades de la paranoia*, del doctor Arthur Hill. ¡Ya se lo conté!

—Pero a estos señores, no.

Alicia se volvió hacia ellos.

—Lo que más me impresionó —les dijo— no era el contenido de la carta (a la que acompañaba fotocopias de un decreto de 1931, regulando el ingreso en los manicomios), porque ya me lo había anunciado Raimundo. Lo que digo que me llamó la atención era la clase de papel tela en la que estaba escrita y su formato, porque eran idénticos al de las misivas del esquizofrénico. Con una sola diferencia: en la del director había un membrete impreso con el nombre, dirección y teléfono del hospital, y en las del loco, esta parte estaba recortada a tijera.

»—¡Estamos en el buen camino! —exclamé con entusiasmo al comprobar esto.

»Y rompí a reír porque a un espíritu curioso y aventurero como el mío, acabó divirtiéndole la colosal insensatez de encerrarme como uno más en una casa de locos.

Hizo Alicia una larga pausa y su rostro adquirió gravedad. Se mordió los labios.

—Ya no me río —añadió, secándose una lágrima.

Ñ

PROSIGUE LA HISTORIA DE ALICE GOULD

APROVECHÓ EL DOCTOR ROSELLINI la pausa de Alicia para intervenir «en una cuestión de orden», dijo. Y ésta fue que, dados la hora y el tiempo que llevaban reunidos (y siempre que al director no le pareciese mal), a todos les vendría de perlas tomarse un refresco. Accedió Samuel Alvar, y se le encomendó al «bata blanca» que hacía guardia a la entrada, que trajese hielo, cervezas, whisky, zumos y agua. Llegado el momento de servir, Alicia pidió el más sencillo de los elementos, y que, a pesar de ser el más puro de cuantos producía la Naturaleza, hubiese hecho morir a Ignacio Urquieta: agua con un trozo de hielo.

—¿No prefiere un whisky, señora de Almenara? —le preguntó el doctor Rosellini.

Alicia elevó los ojos hacia César Arellano.

—¿Puedo, doctor?

Éste dio su venia, y Alicia consideró que esta pequeña

y mínima concesión era la primera prueba de libertad que se le daba desde que ingresó en el hospital.

—Estamos deseosos de oír el final de su historia, Alicia —le animó Dolores Bernardos.

—Lo que voy a contar es tan terrible para mí... —prosiguió Alice Gould—, que ignoro si sabré expresarme con claridad. Yo me sentía lícitamente orgullosa de haber descubierto que las misteriosas misivas que recibió mi cliente procedían de este hospital psiquiátrico; no obstante, me quedé radicalmente asombrada del cheque, anticipo de mis honorarios, que García del Olmo depositó sobre mi mesa, con el acuerdo de que lo duplicaría si acertaba en mi investigación. Quedé asimismo harto satisfecha de la división del trabajo que nos propusimos realizar en los días sucesivos. Yo me ocuparía de estudiar la enfermedad que había de fingir, y él, de preparar los trámites para mi ingreso; yo, de arrancar a mi marido la solicitud de ser internada, y él, de redactar el informe médico y cumplimentar con nombre supuesto el oficio, o impreso, o como se llame ese papel, en que se aconseja el internamiento.

—¿Asegura usted —le interrumpió el doctor Sobrino— que falsificaron un documento público?

Alicia movió afirmativamente la cabeza.

—No sólo eso —interrumpió Samuel Alvar—. La señora de Almenara me dijo que la certificación del delegado de Sanidad era falsa también.

—No se me oculta —continuó Alicia Gould— que se les hará a ustedes muy cuesta arriba entender cómo unas personas que han vivido siempre dentro de la ley se atrevieron a realizar semejante falsificación. Les ruego que tengan en cuenta que no lo hacíamos en perjuicio de terceros y que no pretendíamos engañar a nadie, ya que nuestro propósito era entregar personalmente a don Samuel Alvar todos estos papeles. Y él conocía sobradamente la verdad. Si aquellos documentos eran excesivos los sustituiríamos por los que él nos aconsejara. En cuanto al impreso que aparece firmado por un tal doctor Donadío, mostré mi asombro de que un documento tan escueto sirviese para internar a nadie en un manicomio, a lo que Raimundo me respondió que acaso fuese una buena medida acompañar el documento oficial con una carta privada en la que el médico particular informase al director de este sanatorio de ciertas peculiaridades de la enferma que iba a tratar. Excusado es decir que así como el impreso fue rellenado por el doctor García del Olmo, la carta hablando de mi personalidad la redacté yo. Y todo ello, por supuesto, con el conomiento, cuando no el consejo, del doctor Alvar.

El aludido hizo un gesto de hastío. Cada vez que Alicia le nombraba, todos volvían el rostro hacia él.

—Espero no necesitar decirles a ustedes que nada de esto es cierto —comentó.

—¿Qué es lo que no es cierto, doctor? —inquirió Alicia.

—Siga usted, señora de Almenara.

—¿Para qué, doctor, si nada de lo que digo es verdad? —dijo Alicia dulcemente.

Y se propuso aprovechar la primera oportunidad para turbar esa máscara impenetrable del director.

Bebió un sorbo de su vaso y mantuvo los ojos fijos en el hielo, dispuesta a no proseguir mientras el médico no se explicase. Tenía la indefinible sensación de contar con la simpatía de todos los presentes, mientras que el director era diana de la antipatía común. Tal vez Samuel Alvar notó en el ambiente algo semejante, porque aclaró:

—He querido decir que en su historia hay al menos una parte que no es cierta, porque yo jamás sugerí que se me escribiese esa carta. ¡Espero que ninguno de los presentes pondrá eso en duda!

«Pero ¿cómo? —se dijo Alice Gould al oír esto—. El director se ha puesto a la defensiva. Éste es el momento de atacar a fondo.» Sorbió de nuevo su whisky.

—Gracias, doctor. Hubiera sido muy violento para mí ponerle en evidencia ante sus colegas aportando pruebas de que «la otra parte» de mi historia es rigurosamente cierta. Y ya que usted ha reiterado que todo era falso, voy a probar que esa carta la escribí yo.

El silencio era tan grande que nadie osaba ni moverse

para romperlo. Los que tenían el vaso en el aire interrumpieron el movimiento de llevarlo a los labios. Alice Gould procuró que el tono de su voz no fuese insolente ni triunfal.

—La carta que usted recibió firmada por el doctor Donadío es de tamaño folio. No lleva membrete. Tiene fecha 21 de marzo, está tecleada a máquina por una «Baby Olivetti», del modelo exacto al que usa en este hospital la señorita Castell. Está escrita por ambos lados. En la segunda cara hay un párrafo entero subrayado. La despedida dice: «Le ruego, distinguido colega, me disculpe estas líneas inspiradas en el gran afecto que siento por el matrimonio Almenara, y queda siempre suyo affmo., E. DONADÍO.» El párrafo subrayado tiene especial interés para mí porque lo medité y corregí varias veces antes de pasarlo a limpio, ya que quería cubrirme de posibles contradicciones. Salvo error u omisión, dice así:

> »*Es condición muy acusada de esta enferma tener respuesta para todo, aunque ello suponga mentir —para lo que tiene una rara habilidad— y aunque sus embustes contradigan otros que dijo antes. Y todo ello con tal coherencia y congruencia que le es fácil confundir a gentes poco sagaces e incluso a psiquiatras inexpertos.*

»¡Le aseguro, doctor —añadió Alicia con el aire más sincero e inocente— que esto de los «psiquiatras inexpertos» no lo decía por usted! Ahora me siento avergonzada de haberlo escrito porque puede parecer que... ¡En fin, le ruego que me perdone! ¡Le prometo que lo de «psiquiatras inexpertos» no iba con usted!

A pesar del poco espacio de piel que le dejaban libre las barbas, los bigotes y las gruesas gafas, Alvar palideció visiblemente. La reticencia de la Almenara podía pasar inadvertida a los otros, pero no a él que había recibido en sus barbas las caricias de la dama.

—Sana o enferma —exclamó sin alterar la voz—, es usted una mujer insufrible.

Seis rostros se volvieron bruscamente hacia él. En los gestos de todos se leía una velada reprobación.

—Gracias, director, por declararme sana. Porque estoy segura de que a una enferma no se hubiese usted atrevido a ofenderla.

Y lo dijo con tal sencillez y dignidad, que más de uno estuvo tentado de aplaudirle.

—Prosiga, Alicia, por favor —la invitó amablemente César Arellano.

—Cinco días antes de la fecha prevista para mi ingreso cometí el más grande de mis errores.

—¿Usted comete errores? ¡No puedo creerlo! —exclamó con sorna Samuel Alvar.

—Sí, doctor. Es humano el errar. Y yo soy tan humana como usted.

«¡Nuevo floretazo! —pensó para sus adentros César Arellano, y añadió para sí—. ¡Bravo, Alicia! Si no te dejas llevar por la cólera, tendrás ganada la partida. Por ahora cuentas con cinco votos a favor, uno en contra y una abstención: la de Ruipérez.»

Volvióse Alicia hacia cada uno de los presentes con ademán angustiado.

—Mi terrible error consistió en decirle a mi marido que tenía que hacer en Buenos Aires una investigación acerca de un testamento probablemente falsificado. ¡Y hoy me veo privada de su ayuda! Él ignora dónde estoy. No puedo comunicarme con él. Ninguna de las cartas que he escrito ha llegado a su destino. Me horroriza imaginar que él sospeche que le he abandonado. Me desespera pensar que, inquieto por la ausencia de noticias mías, me ande buscando por América. Les suplico, señores, que me ayuden, y se pongan en comunicación con Heliodoro.

Interrumpióse Alicia. Las lágrimas resbalaban por su rostro.

La doctora Bernardos la consoló:

—Sosiéguese, señora, y dígame su teléfono de Madrid. Yo misma me pondré en comunicación con su esposo.

—216 13 13.

—Quiero recordarle, doctora Bernardos, que esta enferma ha sido internada previa solicitud de don Heliodoro Almenara —intervino severamente Samuel Alvar.

La doctora hizo caso omiso de lo que le decían. Anotó el teléfono y prometió:

—Mañana tendrá usted noticias de su marido.

Don José Muescas, visiblemente inquieto, inquirió:

—Pero ¿no fue él quien la acompañó hasta aquí?

—¡No! —respondió Alicia—. ¡Fue mi cliente! Ya se lo dije al doctor Alvar, y éste parece querer ocultarlo. Imagínense mi disgusto y mi estupor al enterarme aquel día de que el director había iniciado sus vacaciones la víspera. No sólo había perdido al cómplice imprescindible para llevar a buen término la investigación, sino que... al no estar aquí el director, la burocracia siguió su curso. La documentación falsificada fue remitida al gobernador civil de la provincia y al juez de primera instancia de mi última residencia. La autoridad provincial dispuso mi reconocimiento y fui visitada por el encargado de estos casos en la provincia, ante quien fingí una donosa comedia, similar (por no decir idéntica) a la que representé ante el doctor Ruipérez. Lo que hasta ese momento supuso una argucia inocente, se transformó en un grave delito. ¡Me he metido en un buen lío! Y no sé cómo salir de él. Advierto que estoy siendo víctima de una maniobra que no consigo descifrar. Mi cliente no ha vuelto a dar señales de vida. ¿Vive? ¿Ha muerto? No lo sé. ¿Está esperando a que yo concluya mi investigación y, entretanto, no quiere intervenir en mis actos, para que no se rompa mi secreto? ¿Ha intentado comunicarse conmigo y se le ha impedido? Lo ignoro. De otra parte, la disposición del director para conmigo es extrañísima. Necesito que me informe si una decena de enfermos, cuya lista tengo hecha, fueron dados de alta o se les autorizó a salir del hospital en una fecha concreta. Y me niega esta información. La actitud del doctor Alvar conmigo, su negativa a cumplir su compromiso, la inquina que me demuestra, carecen de explicación.

—¿A qué causa atribuye su exaltada imaginación la actitud del doctor Alvar? —preguntó el propio doctor Alvar.

«La guerra está declarada —pensó Alicia para su coleto—. A este pollo me lo voy a merendar.»

—Antes de responderle, director, quiero pedirle permiso al doctor Arellano para servirme otro whisky. ¡Lo voy a necesitar!

—Sólo dos dedos, Alicia.

Tenía miedo César Arellano de que esta señora que ya había clavado varios alfilerazos en el orgullo del director, cambiara los alfileres por banderillas de fuego. La enemistad entre los dos era bien patente. Y caso de producirse un enfrentamiento dialéctico entre los dos, Alicia era ganadora segura. No acababa de entender cómo Samuel Alvar se había atrevido a plantearle esa cuestión y con tanta insolencia delante de los demás médicos. Conociendo bien a Alicia, resultaba una temeridad.

Regresó Alice Gould de la mesita auxiliar en que estaban situadas las bebidas. José Muescas y la doctora Bernardos comentaban algo en voz baja. Rosellini y el doctor Sobrino comentaban admirativamente la gran figura que tenía la señora de Almenara. Alicia enarboló un gran vaso de agua pura y se lo enseñó a Arellano.

—Agua de la fuente y hielo sin mezcla de mal alguno, doctor —dijo sonriendo.

Quedóse de pie.

—Voy a explicarle, director, lo que mi «exaltada imaginación» opina acerca de su actitud hacia mí.

Bebióse el vaso, lo devolvió a la mesa auxiliar y, al fin —después de haber creado cierta expectación—, tomó asiento y añadió:

—He meditado mucho acerca de su hostilidad, doctor. Después de la desagradable entrevista que tuvimos en su despacho, y cuando tuvo usted la gentileza de mandarme poner la camisa de fuerza...

Se oyeron varias voces asombradas repitiendo lo mismo.

—¿La camisa de fuerza?

César Arellano se puso violentamente en pie.

—¿Es cierto que a una enferma que estoy yo tratando, y que aún no ha sido diagnosticada, se le ha puesto la camisa de fuerza, sin consultarme ni informarme?

—Fue un error de los enfermeros —respondió desapacible Samuel Alvar—. Ordené que la librasen en cuanto me enteré.

Un rumor se extendió por la sala capitular. Alice Gould había conseguido el clima que buscaba. Con tono amable prosiguió:

—Le suplico, don César, que no se enfade por aquella increíble extorsión que se cometió conmigo. No guardo ningún rencor a don Samuel por ello, y no he recordado este «penoso error» para recriminarle. Quería decir, cuando me interrumpieron, que, como me pusieron la camisa de fuerza (y me mantuvieron encerrada, por equivocación, sin duda), tuve mucho tiempo para meditar acerca de la extraña actitud del director hacia mí. ¡Eso es lo único que quería decir!

Nuevamente se oyeron rumores. Samuel Alvar parpadeó repetidas veces.

«¡Dios, Dios, qué endiabladamente lista es esta mujer!», pensó César Arellano.

—Es posible, me dije, que Raimundo García del Olmo me haya mentido; que nunca hablase con el director de este hospital; que la carta que me escribió don Samuel recomendándome la simulación de una paranoia estuviese falsificada por mi cliente y que, en consecuencia, el director crea, de verdad, que yo fui tratada por el doctor Donadío, y que soy una envenenadora frustrada. En ese caso he de meditar acerca de las razones que pudo tener García del Olmo para engañarme y consumar mi encierro. Actitud peligrosa la suya, porque si esto es así, y Heliodoro se entera (cosa que puede ocurrir entre hoy y mañana si la doctora Bernardos me ayuda), su amigo Raimundo irá a dar con los huesos en la cárcel. ¡Pero esos huesos estarán rotos de la paliza que recibirá! Por mucho que piense en ello no puedo ni aproximarme a los motivos que un profesional, prestigioso e inteligente como él, pueda tener para encerrarme.

»Otra posibilidad, me dije, es que Samuel Alvar y García del Olmo estén compinchados para realizar este secuestro. Pero deseché en seguida esta idea por la razón apuntada de la ausencia de motivos en García del Olmo, y porque el hecho de que nuestro director sea profundamente antipático no me autoriza a pensar que sea un canalla. ¡Es un hombre desagradable, me dije, pero un canalla no!

A cada epíteto, el impasible director daba un parpadeo que Alicia fingía no advertir. Las banderillas de fuego que temía César Arellano las iba clavando la señora de Almenara con precisión implacable. Lo que el jefe de los Servicio Clínicos había olvidado era que, en las suertes taurinas, tras las banderillas, viene el estoque de matar.

Alicia prosiguió con el tono inocente y trivial de quien lee un libro de cuentos a niños pequeños.

—O García del Olmo me mintió, en cuyo caso Alvar es sincero, o me dijo siempre la verdad, en cuyo caso es don Samuel el que miente. «¡Vamos, vamos, Alicia (me recriminé a mí misma) no te contradigas!» ¿No dijiste antes que el director no era un canalla ni un miserable? De acuerdo, pero, en cambio, lo que el director es... lo que el director es... ¡Y se me hizo la luz! ¡Lo comprendí todo! ¡Encontré un motivo en Samuel Alvar para retenerme!

No era sólo César Arellano quien estaba aterrado de lo que iría Alicia a decir. A todos les ocurría lo mismo. Y singularmente a Teodoro Ruipérez, que era amigo personal de Alvar; que entró en el hospital traído de la mano del actual director y que sufría ante las constantes humillaciones a que era sometido su jefe. Mas éste parecía dispuesto a meterse más y más en la guarida del lobo.

—Estoy deseando saber qué es lo que descubrió usted en mí. Pero le suplico que sea breve.

—Llevo casi tres meses sin diagnosticar, doctor. Le aseguro que seré menos premiosa al hablar que usted en diagnosticarme. ¡Bien! Prosigo. Yo he aprendido mucho de psiquiatría el tiempo que llevo aquí. Lo cual no es de extrañar teniendo cerca de mí tan buenos maestros y tan buenos ejemplos. Entre las cosas que he aprendido es que muchas neurosis y psicosis se producen en gentes que ya estaban predispuestas para albergar estas dolencias. Y lo que yo descubrí, doctor Alvar, es que usted era... ¡un predispuesto! Un predispuesto —repitió— para hacer lo que hizo conmigo. Comencé a analizarle (¡tal como hacen ustedes para trazar un diagnóstico!): estudiando su personalidad y su historial. He de remontarme al tiempo en que el doctor Arellano fue designado en asamblea de médicos para cubrir la vacante del anterior director fallecido. En aquel entonces todos se llevaron un gran disgusto cuando éste rechazó el cargo diciendo que ese puesto comportaba tales compromisos administrativos que se vería forzado a desatender el trato directo con los enfermos, cosa que él no deseaba porque se debía a ellos. En consecuencia, se trataba de elegir otro director, *dentro* de los destinados en el hospital. Y en eso estaban, cuando, con sorpresa de todos, el Ministerio les impuso a un director de fuera.

»El desagrado del cuadro médico aumentó al conocer su nombre de usted, doctor Alvar, y no sólo por ser más joven que muchos de los internos... También y sobre todo por ser un «antipsiquiatra». ¡Oh, doctor, le ruego que no se moleste si empleo este término! Sé que a los de su secta, o su grupo, o su escuela, no les gusta que se les denomine así, pero todo el mundo lo hace y hay hasta libros escritos por «antipsiquiatras» que utilizan ese modo de decir. Se les acusa a ustedes de usar prácticas inusuales, de ser utópicos y de estar fuertemente politizados. Consideré que esta aversión hacia ustedes era injusta y anticientífica, ¡pero lo cierto es que los «antipsiquiatras» pertenecen casi todos ustedes a un partido tan radicalizado!

»En fin, a nadie interesa lo que yo considere. Lo importante es lo que considerasen los demás. Y a éstos les dolió: 1.º, que nombrasen «a dedo» a un director, olvidando la práctica tradicional; 2.º, que el nombrado fuese «de fuera»; 3.º, que se contase en el número de los «antipsiquiatras»; 4.º, que perteneciese al más radicalizado de los partidos políticos internacionales; 5.º, que designase subdirector a otro «de fuera» y también «antipsiquiatra» y del mismo partido. ¡Oh, don Samuel, le aseguro que yo no tengo nada contra los suyos! Al revés, algunos hasta me caen simpáticos. Pero, injustamente, tienen mala prensa y provocan recelos. ¡Esto es certísimo, director! «¿Quién va a mandar desde ahora en el hospital? ¿La Ciencia o su partido?», se preguntaban.

(La doctora Bernardos, lo mismo que Rosellini, Salvador Sobrino, José Muescas y César Arellano no sabían dónde poner los ojos. ¿De dónde habría sacado Alicia esa información? ¡Todo cuanto decía era exacto! Y entre los disgustados del primer día estaban todos los presentes —salvo Ruipérez— y por las mismas razones que exponía con tanto descaro como verdad Alicia Almenara.)

—Apenas llegó usted, comenzó a variarlo todo. Fundó los talleres, pero no tomó las medidas de precaución para que no se robaran los utensilios. Y con la varilla extraída de la fabriquita de paraguas, un recluso apuñaló a otro. Estableció las «tarjetas naranjas» para salir libremente a pasear tapias afuera, y las fugas se multiplicaron. Suprimió usted las rejas de las ventanas para que el hospital no pareciese una cárcel, y el número de suicidios creció espectacularmente. Algunos críticos suyos, doctor Alvar, son particularmente severos y opinan que a los suicidas no conviene darles facilidades. ¡Ya ve usted qué mala es la gente!

—¿Puede usted concretarse señora de Almenara, en esa curiosa predisposición que vio en mí?

—Sí, doctor. Ahora iba a tocar ese tema, inmediatamente después de declarar un elogio que todos hacen de usted: es común su fama de ser un implacable cumplidor del reglamento. Si hay que castigar, se castiga, aunque la falta cometida lo haya sido por el más leal y antiguo de los enfermeros o los funcionarios: si hay que encerrar se encierra, aunque el enfermo padezca claustrofobia. ¿Quién no comete a veces una falta? Usted mismo se dejó llevar de su bondad y, para hacer un favor a un amigo, prometió hacer la vista gorda y tolerar ciertas irregularidades para que ingresara en el hospital una detective. ¡Nadie debía enterarse de esto! Tal como estaba planeado ¡nadie se enteraría! Mas ¿cómo imaginar que su amigo cometiese tantas torpezas? ¿Cómo sospechar que iba a falsificar la firma del delegado de Medicina, atribuirme tres intentos de envenenamiento y presentarse aquí para recluirme, estando usted ausente?

»Cuando regresó de su viaje por Albania, se encontró con la desagradable sorpresa de que mi expediente había sido ya remitido al gobernador de la provincia, y al juez de primera instancia de mi última residencia, tal como lo ordena el artículo 10 del Decreto de 3 de julio de 1931.

»Y un hombre con complejo de inferioridad (pues teme tener menos méritos que sus demás compañeros para ejercer el cargo de director); con complejo de juventud (motivo por el que se ha dejado barba para parecer así más grave y con mayor autoridad); con complejo de antipatía (pues es usted consciente de la aversión profesional que causa a sus demás compañeros); con complejo de antipsiquiatra (al que se le fugan los reclusos por docenas y se le suicidan los deprimidos y melancólicos a puñados); con resentimiento político y social a causa de sus años en la cárcel; un hombre como usted, digo, al que todos elogian por la extraordinaria escrupulosidad con que cumple el reglamento, se ve metido en un buen lío: le pueden descubrir ser autor o cómplice de una supercheria CONTRA EL REGLAMENTO, *en la que hay de por medio documentos falsificados y engaños, por conducto oficial, a jueces y gobernadores civiles.*

»Por la imprudencia de un amigo se ve usted abocado al riesgo de ser fulminantemente destituido e incluso de que se le forme un tribunal de honor y se le expulse de la carrera.

»En consecuencia, decide comunicar a García del Olmo que su detective se ha fugado, o ha muerto, o ha sido dada de alta. Y a cambio de salvar su honor y su carrera, se sacrifica la libertad de Alice Gould. ¿Es así como han ocurrido las cosas, director?

Samuel Alvar la miró largamente a los ojos y no respondió. Su tez ya no estaba blanca, sino verdosa.

—Gracias, doctor Alvar —dijo suavemente Alice Gould al recordar que quien calla, otorga—. Y ahora, con su permiso, voy a servirme los dos dedos de whisky que me autorizó don César.

O

LAS OVEJAS VENGATIVAS

¡QUÉ DIFÍCIL LE FUE a Alice Gould conciliar el sueño aquella noche! Entre los muchos motivos que, por lo común, alteran el necesario descanso de los hombres hay dos que destacan sobre los demás: la depresión de un gran fracaso y la exaltación de un gran éxito. Para el primero, la naturaleza posee numerosos antídotos: el cerebro colabora con la voluntad para tender una sutil capa de humo que acaba ocultando el recuerdo del descalabro sufrido. Y tarde o temprano el sueño llega como una oportuna medicina. Pero cuando la alteración viene producida por el éxito, ni la voluntad se presta a tender esa protección ni el entendimiento colabora a ello. Ambos a una, quieren regodearse con la satisfacción recibida, desean gozar con su recuerdo; se niegan a perder el más mínimo detalle y gustan volver una y otra vez al motivo de su contento.

¿Cómo ignorar, cómo no entender que Alice Gould había tenido una tarde gloriosa? ¿Cómo no calibrar, cómo no percibir un íntimo orgullo al recordar que había dejado fuera de combate a ese hombre al que tomó siempre por su aliado y que acabó volviendo grupas contra ella en lo más arduo de la batalla?

Apenas salió de la junta de médicos y cuando aún la puerta estaba entreabierta, oyó a Rosellini comentar admirativamente a sus espaldas: «¡Qué personalidad la de esta mujer!»

En los breves minutos que mediaron entre la versión de

Alicia respecto a los motivos que tenía Alvar para mantenerla secuestrada, y su salida, la doctora Bernardos se interesó especialmente en su tesis acerca de *Psicología del delincuente infantil*, ya que ella —la corpulenta, inteligente y bondadosa doctora— había escrito otra muy semejante o, al menos, con no pocos puntos de contacto: *Psicopatología del antisocial*. Y quedaron de acuerdo en contrastar sus ideas y sus argumentos algún día. Cierto que el interés de la médica no era solamente científico. A Alicia no se le escapaba el verdadero matiz: Dolores Bernardos quería comprobar por sí misma si Alicia era realmente una universitaria distinguida o su afirmación (al desgaire de la charla) de que su tesis había obtenido el *cum laude*, no era una jactancia desorbitada.

Con el pretexto de que no era prudente que cruzase el parque sola y de noche, César Arellano la había acompañado al edificio central.

—¡Ha estado usted implacable, Alicia! ¡Nunca oí una filípica más terrible! ¡Ha hecho usted morder el polvo al director en todos los frentes!

—¡La camisa de fuerza ha sido vengada! —respondió Alicia con un ademán entre cómico y triunfal.

—Es usted terrible. ¡No me gustaría ser su enemigo!

—¡No lo es, doctor! ¿Lo soy yo para usted?

—Bien sabe que no, Alicia.

—No olvide esto, don César, *me lo tiene que demostrar*.

—Comenzaré mi demostración —dijo éste misteriosamente— invitándola pasado mañana a cenar en el pueblo. ¡Hay un horno de asar extraordinario!

Alicia le apretó el brazo y reclinó la cabeza en su hombro.

—¿No me engaña, doctor? ¿Voy a poder salir fuera de este infierno?

—Siempre que sea conmigo y bajo una condición. Que no vuelva a llamarme «don», ni «doctor». Simplemente César.

Alicia pensaba en esto y se revolvía una y otra vez entre las sábanas.

La duermevela no es el momento más propicio para la

fijación de las ideas. Se diría que todos los recuerdos del día hacen cola ante la memoria para desear a uno las buenas noches y que no están dispuestos a alejarse sin cumplir este incómodo trámite de cortesía. Esto le ocurría también a ella. César Arellano (que la tuteó aquella noche por primera vez) la dejó en manos de Ignacio Urquieta, que paseaba plácidamente con la ex confidente de los extraterrestres a la luz de la luna. No eran los únicos paseantes. Norberto Machimbarrena deambulaba en solitario rehuyendo el contacto con cualquier otro paseante, como lo hacían los autistas: cual si tuviera —pensó Alicia— una cita galante. A ella misma hubiese gustado hacer lo mismo para regodearse en sus pensamientos que —¡todo hay que decirlo, y ella bien lo sabía!— no eran del todo puros. Ya que a la lícita satisfacción de haberse ganado la confianza de la junta de médicos (primer paso necesario para resolver lo equívoco de su situación) se unía un delicioso y perverso sentimiento de venganza hacia el hombre que, por cobardía y falsos prejuicios, la había traicionado.

Mas no pudo cumplir su propósito de caminar a solas. Urquieta y la muchacha que un día creyese muerta (y de la que corría la voz que estaba totalmente curada) se acercaron a Alicia.

—Ya hemos cenado —dijo Urquieta—; ¿qué te ha pasado a ti?

—¡He armado la gorda! —comentó Alicia—. ¡Mañana habrá guerra civil de médicos en este hospital!

(Lo que ignoraba es que la guerra civil se había producido ya.)

Caminaron lentamente los tres hacia el edificio central. Súbitamente, dos energúmenos, desnudos de medio cuerpo, salieron al exterior más veloces que si todos los demonios del averno los persiguiesen. Derribaron al «Hombre Elefante», que estaba solo en el interior de la «Sala de los Desamparados», y tan ciegos iban que, apenas cruzaron la cristalera, tiraron al suelo a Maruja Maqueira.

—¡Cabrones! —gritó Ignacio—. ¿No podéis mirar por dónde vais?

Detuviéronse en seco.

—*Zu ibotarra zara ¿ex?* (1) —dijo uno.

—Soy de Bilbao, ¿qué pasa?

—*Erderaz perta ex agiter ikasi dezazur ¡artu!* (2).

Un puñetazo en el estómago hizo doblarse a Ignacio. Un gancho en la barbilla le derribó.

Pidieron las dos mujeres ayuda a gritos; Alicia vio a un hombre de azul que echó a correr tras los dos bárbaros; Marujita Maqueira estuvo a punto de cometer la gran insensatez de echar agua en el rostro de Ignacio para reanimarlo —cosa que Alicia impidió a tiempo—; llegaron los enfermeros, lleváronse a Ignacio, que no tardó en volver en sí y Alice Gould acudió en auxilio del «Hombre Elefante». Los propios enfermeros le habían ayudado a incorporarse y sentarse, pero estaba muy asustado a consecuencia de no entender nada de lo que había ocurrido.

Sorprendióse la Almenara de unos extraños arañazos que tenía en la cara. Los dos individuos que le tiraron al suelo no se los habían hecho, ni vio por el suelo ningún instrumento que pudiese haberle herido al caer.

—¿Quién te ha arañado?

—A... a...rañado —respondió él llevándose lentamente las manos a la cara.

—¿Te has afeitado tú solo?

—A... afeitado so... solo.

—Es muy extraño. Están prohibidas las navajas y las maquinillas. Y no pueden hacerse esas heridas con la máquina eléctrica.

—Máquina eléctrica —repitió como un eco el hombre gigantesco.

Tras los primeros enfermeros llegaron otros muy irritados. Contaron que los dos etarras que habían ingresado aquel mismo día consiguieron amordazar y atar con sus camisas al vigilante de la Unidad de Urgencias y consiguieron huir.

(1) Tú eres el bilbaíno, ¿no?

(2) Para que aprendas a no hablarnos en extranjero... ¡toma!

Cada recuerdo tiene su jerarquía íntima y personal, muchas veces con independencia de su importancia intrínseca. Una vez que vio que Ignacio se reponía, la emoción de este episodio pasó a muy segundo término en los archivos mentales de Alicia. Apoyada ahora en la almohada, abiertos los ojos y las manos bajo la nuca, su pensamiento volvía una y otra vez a la admiración que consiguió despertar en sus auditores durante la junta de médicos; a la visión del director acorralado por la fuerza superior de sus argumentos y el arte de su dialéctica, y al provecho que habría de sacar de todo ello para la culminación de su misión profesional de detective. ¡Y —concluido esto— regresar a casa!

Mas al llegar aquí sus pensamientos se volvían confusos. Todos sabían que ella no era una envenenadora frustrada, pero los papeles sí lo decían; ella sospechaba que el director la había traicionado, mas éste negaba tener otro conocimiento del ingreso de esta señora que el que decía su expediente. Había encargado a Dolores Bernardos que se comunicase con su marido, pero en el fondo de sus sentimientos no deseaba que Heliodoro viniese a liberarla, retirando la solicitud de ingreso. ¿Por qué? Al llegar a este punto un muro espeso comenzó a alzarse entre Alice Gould y su capacidad de razonar. «No puedo fijar mis ideas», se dijo. Se recordó de niña jugando a la cucaña. Se trataba de trepar por un poste encerado y recoger un premio que había en la copa. Cuando estaba a punto de alcanzarlo un niño bromista tiró de su falda y la forzó a descender. Por tres veces intentó de nuevo la hazaña y cuando ya rozaba el objeto anhelado, su estúpido competidor tiraba con fuerza de sus piernas. Ahora le acontecía otro tanto. Un oscuro sentimiento le impedía cruelmente alcanzar la meta de su razonamiento. Lanzaba con lucidez y fuerza su argumento hacia el frente y éste regresaba a ella como la pelota rebotada en un frontón. Al comprobar la radical imposibilidad de su empeño, llegó a imaginar que en los vasos que tomó en la junta de médicos habían infiltrado una droga, un hechizo, un bebedizo cuya única misión era bloquear una parte de su personalidad, taponar una zona de su memoria, inmovilizar un resorte de su pensamiento.

Profundamente desasosegada, saltó de la cama y se acercó a Roberta, la guardiana de noche.

—¿Puedo sentarme con usted?

—Está prohibido. ¿Qué le pasa?

—Deje que me siente un rato. Tengo miedo.

—Siéntese, pero hable bajo.

—¿Puedo fumar?

—Está prohibido. Pero fume si quiere. ¿De qué tiene miedo?

—¡Tengo miedo de pensar!

—¡Pues no piense! ¡Es así de fácil! ¡Los que piensan, enloquecen! ¡Yo no pienso nunca! Por eso estoy sana. ¿Quiere una pastilla para domir?

—Creo que voy a necesitarla.

Fue aquélla una de las noches más agitadas en la historia del hospital. Estaban ya las reclusas dormidas cuando todas las luces del pabellón se encendieron súbitamente y se escucharon pasos y voces de hombre —circunstancia radicalmente inusual en aquel pabellón reservado a las hembras— cursando instrucciones. Roberta advirtió, en voz muy alta, que por órdenes superiores se iba a revisar el local. Alicia vio invadida su celda por el doctor Muescas, acompañado de un hombre de paisano y la enfermera señorita Artigas. Después de mirar bajo su cama y revisar el minúsculo armario, donde difícilmente hubiese cabido un hombre de pie, la hicieron pasar a la habitación común y unirse al resto de las enfermas que, apiñadas en un rincón —uniformadas con los camisones blancos sin lazos ni botones—, formaban, en verdad, un cuadro asaz peregrino. Aunque «la Mujer de los Morritos» protestó que aquello era un atentado contra los derechos del hombre y aun de la mujer, porque violaba la libertad de dormir, que estaba reconocida en la Constitución; y aunque «la Duquesa de Pitiminí» tuvo un acceso de puritanismo alegando que estaba acostumbrada a ser violada por los hombres que ella escogiera y no por los que la escogieran a ella, lo cierto es que la mayoría de las internadas acogieron con más curiosidad que indignación aquellas visitas inesperadas y no hicieron sino reír. Los hombres removieron cada cama, husmearon en los armarios, hicieron abrir los paquetes donde algunas guardaban sus enseres, revisaron las duchas y los excusados y se fueron por donde llegaron, no sin dejar muy alterada a toda la grey femenina, que empleó no poco tiempo en comprobar si durante el cacheo alguna fue expoliada. Las más lúcidas del pabellón (Marujita Maqueira y Alice Gould, ya que la guardiana de noche achacaba su sanidad mental a no pensar en nada) dedujeron que las autoridades policiacas habían tomado cartas en el asunto de la fuga de los racistas de la ETA, a los que se suponía armados porque se detectó que al menos un cuchillo faltaba de las cocinas. Era imposible que hubiesen huido del recinto del hospital porque a la hora en que escaparon de la Unidad de Urgencias estaban ya cerradas las verjas de la tapia exterior. De modo que debían de encontrarse, o bien en el edificio central, o en las dependencias agrícolas, o en la Cartuja, o en uno de los múltiples pasadizos y corredores subterráneos que poseía el convento al igual que no pocos castillos, palacios y fortificaciones medievales.

Al día siguiente, y en los minutos que preceden al desayuno, no se hablaba de otra cosa que de las atrocidades cometidas por los sociópatas de ETA, muy bien aderezadas, por cierto, con fantasías más o menos delirantes.

Observó Alicia que «el Elefante» tenía más heridas que la víspera y una oreja casi desgarrada. Recordó haber oído decir que algunos enfermos se automutilan. Conrada la Joven le contó días atrás que un loco se había cortado los testículos con una lima de uñas, sin más anestesia que su instinto de destrucción, y pensó que, tal vez, «el Hombre Elefante» hiciera lo mismo con su cara. De modo que se lo dijo al primer «bata blanca» que encontró a mano.

Durante el desayuno, Marujita Maqueira no dejó de hablar. Más que el tema de los etarras escapados lo que a ella le interesaba era su declaración de sanidad. Y no podía ocultar su emoción ante la próxima llegada de sus padres y la fiesta de despedida que le habían autorizado a dar en el Pabellón de Deportes, al día siguiente.

—Considérese invitado, señor Bocanegra —le dijo amablemente al «Falso Mutista».

Éste asintió con la cabeza, cuidándose muy bien de mantener cerrados los ojos, pues en presencia de Alicia no había dejado de fingirse ciego ni un solo día.

—Estoy desolada, señor Bocanegra, de que haya usted perdido la vista —le dijo Alicia con sorna—. No puede usted hacerse una idea de las reformas que han hecho en el comedor. La pintura nueva es mucho más alegre y los tapices y los cuadros y las lámparas que han puesto son preciosos. ¡Esto parece un palacio de ensueño!

El falso ciego hacía ímprobos esfuerzos por ver todas aquellas maravillas con el rabillo del ojo y al comprobar que eran mentira, su enfado fue tan grande que elevó una petición —¡por escrito naturalmente!— para que le cambiasen de mesa.

La conversación general giró en torno a la fiesta ya dicha, a la fuga de los militantes de ETA y a la excursión organizada —a instancias del director— a un bosque de hayas muy hermoso por donde correteaban varios riachuelos. No ea justo —decía Samuel Alvar— que unos enfermos gozasen de un hecho tan excepcional como suponía asistir a un guateque en un manicomio; y otros no. De modo que organizó un almuerzo campestre, al que asistirían todos los no impedidos que no estuviesen invitados por la joven estudiante. «Nada de diferencias sociales», añadió.

—El director está más loco que nosotros —comentó Ignacio—. Se le van a ahogar media docena de tontos. Y otra media docena de listos se fugarán.

La mañana había amanecido espléndida y fueron muchos los que se apuntaron a la excursión. Alicia, después de informarse de que regresarían a tiempo para la recepción que daban los padres de su compañera de mesa, decidió sumarse a los excursionistas. Ignacio Urquieta también, aunque dispuesto a no llegar a la zona de los regatos. Mas apenas asomó la jeta al exterior, olisqueó el aire, hinchó y contrajo repetidas veces las aletas nasales y decidió quedarse en casa.

—Soy un barómetro viviente —comentó—. Hay riesgo de chubasco.

Alicia lo sintió porque era muy grato y ameno conversador y hasta erudito en múltiples y curiosos saberes.

Agrupáronse junto a la verja de entrada. A Alicia no le sorprendió ver entre los futuros caminantes a los gemelos Rómulo y Remo, ni a «la Mujer de los Morritos», ni al ciego devorador de bastones, ni al «Tristísimo Recuperado», ni a don Luis Ortiz, ni a la que cantaba sin voz, pero sí le llamó la atención que dejasen ir a la que se autocastigaba en un rincón, o a «la Niña Oscilante», pues ambas debían ser guiadas de la mano. También le sorprendió la presencia del «Hombre Elefante», porque, aunque andaba solo y sin ayuda, era torpísimo en sus movimientos. Hubiera querido Alicia ayudar a su tocaya «la Joven Péndulo», pero pronto comprendió que ese privilegio correspondía a su falso hermano, que pegado a ella le hablaba y mimaba. Tomó entonces bajo su cuidado a Candelas, la autocastigada, y se propuso ser su guía para cuando comenzaran a caminar. Norberto Machimbarrena, el autor de las tres muertes, estaba de excelente humor y entretuvo la espera cantando una preciosa canción en vascuence:

Atoz, atoz, gure gana
Jesús en Ama garbiyá
Diren Deuna maiteá (1).

El grupo inicial que estaba apiñado junto a la gran verja como hato de ganado impaciente a la espera de que abran las puertas del aprisco, se vio incrementado por otros de distinta procedencia a quien Alicia no había visto nunca en el edificio central. Intuyó que procedían de distintas unidades porque también vio llegar, todos juntos, a

(1) Ven, ven hacia nosotros / Madre de Jesús Inmaculada / Santa María de nuestro amor.

los que convivieron con ella bajo un mismo techo y aún no estaban del todo recuperados, como Antonio el Sudamericano, «el Onírico», «el Expoliado de las Yemas» y «el Tristísimo Superviviente». Entre los últimos incorporados se distinguía una centena de hombres y mujeres que formaban una suerte de tribu con su patriarca al frente. Aquéllos, según le había explicado Rosellini, eran todos descendientes del más viejo y vivían apartados en una granja inserta en el manicomio sin apenas trato con los demás recluidos. El patriarca era un hombre de colosal estatura, luengas barbas blancas y una gran prestancia. Irradiaba hechizo y autoridad. Guardaba un gran parecido con el Moisés de Miguel Ángel. Nadie le hablaba ni él hablaba con nadie. Sus adeptos —hombres y mujeres ya maduros— e hijos y yernos y nueras y nietos innumerables formaban una piña en torno suyo, o bien para protegerle del contacto con los demás, o por acogerse a la irradiación que de él emanaba.

No pudo Alicia informarse como hubiera querido porque los «batas blancas» andaban atareadísimos pidiendo a gritos que no se empujasen unos a otros, recontando a aquellos de los que eran responsables, cursando instrucciones respecto al orden de marcha e, incluso, consultándose entre sí.

Apenas se abrieron las verjas, aquel rebaño demostró ser menos controlable de lo que imaginaba el director. La tendencia de las ovejas y cabras es ir unidas y si alguna se aleja ocasionalmente, en cuanto lo advierte corre asustada a reunirse con el rebaño. Pero estas reses humanas eran de otra calaña y su tendencia apuntaba —como las gotas de mercurio— a la disgregación. Los «batas blancas» corrían por los flancos y a empellones, gritos, amenazas, consiguieron con harta dificultad que se formara una suerte de columna y que ésta se dirigiera a donde querían ellos y no a donde querían los locos. Los únicos que permanecieron siempre juntos fueron los hijos del patriarca.

Fuera del manicomio, los perturbados lo parecían mucho más que en el interior de las tapias. Se diría que de puertas adentro, sus actitudes no eran merecedoras de sorprender a nadie por ser acordes con su condición. Pero, en plena naturaleza, hasta las piedras y los árboles y los pájaros debían quedar suspensos ante tan diversos y extraños comportamientos.

Candelas, la compañera de Alicia, era muy dócil y no producía conflictos. Acostumbrada a estar siempre en un rincón y a obedecer ciegamente a quienes le diesen la mano, estaba atenta a las más ligeras presiones de los dedos sobre su piel y sabía, por una rara intuición, cuándo tales presiones significaban «izquierda», «derecha», «más de prisa» o «más despacio». Pero otros eran rebeldes, desobedientes, torpes o iracundos. Instintivamente, los menos alucinados o los más sanos —como Machimbarrena, la Carballeira, «el Hortelano», la propia Alicia—, o locos rematados, pero pacíficos, cual era el caso de don Luis Ortiz, vigilaban a los más conflictivos y echaban una mano a los «batas blancas», a quienes —a pesar de su gran número— se les hacía muy duro dominar a aquella tropa.

La comprensión más aguda de la singularidad y rareza de tal manada, la tuvo Alicia al cruzarse con una pareja de guardias civiles. El contraste de los normales con los perturbados era tan grande como el que resultaría de comparar un erizo con una bola de billar. Acercáronse a los enfermeros que iban en cabeza y se informaron de adónde se dirigían y cuál era la causa de aquella diáspora masiva, pues lo cierto es que, entre sanos y enfermos, eran más de doscientos, y aquella caravana más parecía fuga que paseo campestre. Despidiéronse los guardias tras informarse, y al ver Rómulo que el enfermero les estrechaba la mano, estrechósela él también, y creyendo todos que esta cortesía era obligada con la autoridad —y que de no hacerlo podían ser perseguidos o encarcelados— se formó una fila, de la que nadie quiso salirse, y tuvieron los guardias que estrechar trescientas manos pues no eran pocos los que se reenganchaban dos, tres y hasta cinco veces. Había quienes se limitaban a saludarlos, pero no faltaban los que iniciaban largas pláticas.

—¿Cómo está usted, señor guardia? —dijo a uno «la Gran Duquesa»—. ¡Bien venidos a mis tierras! ¿Y su señora madre, sigue bien? ¿Y su esposa, ¡siempre tan dulce y cariñosa!, cómo se encuentra? Sí, señor, sí. Aquí me tiene dando un paseíto con los siervos de la gleba.

«El Albaricoque», que hacía cola, le dio un empujón:

—Yo soy muy güeno, doztor civil, y usté es el corregidor de Salamanca y también la rosa de Jericó.

Había quien les felicitaba por sus ascensos, quienes decían: «Yo no fui el que la mató», o «Voy a presidio por culpa de una mala mujer», o se cuadraban y les saludaban militarmente, o les daban el pésame por la muerte, tan inesperada, de su abuelita.

Siguieron caminando y rebasaron unos establos hacia los que se dirigía un gran rebaño de ovejas. Alicia no pudo menos de sonreír al verlas, pues le vino a las mientes la que armó en ocasión semejante don Quijote de la Mancha, el más ilustre de los locos que en el mundo han sido. Si un solo alucinado, confundiendo al rebaño con un poderoso ejército enemigo logró tal escabechina con las pacíficas bestezuelas, ¿qué no harían esos dos centenares de perturbados?

El rebaño estaba compuesto por ovejas «caretas», que se distinguen de las «palomas» en que éstas son blancas, mientras que las primeras tienen grandes manchas negras en torno a los ojos, talmente —de aquí su nombre— como si llevasen antifaces de carnaval.

Algunos reclusos comenzaron a agitarse al contemplarlas en tan gran número, levantando tan gran polvareda y escuchando el desconcertado estruendo de sus balidos y sus esquilas. Ordenaron los enfermeros detener la marcha. Y, a gritos, suplicaron a los pastores que cambiasen de rumbo, pues lo cierto es que el rebaño se les venía encima y las reacciones de este otro ganado que ellos pastoreaban eran asaz imprevisibles.

Aconteció entonces un suceso que, con ser trivial y rutinario, resultaba harto peregrino para quienes no lo hubiesen contemplado nunca. Soltaron de los establos a los corderitos lechales y éstos emprendieron una velocísima carrera en busca de sus madres o, por mejor decir, de sus ubres, ya que estaban hambrientos, porque ésta y no otra era la hora acostumbrada de su yantar. Crecieron de uno y otro lado los balidos de las crías precipitándose hacia sus madres y los de las ovejas llamando a sus recentales; viéronse los locos atacados de frente y espalda por aquellas dos corrientes enfurecidas: el de las grandes corderas y el de los diminutos caloyos; y quedaron en el centro de tan singular combate nutricio.

—¡Las pequeñas se están comiendo a las grandes! —gritó uno.

—¡Pronto acabarán con ellas y empezarán con nosotros! —gritó otro.

Si en la historia del famoso hidalgo manchego fue él quien diezmó y dispersó al que creía ejército enemigo, aquí fue la hora del desquite para la grey lanar. Y si en aquella nunca vista efeméride fue un solo lunático quien desbarató al hato ovejil, aquí se volvieron las tornas y fue la más pacífica y bucólica de las familias balantes quien puso en fuga a más de doscientos orates empavorecidos.

Unos huyeron presas del terror; otros, porque veían huir a los demás; algunos corrían para detenerlos; y nadie sabía a derechas lo que ocurría, salvo los perros y los pastores del rebaño que se cebaron en los pocos valientes que no se dejaron contagiar del pánico general.

A saber:

Una generosa y corpulenta majareta que, al entender el hambre de las crías, se sacó los opulentos pechos fuera del corpiño, empeñada en dar de mamar a los corderitos; un ilustre mochales —con el cráneo más seco que arena calcinada—, que se puso a mamar de una oveja, no sin antes desposeer a patadas al tierno y legítimo usufructuario de aquellas ubres maternales; tres aficionados a la hípica que quisieron cabalgar a lomo de las corderas; dos «espontáneos taurinos» que se pusieron a torearlas, y el más listo de los alienados, que pretendía tomar las de Villadiego llevándose cuatro caloyos bajo las axilas.

Del mismo modo que las perdices ojeadas en sembrados intentan refugiarse entre jaras y espesuras, los inquilinos de Nuestra Señora de la Fuentecilla procuraron cobijarse en un bosquecillo de robles y castaños que no lejos de allí se divisiba. Ello facilitó a los cuidadores reagruparlos. Para conseguirlo, los «batas blancas» rodearon el bosque y fueron cerrando el círculo, echando hacia el centro a todos cuantos toparan. Encontraron a uno, dedicado al dulce placer de ahorcarse; a otro sesteando sobre las muelles plumas de la almohada esquizofrénica y al resto llorando, riendo, bailando, masturbándose, cantando, peleando, haciendo fiestas o comentando (entre sobrecogidos y felices de la experiencia) el ataque de que habían sido víctimas por parte de dos manadas de toros bravos: cada cual a su aire y según soplara el viento de su talante particular. Los recontaron. Faltaban ocho. A tres —apaleados y mordidos por los perros— lograron, horas más tarde, rescatarlos de manos de los pastores. De cuatro venáticos nunca más se supo: otro —de gran sentido estético— se había cortado las venas de las muñecas con el cristal de sus lentes y observaba complacido, las manos hundidas en un arroyo, lo bonita que se ponía el agua teñida con su sangre.

—Parece vino de la Rioja —decía maravillado, al tiempo en que lo encontraron.

Machimbarrena, «el Hortelano», la Carballeira y Alicia suplicaron a los enfermeros que emprendieran el regreso, pues el estado de excitación de sus compañeros era en verdad alarmante. Declararon éstos que ellos, más que nadie, necesitaban descansar. Estaban agotados ¡y no sin causa!

Tumbáronse los más sobre la blanda yerba de las orillas del regato; distribuyóse un discreto condumio —bocadillo de jamón, una naranja y una tableta de chocolate— y los ánimos comenzaron a sosegarse.

Advirtió Alicia que, cuando los demás sesteaban, la tribu del patriarca se alejó discretamente en seguimiento de su caudillo. Éste doblaba en estatura a toda su descendencia. Alicia consideró a los componentes de aquel clan familiar los más sanos y discretos de cuantos participaron aquel día en la bucólica terapia impuesta por el director, y al ver que se instalaban en torno al hombre imponente que les dio el ser, castigó a Candelas cara al tronco de un árbol, y fuese hacia ellos para curiosear de qué hablaban. El de las grandes barbas —que poseía un bello timbre de voz y excelente dicción— estaba sentado sobre una peña; los demás, a un nivel más bajo, le escuchaban con gran veneración.

—Así como Cristo tuvo su Juan Bautista —decía el hombre— yo he tenido mi precursor en Cristo. Él (que fue y es el más grande de los Profetas) anunció Mi llegada y enderezó Mi camino. Buscarle a Él es encontrarme a Mí. Id y preguntadle quién soy. Os dirá, aun siendo el más grande de los nacidos, que no es merecedor ni de limpiarme el polvo de las sandalias, aunque es mi Hijo muy amado en quien tengo puestas todas mis complacencias. Entre Él y Yo engendramos, por la Unión Mística, al Espíritu Santo. Pero no somos Uno y Trino. Ésas son herejías de los hombres. Ellos son mis brazos y mis manos. Pero mis brazos y mis manos no son Yo; sino los ejecutores de Mi Voluntad. A Cristo no volveréis a verle hasta el último día, pero yo permaneceré para siempre entre vosotros y mi luz brillará desde lo alto como el Faro que guía al navegante en la oscuridad.

Alicia se estremeció, porque estas palabras tan graves y solemnes se vieron subrayadas por un trueno lejano y prolongado. Los seguidores de Dios Padre, al oír una muestra tan evidente de su divinidad, cayeron en éxtasis y le adoraron. Uno de sus hijos creyó estar experimentando una levitación sobrenatural, pero se dio tal golpe en la frente que a punto estuvo de descalabrarse. Apenas una lluvia fina comenzó a caer, «el Creador de todas las Cosas» —de la lluvia entre ellas y las tormentas— abandonó su púlpito rocoso, cubrióse la cabeza con la faldilla de su chaqueta y emprendió con gran solemnidad el camino de regreso.

Ignacio Urquieta, «el Barómetro Pensante», tenía razón. Su fobia había intuido la presencia, oculta en el ambiente, de su feroz enemiga. Descargó una tormenta de agua tan inesperada como violenta con gran acompañamiento de truenos y relámpagos; y allí fue el correr, y el buscar refugio, y el no encontrarlo, y el apresurarse a regresar al hospital, y el maldecir la falacia del tiempo que prometía soles para darles lluvia.

Recordó Alicia una excursión escolar siendo ella niña que quedó frustrada por idéntico motivo. Mas, siendo iguales las causas, ¡qué distinto el comportamiento de estos otros niños grandes cual son los locos! El cielo era el mismo, las nubes, truenos y lluvia semejantes, ¡pero los humanos no! Los había que corrían despendolados, pendiente abajo como si animales feroces los persiguieran; los había que se revolcaban por los charcos palmoteando y riendo; no faltaban los que adquirían actitudes místicas y proféticas; los que lloraban, los que blasfemaban; los que corrían en círculo sin apartarse un punto de su epicentro; los que lo hacían en dirección contraria a donde querían ir; los que reían, felices de la mala jugada atmosférica; los que se desnudaron para vestirse de Adán y Eva, e hicieron un bártulo con su ropa, minuciosa e ingeniosamente concebido, para que no se mojara; y los que imitaban el gesto del nadador «a la rana»: unos, por gusto de hacer el payaso; otros, por creer realmente que se trataba de un naufragio.

Regresó Alicia sobre sus pasos y volvió a hacerse cargo de la buena de Candelas, quien, a pesar de la lluvia que caía a raudales, no se apartó del árbol, cara al cual estaba castigada.

El joven Rómulo entregó a «la Niña Péndulo» en manos de Alicia y puso pies en polvorosa; mas cuando iba a rebasar al «Hombre Elefante», le vio dudar hasta que optó por quedarse prudentemente detrás. No hay duda, pensó Alicia, Rómulo le tenía miedo.

Llevando de la mano a las dos impedidas mentales, la Almenara rebasó a los que andaban más despacio. Entre otros, al «Hombre Elefante», el de la cara arañada, pues la torpeza de sus piernas le impedía correr, y a «Dios Padre», porque su Dignidad se lo vedaba. Delante de ambos caminaba parsimoniosamente Remo, cual si la lluvia no le estorbase.

Tras una hora larga de camino (en el que Alicia oyó no pocos improperios por parte de los «batas blancas» contra el responsable de la arriesgada iniciativa de organizar esta excursión) llegó a la verja del manicomio, donde otros enfermeros, igualmente irritados, hacían recuento de los que regresaban.

—¿Faltan muchos? —preguntó Alicia.

—Más de la mitad —le respondieron.

Los últimos rezagados tardaron cerca de tres horas en regresar. Y hubo muchos que no regresaron jamás.

P

LA DETECTIVE EN ACCIÓN

ANTES DE ASISTIR A LA FIESTA de Marujita Maqueira, Alicia escribió dos cartas. Una dirigida a su oficina, encareciendo que le enviasen su licencia de detective y una separata de su tesis doctoral, y otra a su marido:

Querido mío:

Cuando recibas estas líneas ya te habrás enterado por la doctora Bernardos de mi situación y del lío tan estúpido en que me he metido. Ven pronto a buscarme. Te quiere,

ALICE

Releyó Alicia ocho o diez veces tan breves líneas, y de súbito, obedeciendo un impulso, la rasgó en trozos tan menudos como confetis. Quedó enajenada, contemplando las briznas de papel. ¿Por qué rompió la carta a Heliodoro? No encontró respuesta válida. Volvió a escribirla, palabra por palabra, idéntica a la anterior. Y sin pensarlo más la metió en un sobre y la guardó en su bolso.

A la fiesta en el pabellón de deportes asistieron Norberto Machimbarrena (el hoy alegre y ayer asesino de tres compañeros de la Armada), Teresiña Carballeira (que no le aventajaba, mas tampoco se quedaba a la zaga respecto al número de homicidios), «el Hortelano», «el Falso Mutista», «el Albaricoque», las dos Conradas —madre e hija—, Charito Pérez, ex «Duquesa de Pitiminí», Ignacio Urquieta (responsable de que en la recepción no hubiese una sola jarra de agua, aunque sí zumos, gaseosas y sangrías); don Luis Ortiz, quien en honor a sus anfitriones no lloró, y el hombre que soñaba despierto y que parecía totalmente restablecido. Por parte de los invitantes estaban Marujita; sus padres, que eran muy jóvenes y agradables; y un hermano suyo, también estudiante de Bachillerato, que estaba literalmente pasmado ante la conversación del «Albaricoque» y la no conversación de Carolo Bocanegra.

Quedó muy sorprendida Alicia de que los Tres Magníficos no asistieran a la simpática fiesta de despedida, a pesar de estar invitados. Montserrat Castell tampoco apareció por allí. Tan sólo el doctor Sobrino (médico a cuyo cargo estuvo Marujita Maqueira) se acercó a saludar. Estuvo muy pocos minutos y se le veía más atento a lo que ocurría fuera que dentro del pabellón.

Alicia estuvo el mayor tiempo posible con la señora de Maqueira, madre de Maruja. Extremó su amabilidad con ella, pues deseaba ganar su voluntad. Y al final le pidió que cuando saliera del hospital depositara en un buzón, al pasar por el primer pueblo, las dos cartas que le entregó.

—¿Qué función desempeña usted en el hospital? —preguntó la madre de Maruja.

Alicia mintió por toda la barba.

—Soy la doctora Bernardos y mi misión es manejar la tomografía computarizada.

—¡Ah!

Se extendió Alicia en múltiples consideraciones acerca de las ventajas de «su» instrumento para trazar un diagnóstico y dijo tales dislates acerca de su especialidad que hubiera hecho sonrojar a una pared encalada.

Apenas se hubo asegurado de que las cartas serían depositadas, la acució la necesidad de visitar en sus dependencias a la doctora Bernardos y conocer por ella misma la conversación mantenida con Heliodoro. Se despidió de la familia Maqueira con gran cariño y salió al exterior. Gran sorpresa fue la suya al ver rodeado el pabellón por guardias de uniforme y otros hombres, desconocidos para ella, de paisano.

Le interceptaron el paso.

—Sólo puede circularse en dirección al edificio central —le dijo el hombre.

—¿Yo tampoco? —preguntó fingiendo gran perplejidad. Y, al punto, improvisó—: ¡Soy la doctora Bernardos!

—Bien. Siga usted. Pero procure seguir las órdenes dadas y ponerse su bata blanca, doctora.

—No me parecía correcto llevarla puesta en una recepción. ¡Ahora mismo me la pongo!

«¿Qué habrá pasado?», se preguntó Alicia. El manicomio parece tomado *manu militari*. Llegó al pabellón deseado. Nueva interrupción. Esta vez no podía preguntar por Dolores Bernardos de parte de Dolores Bernardos, pues la omnipresencia no es don concedido a los humanos.

—Necesito urgentemente ver a la doctora.

—¿Qué quiere de ella?

—Soy la señora de Maqueira. Mi hija, que creíamos restablecida, daba hoy una fiesta y...

—Estoy enterado. ¿Ha ocurrido algo?

—Ha vuelto a tener una recaída. ¡Necesito urgentemente hablar con la doctora!

—Pase usted...

Subió Alicia camino del despacho de la médica. «Yo no soy mentirosa por gusto —se dijo disculpándose— sino porque ¡me obligan!»

—¿Se ha enterado usted de lo ocurrido? —le dijo Dolores Bernardos al verla entrar.

—Será muy grave, sin duda... pero lo que yo quiero saber es si logró usted comunicarse con Heliodoro.

—Su marido, Alicia, está en Buenos Aires.

—¿Está en Buenos Aires? ¡Buscándome sin duda! ¿Qué explicación le dieron en casa?

—Me respondió una de esas cintas grabadas que repetía siempre lo mismo: «Don Heliodoro Almenara está de viaje en Buenos Aires. Si quiere dejar alguna comunicación, al oír la señal, comience a dictarla. Puede usted disponer de un minuto.»

—Es espantoso lo que me dice, doctora Bernardos. ¿No decía esa cinta dónde se aloja en América?

—No.

Guardó Alicia silencio. La médica insistió.

—¿Ignora usted lo que ha ocurrido en el hospital?

—¿Qué ha ocurrido?

—Un paciente fue asesinado ayer durante la famosa excursión, otro se ahogó, dos intentaron suicidarse y seis han desaparecido. Al notar que eran ocho los que faltaban, se ha salido en su busca y se ha encontrado a los dos muertos, ¡víctimas de las ideas geniales del director! De los otros no hay rastros. ¡Probablemente se han fugado o se han perdido!

Alicia quedó espantada de lo que oía.

—¿Conozco yo a alguno de los muertos?

—Probablemente ambos eran residentes del edificio central, ya que el asesinado es un chico que se llamaba Rómulo. Uno de los fugados, su hermano Remo. El otro, el ahogado, es...

—¿Han matado a Rómulo? ¿Han matado al «Niño Mimético»? ¡No quiero oírlo! ¡No quiero oírlo! ¿Quién ha sido el monstruo que ha hecho eso?

—Es lo que intenta averiguar la policía.

—¡Dios maldiga a su asesino! —exclamó Alicia, bañada en lágrimas—. ¡Pobre Rómulo, se ha muerto sin decirme su secreto! Yo le quería como a un hijo. ¿Dónde están ahora los cadáveres?

—En la sala de autopsias. Esperando a que llegue el forense.

—¿Podría verlos?

—No, Alicia. Rigurosamente prohibido.

—Cuando se levante la prohibición o cuando se haga

una capilla ardiente, me gustaría rezar una oración junto al pobre Rómulo.

—De otra parte —informó la doctora Bernardos— no han aparecido los dos sociópatas de ETA. Y la policía quiere averiguar si se mezclaron ayer entre los excursionistas.

—No será fácil averiguarlo. ¡Éramos cerca de trescientos!

—Desde que entraron aquí los políticos, no han ocurrido sino desgracias. Incluso los médicos tenemos órdenes de no movernos hoy de nuestros despachos.

—¿Por qué ha dicho usted «sociópatas», doctora? A este tipo de maleantes ¿no se les llama psicópatas?

La médica la observó atentamente. Recordó que en la junta de médicos, Alice Gould había afirmado ser doctora *cum laude* por una tesis muy parecida a la que ella presentó. Y se dispuso a aprovechar aquellas horas de inactividad forzosa para averiguar hasta qué punto la extraña señora de Almenara mentía en esto o decía verdad.

—En su tesis doctoral sobre la delincuencia infantil —preguntó Dolores Bernardos— ¿considera usted psicópatas o sociópatas a los niños delincuentes? El tema me interesa mucho porque yo he escrito sobre la psicopatía del delincuente antisocial y creo que las anomalías de sus conductas están mucho más enraizadas en su infancia de lo que se ha señalado hasta ahora. Estos chicos de ETA que andan por ahí fugados, y que en su primer día de internamiento tumbaron a una débil mujer de un puñetazo, dejaron fuera de combate al enfermero Melitón Deza y noquearon a Ignacio Urquieta ¿son locos? ¿Son simples delincuentes? La respuesta no es tan sencilla como parece. ¿Cómo fueron sus infancias? ¿Qué raíces tienen, en sus anomalías de adultos, sus traumas infantiles?

—Mi tesis doctoral —respondió Alice Gould— versaba exclusivamente sobre los *gamines*, colombianos. ¿No ha oído usted hablar de ellos? La palabra con la que los denominan es un galicismo: deriva de «gamín» en francés, y no en su acepción de chicos, muchachuelos, sino de golfillos callejeros. La mayor parte de ellos desconocen quiénes fueron sus padres. Son seres abandonados, generalmente fruto de uniones ilegítimas, y por instinto se agrupan y forman bandas. En una sociedad tan culta como la colombiana son una lacra endémica. Se los ve dormir, de día o de noche, junto a las grandes autopistas, o bajo los soportales de las iglesias o en los porches de los comercios. Son tan jóvenes (cinco, seis, tal vez ocho años) que la policía se apiada de ellos. Esas bandas, inicialmente, *piden* limosna a quien se la da. Más tarde *exigen* dinero a quien no se lo da de buen grado. A los nueve o diez años cometen su primer robo en pandilla. A los catorce, su primer delito de sangre. Son carne de presidio; son los futuros grandes bandoleros. Y muy pocos los que logran integrarse en la sociedad y acatar sus normas. Pero yo le aseguro que no son «individuos», enfermos de por sí, sino los frutos lógicos de una sociedad enferma. No son «antisociales» constitutivamente. No se han marginado por su propia voluntad. Es la sociedad quien los ha mantenido y los mantiene marginados. Prueba de ello es que cuando personas heroicas o instituciones beneméritas intentan rescatarlos, lo consiguen.

La doctora Bernardos rondaría los sesenta años: tal vez algunos menos. Mediana de estatura, ancho el busto, grandes caderas, no era, a pesar de eso, una mujer obesa sino una mujer fuerte. Enviudó muy joven (de otro médico psiquiatra que llegó a ser director del manicomio de Conjo, en Santiago de Compostela); no tuvo hijos y dedicó toda su vida al ejercicio de su profesión.

Entendió muy bien que Alice Gould no era una vulgar charlatana; que hablaba de lo que sabía y que entendía y dominaba los temas de los que hablaba. Era una mujer con «hechizo», y, sin duda, una de las pocas con quien poder mantener, en el hospital, conversaciones de cierta altura.

—Los «psicópatas» a los que definí en mi tesis doctoral, difieren mucho de sus «gamines» —comentó—. Los míos no proceden de la miseria. Muchos pertenecen a clases pudientes o son hijos de gentes que sin vivir en la opulencia son dueños de pequeños negocios (tabernas, librerías, tiendas) o que tienen sueldos dignos, o poseen tierras o ganados con los que vivir con modestia, pero sin aprietos. No pertenecen a subclases como los gitanos nómadas o subculturas como los quinquis. Siendo niños, si roban no es para comer, sino para destruir lo robado. Si rompen un objeto no es porque les desagrade, sino porque agrada a otros. Si maltratan a un animal no es por defenderse de él, sino para verle sufrir. Si huyen de sus casas y abandonan sus familias no es por afán de aventuras, sino por un secreto, indómito e invencible sentido de la insolidaridad primero familiar, después social y por último individual. Son incapaces de querer a nadie. Su capacidad afectiva es nula. Ésta es la cantera, la materia prima de donde surgen los «grapos», los «etas», las «brigadas rojas» italianas o los «meinhof» alemanes. Se los enclava bajo el común denominador de psicópatas, término demasiado amplio y, por ello, mucho más inadecuado que el de *sociópatas*, que ya empieza a hacer fortuna, y que es el que yo defiendo.

—Dígame, Dolores: ¿No todo delincuente habitual es un sociópata?

—¡De ningún modo! El sociópata es un individuo clínicamente muy bien definido. ¿Le pongo algunos ejemplos? El delincuente habitual es un hombre que ha decidido infringir las leyes para vivir. Comprende la necesidad de las leyes, no las discute, pero se las salta. No odia a la sociedad, pero se aprovecha de ella. El sociópata infringe igualmente las leyes, pero no por sacar utilidad alguna de su infringimiento (lo cual, en todo caso, sería una causa secundaria), sino por considerar intolerable la existencia misma de las normas. Si un delincuente común roba un cuadro o cualquier obra de arte es para venderla y obtener un beneficio. El sociópata, una vez robada, la quema, o la abandona una vez destruida. Al revés del delincuente «normal» el sociópata odia a la sociedad y no se aprovecha de ella.

»En un interrogatorio policial el delincuente común se quedaría realmente pasmado si le preguntaran por qué había robado las joyas del camarín de la Virgen en una ermita alejada. ¿Para qué iba a ser? ¡Para desguazarlas y venderlas y obtener un dinero! ¿Acaso existía otra respuesta razonable? Pero es evidente que existen otras respuestas:

«porque no me gusta que una estatua de madera lleve joyas», o bien: «porque cuando yo era niño y creía esas sandeces le pedí un favor a esa virgen y no me lo concedió». O bien «porque pasé por ahí y se me ocurrió demostrar al párroco que era tonto». ¡Éstas hubiesen sido típicas respuestas de un sociópata! El delincuente común padece sentimientos de culpabilidad e incluso el arrepentimiento. El sociópata, en cambio, está muy satisfecho de su conducta. Y tiende a airearla y darle publicidad. Un delincuente común, generalmente, con mejor o peor fortuna, «planea» sus actos delictivos. Al sociópata se los planean otros, y el rasgo característico de su impulsividad consiste en convertir inmediatamente en actos sus deseos: lo mismo se trate de una violación que de disparar contra un policía que hace guardia en una esquina o está plácidamente tomando un refrigerio en un bar.

»Pero el rasgo diferencial de un sociópata respecto a los incursos en cualquier otro cuadro clínico psiquiátrico es el hecho de no padecer alteración alguna en su inteligencia. Resuelven positivamente los tests y el médico puede apreciar en la entrevista exploratoria de su mente una manera adecuada de razonar. ¿Son, por tanto, enfermos, o no lo son? Su peligrosidad queda fuera de toda duda. Y están patológicamente inclinados a la reincidencia. El que ha matado una vez, matará dos. Mas ¿cuál es el medio adecuado de la sociedad para defenderse de esos enemigos natos y primarios de todo orden sociopolítico? ¿El patíbulo, la cárcel perpetua o el manicomio?

»Los problemas médico-legales que plantean los sociópatas son harto sutiles. Sus conductas están gravemente deterioradas, pero no a causa de una deformación previa del sistema intelectivo, sino por la ausencia de códigos morales o por la sustitución de éstos por otros que se ciñen a sus tendencias. Ello los transforma en eternos inadaptados, fanáticos de lo absurdo, que aplican su ley no contra los individuos, sino contra la sociedad en su conjunto por razones que ellos mismos no saben explicar, ni las leyes combatir, ni los sociólogos entender. ¡Desde luego, a nosotros los médicos nos molesta mucho que los jueces nos cuelen en el manicomio delincuentes de esta procedencia! Es de las pocas cosas en que estoy de acuerdo con algún médico, cuyo nombre prefiero callar, de este hospital... ¡Por cierto, Alicia, estuvo usted durísima, pero brillantísima también, la otra tarde en su duelo con el director! No acabo de entender cómo consiguió usted llevarle a su propio terreno y dominarle de tal modo. Si no tuviera hartos motivos para desconfiar de él, me hubiera llegado a dar pena, como cuando un boxeador es excesivamente superior a otro y le masacra sin que el árbitro interrumpa la pelea. ¡Todo cuanto usted dijo de los suicidios, de las fugas, de la utopía de los métodos de los antipsiquiatras, es asombrosamente cierto! ¿Cómo consiguió usted informarse tan a fondo?

—Mi profesión me obliga a ser muy observadora —comentó Alicia.

Y creyó entrever que Samuel Alvar no era santo de su devoción. El calor que empleó en felicitarla por su actuación de la víspera, ¿se debía exclusivamente a la brillantez con que supo defenderse; a las pruebas y argumentos contundentes para alegar que ella era una mujer sana; a la lógica empleada para dejar bien patentes las razones por las que quiso ingresar en el manicomio... o por el baño dialéctico que había dado a un individuo que no le era grato, ni como hombre ni como médico, y cuya inquina hacia Alice Gould tenía todos los visos de apoyarse en razones poderosas, incomprensibles y no limpias?

En esto estaban cuando sonó el teléfono de la doctora. Escuchó atentamente, respondió con monosílabos y colgó.

—Los «sociópatas» de ETA acaban de ser encontrados en los sótanos de la antigua Cartuja... ¡Ambos muertos!

—¿Asesinados?

—¡Degollados! La orden de no movernos de donde estamos subsiste. Ahora los traen al depósito. ¡No le faltará trabajo al forense! Déme uno de sus cigarrillos, Alicia. ¿Quiere que le prepare un té?

Al cabo de media hora sonó de nuevo el teléfono del

despacho y Dolores Bernardos lo descolgó. Escuchó unas palabras.

—Espere un momento —dijo.

Y separando el auricular del oído, alzó los ojos hacia Alicia.

—Me tiene usted que perdonar, señora de Almenara, pero debe usted marcharse. El forense está ya en el despacho del director y subirá aquí de un momento a otro. Ya la tendré informada. Ahora váyase, por favor.

Volvió a acercar el auricular al oído y a tomar notas de lo que le decían. Alicia se formó rápidamente su composición de lugar. El forense —había dicho la doctora Bernardos— «subirá aquí». Luego era en esa misma planta donde estaban depositados los cadáveres. Fuese hacia la puerta, junto a la que había una percha de la que colgaban un impermeable de verano y una bata blanca. Tomó la bata y salió. Al otro extremo del largo corredor un policía montaba guardia. Se enfundó la bata y se acercó a pasos decididos hacia él. Entretanto iba pensando para sí: «Una mentira más... ¿qué importa al mundo?»

—Soy la nueva forense —le dijo al policía—. ¿Es aquí?

—Pase usted, doctora.

En la sala olía a formol. Los cuatro cadáveres yacían en camillas de operaciones. Los de los etarras estaban degollados. El arma empleada debió de ser un gran cuchillo, sin duda. El del pequeño Rómulo carecía de heridas aparentes. Un hilillo de sangre ya seca le caía del labio sobre el mentón. Su cuerpo estaba menos rígido que el de los racistas. Aquéllos, sin duda, llevaban más tiempo muertos. Alicia acarició su cara y le besó en la frente. Hizo un gran esfuerzo por dominar su emoción. Empezaba a comprender... Empezaba a sospechar... Tomó la mano del gemelo entre las suyas y observó sus uñas con gran atención.

La voz del inspector sonó tras ella con tono profesional.

—Tiene hundido el tórax y reventado el vientre, con las entrañas fuera. Ahora lo verá usted.

Lo que acababa Alicia de descubrir era de extrema gravedad.

En el ahogado, Alicia reconoció al primer hombre al que vio dormir sobre la «almohada esquizofrénica».

Le apenó considerar su triste destino. Pero muy pronto dejó de mirarle para volver sus ojos hacia los otros tres muertos: «Ya sé quiénes son sus asesinos», murmuró para su coleto. Y en voz alta comentó:

—Voy a buscar mi instrumental.

Y, fuertemente impresionada por lo que había visto y descubierto, salió para no volver.

No se quitó la bata blanca para no verse privada de libertad de movimientos. Dio un gran rodeo por el parque como precaución, ya que no quería en modo alguno cruzarse con el auténtico forense que vendría, como mandaba la lógica, por el camino más corto desde el despacho del director y, probablemente, acompañado por éste.

Se acercó Alicia a un policía de paisano.

—Buenas tardes, inspector.

—Buenas tardes, doctora.

—Si no es indiscreción, ¿podría decirme quién dirige la investigación de estos crímenes?

—El comisario Ruiz de Pablos. Algunas personas van a ser interrogadas.

—¿Sería usted tan amable de hacerle llegar una nota diciendo que sólo es necesario que tome declaración a una persona? Me consta que hay alguien en el hospital que tiene la clave de lo ocurrido.

—¿Respecto a cuál de los tres crímenes?

—Respecto a los tres. Todo lo que sea retrasar su declaración es perder el tiempo, inspector. Se trata de una mujer. Tome su nombre, por favor. Se llama Alicia de Almenara.

Despidióse Alice Gould del asombrado policía y penetró en el edificio central por la puerta que daba a los lavabos. Allí colgó la bata y salió a la galería, en el punto justo en que vio al hoy ahogado dormir con la cabeza reclinada en una almohada inexistente. Este individuo ya no estaría más allí. Tal vez tuviera en el otro mundo una almohada mejor. A la mujer autocastigada en el rincón le habían cambiado la ropa mojada por otra seca, y seguía donde siempre.

Avanzó por el pasillo. «La Niña Péndulo», indiferente al drama que le había ocurrido al gemelo, se cimbreaba como un junco agitado por un viento eterno. Su balanceo era el mismo de otras veces. Con todo, al no estar Rómulo a su lado acariciándole la frente, parecía mucho más desvalida.

«El Hombre Elefante», lejos de ella, pero sin dejar de mirarla, enternecido, estaba sentado donde solía. Nadie se ocupó de cambiarle la ropa. Muchos de los allí reunidos habían asistido a la fatídica excursión, y a unos se acordaron de vestirles y a otros no. ¡Se carecía de tiempo para poder ocuparse de todos! ¿Cuántos de ellos carecerían de memoria o de sentimientos para echar de menos al ahogado, a los fugados y al gemelo?

Ignacio Urquieta no estaba. Dejó de verle en la fiestecita de Maruja Maqueira, cuando alguien le avisó que preguntaban por él. Se acercó a varios enfermeros y enfermeras que cuchicheaban agrupados en un rincón.

—¿Hay más noticias de lo ocurrido? —preguntó.

—Sí. Algo más lejos de donde aparecieron los cadáveres de los «políticos», se han descubierto unos trapos con los que el asesino se lavó las manos de sangre y limpió el cuchillo.

—¿Hay agua en los sótanos?

—Allí están los antiguos lavaderos de los frailes.

—La calefacción y las calderas de agua caliente están también allí, ¿no?

—En efecto, aquello es inmenso.

Alicia no necesitaba conocer este detalle para estar «segura» de quién era el homicida de los etarras, pero ella le ayudaría a argumentar su descubrimiento.

—¿Alguno de ustedes asistió a la excursión? Había tanta gente que no los vi. Yo fui una de las primeras en regresar.

—Fue un verdadero drama reagrupar a toda esa gente, encontrar a los rezagados y emprender el camino de vuelta. Y una gran pena que nadie viese caer al agua al que se ahogó. No había más de treinta centímetros de profundidad, pero como carecía de reflejos y cayó boca abajo, así se quedó. Para mayor desgracia, ya de regreso de la búsqueda de los que faltaban, descubrimos el cuerpo del pobre Rómulo. Debieron de matarle con una gran piedra en el pecho, que después retiraron de ahí.

—¿Existen sospechosos?

—Han detenido a cuatro. Uno de ellos es Urquieta, su compañero de mesa. Parece ser que ayer «los políticos» le dieron una paliza. ¡Sentiría que ese hombre, por vengarse, se hubiera metido en un lío!

—Será puesto en libertad en seguida. Tiene una magnífica coartada —aseguró Alicia.

Los «batas blancas» la miraron asombrados.

—¿Cuál?

—Primero he de decírselo a la policía. Pero les prometo contárselo todo. ¿Quiénes son los demás detenidos?

—Una enfermera a quien esos bestias abofetearon y un compañero nuestro, Melitón Deza, a quien amenazaron con matar a sus hijos. También detuvieron a Remo, el hermano del muerto.

Alicia se sintió vivamente interesada al oír esto.

—Pero ¿no se había fugado?

—Eso creímos. Pero regresó solo muchas horas después. Y como entre esos dos gemelos pasaban cosas muy raras... los «polis» han pensado que todo es posible.

En eso estaban cuando desde «la frontera» se oyó gritar:

—¡Almenara! ¡Que pase al despacho de la Castell!

Despidióse Alicia de los enfermeros. Estaba triste, pero satisfecha. Se consideraba en uno de sus días más lúcidos y estaba dispuesta a dar la gran campanada. En los anales del hospital, algún día futuro se escribiría: «Aquí estuvo Alice Gould.»

Montserrat la recibió en una actitud un tanto cómica: de pie, las piernas en aspa, los brazos cruzados sobre el pecho, y una mirada que tenía, a partes iguales, todos estos ingredientes: asombro, preocupación, recelo y amistad.

—¿Qué nuevo disparate vas a cometer, Alice Gould?

—Desde que estoy aquí «dentro» no he cometido ningún disparate —rectificó Alicia sonriendo—. Los que estáis «fuera» no lo comprendéis todavía.

—¿Es cierto que le has dicho a un policía que la única persona del hospital que sabe todo lo ocurrido eres tú misma?

—Sí. Y es certísimo.

—¿Es verdad que te has hecho pasar por una doctora?

—Sí. ¡Y también por la señora de Maqueira! ¡Y por una forense! ¡Era el único modo que tenía para moverme de un lado a otro, descubrir los tres crímenes y contárselo a la policía!

—Alicia, querida, ¿te has vuelto loca?

—Montserrat, querida. Si yo estuviera «loca de antes» hubiera sido muy inoportuno que perdiera el juicio precisamente hoy en que voy a demostrar a sanos y enfermos que ni lo estoy ni lo he estado nunca.

Montserrat hizo un gesto de desaliento.

—¡Me moriré sin comprenderte!

—Te juro que no te morirás sin comprenderme... ¡siempre que vivas unos minutos todavía...!

—Escúchame, Alicia. Dentro de poco vas a hacer una declaración voluntaria ante médicos y policías. ¿Qué pretendes con ello?

—¡Dar la campanada!

—No sé cómo explicártelo, Alicia, sin ofenderte. Eso que dices es muy poco prudente. Piensa que, a lo mejor, en ese exceso de seguridad tuya radique la raíz de un mal: de una enfermedad, ¿me comprendes?

—¡Montse, Montse! Atiéndeme bien. Si no estoy loca no tienes por qué preocuparte. Y si lo estoy, no tengo remedio. Y en ese caso ¿por qué te vas a preocupar?

—¡Eres incorregible!

—Por cierto, Montse, ¿quién va a pasar a máquina mi declaración?

—Yo misma.

—Pues escucha bien lo que te digo —añadió Alicia con gran seriedad—. No aceptes que te dicten ellos lo que yo declare. Lo que yo diga, lo dicto yo. No quiero interpretaciones ajenas que me puedan perjudicar, ¿me entiendes?

Montserrat quedó perpleja al oír esto, porque ella siempre pensó «atemperar» sus declaraciones para favorecerla. Pero estaba claro que Alicia de Almenara no cedía su derecho a una transcripción textual de sus palabras. Quería actuar a cuerpo descubierto, sin más acá ni más allá, y a banderas desplegadas.

Sonó el teléfono. La señora de Almenara debía pasar al despacho del director. Montserrat Castell, los antebrazos paralelos y, sobre ellos, su máquina de escribir, la siguió por el pasillo. Ya no era ella la que guiaba a Alice Gould. Ahora era Alice Gould quien la guiaba a ella. Como tenía las manos ocupadas, Montse no pudo santiguarse antes de entrar en el despacho de Samuel Alvar. ¡Estaba aterrada!

Al cuarto de trabajo del gran jefe le habían añadido varias mesas auxiliares, con sus sillas correspondientes, y el director cedió su mesa de trabajo al comisario Ruiz de Pablos. Éste era un hombre pequeño, calvo, próximo a los sesenta años, de ojos cansados, brazos cortos y manos casi infantiles que mantenía quietas y enlazadas como si rezara apoyado sobre la mesa. Junto a él, también sentados, estaban dos policías, uno de ellos —el inspector Soto— con una preciosa cara de caballo; el otro, con cara de moro. El resto del auditorio estaba compuesto por Montserrat (que se instaló muy cerca de la silla que ofrecieron a Alice Gould) y «los tres Magníficos»: Arellano y Ruipérez, sentados; Samuel Alvar, de pie y las manos a la espalda.

—Buenas tardes, señores.

—Buenas tardes, señora de Almenara. Ése es su nombre, ¿verdad?

Alicia afirmó con la cabeza.

—A través del inspector Morales ha pedido usted verme con urgencia, ¿no es así?

—Así es, señor comisario.

—Explíqueme por qué.

—Porque sé *quiénes, cómo* y *por qué* han cometido los tres crímenes. Y puedo asegurarles que no es ninguno de los cuatro detenidos.

—¿Ha sido usted testigo de los tres crímenes? —preguntó con aire aburrido el comisario.

—No, señor Ruiz de Pablos. De ninguno. Tampoco usted ha visto lo que ha ocurrido y estoy segura que acabaría descubriendo lo mismo que yo. Pero tardaría más. Sólo he pretendido con esta entrevista no hacerle perder tiempo. Cuando estuve en el depósito de cadáveres...

—Eso es imposible —cortó seco Samuel Alvar—. Todas las puertas de acceso estaban vigiladas.

—Querido director —murmuró con hastío Alice Gould—: tiene usted la mala suerte de contradecirme siempre en las cosas que puedo probar. Mis testigos son: el policía que hacía guardia a la puerta del pabellón de deportes, a quien le dije que yo era la doctora Bernardos y el cual me vio ir hacia su unidad; el que hacía guardia ante la unidad de la doctora Bernardos, a quien dije que yo era la señora Maqueira y que mi hija, a quien se consideraba ya curada, acababa de sufrir un brote de locura, motivo por el cual necesitaba ver imperiosamente a la doctora Bernardos; la propia doctora, a quien robé su bata blanca que todavía estará depositada en los lavabos del pabellón central; y, por último, el inspector que hacía guardia ante la sala de autopsias, a quien dije que yo era la nueva forense: lo que me permitió entrar en la sala de autopsias. Todos ellos podrán declarar que lo que digo es verdad.

Iba de nuevo a hablar Samuel Alvar cuando el comisario recordó que era él quien dirigía el interrogatorio.

—¿Qué intención le movió a querer ver los cadáveres?

—Descubrir a los asesinos.

—¿Y cree usted haberlo conseguido con sólo echar un vistazo a los muertos?

—Sí, señor comisario.

—Pues bien, comience usted a dictar todo lo que vio y lo que dedujo:

Montserrat Castell alzó los dedos al aire sobre las teclas de la máquina de escribir como una pianista que va a iniciar un recital, y Alicia comenzó a dictar:

—Yo, Alicia Gould de Almenara, de nacionalidad española, casada, sin hijos, detective diplomado con licencia 2 4 6972 guión 76, legalmente secuestrada en el Hospital Psiquiátrico de Nuestra Señora de la Fuentecilla, declaro que al estudiar los cadáveres depositados en la sala de autopsias comprobé que dos de ellos habían muerto recientemente y otros dos lo habían sido con muchas horas de anterioridad. Respecto a estos dos últimos, lo primero que advertí es que Ignacio Urquieta no pudo de ningún modo haberlos matado, cosa que confirmé más tarde con otro detalle. Estaban degollados a cuchillo. ¿Y cómo podía haber conseguido Ignacio Urquieta un cuchillo de las dimensiones que exigían las heridas si no era penetrando en algunas de las cocinas, que es donde se guardan? Esto es muy difícil para cualquier otro recluso, pues las cocinas están muy vigiladas aunque reconozco que no es imposible robarlos con astucia y habilidad. Pero en el caso de Urquieta, es radicalmente imposible: porque en las cocinas hay agua, fregaderos y grifos que pueden chorrear. Además de esto, el asesino se limpió las manos con un trapo mojado en los antiguos lavaderos de los frailes, por donde mana una fuentecilla de agua continua. Ruego a los doctores que expliquen al señor comisario y al señor inspector por qué esto representa una imposibilidad que elimina de toda sospecha a don Ignacio Urquieta.

Los tres médicos quedaron convencidos con el argumento de Alicia.

—Si me permite, comisario —intervino César Arellano—, quisiera aclarar esto. Hacerse con un cuchillo es muy, muy difícil, pero no imposible. Lo que para nosotros los médicos es inaceptable es que el señor Urquieta se lavara las manos en agua. Si ustedes dan por probado que tanto el cuchillo, como las manos del asesino, fueran lavadas con ese trapo que encontraron cerca del lugar del crimen... entonces me veo forzado a aceptar la declaración de esta señora y apoyarla. Ese hombre padece un horror patológico al agua. ¡Desechen ustedes a Ignacio Urquieta de la lista de sospechosos!

—¿A pesar de haber recibido una paliza humillante delante de dos mujeres? —intervino uno de los inspectores.

—Fui testigo presencial de esa paliza —exclamó con calor Alice Gould—. Yo estuve presente cuando los militantes de ETA tumbaron de un golpe, o mejor, noquearon a Ignacio. Y como los enfermeros de guardia se lo llevaron, privado de sentido, él no pudo ver por dónde huían sus agresores. Pero yo sí: ¡iban a reunirse con el que iba a ser su asesino!

—¿A qué hora fue eso? —preguntó con tono aburrido el comisario.

—El doctor Arellano puede ayudarme a recordarlo. No habrían transcurrido dos o tres minutos desde que él me dejó en compañía de la señorita Maqueira y del señor Urquieta, anteayer, miércoles, día de la junta ordinaria de médicos.

—Eran las diez menos veinte de la noche —precisó César Arellano.

—Bien —volvió a hablar el comisario—, ¿por qué dijo usted que iban a reunirse con el que iba a ser su asesino?

—Me he expresado mal. Ellos no tenían intención de reunirse con nadie. Pero alguien los detuvo. Alguien que hablaba en vascuence y que prometió ayudarlos. Este hombre (muy buen conocedor, por lo que diré después, de los sótanos) los introdujo en el laberinto que hay allí abajo, asegurándoles que existía un pasadizo secreto de los antiguos frailes para salir al otro lado de las murallas, cosa perfectamente creíble y hasta probable. Les rogó que esperaran allí, entretanto él iba a buscar una linterna para guiarlos. ¡Y lo que trajo fue un cuchillo!

—¿No dijo usted que era altamente difícil encontrar un cuchillo?

—Con una sola excepción: los pacientes que viven en viviendas particulares tienen cocinas montadas con todos sus utensilios. Y hay un enfermo que reúne esas condiciones: vivir en una de esas viviendas en que hay cocinas propias; hablar vascuence, y haber sido internado por haber dado muerte a cuchillo, hace más de cuarenta años, a tres separatistas vascos. Los doctores que me escuchan saben que me estoy refiriendo a Norberto Machimbarrena, maquinista de la Armada, colaborador voluntario para arreglar cuantos desperfectos ocurrieran en las máquinas y calderas instaladas en los sótanos y que decía estar aquí para vigilar si había separatistas vascos. En cuanto supo que había dos, decidió eliminarlos. Y en cuanto los vio se los cepilló limpiamente, dicho sea con perdón por la vulgaridad del vocablo. ¿Puedo rogar al doctor Ruipérez que explique a estos señores policías en qué consiste la enfermedad de Norberto Machimbarrena?

Hízolo el aludido. Contó la obsesión de este paranoico por matar a vascos separatistas. Recordó cómo todo paranoico —el loco razonador— guarda siempre en su memoria su fábula delirante. Y cómo el tal Machimbarrena seguía considerándose miembro de los servicios de información de la Marina (cosa que ni era en la actualidad ni lo fue nunca antes) con la supuesta misión de descubrir traidores a España.

—La versión de esta señora he de confesar que me parece altamente plausible —concluyó.

Y tras una pausa que empleó en observar con admiración a la Almenara, añadió:

—Es más. Creo que no hay otra posible.

El comisario respondió secamente; casi con acritud.

—Decidir eso no es asunto suyo, doctor. Lo que quisiera saber es cómo la señora de Almenara sabe lo que ocurrió «en el interior» del sótano sin haberlo visto.

—Es pura deducción, señor comisario —dijo Alicia—. Sólo quería llamar su atención respecto a la imposibilidad de que Ignacio Urquieta fuera culpable y... sobre mi creencia, que someto a su mejor criterio, de que Norberto Machimbarrena debe ser interrogado. Pero no creo que mi deducción de lo que ocurrió en el sótano difiera mucho de la verdad. Usted lo comprobará muy pronto personalmente. En cuanto al tercer crimen...

—Un momento, señora. Antes de pasar al tercer crimen quisiera pedir al inspector Soto que se encargara personalmente de hablar con la doctora Bernardos; devolverle su bata, caso de que la haya perdido, y preguntar a los policías que hacían guardia en los sitios que ha dicho la señora de Almenara, si confirman su declaración. De paso que traigan a ese individuo llamado Machimbarrena, y que espere fuera.

—Perdón —interrumpió Alicia—. A Machimbarrena no conviene que le traiga la policía, sino un médico.

—Comisario —dijo interviniendo César Arellano—: no eche en saco roto lo que ha dicho esta señora. Si ese hombre se considera apresado, no declarará nada. Se dejará matar antes de abrir la boca. Pero si cree que quien le llama es el jefe de los servicios de Información de la Armada, confesará de plano. Y aspirará a una recompensa.

—Caso de que tenga algo que confesar... —murmuró el comisario.

—Tal vez la persona indicada para traer hasta aquí a Norberto Machimbarrena sea la doctora Bernardos —sugirió Ruipérez—. Así el inspector se ahorra una visita.

La pregunta del comisario más que una cuestión fue una orden.

—¿De acuerdo, Soto?

—De acuerdo.

Y salió, no sin gran decepción de Alice Gould, a causa de lo mucho que le gustaban los caballos.

—¿En cuanto al tercer crimen? —inquirió el comisario Ruiz de Pablos.

—En cuanto a ese horrible crimen, y ya que ustedes no pueden interrogar al joven Remo, voy a...

—Si podemos o no podemos interrogar a ese muchacho no es asunto suyo, señora.

—¡No pueden ustedes interrogar a Remo! —porfió Alicia terca.

—Insisto en que vamos a interrogarlo —anunció el comisario.

—Y yo insisto en que no; ¡porque el joven Remo ha muerto!

La declaración de Alicia produjo auténtica conmoción. Y Montserrat Castell perdió el aliento cuando le oyó decir:

—Tengo dos testigos de que lo que afirmo es cierto: uno está en este cuarto. ¡La señorita Castell no me dejará mentir!

Sonrojóse Montserrat. Por un lado no quería perjudicar a su extraña amiga y de otro ¿cómo no contradecirla? ¡Ella ignoraba que Remo hubiese muerto!

—Los dos hermanos —explicó Alicia— eran tan iguales que médicos y enfermos sólo los distinguían por su actitud: bulliciosa e incansable la del agilísimo Rómulo; pacífica y solitaria la de Remo. Pero muy pocas personas sabían que, además, tenían otro signo de diferenciación: Rómulo poseía una pequeña adiposidad en el pabellón de la oreja derecha del tamaño de un pequeño guisante (muy parecida por cierto a otra que tengo yo) mientras que Remo carecía de ella.

—¡Es cierto! —murmuró aliviada Montserrat.

—¿Se pasa usted palpando las orejas a todos los residentes, en busca de adiposidades semejantes? —preguntó el director.

El comisario intervino.

—Le ruego, doctor Alvar, que no olvide lo que le dije antes. Soy yo quien ha de preguntar. Dígame, señora de Almenara, ¿comprobó usted que el cadáver del que todos creían que era Rómulo carecía de ese detalle?

—Sí, comisario. Y como el verdadero Rómulo ha regresado ya, no será difícil constatar esa diferencia. Yo no me paso la vida palpando orejas ajenas, como ha sugerido con la jovialidad que le caracteriza nuestro contumaz y simpático director (aunque algún día me gustaría darle un buen tirón a las suyas), pero quienes sí hacen esto, con todo «nuevo» que ingrese aquí, son dos personas: el propio Rómulo, por razones misteriosas que ha prometido decirme, y Charito Pérez, porque asegura que ese defecto es señal de bastardía.

—No se desvíe del tema principal, señora —dijo Ruiz de

Pablos, que comenzaba a atender las palabras de Alicia con un talante bien distinto al del comienzo.

—Pues bien, comisario. Desde el momento mismo en que advertí que el muerto era Remo sospeché quién era el asesino.

El comisario Ruiz de Pablos, que había imaginado que iba a escuchar el relato fantástico de una logorreica, iba de asombro en asombro. Montserrat Castell aprovechaba las pausas para pedir a Dios que Alicia saliese bien parada de aquella sesión. Ruipérez comenzaba a dudar de sus primeros juicios. Y César Arellano tenía tal fe en la astucia, la capacidad de observación y la inteligencia de Alicia, que estaba seguro de que decía la verdad.

—Para explicar con mayor claridad cómo llegué a la conclusión de quién era el asesino, yo le rogaría, señor comisario, que autorizara al doctor Arellano a buscar en sus archivos el test que se me hizo al ingresar aquí.

—Los expedientes son secretos —interrumpió el director.

Ruiz de Pablos le miró con severidad:

—¿Incluso para descubrir un asesinato?

Alice Gould rompió a reír.

—¡No es la primera vez que oye usted eso mismo, director! Y la desasistencia a la autoridad puede llegar a constituir un delito.

—Ve al archivo, Montserrat —ordenó el director— y trae el expediente de la Almenara.

—Al hacerme el test —continuó ésta— me pidieron entre otras muchas cosas que hiciese un dibujo. Y entonces, aunque torpemente, pues soy mala dibujante, reflejé un episodio que me había impresionado vivamente aquella misma mañana. En ese dibujo hay tres personas: el asesino de Remo, su hermano Rómulo y... «la que es motivo del crimen».

—Ahora lo entiendo todo, comisario —exclamó Arellano sin poder ocultar su admiración—. Lo que dice esta señora es de una increíble lucidez. De modo, Alicia —dijo dirigiéndose a ella—, que tú crees que el asesino es...

—¡«El Hombre Elefante»! —exclamó Alicia con energía.

—Ignoraba que os tutearais —comentó muy sorprendido el director.

—¿Lo prohíbe el reglamento? —preguntó, rápida como una saeta, Alice Gould.

Entró Montserrat con el expediente.

—¿Puedo tutearla, director? —pidió permiso Alicia, con harta insolencia.

Éste respondió con un gesto de hastío.

—Busca, Montse, por favor, los dibujos de un interior y un exterior que me encargaste. ¡Ése, ese mismo es!

Lo tomó Alicia con sus manos y se lo llevó al comisario. Los demás médicos, así como la Castell, rodearon la mesa.

—¿Ve usted, comisario? ¡Este hombre gordo e inmenso es el asesino! Este chiquillo que le ataca y provoca insensatamente, como lo haría un gato salvaje que se atreviese con un proboscidio, es Rómulo. Y esta niña arrodillada en el suelo cara a la pared, y que es bellísima, es el gran amor de los dos. La historia es realmente conmovedora. Rómulo cree que la chiquilla es su hermana y la considera como algo suyo: algo de su propiedad. Se sienta junto a ella y durante horas le habla y le acaricia la cabeza. Es emocionante escucharle inventar cuentos para ella sola y decirle cosas bonitas con tal ternura que estremece a quien le oiga. Pues bien, entretanto, este hombre que yo he dibujado de pie, se pasa las horas muertas sentado y con los ojos fijos, llenos de amor, puestos en la muchacha. Rómulo no se aparta de ella para guardarla, siempre protegida del gigante. Y el gigante no se acerca porque tiene miedo a Rómulo. No he visto esta escena una sola vez, ¡la veo a diario! Pero aquel día el que llamamos «Hombre Elefante» se puso en pie, y como es muy torpe, dio un pequeño tropezón que asustó a Rómulo, y éste, creyéndose atacado, se puso en esta posición del dibujo, enseñándole los dientes, dando, de rodillas, pequeños saltos, con una agilidad pasmosa, gruñendo como un leopardo y amagando zarpazos, como si fuese una fierecilla acosada y furiosa. Lleno de miedo, el gigantón se fue, andando de lado, para no ser atacado por la espalda.

»Fíjense bien en lo que he dicho: «*para no ser atacado por la espalda*». Porque, en efecto, no pasarían muchos días sin que Rómulo pasara de los gruñidos a los hechos. Y le saltaba por la espalda, le mordía las orejas, le arañaba el rostro y, en cuestión de fracciones de segundo, huía después, ágil como una ardilla. Nunca le daba frente. De frente le tenía miedo.

—Señora —interrumpió el comisario—, deduzco de lo que estoy oyendo que «el Elefante», como usted le llama, tenía MOTIVO para matar a Rómulo mas no a Remo, mientras que usted dijo antes que comprendió quién era el asesino precisamente al comprobar que el muerto era Remo y no Rómulo.

—Exacto. A Rómulo, que es agilísimo (y el gigante torpísimo), no hubiera podido atraparle jamás. Mientras que a Remo sí, porque éste no tenía razón alguna para huir de él. Al regresar de la excursión de esta mañana, Rómulo, alertado, caminaría siempre detrás del gigante. Éste vio de pronto junto a sí a Remo, y confundiéndole con su hermano, lo mató.

—¿Cómo lo mató?

—Echándoselo a la espalda como un fardo. Y después dejándose caer sobre él. Y repitiendo este movimiento cuantas veces fuese preciso hasta aplastarle con sus ciento sesenta kilos: tal como lo hubiese hecho un auténtico elefante.

—Señora de Almenara, ¿usted ha visto todo lo que está contando?

Alicia no respondió directamente a esta pregunta.

—Señor comisario, en el rostro del «Hombre Elefante» están los arañazos y mordiscos que le propinaba Rómulo por detrás. En la espalda de la ropa del gigante hay briznas de hierbas al haberse dejado caer y en sus pantalones sangre del muerto, cuyas entrañas reventaron. Y en las uñas de Rómulo, salvo que hayan cometido el error de bañarle y limpiarle, hay piel ensangrentada de la cara y las orejas del asesino de su hermano.

—No ha contestado usted a mi pregunta: ¿usted ha visto todo lo que nos ha contado?

—No, señor comisario.

—¿La sangre en los pantalones del gigante la ha visto usted?

—No.

—¿Las huellas de piel en las uñas de Rómulo?

—No.

Se oyeron unas risitas emitidas por Samuel Alvar. «Esas risitas te las tendrás que tragar, amigo», pensó Alicia Gould. No fue la única a quien molestaron. Ruiz de Pablos miró al director descaradamente como pensando: «¿De qué se reirá este imbécil?» Y pronunció unas palabras escuetas:

—Quiero ver el expediente médico de ese gigante. Y al gigante mismo. Y que hagan pasar aquí al joven Rómulo.

—Montserrat —ordenó el director—, llévate de paso el expediente de Alicia.

—¡No, no, no! —dijo Ruiz de Pablos—. El expediente de la señora de Almenara quiero conservarlo algún tiempo más. Y en cuanto a usted, señora, le ruego que lea lo que ha escrito la señorita mecanógrafa y si está conforme, lo firme.

Leyólo atentamente Alicia y dictó a Montserrat una coletilla final que dijese: «Leído todo lo anterior y estando conforme con ello, la detective que suscribe, lo firma en el lugar de su secuestro, a tantos de tantos de mil novecientos tantos.»

¿Qué era más de admirar? ¿La lógica implacable, el rigor de los datos, la capacidad de observación de esta extraña y clarividente mujer? ¿O su audacia al declararse por dos veces *detective* y *secuestrada* a sabiendas de que eran los dos elementos básicos en que los médicos reconocían la existencia de un delirio?

Los médicos, el comisario, la propia Montserrat se miraban entre sí, intentando averiguar el juicio que la declaración de Alicia Almenara había producido en los demás.

—¿Puedo retirarme, señor comisario?

—Le ruego, señora, que no.

Llamaron al joven Rómulo. Tenía sangre en las uñas y declaró que se había fugado porque tuvo mucho miedo al ver al hombre gordo matar a un niño. Llamaron al «Elefante». Tenía sangre, babosidades y excrementos en la trasera de los pantalones. La declaración de Norberto Machimbarrena fue terminante. Creía que hablaba con sus superiores de los servicios de Información de la Marina, y relató los hechos tal como Alicia los había imaginado. Se leyeron brevemente los historiales médicos de los dos encartados. ¡Los casos estaban resueltos!

El comisario de la gran calva y las manos diminutas se puso en pie para despedir a Alice Gould. Le agradeció calurosamente la información prestada y «como profesional de la policía» —fueron sus palabras— la felicitó con fervor por su trabajo.

Alicia estaba radiante. El fin de su encierro se acercaba. No había necesitado esperar a que le enviaran de su despacho la documentación que acreditaba su profesionalidad, sino que había demostrado con hechos su condición de detective.

—¿Desea usted añadir algo más? —le preguntó Ruiz de Pablos.

—Sí, señor comisario. Quisiera rogar al director que se ponga en comunicación con su gran amigo Raimundo García del Olmo, y le comunique que ya he descubierto al asesino de su padre. ¡La misión que me trajo al manicomio ha concluido!

Q

EL HORNO DE ASAR DE PEPE EL TUERTO

La noticia de que Alicia había descubierto a los dos asesinos corrió como el viento por todo el manicomio. Charito Pérez fue el más eficaz de los correveidiles, añadiendo de su cuenta los más sabrosos picantes. La enfermera, de la que decían que fue abofeteada por uno de los etarras, en realidad había sido violada por los dos y, en consecuencia, esperaba gemelos, uno de cada violador. Melitón Deza, que recibió un rodillazo «en un sitio muy feo», iba a ser castrado, pues el golpe le produjo una gangrena y había quedado inservible para la virilidad. Pronto dejaría de crecerle la barba y le nacerían pechos de mujer.

Las sandeces de la obsesa de los chismes sexuales eran sólo un reflejo de la conmoción general. «El Hombre Elefante» fue residenciado en la Unidad de Dementes, para mantenerlo alejado de Rómulo, su verdadero enemigo, y Norberto Machimbarrena trasladado a Leganés en Madrid, pues al manicomio de Bilbao, su tierra natal, no parecía prudente enviarle por temor a que acabara con la mitad de los recluidos.

A lo largo de los días que siguieron, Alicia se veía asediada por enfermos y enfermeros que querían saber detalles del porqué y el cómo consiguió llegar a la verdad. Un corrillo permanente de curiosos la rodeaba. Su prestigio era inmenso. Aunque eran muchos los residentes e incluso empleados que ella no conocía, todos en cambio sabían quién era ella.

—Mira; esa guapa que va por allí, es la rubia que descubrió a los asesinos —se decían unos a otros.

Algunos se armaban un buen barullo en sus estropeados caletres. Había quien pensaba que el mérito de Alicia era haber evitado que enterraran vivo al joven Rómulo, porque todos le creían muerto; no faltaban quienes creyesen que era «la Rubia» quien mató a dos hombres malos que pegaban y maltrataban a los impedidos y enfermos. Pero donde alcanzó cotas más altas la simpatía y admiración fue entre los médicos y enfermeros. Aquéllos, por la gallardía y dignidad de Alicia al defenderse contra toda sospecha de perturbación mental. Éstos, por haber desviado la acusación que pesaba sobre dos compañeros suyos: la enfermera donostiarra y Melitón Deza, que era el más comprometido.

Fueron días de euforia y lícita satisfacción para Alicia Almenara. La doctora Bernardos le regaló la bata blanca que le había sido hurtada y un ejemplar encuadernado de su tesis doctoral acerca de los sociópatas; el doctor Rosellini la obsequió con flores; César Arellano, con la anhelada tarjeta naranja, que le permitía salir acompañada fuera del hospital y una invitación a cenar mano a mano con él en el vecino pueblo. La Fuentecilla; Montserrat Castell con un tomo primoroso de una edición antigua de *Las Moradas*, de santa Teresa.

—A ella también la creyeron loca —comentó Montserrat, al entregarle el ejemplar.

Quiso Alicia estrenar inmediatamente su tarjeta naranja, y suplicó a la Castell que la acompañase fuera de las murallas. Sólo una vez había cruzado la verja: el día de la fatídica excursión. Pero entonces fue en manada, como borregos, ella quería experimentar el placer de exhibir su permiso de salida al guardián que un día le negó el paso, y caminar «por la parte de fuera», solamente por gozar del regustillo de la libertad.

Aceptó gustosa la alegre, jovial y encantadora Montse, advirtiéndole que el paseo habría de ser forzosamente corto, pues sólo faltaba una hora para el cierre de las verjas. Y allá se fueron agarradas del brazo, felices y en compañía.

—Es muy curioso lo que voy a decirte —comentó Alicia mientras caminaba—. Me faltan pocos días para salir de aquí... y, ¡qué sensación más extraña!, me dará mucha pena marcharme.

—¿Cuándo consideras que te darán de alta?

—En cuanto se persone aquí mi cliente. Tú misma me contaste que el comisario Ruiz de Pablos le telefoneó desde el despacho de Alvar para informarle de que mi misión había concluido.

—Guárdame el secreto —replicó Montserrat con cierto aire de misterio—. A mí también me dará pena dejar esta casa, y ya me falta poco: igual que a ti.

Miróla sorprendida Alice Gould.

—¿Te marchas?

—Sí.

—¡No puedo creerlo! ¡Montserrat, tú que eres una institución en esta casa! ¿Y adónde te vas?

—Nunca lo adivinarías.

—¿Te vas a casar?

—En cierto modo... sí.

—¿Qué quiere decir «en cierto modo»? O te casas o no te casas...

—Alicia, hace ya tres años que decidí ingresar en un convento. Si no he profesado todavía es por la duda que he tenido algún tiempo acerca de la orden en que debo tomar el velo. Ya lo he resuelto. El próximo invierno ingresaré en las Carmelitas.

—¡Me dejas absolutamente perpleja! ¿Estás segura de que tienes vocación?

—Estoy segura de que Dios me llama desde un camino distinto al de antes.

—¡Me quedo muy triste al escucharte! ¿Qué será de esta casa sin ti?

—¡Nadie es imprescindible!

—¡Tú sí! ¡Tú eres el alma de esta institución! Escucha, Montse... Si digo algo inconveniente atribúyelo a que sigo aturdida por la noticia que me has dado. (¡Yo que quería buscarte un novio, joven, apuesto, listo y rico!...) Lo que quería decirte es esto. Desde tu punto de vista, ¿no eres más útil a la sociedad, a tu prójimo, a los desheredados, a los pobres locos, quedándote aquí que encerrándote en una clausura?

—Ya he sido Marta muchos años. Ahora me toca ser María —respondió sonriendo Montserrat.

—Me gustaría —insistó Alicia— penetrar hasta el fondo en el conocimiento de eso. En el entendimiento de lo que dices. ¿No es más santo cuidar leprosos que rezar maitines? Cuando esos admirables enfermeros de la «Jaula de los Leones» levantan, lavan, visten, dan de comer en la boca, desnudan y acuestan en la cama a los dementes; cuando éstos se hacen encima sus necesidades, y sus cuidadores los limpian y cambian de ropa, varias veces al día, ¿no están haciendo más méritos que quienes rezan tres rosarios o están dos horas de oración ante el Sagrario?

—¡No se trata de una carrera de méritos, Alicia! Voy a ponerte un ejemplo. Imagina a «la Niña Oscilante». De pronto alguien la toma de la mano, y ella obedece a ese impulso exterior. Deja entonces de oscilar y cumple la voluntad de su guía. Se entrega totalmente a su conductor con confianza y obediencia ciegas. Pues, del mismo modo, nuestras almas son pendulares como la de esa muchacha hasta que llega un día en que Dios las toma de su mano y las conduce y guía personalmente. ¿Quién se atreverá a decir «no quiero ir por allí», «prefiero ir por allá»? ¡Es imposible resistirse a su voluntad! Eso es lo que me ha ocurrido a mí. Yo soy como «la Niña Oscilante» y Dios mi conductor.

Quedó Alicia muy impresionada por lo que acababa de escuchar y no de entender. No se imaginaba al hospital sin Montserrat Castell. Y le daba no poca pena que esta joven mujer, tan bien dotada y atractiva, se encerrase voluntariamente y de por vida en una clausura.

—¡Dios es muy injusto, al escoger a una criatura como tú para Él solo!

—Estás desvariando, Alicia. No sabes lo que dices. ¡Anda, vamos para casa, antes de que nos cierren las verjas!

Al acercarse vieron al doctor Arellano, despidiendo en la puerta a un grupo de visitantes. La llegada de las dos mujeres coincidió con la partida de éstos; de modo que emprendieron los tres juntos el camino hacia el edificio central.

—¿Estrenando libertad, Alicia?

—Ejercitándome en ella, doctor. Tengo que estar preparada. ¿No le parece?

Una de las cosas que más llamó la atención de Alicia las primeras semanas que vivió en el manicomio fue la enorme ascendencia de los médicos sobre la población hospitalizada. Y muy especialmente de aquellos que trataban directamente a los enfermos.

Se les acercó «el Tarugo», que era una versión del «Gnomo», de triste recuerdo, aunque sin joroba.

—Doztor, doztor.

(Le tocaba con ambas manos. Otra de las características que observó Alicia es que hay una gran mayoría de sobones: como en la India, como entre los negros. Para hablar, tocan, dan pequeños golpes en el pecho o en los brazos.)

—¡Doztor, doztor, hola, doztor!

—Hola, «Tarugo», Dios te guarde.

Siguieron caminando. En la Unidad de Demenciados que dirigía Rosellini, «la Mujer Gorila», antigua pianista de cabaret, asomada a una ventana miraba sin ver, o sin saber que veía, hacia un vacío tan infinito como el de su mente.

Los autistas o solitarios se apartaban al paso del médico. Otros corrían hacia él.

—Me he vaciado, doctor. He perdido todo: el estómago, el hígado, los intestinos. ¡Ya no me queda nada dentro!

—No te preocupes. Mañana te daré una medicación para que te vuelvan a crecer las entrañas.

—Pero ¡es que también se me han derretido los huesos, doctor!

—¡Eso no tiene importancia! Yo te pondré otros nuevos. ¡Hasta mañana!

«El Albaricoque» se acercó moviendo mucho las caderas.

—Ocho por dos, es igual a quince más cuatro menos tres, doctor. Y usted es mi madre y también la catedral de León.

—Gracias por tus cumplidos, «Albaricoque». Mañana hablaremos. Ahora tengo mucha prisa.

Despidióse Montserrat Castell, y César Arellano preguntó a Alicia.

—¿No era mañana cuando habíamos concertado cenar juntos?

—Sí. A las nueve.

—¿Y por qué no lo adelantamos a hoy?

—Me parece una excelente idea.

El pueblo La Fuentecilla estaba situado a seis kilómetros de la antigua Cartuja. En algún tiempo no muy lejano debió de ser precioso. Había una gran plaza porticada con asombrosas y antiquísimas columnas; arcos de piedra tras los que nacían escalinatas pinas y misteriosas; casonas hidalgas con su escudo antañón —memoria de viejos y tal vez desaparecidos linajes—, una soberbia iglesuca románica, un castillo en ruinas con la torre desmochada (de cuando los Reyes Católicos abatieron junto con las torres la insolencia levantisca de los nobles), y sobrias mansiones señoriales con gárgolas que imitaban fantásticos tritones, faunos y vestiglos. Pero junto a estas nobles piedras había horrendos y altísimos edificios modernos de ladrillo, tiendas iluminadas con neón, fábricas situadas en el centro del casco urbano y otras mil novedades que los aldeanos construyeron con orgullo de «modernizar» el pueblo, sin comprender que con ello arruinaban la belleza primitiva.

—Mira —le dijo Alicia a su acompañante—. ¡Por aquí no ha pasado Samuel Alvar!

Y le señaló una soberbia cancela de hierro que enmarcaba un ventanal.

—Te advierto —comentó César Arellano— que no debes ser injusta al juzgar a los antipsiquiatras. Su crítica de los antiguos sistemas hospitalarios ha sido muy constructiva y gracias a ellos se han hecho reformas admirables en los manicomios. Su fallo consiste en ser más «sociólogos» que «médicos», y en olvidar que para poner en práctica sus teorías hay que crear primero una infraestructura que las haga posibles. Te aseguro que suprimir las rejas para evitar la sensación de encierro opresivo a los enfermos es una medida excelente. Pero antes de eso hay que construir ventanas que por su forma o su tamaño no quepa por ellos el cuerpo de un hombre. La terapia ocupacional y la laborterapia son útiles y bienintencionadas... pero ¡ojo!, no puedes poner un martillo en manos de un hombre con instintos agresivos. El día que sus teorías sociales se adecuen con las realidades científicas se habrá dado un paso definitivo en beneficio del enfermo. No debes juzgar despectivamente a Samuel Alvar.

—¡Odio a ese hombre! —comentó Alicia.

—No necesitas jurármelo... Dime, Alicia, ¿por qué le abofeteaste?

—Fue un impulso irresistible.

Caminaban a pie entre las callejas. Cruzaron bajo una arcada de la que nacían unos peldaños. La calle era escalonada y, algo más arriba, se dividía en dos ramales en forma de horquilla que dejaban en el centro, como una isla, una casona antigua y señorial.

—¡Ah, qué bonito es esto! —exclamó Alicia—. Cuando yo quede libre me gustaría comprar esa casa, y convidar a mis antiguos amigos del hospital. ¿Aceptarías, César, que te invitara a mi casa?

—Y tú, Alicia, ¿aceptarías venir a la mía?

—Claro que sí.

—Entonces vendrás a ésta. Porque ese viejo caserón es de mi propiedad.

—¡No me digas! ¿Vives aquí?

—Todavía no. Lo estoy arreglando por dentro.

—¡Necesito imperiosamente que me lo enseñes!

—No tengo las llaves conmigo.

—Otro día me lo tienes que enseñar.

—¿Por qué tanto interés, Alicia?

—Porque los hombres no tenéis idea de arreglar una casa por dentro. Y ese edificio es una joya. Y estoy segura de que si no sigues mis consejos te lo vas a cargar.

César Arellano se detuvo en seco.

—Contagiado por tus impulsos, yo también estoy sintiendo uno: «irresistible» como los tuyos.

—¿Cuál?

—¡Abrazarte!

—¡Vedado de caza, espacio acotado, zona rastrillai! —exclamó Alicia fingiendo escandalizarse por la ocurrencia.

—¿No me abrazaste tú a mí cuando te entregué la tarjeta naranja? —protestó Arellano.

—Pero lo hice mucho más inocentemente de lo que ahora leo en tus ojos.

—¿También sabes leer en mis ojos?

—En este caso, sí.

Detrás de la casona que tanto gustaba a Alicia había una antigua taberna muy graciosamente decorada. HORNO DE ASAR, PEPE EL TUERTO, rezaba un cartel. A la entrada estaba la barra repleta de una parroquia gritadora y bulliciosa que bebía chatos de tinto y engullía tapas de todas clases. A esa estancia daban dos puertas. Una decía: COMEDORES; la otra, TELÉFONOS. Quedó Alicia como imantada ante la visión del auricular. César Arellano vio la duda en sus ojos. Mas ella —no sin gran sorpresa del médico— desistió de telefonear y penetró en la segunda puerta. A los comedores se subía por una escalera muy pina. Estaba bien puesto el plural, pues eran tres los que había en la primera planta y dos en la segunda y última: todos muy originales. Los techos eran de vigas de madera; y la decoración, ristras de ajos, cebollas y pimientos que colgaban de las paredes entre platos de cerámica antigua. Por los suelos una colección muy pintoresca de alambiques de cobre de las más diversas formas y tamaños.

—¡Bien venidos, don César y la compañía! —dijo un hombre vestido con un delantal de rayas verdes y blancas que los había seguido por la escalera.

—¡Hola, Pepe, Dios te guarde! Tengo invitada de honor y quiero que luzcas tu buena cocina. ¿Qué nos aconsejas?

—Tengo unos pimientos rellenos que son de los que Dios se llevó de viaje; y unos caracoles a la riojana, que hablan de tú al paladar; y unos cangrejos de río, que son como para relamerse la partida de nacimiento. Eso, de primero. Y de segundo, lo obligado: cordero asado con salsa de menta, que no lo hay mejor en toda Castilla. De postres no ando muy glorioso: queso y carne de membrillo.

—¿Qué te apetece, Alicia?

—¡Todo! —respondió ésta con entusiasmo.

—Del cordero asado no se puede prescindir sin ofender al dueño de la casa —recordó sabiamente el médico—. Y en cuanto al primer plato te sugiero que uno de nosotros pida los caracoles y otro los pimientos, y nos los dividamos por mitades.

Pepe el Tuerto (que no era tuerto más que de apellido) apostrofó:

—Y como regalo de la casa yo les traigo unos cangrejitos para que vayan haciendo boca. Y así lo prueban todo. ¿Qué vino quieren?

—¡El de la tierra es excelente! —recordó Arellano.

—Pues no hablemos más.

Fuese el mesonero para encargar la comida.

—No sabes, César, qué feliz me siento. Después de cuatro meses enclaustrada estoy como en el paraíso.

—Y yo me siento feliz de verte feliz.

—Dime, César. ¿Cuáles son los trámites legales para salir del manicomio?

—En tu caso, Alicia, o por solicitud formal de tu marido al director del hospital (que puede ser denegada por éste caso de considerarte en «estado de peligrosidad») o cuando Samuel Alvar por sí mismo considere que no tienes razón alguna para seguir internada, en cuyo caso serías devuelta a tu marido, aunque éste no te reclamase. De aquí que me parezca una torpeza de tu parte crearte un enemigo ¡precisamente en el director!

—¿Y en el supuesto (¡cosa que Dios no quiera!) de que mi marido sufriese en su viaje por América un accidente mortal y que el director siguiese odiándome y se opusiera a soltarme?

—En ese caso te queda el medio de recurrir a la autoridad gubernativa, que dispondría lo que ha de hacerse.

—Y si Alvar convence en contra mía a la autoridad gubernativa, ¿no me queda ya otro recurso?

—No.

Alicia sonrió maquiavélicamente.

—¡Qué poca imaginación tienes! ¡Claro que me queda otro medio de salir airosa de la empresa! Pero no te lo digo porque eres demasiado inocente.

—Tal vez le ocurra a Alvar lo mismo que a mí —bromeó

César Arellano—. Si yo fuese el director no te pondría nunca en libertad. Eso sería tanto como perderte. Y no estoy dispuesto a un sacrificio tan grande.

—Eres un amor, César. Déjame seguir meditando en voz alta. Si no paro de hablar, sé que corro el riesgo inminente de escuchar una declaración galante. ¡Y eso hay que evitarlo! Escucha. Yo estoy segura de que la versión que di la semana pasada de por qué Samuel Alvar quiere ignorar los compromisos que adquirió con García del Olmo es auténtica. ¡No quiere que se sepa que la falsificación de los documentos de mi ingreso se hizo de acuerdo con él! Pero estoy empezando a considerar que tampoco me conviene nada a mí que eso trascienda oficialmente. Ni a García del Olmo tampoco. De suerte que... tal vez no convenga insistir en que aquellos documentos están falsificados.

—Explícate mejor...

—Si demuestro que los documentos eran falsos saldré del manicomio para ir a la cárcel, lo cual no es una perspectiva que me haga especialmente feliz. En cambio, si mi marido me reclama, o si el director me declara sana, saldré del hospital para ir directamente a casa. ¡A partir de mañana me dedicaré a enamorar al director! ¿Qué te parece mi idea?

César extendió sus manos y posó sus dedos en la frente y en las sienes de Alice Gould.

—Tus ideas, querida Alicia, están ahí dentro, bajo tu piel, bajo tu cráneo, y son siempre tan fantásticas e insospechadas que quedan fuera de mi alcance.

—¿No decías que sabías leer en mis ojos?

—Sé leer tus sentimientos. Tus disparates, no.

Alicia se sonrojó levemente.

—Soy consciente de que has leído en ellos que me gusta tu personalidad, que me agrada tu conversación y que tu compañía me llena de calma y felicidad. ¡Pero eso no tiene ningún mérito! Yo también he leído eso mismo en los tuyos.

Alice Gould tomó las manos de César, las retiró de sus

sienes y se las llevó a los labios. Las mantuvo unos instantes así, cerrados los ojos, concentrada en sí misma.

—¡Cangrejitos de La Fuentecilla! ¡Especialidad de la casa! —gritó Pepe el Tuerto subiendo la escalera.

Cuando se hubo ido el mesonero, Alicia inició un monólogo con sus manos a las que llamó «descaradas e impulsivas» y a las que amenazó con castigarlas si no la prometían ser más discretas en adelante.

—Estás siendo muy injusta con ellas —protestó César Arellano—. Y me veo precisado a consolarlas.

Las tomó entre las suyas y ahora fue él quien las besó.

Los cangrejos tardaron varios minutos en comenzar a ser engullidos.

R

OTOÑO

ACOMPAÑADA DE GUILLERMO TERRÓN —el enfermero que la salvó de las garras de «la Mujer Gorila»—, Alicia recorrió los distintos talleres de laborterapia para decidir en cuál le interesaría trabajar, para ocupar sus horas libres, en tanto se resolvía su situación.

El primero de los pabellones que visitó fue el de bordados, en el que actuaba de primera oficiala Teresiña Carballeira. Era de admirar cómo esta mujer distribuía el trabajo y anotaba cuidadosamente el material entregado a cada una de las extrañísimas obreras. Este material —le explicó Terrón— debía ser recogido más tarde e inventariado, para evitar que ninguna guardase objetos punzantes que en momentos de crisis o depresiones podían volverse peligrosos.

Algunas bordaban con increíble lentitud e inimitable extravagancia. Elevaban las agujas cual si quisieran coser el espacio. Trazaban una parábola con la mano y varias espirales en el aire, fijos los ojos en el diminuto acero, y tras aquella pirueta —semejante a las que dibujara en el cielo un piloto de acrobacia aérea— hundían el instrumento en el sitio justo. Cada punzada requería un tiempo extra inverosímil; pero es el caso que, sin realizar previamente estos arabescos espaciales, no acertaban a perforar la tela en el lugar requerido. Dos o tres de las bordadoras no lo eran en sentido estricto. Les permitían estar allí para que se entretuviesen haciendo chapuzas o simplemente por tenerlas agrupadas con las demás y, con ello, conseguir una economía de vigilantes. Mezclaban indistintamente los colores más llamativos por el revés o el envés de los trapos, que perforaban por cualquier sitio, de modo que quedaban más doblados y engurruñados que papeles en el cesto de basura. Mas había otras —la Carballeira entre ellas— que hacían verdaderos primores en mantelerías, trajes de novia, orlas y encajes.

—¿Esto lo ha hecho usted sola, Teresiña?

—No, señora Alicia. Me ayuda «la Gorda».

En efecto, cerca de la Carballeira había una de las muchas gordísimas que tipificaban la casa de orates, la cual se limitaba a pasar a la Carballeira los hilos de colores que aquélla le pedía.

—¿No le molesta que la llamen «Gorda»? —preguntó Alicia a Guillermo Terrón, señalando a la corpulenta campesina.

—Lo considera un apelativo cariñoso —respondió el enfermero—. Y además ella ignora su obesidad y atribuye que la llamen así a una broma a causa de su extremada delgadez. Se considera inapetente y afirma devorar todo cuanto engulle con insaciable voracidad por puro sentido de la disciplina.

«La Duquesa de Pitiminí» trabajaba al ganchillo. No lo hacía mal, pero aun curada o cuasi curada de su crisis, no podía prescindir de alguna rareza. Por ejemplo: llevaba diez dedales enfundados en cada uno de sus dedos.

—Las damas deben cuidar sus manos —comentó.

En la fábrica de paraguas trabajaban varios conocidos

de Alicia: Rómulo, Luis Ortiz, Carolo Bocanegra, Ignacio Urquieta y Antonio el Sudamericano.

Los cuatro primeros formaban cadena en el orden que se ha citado. La misión de Rómulo era tomar una tuerca de las muchas que había en una cesta situada a su derecha, introducirla en una varilla metálica y pasarla a otra cesta situada a la izquierda. Lo hacía con admirable rapidez y precisión. El caballero llorón o violador de su nuera presionaba con una llave inglesa la tuerca colocada por Rómulo y le pasaba la varilla a Carolo Bocanegra, quien la introducía en una suerte de mano con los dedos huecos, de modo que cuando el conjunto llegaba a poder de Ignacio Urquieta aquella armazón era como un erizo de larguísimas púas, al que el bilbaíno añadía la vara que haría de bastón. (La tela del paraguas no se ponía en el taller del manicomio sino en la auténtica fábrica comercial, que al encargar este trabajo a destajo al hospital psiquiátrico se ahorraba nómina, locales y seguridad social.)

Antonio el Sudamericano trabajaba por libre, fuera de la cadena, para no entorpecer con su ingente torpeza la buena marcha de los demás. Su misión era la misma que la de Rómulo, pero por cada quince o veinte tuercas que el falso hermano de «la Niña Péndulo» conseguía introducir en la varilla, él no acertaba a meter más de una o dos. Era penoso contemplarle. Tomaba con su mano derecha una de las tuercas, la observaba con gran atención como si fuese el primer objeto similar que veía en su vida, lo alzaba con gran cuidado en el aire, a la altura del sitio donde debía estar el extremo de la varilla, y sólo entonces caía en la cuenta de que había olvidado tomar ésta de entre las muchas que tenía situadas ante sí. Un gran gesto de decepción se dibujaba en su rostro por tal descuido, devolvía con gran parsimonia la tuerca a su cestillo, tomaba la varilla con la mano izquierda, comprobaba que estaba totalmente vertical, repetía la maniobra de tomar una tuerca, sacaba la lengua entre los dientes, contenía el aliento y aflojaba al fin el índice y el pulgar de su mano diestra. De cada diez pruebas, nueve caía la tuerca al suelo; pero cuando por azar la tuerca conseguía enchufarse en la varilla correctamente, rompía a reír con grandes carcajadas de júbilo, y miraba a uno u otro de sus compañeros pidiendo un aplauso. O bien exclamaba, radiante:

—¡Jo... Si mi viejo me viese hacer esto!

Los capataces de tales talleres eran «batas blancas» muy seleccionados, pues reunían las tres condiciones de ser obreros especializados, maestros de «artes y oficios», y enfermeros psiquiátricos. Alicia decidió que ni le apetecía ensartar tuercas en varillas, ni armar las piezas elementales para unos juguetuelos sin originalidad ni valor, y que no tenía ya edad para aprender a bordar. De todos aquellos oficios el único que le satisfaría es... ¡el de capataz! Y convertirse en directora, vigilante y ángel guardián de aquellos desamparados. Bromeó consigo misma, y se dijo para sus adentros que era una especie de «Duquesa de Pitiminí» con manías de grandeza. ¡Pobres grandezas las suyas! Lo cierto es que el misterio de las almas enfermas espoleaba su curiosidad intelectual. Y la desolación de aquellas mentes taradas, el deseo de servirlas.

Llegó el otoño con su espléndido cortejo de oros, malvas y rojos. Los chopos que bordeaban los regatos semejaban soldados de gala presentando armas. La libertad de que gozaba Alicia le permitió adquirir gran cantidad de libros (¡todos de estudio!, ¡todos de medicina!) que la distraían de la tardanza de García del Olmo en regresar y conocer sus resultados. A veces, Alicia presentaba su tarjeta naranja al vigilante de la puerta y se iba, loma arriba, sin más compañía que sus libros y no regresaba hasta la caída de la tarde, en que las verjas se cerraban.

Aunque el permiso para salir tenía como condición el ir acompañada, se hacía con ella una excepción. Todo el mundo sabía que gozaba de un status especial. Se le devolvió el mechero, instrumento que sólo podían manejar los enfermeros; y la ecónoma tenía instrucciones de no poner límites a sus pedidos de dinero, beneficio que ella usó discretamente, pues no gastó más que en libros; en dos trajes modestos pero decorosos y favorecedores para el uso diario, y en sellos de cartas dirigidas a todos los consulados de España en Argentina pidiendo noticias de Heliodoro Almenara. En su oficina de Madrid, el personal —al no tener el ojo del ama encima— había hecho mangas y capirotes de la disciplina y del buen sentido y decidió tomarse las vacaciones de golpe, sin escalonar las salidas y regresos, de modo que el despacho estaba cerrado. Esto, al menos, imaginaba ella, al no haber recibido contestación a la carta en que pedía le enviasen su carnet de detective y la separata de su tesis doctoral.

Sus salidas con César Arellano fueron pocas y espaciadas; en parte porque las vacaciones de otros médicos multiplicaban las ocupaciones de éste y, en parte, porque Alicia consideró prudente no alentar con ilusiones vanas un galanteo que debía mantenerse dentro de unos límites muy marcados y precisos. Con esto, ella misma se autocastigaba, pues la compañía de César era a la vez aliciente y sedante, compensación y estímulo.

El otoño no sólo trajo consigo la variación cromática de la naturaleza. Se diría que Dios —que no era mal paisajista— se complaciera, cada nueva estación, en pintar las mismas cosas con distintos colores. También trajo la melancolía: una mezcla de paz y vaga tristeza. Alicia se felicitó de haber encontrado la definición exacta de su estado de ánimo: una tristeza sosegada.

«La Duquesa de Pitiminí» fue dada de alta y marchó a su casa. Otros, apenas conocidos por Alicia, fueron también devueltos a sus hogares. A medida que el otoño atemperaba los ardores de la canícula, muchas alteraciones y crisis remitían solas: el ciclo de la enfermedad pasaba a una nueva estación, se enfriaba, como la temperatura. Mas ¿por qué unos, que eran verdaderos enfermos, resolvían su situación y ella, que estaba sana, no lo conseguía? La tardanza de García del Olmo en dejarse ver, después de habérsele informado que la misión encomendada a Alice Gould había concluido, era intolerable. Pensaba en esto

Alicia con harta dificultad. A veces imaginaba que un inmenso telón de hierro (como los que se usaban antiguamente en los teatros para evitar que el fuego —caso de haberlo— se propagase) se interponía entre ella y su intento de razonar. No era, por supuesto, una alucinación visible, como cuando Teresiña Carballeira vio una serpiente de grandes dimensiones en el lugar que ocupaba su madre. Era —contrariamente a esto— una visión imaginaria o intelectual.

El telón se proyectaba ante ella como si dijera: «No quiero que tu pensamiento pase de aquí.» Es terreno acotado. Vedado de caza. «Zona rastrillai.» Y lo cierto es que no podía traspasarlo.

Comenzó a alarmarse. Su naturaleza le vedaba penetrar en determinadas zonas de su mente. Era como una suerte de amnesia proyectada en parte hacia el pasado; y en parte, paradójicamente, hacia el futuro. No era libre de acercarse a ella. Podía discurrir con entera facilidad y lucidez en los temas más abstrusos que su imaginación le presentase. Recordó que, con otras personas delante, podía hablar y argumentar brillantemente acerca de las causas de su internamiento, pero, a solas con ella misma, no podía. Se esforzó varias veces por intentarlo. Una vez fue, como hemos dicho, el telón de hierro el que se interpuso; otras, una avalancha de agua como la que anegó a los ejércitos del faraón en el mar Rojo, cuando iba en persecución de las huestes capitaneadas por Moisés. Otra, un gran vacío que la succionaba como si fuese un aerolito desprendido y atraído por la gravedad de una gran masa que va a la deriva por el espacio.

Era tal el vértigo que sentía, que procuraba eludir, con miedo, todo nuevo intento de penetrar en aquella zona de su psique que se negaba con tanta ardimiento a ser hollada.

Paseaba una tarde Alicia por el parque. Era día de visitas. El sol, del que semanas antes era obligado huir, se buscaba con gusto. Y bajo el sol deambulaban multitud de personas acompañadas de sus visitantes. Las verjas estaban abiertas y unos se movilizaban por dentro y otros por fuera de las tapias. Vio Alicia al ciego mordedor de objetos acompañado de una mujer que podría ser su madre y de un mocetón que era, sin duda, su hermano por el gran parecido físico que guardaba con él. Tenían aspecto de campesinos de condición humilde, y era triste comparar a los dos hermanos, uno sano y otro enfermo. El ciego padecía la necesidad irreprimible de una aparatosa movilidad: alzaba la cabeza, pateaba, encogía los hombros, contraía y distendía la boca, mordía el bastón. Padecía (como «el Autor de la Teoría de los Nueve Universos») lo que los médicos llaman trastornos psicomotores, pero éstos eran más brutales en el ciego y más grotescos —casi cómicos— en «el Astrólogo», el cual andaba como si bailara un rigodón. El hermano del ciego le sostenía de un brazo, caminaba con pausa, hablaba sosegadamente. ¡Qué patética diferencia la de aquellos dos mozos, que la viejecita que los acompañaba tuvo en su seno!

Ignacio Urquieta paseaba con las mismas personas del día de su accidente, y don Luis Ortiz con dos jóvenes —hombre y mujer— y una niña de unos diez años. Comprendió Alicia al punto que se trataba de su hijo —el que creía haber hecho cornudo—; de su nuera —a la que creía haber seducido—; y de su nieta, de la que imaginaba, en su delirio, que era hija suya. Su atuendo era el de una familia de empleados o dueños de un pequeño comercio. Llevaba don Luis de la mano a la niña, a su izquierda a su hijo y a la izquierda de éste iba la nuera: una mujer de aspecto sano, modoso, no demasiado bonita, y del talante más alejado que cabe al de haber cometido la felonía que le atribuyó su suegro. Éste de vez en cuando se volvía hacia ella por detrás de su hijo, le guiñaba y se llevaba un dedo a los labios, exigiendo silencio. El secreto «que ellos dos solos sabían» no debía trascender a nadie. Advirtió Alicia que, cada vez que esto ocurría, la mujer presionaba el brazo de su marido para advertirle que no se volviese, y se fingiera el distraído, para no poner a su padre en evidencia. ¡Oh, qué grotesco y qué triste resultaba ver esto! Otros enfermos impresionaban por su patetismo. Don Luis por lo ridículo de su tragicómica locura. Despidiéronse en la verja junto a la que estaban apiñados gran número de automóviles. Luis Ortiz, de espaldas a Alicia, se quedó plantado a la entrada y no se movió de allí hasta que el coche de su familia se perdió de vista. Después regresó sobre sus pasos dirigiéndose al edificio central. Eran tan grandes sus sollozos y su desesperación, que Alicia pensó si no sería conveniente avisar a un «bata blanca».

—Don Luis, ¿quiere usted que le acompañe? —le preguntó Alicia al verle tan acongojado.

—¡Soy un miserable! —respondió éste entre gemidos—. ¡Mi hijo es un ángel, y tiene por mujer a una arpía, y por padre al más grande de los bellacos! ¡Déjeme solo, señora: usted no merece que yo la ensucie con mi presencia!

A pesar de sus protestas, Alicia le hubiera acompañado, procurando consolarle, de no haber divisado a César Arellano en una postura realmente insólita: plantado a varios metros de la entrada y con los brazos abiertos en aspa, como un san Andrés crucificado. No tardó en resolverse la incógnita: un muchacho de unos diecisiete años penetró corriendo en el parque y se acogió a aquellos brazos que le esperaban con infinito amor. Alicia sabía que César era viudo, pero nadie le había hablado de que tuviera un hijo. Y aquel abrazo era inconfundible. Sólo un hijo es merecedor de una recepción así.

Antonio el Sudamericano corría de un grupo a otro, miraba descaradamente a cada hombre a la cara y, al no reconocer al que pretendía, se desplazaba en busca de nuevos rostros. Sus lágrimas eran conmovedoras y su expresión angustiada.

—Papá, papá...

Pasó junto a Alicia y ésta le detuvo por un brazo.

—Antonio, escucha...

—Tú no eres papá —dijo observándola con la mirada llena de niebla.

—No. Pero soy amiga tuya y te quiero bien. Anda, dame el brazo y acompáñame a pasear. Yo también estoy muy sola.

Antonio se agarró a ella. Su mano estaba convulsa.

—Papá no está. Papá no ha venido. ¿Dónde está papá?

Anduvieron muy poco tiempo juntos. Súbitamente Antonio se escapó de su lado y corrió hacia nuevos hombres que cruzaban el umbral de la entrada.

—Papá, papá...

Mas ninguno de ellos era el que buscaba.

Alguien asió a Alicia por la muñeca. Su presión era bien distinta a la de «la Mujer Gorila».

—Alicia —dijo César—, quiero presentarte a mi hijo Carlos. —Y dirigiéndose a él—: Ésta es la señora de quien te hablé.

—Hola, Carlos —dijo Alicia amistosamente.

Éste le besó la mano. Era la primera cortesía de esta suerte que se le brindaba desde que ingresó.

—Acaba de volver de Inglaterra. Es el cuarto verano que pasa allí. El curso que viene ingresará en la Universidad.

—*Tell me* —le dijo Alicia, hablándole directamente en inglés— *where have you been in England?*

—*In Norwich* —respondió el muchacho. Y en seguida comentó sorprendido—: *Your English is really beautiful, Mrs. Almenara!*

—*Thank you, Charles. You also speak it very well. What are you going to study?*

—*Medicine. I am trying to be a psychiatrist as my father* (1).

—Es de mala educación hablar delante de mí un idioma que no entiendo —protestó César Arellano—. He estado esperando el regreso de Carlos —añadió— para tomar mis vacaciones. Lo vamos a pasar en grande.

—¿Dónde iréis? —preguntó Alicia intentando ocultar su decepción.

(1) —Dime: ¿en qué parte de Inglaterra has estado?

—En Norwich. ¡Habla usted un precioso inglés, señora de Almenara!

—Gracias, Carlos. Tú también lo hablas muy bien. ¿En qué facultad vas a ingresar?

—En Medicina. Me gustaría especializarme en psiquiatría, como mi padre. *(N. del a.)*

—A Almería, a hacer pesca submarina.

—¿Cuándo?

—Ahora.

—Voy a sentirme muy desamparada sin la protección de mi médico.

—Alicia, si cuando yo regrese ya no estás aquí, ¿dónde puedo escribirte?

—Montserrat Castell tiene mi dirección.

César le tendió la mano.

—Adiós, Alicia, hasta muy pronto. ¡Y mejor en Madrid que aquí!

—Que lo pases bien, César. Y tú, Carlos, cuídale. Y no le dejes bajar muy hondo bajo el mar. ¡Tu padre ya no tiene edad para esos deportes!

—Claro que tiene. ¡Es un submarinista estupendo!

—¡Que os divertáis!

—Adiós.

—Adiós...

Si había contenido hasta ahora el deseo de llorar, no pudo evitar que se le humedeciesen los ojos al oír decir a su espalda:

—Jolín, papá, ¡qué guapa es!

No quiso Alicia volverse para verlos marchar. Sólo faltaba que diesen de alta a Ignacio Urquieta, que se curase de pronto de su fobia y que se lo llevasen en volandas entre ese padre y ese hermano atlético con los que paseaba. «¡No quiero que se cure Ignacio!», gritó para sus adentros.

Rómulo llevaba de la mano a la joven Alicia. Incluso al andar, ésta se balanceaba un poco. Los dos niños —que no lo eran salvo en su edad mental— se acercaron a ella.

—Dale un beso a esta señora —dijo Rómulo—. Nadie más que yo sabe quién es. Y yo te lo contaré sólo a ti.

Besó Alicia a su pequeña tocaya, ya que ella no hizo ademán alguno. Y a él, con gran cariño.

—¡A mí también me tienes que contar tu secreto! —le dijo Alicia.

—Tú ya lo sabes... —respondió Rómulo maliciosa y

misteriosamente. Y, tirando de la pobre idiota, prosiguió su camino entre los demás paseantes.

De súbito, Alicia se detuvo ante una señora a la que creyó reconocer. Era más baja que alta; iba muy encorsetada para paliar los excesos de su busto y sus caderas; vestía bien, aunque con elegancia un poco afectada, como quien lleva puesto el traje de los domingos; su rostro, de piel muy blanca, ojos azules y pelo negro, era muy grato y dulce. Al ver que Alicia la observaba se detuvo ella también y la sonrió.

—Nosotras nos conocemos, ¿verdad?

—Estoy segura —dijo Alicia— de habernos visto antes de ahora. Y trataba de recordar dónde y cuándo. Ese broche que lleva usted puesto también lo he visto alguna vez.

—Yo me llamo María Luisa Fernández.

—¿La detective? ¡Claro! Estuvimos juntas en una convención internacional de investigadores privados que se celebró en Mallorca. Éramos las dos únicas mujeres españolas de la profesión.

—Naturalmente —exclamó María Luisa—. ¡Usted es Alice Gould! ¿Viene usted a visitar a alguien?

—Sí —mintió Alicia—. A una gran amiga mía que padece crisis de angustia. ¿Y usted?

—A un sobrino de mi marido, pero lo tienen encerrado y no he podido verle. Creíamos que lo suyo eran depresiones pasajeras. Pero nos tememos que sea algo más triste.

—¿Pernocta usted en el pueblo esta noche?

—No. Regreso ahora mismo hacia Madrid.

—¡Lástima! Me hubiera encantado invitarla a cenar en una deliciosa taberna muy pintoresca que hay en La Fuentecilla.

—¡Otra vez será!

Despidiéronse las dos colegas, y Alicia emprendió el regreso hacia el edificio central.

La partida de César Arellano la había entristecido. Se encontraba desamparada sin su proximidad. Le conmovía la idea de esas vacaciones mano a mano, de padre e hijo, sacando meros o peces limón en las aguas de cristal de la Costa Blanca. Se dirigió cabizbaja hacia las cristaleras tras las que habría, sin duda, menos gente que en el parque. No se equivocó. La «Sala de los Desamparados» estaba prácticamente vacía, pero no desierta. «El Hombre Estatua», la autocastigada, y Antonio el Sudamericano eran sus únicos ocupantes. Los dos primeros guardaban su eterno silencio. El último, muy agitado, lloraba. Sentóse Alicia alejada de los tres. Súbitamente, Antonio cogióse al pomo de la puerta e hizo ademán de marcar un número telefónico.

—¡Hola, viejo! Che, ¿por qué no venís?... ¡Hola, hola...! ¿No eres tú?... Y entonces, ¿quién sos vos?

Antonio escuchó atentamente: movía los labios al compás de las palabras que imaginaba oír. De súbito dio un gran grito. Su rostro se fue demudando al tiempo que las escuchaba.

—¡¡¡Noooo!!!

Crispó la mano que tenía libre y comenzó a darse grandes puñadas en el rostro.

—Juráme que no es cierto —continuó llorando—. Jurámelo...

Se apartó de lo que creía ser teléfono. Paseó la mirada desvaída por la sala y corrió ante «el Hombre Estatua», al que se abrazó sollozando:

—¡Ha muerto el viejo! ¡Mi viejo ha muerto de pena porque yo no sabía estudiar!

Era patético contemplar aquella pareja de hombres. Uno gigantesco, indiferente e inmóvil. El otro abrazado a él, todo convulso y agitado, afligido por un dolor infinito producido por una muerte imaginaria. Antonio se acusaba de la muerte de su padre. Él era el solo culpable; él era su asesino. Había matado a su viejo a disgustos porque aquél quería que su hijo estudiase, y él no podía, no «sabía» estudiar. Sus palabras eran desgarradoras, y su aflicción tocaba fondo. «El Hombre de Cera» ni le escuchaba ni le entendía ni le veía. Lo mismo podría el supuesto huérfano haberse abrazado a un árbol o a un mueble para dar rienda suelta a su dolor. Corrió Alicia en busca de un «bata blanca». Ese muchacho no estaba en condiciones de gozar del «régimen abierto». ¡Debían encerrarlo... y pronto!

El primer hombre de la casa con quien topó fue Samuel Alvar. Al escuchar a Alicia, le respondió con acritud.

—Gracias por avisarme, pero... ¡absténgase de *decirme* lo que debo hacer!

Cuando entraron en la «Sala de los Desamparados», Antonio ya no estaba. Le buscaron infructuosamente por toda la planta baja. «La frontera» estaba cerrada; luego era inútil intentar localizarle en las oficinas. De haber salido al parque le hubieran visto. Alvar subió precipitadamente la escalera de la unidad de hombres y Alicia avisó a Conrada la Vieja, quien junto con Roberta y ella misma comenzaron a inspeccionar la Unidad de Mujeres. Lo encontraron en las duchas de estas últimas, ahorcado con su propia camisa colgada del surtidor de la lluvia artificial. Se hizo lo indecible por reanimarle. Alicia oyó decir que incluso su corazón volvió a latir aunque muy pocos segundos. Recordó los versos de Jorge Manrique:

...querer el hombre vivir
cuando Dios quiere que muera
es locura.

Y los recompuso de esta suerte:

No es cordura
querer hacer revivir
a aquel que quiere morir.

¡Ah, qué terrible es el sino de los pobres locos, esos «renglones torcidos», esos yerros, esas faltas de ortografía del Creador, como los llamaba «el Autor de la Teoría de los Nueve Universos», ignorante de que él era uno de los más torcidos de todos los renglones de la caligrafía divina! ¡A las siete de la tarde de aquel mismo día llegó por primera vez a visitar a su hijo, en el hospital psiquiátrico, el padre de Antonio el Sudamericano!

Alicia quedó afectadísima por no haber actuado antes. Se culpaba una y otra vez de no haber avisado a tiempo a un «bata blanca», cuando vio el cariz que tomaba la crisis.

Pasó el resto de la tarde ensimismada y alicaída. A medida que el sol declinaba, la «Sala de los Desamparados» comenzó a llenarse, ya que, sin sus rayos, hacía frío en el exterior. No podía quitarse de la cabeza la imagen del joven loco, obsesionado por su padre, cuya visita anhelaba tanto; al que creía muerto de la pena que le producía tener un hijo enfermo de la mente; un padre que no le visitaba nunca y que, al fin, lo hizo cuando ya sólo podía posar sus labios en una carne fría y yerta. Era el tercer suicidio consumado que se producía desde que ingresó en el hospital. Y la octava muerte: ya que había que añadir al «Gnomo», Remo, los dos etarras y el ahogado que apoyaba su rostro para dormir en las plumas de una almohada inexistente: ninguno fallecido de muerte natural.

Montserrat Castell la distrajo de sus meditaciones. Estaba muy acalorada.

—Tengo noticias para ti, Alicia.

—¿Buenas o malas?

—Creo que muy buenas. El director me manda te advierta que no utilices hoy tu tarjeta naranja. De aquí a dos horas, más o menos, llegará al hospital tu cliente Raimundo García del Olmo. Lo traerá en su automóvil el doctor Muescas, que es amigo suyo. La entrevista tendrá lugar en el despacho de Samuel. También asistirá el comisario Ruiz de Pablos.

—¡Dios aprieta pero no ahoga! —exclamó Alicia Gould inundado el rostro de alegría.

Con añoranza, añadió:

—¡Qué pena que no pueda estar presente César Arellano!

S

EL CLIENTE DE LA DETECTIVE

ENCERRÓSE ALICIA en su cuarto y se tumbó en la cama. Imposible resulta precisar el tiempo que estuvo, las manos bajo la nuca, los labios moviéndose cual si hablara y la mirada perdida en el vacío. Tenía los nervios a flor de piel. ¡Al fin había llegado su gran día! Recordaba la admiración que advirtió en el rostro del comisario la noche que descubrió los tres crímenes. Y sus palabras: «Como profesional de la investigación criminal, la felicito, señora.» ¿Qué no le diría hoy, al resolver de un plumazo, ante los ojos atónitos de todos, la incógnita de la muerte de Severiano García del Olmo y su propia incógnita, la de ella, Alice Gould, «la fantástica», «la soñadora», «la de la personalidad misteriosa, fascinante e incomprensible» como le dijo un día Rosellini? ¡Ah, Rosellini, el médico guapo y serio que se había enamorado perdidamente de ella y no se atrevía a decir con los labios lo que proclamaban a gritos sus ojos! ¿Le permitirían asistir a la entrevista? «Por Dios, Alicia —se dijo a sí misma—, no debes comportarte duramente con el director ni mortificarle. No olvides que ha sido él mismo quien ha avisado a Raimundo que la investigación por la que ingresaste en el manicomio ha concluido.»

Tal vez regresara esa misma noche a Madrid, acompañada de su cliente y en el mismo coche en que llegó. Si así era, estaba dispuesta a volver algún día para abrazar a tanta gente buena —¡heroicamente buena!— como había de murallas para dentro. Pero no lo haría sin comprobar primero que César Arellano había regresado ya. ¡Por cierto! No debía olvidarse de preguntar a éste la dirección de su hijo Carlos en Madrid para invitarle alguna vez a almorzar en casa. ¡Qué pena, qué pena que no asistiese César a su triunfo de hoy!

Se imaginaba el despacho del director con los muebles colocados tal como estaban el día de la investigación. Samuel Alvar haría tamborilear sus dedos, yema contra yema, como de costumbre; el doctor Muescas movería agitado las piernas y arrugaría la nariz con su tic característico cual si quisiese con ese gesto colocar los lentes en su sitio. Se imaginaba al comisario Ruiz de Pablos entrecruzando sus pequeñas manos como si rezara, y a Raimundo —atento, conmovido y suspenso— al escuchar la verdad de la muerte de su padre. ¡Ah, también le agradaría que asistiese el inspector Soto, el de la bella cabeza de caballo!

«Señora de Almenara —diría el comisario—, estamos impacientes por escucharla.»

(Aquí habré de bajar los párpados concentrándome. Mis primeras palabras serán lentas, como las de quien evoca cosas pasadas, y después ganarán velocidad a medida que engarzo mis deducciones.)

—Hace ya varios meses, cuando fui recibida por primera vez por don Samuel Alvar en este mismo despacho, tracé verbalmente el retrato robot del criminal: Un hombre entre cincuenta y cincuenta y cinco años, muy fuerte, con gran memoria para las injurias recibidas, de espíritu envidioso y vengativo, que supiese escribir, que alguna vez gozó de una posición económica o social relativamente elevada y que hoy vivía una existencia miserable. ¡Ah, no debo olvidar decir esto: y, por supuesto, perturbado mental!

—¿Por qué de esa edad? —me preguntará extrañado Raimundo.

—Porque deduje que tenía que tener unos años muy aproximados a los tuyos y haber sido tu amigo en tu infancia o juventud, o compañero de clase o algo similar. Y la amistad se fue trocando en odio a medida que te encumbrabas y triunfabas, y él fracasaba y se hundía en el fango...

—¿Y por qué dedujo usted eso? —preguntará el comisario.

—Porque, tal como se produjo el crimen, el móvil no podía ser más que el odio y la venganza. Robo no hubo. Las puertas no fueron forzadas. Eso quiere también decir que era un conocido de la casa, ya que un octogenario que vive solo no hubiese franqueado la entrada de noche a un extraño.

—¿Y por qué pensó usted que era un loco?

—¡Sólo un vesánico puede cebarse con esa saña en un anciano, aplastándole la cara y el cráneo y el tórax! Los periódicos de aquel tiempo pusieron en boca de no recuerdo qué inspector un ejemplo muy gráfico: «Es como si le hubiesen golpeado con un gran saco lleno de arena.» De ahí deduje que el hombre era muy fuerte. Sólo un titán sería capaz de manejar un gran saco de arena como si fuera un martillo. De modo, me dije, que he de hallar a un coloso, conocido del padre de García del Olmo, de la edad de su hijo, con motivos reales o imaginarios para odiar a este último, ¡y loco!

No es imposible que el comisario me interrumpa:

—Ni nos aclaró usted antes lo de la edad, ni veo por qué había de odiar al hijo y asesinar al padre.

En ese caso, pienso contestar:

—¡Les estoy explicando lo que yo sospechaba entonces y no lo que sé ahora! Yo creía que se vengaba en el hijo asesinando a su padre. También podía ocurrir que hubiese ido a la casa para matar al hijo, y, al no encontrarle, aprovechar el viaje, como quien dice, para matar al padre: circunstancia que no haría más que confirmar la sinrazón de un loco. Hoy ya sé que tenía motivos para odiar a ambos.

—Pasemos de las intuiciones a los hechos, señora de Almenara...

—Los hechos son así —diría Alicia—: don Raimundo García del Olmo, aquí presente, tenía un primo a quien trataba muy poco, pues vivía muy lejos, en Orense, y tenía fama de raro.

—Eso es cierto —corroborará Raimundo—. Pero ¿cómo puedes saberlo?

—Al quedar huérfano tu primo —proseguiré (que era hijo de una hermana de tu padre), éste se hizo cargo de su sobrino; lo trajo de Galicia a Madrid y lo alojó en vuestra casa. Hace de esto cuarenta años. La convivencia se hizo insoportable. La tensión entre los dos chicos —que no pasabais en aquel entonces de los quince—, insufrible. El primo de Galicia no era solamente un raro: ¡estaba loco! Al tener la evidencia de ello, tu padre solicitó su internamiento, y, no vol-

vió a verle jamás, hasta el día de su muerte, ya que él fue su asesino.

Llegado a este punto todos se pondrían a hablar a un tiempo. José Muescas preguntará a Raimundo si lo que estoy diciendo es verdad. Éste confesará que sí, salvo lo de la muerte, que él ignora. Alvar querrá saber si ese hombre residía hoy en Nuestra Señora de la Fuentecilla. Responderé afirmativamente. ¿En qué unidad? En la de demenciados. El comisario intentará poner un poco de orden en aquel galimatías. ¿Cómo pude yo saber todo eso?

—Desde que ingresé aquí para hacer esta investigación —contestaré— pedí al director que me facilitara los expedientes de algunos recluidos. Necesitaba saber cuáles de ellos habían obtenido permiso para salir fuera del hospital en las fechas en que García del Olmo fue asesinado. Sólo tuve la oportunidad de ver uno de los expedientes que me interesaban el día en que usted, señor comisario, pidió que se lo trajesen a este despacho. Mientras esperábamos a que se personara el joven Rómulo, a quien había mandado llamar, usted hojeó mi propio expediente —¿lo recuerda?— y yo no perdí la oportunidad de revisar el otro. Comprendí entonces que el padre de don Raimundo no había muerto a golpes de saco de arena, sino de idéntica forma que Remo, el gemelo, saltando su asesino sobre él, y partiéndole el tórax y reventándole las entrañas. José Sáez y García, a quien aquí todos conocemos por «el Hombre Elefante», fue internado hace cuarenta años por solicitud de su tío carnal, don Severiano García del Olmo. Cuando el director inició el régimen «abierto», se le permitió salir del hospital durante tres días, el segundo de los cuales coincide con el asesinato de quien le internó.

José Muescas, muy nervioso, preguntará a Raimundo:

—¿Hubo, en efecto, esa tensión de que habla la señora de Almenara?

—Sí; la hubo. Lo que no entiendo es cómo lo sabe ella.

—¿Cómo no haberla entre un chico sano y otro loco? Además, si no la hubiese habido —replicaré triunfalmente—, ¡tu padre no le hubiera mandado internar!

—¿José Sáez está internado aquí? —preguntará Raimundo al director.

Éste responderá:

—Sí. ¡Y hace un mes, escaso, asesinó a un muchacho oligofrénico!

—Nos encontramos —concluiré— con un hombre que mata por vengarse como hizo con Remo, el gemelo; que odiaba a su tío porque lo internó en un manicomio; que odiaba a su primo «el listo» por el hecho de serlo; que, tras treinta y ocho años de internamiento, se le permite salir una sola vez; y que esa salida coincide con el asesinato de su tío... ¡y que el cadáver de éste fue hallado con idénticas señales que el de una víctima suya probada: el tórax aplastado y reventadas las entrañas! ¡Si mi deducción no está bien hecha, que venga Dios y lo vea!

—Es usted particularmente expresiva, señora —me dirá Ruiz de Pablos poniéndose en pie para felicitarme.

Y entonces ocurrirá algo insólito, inesperado, fantástico: Samuel Alvar me sonreirá por primera vez. Y yo descubriré otro secreto: que si el director no sonríe nunca no es sólo por ser más agrio que un limón sin madurar, sino para que nadie advierta que no se lava los dientes.

Rompió a reír Alice Gould ante esta idea. Y aún seguía riendo cuando se oyeron unos pasos enfurecidos. La cabeza de la mujer que atribuía estar sana «a no pensar jamás» asomó por el ventanuco.

—¿Dónde se había metido usted? ¡La llevo buscando por toda la casa!

—Amiga Roberta, si haciendo una gran excepción pensara usted alguna vez, hubiese intuido que no es raro encontrar a una persona en su propia habitación. Y puede abstenerse de darme el recado. Sé muy bien lo que quiere decirme: que el director me manda llamar. Y que una visita me espera en su despacho.

—¿Cómo lo sabe usted?

—¡Porque yo sí utilizo, a veces, la máquina de pensar!

Púsose Alicia en pie de un salto y corrió exhalada hacia el despacho del director. Se atusó el pelo con un movimiento rápido, golpeó discretamente la puerta con los nudillos y entró.

Estaban presentes Samuel Alvar, el comisario Ruiz de Pablos, el doctor don José Muescas y otro hombre muy serio, bajito, calvo, rechoncho, de cara vulgar y ojos miopes, un tanto abombados, como los de los peces: probablemente un policía. Raimundo García del Olmo no estaba.

—Buenas tardes, señor comisario. Buenas tardes, director.

Y con una leve inclinación de cabeza saludó a los dos restantes, que le respondieron del mismo modo.

—El doctor García del Olmo —dijo el director— ha sido tan amable de desplazarse hasta aquí para escuchar cuanto sepa usted acerca de la muerte de su padre.

—Yo también estoy impaciente por declararle mis sospechas. ¿Dónde está él?

Hubo en todos un movimiento de sorpresa.

—El doctor García del Olmo soy yo —declaró el hombre serio.

Alicia Almenara, endurecido el rostro, los ojos secos, apretados los dientes, le contempló incrédula... Movió la cabeza lenta y repetidamente, como «la Niña Oscilante» su cuerpo.

—¿Le ocurre algo, Alicia? —preguntó don José Muescas.

No respondió.

—¿No tiene nada que decirnos? —interrogó decepcionado Ruiz de Pablos.

—A usted sí, comisario. Desde ahora declaro formalmente que este señor no es el doctor Raimundo García del Olmo. Y con la misma formalidad solicito la protección de la policía ante el secuestro de que soy víctima.

Dirigió los ojos con implacable dureza a Samuel Alvar. Si las miradas mataran, el director hubiera caído allí mismo fulminado. No pronunció una sola palabra más. Samuel mantuvo impasible la mirada glacial de Alice Gould.

—Puede usted retirarse, señora.

Apenas se cerró la puerta, comentó:

—Le ruego, querido colega, que nos disculpe. Ya le avisó mi ayudante que la enferma no era de fiar. También se lo advertí a usted, comisario. Y no quiso escuchar las razones que objeté para no molestar a este caballero y obligarle a desplazarse hasta aquí. Un paranoico inteligente es capaz de enredar, confundir, y volver loco a un médico excesivamente confiado como César Arellano. Recuerden el caso de Norberto Machimbarrena. Era un paranoico como esta señora. Ingresó aquí hace cuatro décadas por haber cumplido escrupulosamente la orden «de mente a mente» que creyó recibir de sus jefes de eliminar separatistas vascos. A lo largo de más de 40 años se le ha creído curado. Y en cuanto ingresaron aquí dos psicópatas de la ETA, no duraron ni veinticuatro horas. Los mató a los dos. Esta señora intentó por tres veces envenenar a su marido. ¿Queremos darla por sana porque no se le cae la baba, porque habla varios idiomas y porque viste bien? ¿Es que acaso no existen paranoicos entre los que visten bien y hablan varios idiomas? ¿Tienen por ventura los señores patente de inmunidad? ¡Soltémosla y lo primero que hará es envenenar a su marido! Lo hará con la máxima elegancia, sin duda, ¡pero lo hará!

Hizo una larga pausa que nadie osó interrumpir.

—Yo te ruego, Pepe, que empieces a tratarla inmediatamente, tal como mandan los cánones. Lleva más de cuatro meses aquí embaucándonos a todos. Y si hemos de devolvérsela alguna vez a su marido (caso de que eso sea posible) hay que devolvérsela sana. En cuanto a usted, comisario, ¡respete nuestra especialización! Esta dama superferolítica y exquisita es mucho más peligrosa (tengo mis motivos para decirlo) que muchos de los que pueda usted ver por ahí con cara de alucinados y la baba entre los labios. Y a usted, amigo García del Olmo, ¿qué puedo decirle sino disculparme?

Aturdida y acongojada salió Alicia del despacho del director, con la angustia de quien anda a oscuras por un laberinto sin salida. Al verla pasar, junto a sus oficinas, la ecónoma la llamó:

—Señora de Almenara, ¿quiere ser tan amable de dedicarme unos minutos?

Como una autómata que obedece a los resortes que manipulan otros, Alice Gould penetró en la pequeña habitación.

—El día que ingresó usted en el hospital, su marido depositó una suma equivalente a sus gastos durante un trimestre y se hizo responsable de abonar los «extraordinarios» que usted produjese. Esa cuenta está ya agotada. Hemos reclamado reiteradas veces a las señas que nos dieron y no hemos recibido respuesta.

—Mi marido está en América.

—Hemos consultado con el director y nos ha dicho que se aplique el reglamento.

—¿Y qué dice el reglamento?

—Que ha de trasladarse usted de su celda individual al dormitorio colectivo, mientras se tramita la documentación para que se la considere acogida a Beneficencia.

—El dinero que llevaba yo encima el día de mi ingreso, ¿quedará por eso bloqueado? Usted sabe que junto a la tarjeta naranja recibí la autorización de disponer de él.

—El reglamento dispone que ese dinero le sea devuelto a usted.

—¿Cuánto tengo disponible?

La ecónoma consultó sus cuentas y se lo dijo.

—¡No es mucho! —comentó Alicia—. Déme la mitad.

—Está muy pálida, señora de Almenara.

—He sufrido un gran disgusto. Mi marido había prometido visitarme hoy y no ha venido.

—¡Ningún hombre merece que suframos por ellos! —sentenció la ecónoma mientras le daba el dinero.

Subió Alicia precipitadamente a su cuarto antes de que se lo quitaran. Necesitaba reconsiderar su situación. Tumbóse en la cama y cerró los ojos. Su capacidad de pensar estaba taponada. Quería perforar el misterio y éste se alzaba ante ella como una pared. Era insostenible imaginar que el director se hubiese atrevido a presentar a un simulador ante el propio comisario, Ruiz de Pablos. Don José Muescas dijo delante de ella el día de la junta de médicos que él conocía a García del Olmo. ¿Eran cómplices de la farsa el director y el jefe de la Unidad de Urgencias? Esta suposición tampoco se tenía en pie. La única solución viable era tan cruel, que Alicia se debatía para no planteársela. ¿Estaba realmente loca? Era muy triste considerar su propia locura: una locura razonadora. Pero al aceptarlo quedaban resueltos todos los enigmas. Si el doctor García del Olmo era el hombrecito serio y calvo que acababa de ver en el despacho de Samuel Alvar, ¿quién fue el elegante individuo que la acompañó desde Madrid el día de su ingreso? ¿Un enfermero? ¿Un policía? ¿Fue todo una argucia para traerla engañada? ¡Oh Dios!

Su mente se detuvo. Así como el físico del «Hombre de Cera» quedaba inmovilizado en la postura en que los demás le situaran, la actividad intelectual de Alicia quedó paralizada en ese pensamiento. El razonar equivale a mover la mente. Pues bien: Alicia no razonaba. Su entendimiento se posó en el punto dicho y allí quedó agazapado como una liebre encamada, como un animal que sabe que en la total quietud está su mejor defensa para no ser visto por el cazador o por la fiera al acecho. Y ella necesitaba protegerse en este nirvana (en este no-pensar) para que la inmovilidad de su intelecto le sirviese de añagaza defensiva frente a un animal feroz que la acosaba de cerca: la idea terrible de aceptar como un hecho cierto su propia locura.

Unos pasos rápidos sonaron en las baldosas y rompieron su ensimismamiento. La voz amiga de Montserrat Castell pidió permiso para entrar.

—¿Estabas dormida? —preguntó disculpándose.

—No.

—¿Qué ha pasado?

—No lo sé.

—Algo ha pasado y quiero que me lo cuentes.

—¡No lo sé, Montserrat, no lo sé...! Empiezo a pensar que os he engañado a todos y a mí misma. De los hechos pasados y presentes no sé cuáles son verdad y cuáles mentira. Mi cabeza es como un cuarto desordenado en que todo ha sido cambiado de sitio. Busco algo y no lo encuentro.

—Me he enfadado con Samuel —explicó Montserrat—. Por culpa tuya he tenido con él una agarrada muy desagradable. Tampoco ha querido contarme lo que te ha pasado.

—Tienes mucha confianza con el director. ¿Por qué?

—Es muy largo de contar. Cuando nací, fui amamantada por una payesa que trabajaba para mi madre en una masía muy cerca de Gerona. Esa payesa tenía un hijo, a quien mis hermanos mayores, andando el tiempo, le costearon la carrera de medicina. Ése es Samuel Alvar. Su madre sigue trabajando para la mía. ¡Pero no es de él de quien quiero hablar, sino de ti!

—Estoy muy deprimida, Montserrat. He dejado de interesarme por mí misma. Estoy aburrida de mí. Es una sensación muy difícil de explicar. Cuéntame tú por qué te has peleado con el director.

—¡Me ha dado orden de que te retire la tarjeta naranja!

Alicia se encogió de hombros.

—¡Y de que mañana por la tarde, en que queda libre una cama, te traslade a la unidad de don José Muescas!

Nuevo encogimiento de hombros.

—Todo me da igual.

—¡Te van a comenzar a tratar con insulina!

Ahora sí que un poderoso timbre de alarma despertó de su abulia a Alice Gould.

Montserrat vio el terror en sus ojos.

—¿Es eso cierto? ¿Mañana dices?

—Sí, Alicia —respondió llorando la Castell—. He rogado, he suplicado, he llorado pidiendo que esperaran a que regresara César Arellano. ¡No me ha hecho caso!

—¡Localiza a don César, Montse! ¡Telefonéale!

—No sé dónde está...

—Yo sí. Mañana o pasado llegará con un hijo suyo a un pueblo de Almería: un pueblo costero. Es todo lo que sé.

Montserrat comentó desalentada:

—¡Hay miles de pueblos costeros y de urbanizaciones en Almería!

—¡Entonces, ayúdame a fugarme! ¡Escóndeme en algún sitio y cuando vuelva César Arellano regresaré!

—¡Alicia, Alicia! Si yo no llevo antes de media hora tu tarjeta naranja a Samuel, subirá él mismo a buscarla.

—Toma la tarjeta. No la necesito para salir de aquí. ¿Tienes coche?

—Sí.

—Explícame dónde está. Deja el maletero abierto y busca un pretexto para anticipar la salida antes de que cierren la puerta de las tapias.

—Mi coche, Alicia, está fuera de las verjas.

—No me faltarán otros medios.

Oyóse la siempre desagradable voz de Conrada la Vieja.

—¡Castell! ¿Estás ahí?

Montserrat asomó su cabeza por el ventanuco.

—Aquí estoy.

—El director te llama.

Besó Montse a la Almenara y trazó en su frente una señal de la cruz.

—No necesito preguntarte lo que vas a hacer. Sé prudente, Alicia, y astuta. Si no nos vemos más, ¡que Dios te proteja!

Era preciso que su conmoción interna pasase inadvertida. Su decisión de fugarse al día siguiente (en cuanto concluyese el desayuno, para que su ausencia tardase en ser notada) no debía comunicársela a nadie, por muy amigo que fuese. Se propuso mostrarse alegre y desenfadada, y actuar con orden y frialdad.

Bajó de su dormitorio a la «Sala de los Desamparados». Necesitaba utilizar a Urquieta para sus planes sin que éste comprendiese la verdadera razón de su ayuda. El cerebro de Alicia era en este instante como una computadora llena de esas lucecitas que se apagan al dejar de funcionar. Las suyas estaban todas encendidas.

—En tu busca venía —le dijo a Urquieta al divisarle—. ¿Qué tal tu familia?

—Mi padre tiene una salud de hierro. El único insano de la familia soy yo. ¿Querías algo de mí?

—Quería tu compañía, ¿no te parece bastante? He estado pensando que me gustaría charlar y pasear con el hombre más guapo y atractivo del hospital. He meditado largamente en cuál era el mejor. Y he llegado a la conclusión de que eres tú.

—¿Pretendes coquetear conmigo, Alicia?

—Es exactamente lo que pretendo.

—¡Yo soy un tarado!

—Déjate de bobadas. Eres un tipo estupendo. Cuando te cures me gustaría hacer un viaje contigo.

—¿Por las islas del Sur del Pacífico? ¿Y verme bañar en el mar?

—No. ¡Por los pueblos de esta provincia!

—No has dicho ninguna tontería. Hay lugares impresionantes. Por aquí pasaba la ruta de Santiago y hay una colección de ermitas e iglesias románicas extraordinaria. ¿No has visitado el retablo de Berruguete de... (¡por cierto es un pueblo que se llama igual que tú!) Almenara de Campó?

—No lo conozco. ¿Dónde está?

—Entre Gordillo y Robregordo.

—Desconozco todo de esta zona de España. Ni siquiera me doy cuenta de dónde está situado este hospital. Tú que eres topógrafo, ¿por qué no me haces un dibujo?

Ignacio se acercó a Bocanegra.

—¿Sería usted tan amable que arrancara para mí una hojita de su cuaderno de hule y me prestara un bolígrafo?

Extrajo el mutista el cuaderno de su bolsillo; escogió cuidadosamente uno de los bolígrafos de colores y escribió: ¡¡¡NO ME SALE DE LAS NARICES!!!

—¿Hay alguien que sea más amable que este pozo de estupidez —preguntó en voz alta Ignacio— y quiera prestarme una hoja de papel?

—¡Cual... cual... cualquiera! —respondió un tartamudo.

—¿Me lo puede usted prestar?

—Yo no ten... tenggg... tengo. Pero di... digggg... digo que cual... quiera es más amm... ammable que ese pozo de est... est... estupppp...

—Estupidez —le ayudó Ignacio a concluir.

—¡Eso! —confirmó rotundo el tartamudo.

—¿Ve usted, señor Bocanegra, lo que consigue al estar siempre callado? ¡Nadie le quiere!

Llegó corriendo «el Albaricoque», con su balanceo característico y comenzó a sacar papeles escritos de cada bolsillo.

—Preferiría alguno en blanco.

Aunque algo decepcionado de que se prefiriera una hoja en blanco a una de sus magistrales epístolas, «el Albaricoque» le facilitó bolígrafo y papel.

—Aquí está el hospital —comenzó Urquieta a explicar a medida que dibujaba—. Y aquí el pueblo de Fuentecilla. Y aquí Robregordo.

A cada nuevo pueblo venía una pregunta nueva. ¿Cómo se viaja de aquí a aquí? ¿Dónde empalma esta carretera con la general? ¿Y en este bosque hay lobos? ¿Y este río dónde desemboca? ¿Cómo se cruza? ¿Qué autobuses hay? ¿Esa aldea tiene teléfono? ¿Cuál es el norte y cuál el sur?

Al cabo de media hora Alicia tenía un plano perfecto de toda la zona.

—Me lo tienes que dedicar. Eres un gran dibujante.

Ignacio escribió:

A Alicia Almenara, la más fascinante de las locas y la más bonita de las mujeres, a la que deseo todos los bienes del mundo menos uno: la salud. Porque si ella sanara, me privaría de la alegría y el gozo de su presencia.

Alicia palmoteó entusiasmada al leerlo, y le besó en la cara.

—Además de topógrafo y dibujante, eres poeta.

—No debías besarme, Alicia...

—¿Te molesta que te demuestre mi gratitud con un beso fraternal?

—¡Ahí está lo malo! Yo no recibo tus besos tan fraternalmente como tú me los das.

Llegada la hora de cenar, Alicia comentó que no tenía hambre, pero que a medianoche le entraba un apetito espantoso. Al día siguiente repitió lo mismo: no tenía apetito a la hora del desayuno, pero a media mañana se sentía voraz. Con esto ambas veces guardó cuidadosamente pan, frutas y un trozo de tortilla.

Concluido el desayuno, Alicia le dijo a Urquieta:

—Aunque te fastidie, ¡toma!

Y le besó de nuevo. Pero esta vez fue un abrazo de despedida.

La verja estaba abierta. Y detenida en la puerta una furgoneta. Vestido de paisano, el enfermero Guillermo Terrón hacía señas al «Albaricoque» de que se apresurara. Vio a éste correr con un hatillo en la mano y comprendiendo de qué se trataba corrió ella también.

—Amigo Terrón, ¿va usted a La Fuentecilla? ¿Podría usted llevarme?

—Con mucho gusto. Voy a acompañar al «Albaricoque» hasta el autobús.

Llegó éste a grandes zancadas. Estaba muy contento y locuaz.

—Terrón multiplicado por furgoneta —dijo— es igual al pueblo. Pueblo más autobús igual a mi tía. Terrón: yo quiero que venga «la Rubia» con nosotros. Terrón: «la Rubia» más besos es igual a Urquieta, Terrón, y multiplicada por el doztor Arellano igual a amor, Terrón.

—¡Hala, sube para adentro, charlatán! ¿Llevas tu tarjeta naranja?

—Tarjeta elevado a la naranja potencia también es igual a mi tía, Terrón —dijo mostrándosela.

—¿Y la suya, Alicia?

—Aquí la tengo —dijo ésta, fingiendo que la buscaba en el gran saco, cargado con las sobras alimenticias.

Simuló una gran decepción.

—¡Me la he dejado arriba!

El de la puerta intervino.

—Sin tarjeta no se sale.

—Yo quiero que venga «la Rubia», Terrón. «La Rubia» más mucho amor es igual a «Albaricoque», Terrón.

—Eres muy galante, «Albaricoque». Yo también te quiero mucho.

—Lo siento, señora. No tengo tiempo de esperarla a que la suba a buscar porque este pájaro —se disculpó el enfermero— perderá el autobús.

—Furgoneta menos «la Rubia», es muy fea, Terrón —le oyó decir cuando ya el coche se alejaba.

El cerebro electrónico particular de Alice Gould funcionaba con precisión. No necesitó fingir un gran desengaño porque éste era sincero. Quedóse plantada, las manos en jarras, contemplando con «morrito esquizofrénico» cómo el coche se alejaba.

Comenzó a hugar en su bolso.

—Estoy segura de que tenía aquí la tarjeta —se lamentó.

—El reglamento es el reglamento. Suba a buscarla y no faltará quien la acompañe al pueblo.

—¡Seré estúpida, la tengo aquí! ¡Terrón, Terrón, regrese! —gritó.

Bien sabía que Guillermo Terrón no podía oírla. Pero al gritar se salió fuera de la verja, donde no pudiera ser vista desde el interior del parque.

El vigilante se aproximó a ella y tendió la mano para recibir la tarjeta. Su brazo sirvió de palanca y el estricto cumplidor del reglamento voló por los aires. Aturdido, y menos colérico que pasmado, vio cómo Alicia, lejos ya de él, galopaba loma arriba, más ligera que un gamo. Sacudióse el polvo, se incorporó con el cuerpo molido del costalazo y maldiciendo y cojeando se fue parque adentro para denunciar lo ocurrido.

En cuanto Alicia dobló la cresta de la lomuela, varió radicalmente de sentido. Su intención fue correr inicialmente por el atajo que conduce al pueblo de La Fuentecilla para que la buscasen en esa dirección. Pero ella entretanto estaría ya lejos y camino de otro pueblo distinto, sin comunicación directa por carretera ni con el manicomio ni con La Fuentecilla.

Llegó a este pueblo avanzada ya la tarde y casi agotada de caminar. Se llamaba Aldehuela de doña Mencía, y no tenía de bonito más que el nombre. Era mísero y sucio; las casas de adobe, las gallinas sueltas por las calles picoteaban los boñigos de las vacas; los niños gateaban en cueros. Era una amalgama de polvo, mugre, moscas, calor. Muy sofocada, penetró Alicia en la taberna, que estaba vacía y en la que atronaba una radio. El tabernero sesteaba a pesar de aquel ruido infernal. Tuvo Alicia que despertarle. Le explicó que había sufrido una avería en su coche y que necesitaba hablar por teléfono y beberse una cerveza. Marcó el número de su casa en Madrid y, aunque no le contestaron, tuvo la alegría de no oír la cantinela grabada, de la que le habló la doctora Bernardos. Dedujo que Heliodoro había regresado y que no estaba en casa. Telefoneó a su oficina. El corazón le dio un brinco de alegría al oír descolgar el aparato al otro lado del hilo. Pero pronto se le heló la sangre al no conocer la voz que le respondía; al confirmar que no hubo error al marcar el número; y al escuchar que se trataba de una sociedad de representación de vinos y que ignoraban quién tenía alquilado el local antes, cuando ellos mismos lo tomaron en arrendamiento. Colgó y fingió llamar a un taller de reparaciones. Cuando fue a pagar los gastos, la radio atronaba: «Va vestida con pantalones vaqueros, camisa a cuadros, chaqueta color crema y zapatos bajos. Es alta, rubia, bien configurada y sumamente peligrosa.» Alicia entregó un billete y no esperó a que el tabernero le trajese el cambio. Había creído entrever en sus ojos la sospecha de si no sería ella la loca escapada del manicomio de que hablaba la radio. Salió del pueblo a buen paso. Un pinar se divisaba en la lejanía y se encaminó hacia él. Tenía el sol de frente acercándose al ocaso. Caminaba, por tanto, hacia el oeste. Desplegó, sin dejar de andar, el dibujo de Urquieta. Era forzoso que la carretera entre Orbegozo y Quintanilla cortara perpendicularmente la trayectoria que llevaba. Cuando se internó entre los pinos, descansó; comió pan y una manzana; fumó un cigarrillo. En la lejanía se escuchaba el rumor de un camión. Reemprendió la marcha siempre hacia el oeste. Pidió a Dios que no se le hiciese de noche antes de llegar a la carretera. El bosque se espesaba cada vez más, pero el sol entre los altos troncos la orientaba como un guía amigo. Las distancias marcadas en el plano de Urquieta eran aproximadas; las direcciones no forzosamente exactas y la orientación hipotética. El ruido de los motores de los camiones, en cambio, era una realidad y se escuchaba cada vez más cerca. Al fin, vio un claro y a un zagal que pastoreaba su rebaño entre los rastrojos del trigo ya segado. Su mastín perseguía a la más díscola y alejada de las ovejas acercándola al común de sus compañeras y el propio pastor le ayudaba cortando el paso a la fugitiva con pedradas lanzadas con precisión impecable. Más allá, el terreno se ondulaba en una colina cortada longitudinalmente por una carretera. Alice Gould vio en la lejanía a una pareja de aldeanos haciendo señas a un autobús de viajeros para que se parase. El destartalado autobús se detuvo y el hombre y la mujer subieron a él. Pero otros dos viajeros descendieron, cuya identidad era inconfundible aun a tanta distancia a causa de sus tricornios. La presencia de la Guardia Civil la dejó paralizada. Su intención era llegar al camino y hacer auto-stop o bien tomar un coche de línea. Quedóse agazapada, donde no pudiera ser vista, observando el movimiento de los guardias. Súbitamente le entró una gran desazón. Al observar que su oficina ya no funcionaba, a quien debía de haber telefoneado desde Aldehuela de doña Mencía era a su colega María Luisa Fernández, exponerle sus perplejidades y contratar sus servicios. ¿Cómo no se le ocurrió hacer esto? Cuando llegó a la taberna del hombre soñoliento eran horas de oficina. ¡Oh, qué torpe, qué torpe estuvo al desaprovechar la ocasión!

La pareja de guardias civiles, a paso cansino, situados cada número a una orilla de la carretera caminaba en dirección contraria a donde Alicia quería ir y se alejaban. Era necesario jugarse el todo por el todo. Salió del bosque a campo abierto y se dirigió hacia el pastor no sin grandes gruñidos y ladridos del mastín. «¡Lo que va de ayer a hoy! —pensó—. Antes, los pastores entretenían sus soledades tocando la flauta o la siringa; ahora, los divos más famosos cantaban para ellos a través de sus transistores.» Este zagal llevaba uno colgado del hombro y lo tenía a toda potencia, como la radio de la taberna. Creyó Alicia reconocer la voz del muy popular Manolo Escobar:

Madresita María del Carmen,
hoy te canto esta bella cansión...

La llegada de Alicia estropeó el bucólico concierto y el muchacho hubo de bajar el tono para escuchar a la mujer:

—Dios le guarde, buen hombre. Su perro no morderá, ¿no es cierto?

—Según de los segunes —contestó el mozo.

—He dejado mi coche abandonado con una avería y...

—Viniendo de donde viene mu lejos habrá sido.

—Sí. Muy lejos. Me han dicho que por esta carretera paran autobuses. Y que en Robregordo hay taller de reparaciones.

—Autobuses sí pasan, pero ni van a Robregordo ni en Robregordo hay taller.

—En fin, ya veré cómo soluciono mi problema. ¿Por dónde subo mejor a la carretera?

—Siga too derecho y no tema, que yo le sujeto el perro.

—Quede usted con Dios, amigo.

—Vaya usted con Él.

No bien hubo andado tres pasos cuando sintió un intensísimo dolor en el omóplato izquierdo y cayó de bruces como fulminada. Lo primero que pensó es que la habían herido con arma de fuego. No había sido un tiro, sino una piedra. No tuvo tiempo de incorporarse:

—¡Si se mueve, le aplasto la cabeza con esta peña!

Sintió Alice Gould el aliento del mastín junto a su rostro. Y muy a las claras entendió que la amenaza del pastor iba de veras.

—¡He cazau a la locaaaá! —gritó con voz de trueno—. ¡Eh, los civiles, vénganse pa'cá, que la he cazau y bien cazau!

Un silbido más potente que una sirena de alarma amenazó sus tímpanos. El dolor de la espalda era insufrible. La tarde oscurecía lentamente. Pero en su cerebro, de súbito, anocheció.

T

LA «JAULA»

EL DOLOR DE LA PEDRADA en su espalda no era tan grande como lo fue su desesperación al comprender dónde estaba. Su despertar fue súbito. La sobresaltó un grito corto y agudo como el de un ave nocturna. No era la primera vez que oía semejante estridencia. Recién ingresada, y estando en compañía del «Astrólogo» de la gran nuez, oyó un grito semejante a dos dementes acodados en el alféizar de una ventana en la «Jaula de los Leones». Abrió Alicia los ojos. Y vio a una vieja completamente desnuda sentada al borde de su cama, que cada medio minuto lanzaba esos breves y alucinantes bocinazos.

La cama que ocupaba Alice Gould formaba hilera con otras seis. Enfrente había otras seis más, ocupadas unas, y otras no. Las greñas de la que gritaba le caían sobre el rostro; de modo que era imposible verle la cara. Otras mujeres, todas desnudas, se paseaban entre las camas. Se estremeció al reconocer en una de ellas a «la Mujer Gorila». Si ésta la atacaba, Alicia no podría defenderse, porque estaba atada por los tobillos, la cintura y las muñecas. Al comprobarlo enrojeció de cólera. ¿Quién si no el director tenía autoridad para dar semejante orden? Una enana de inmensa cabeza cruzó entonces por el pasillo, todo el menudo cuerpo empapado en agua. Una enfermera la alcanzó, le echó un toallón

(3)

encima y la secó. Cuando la enana quedó en libertad, desnuda como estaba, se tumbó en el suelo, donde quedó fingiéndose la muerta. Dos enfermeras más se llevaron a «la Gorila» y a la que emitía gritos. A lo lejos se escuchaba el rumor de las duchas. Nadie necesitó aclararle que la habían encerrado en la Unidad de Mujeres Dementes que dirigía Rosellini, a quien tanto disgustaba el apodo común que se usaba para designarla en la jerga del hospital, la «Jaula de los Leones».

—Te voy a desatar. ¿Te portarás bien? —le preguntó a Alicia una enfermera.

—Siento un gran dolor en la espalda.

—Siéntate en la cama.

Obedeció Alicia y la «bata blanca» la despojó del camisón.

—No es más que una magulladura. No tienes nada roto. Dame la mano. Levántate.

—Puedo hacerlo sola.

—Eso lo veremos. Ven por aquí. Siéntate en el excusado y espérame.

Era humillante sentarse así, de cara a la galería, en unos retretes sin puerta. Otras mujeres yacían en la misma posición. La gran nave estaba cortada perpendicularmente por varios paramentos verticales que no llegaban a la pared frontera. Cada dos paramentos equivalían a una habitación de doce camas situada cada media docena frente a la otra media. Pero eran habitaciones de sólo tres lados, pues faltaba el que correspondería al pasillo. Al fondo de éste, los excusados y las duchas. Al otro extremo una puerta incógnita. Todo se hacía a la vista de todos. De la taza, Alicia fue conducida a la ducha. La enfermera la enjabonó.

—¡Le aseguro que puedo hacerlo sola!

Al comprobar que no mentía, la «bata blanca» acudió a ayudar a varias compañeras que empujaban a un cuarto de tonelada de carne femenina que se negaba a ser duchada. Cuando consiguieron reducirla, volvió la buena mujer con un toallón y se dispuso a secar a Alicia.

—Mire qué bien lo hago yo sola, aunque me duele mucho, mucho, la espalda. Enfermera, ¿cómo se llama usted?

—Lola Pardiñas.

—Es usted muy bonita. ¿Qué edad tiene, si no es indiscreción?

—Veintiocho. ¿Y usted cómo se llama?

—Alicia Almenara.

—¿Usted es la famosa Alicia Almenara? ¡No puedo creerlo! ¿Y quién la ha metido a usted aquí?

—¡Caprichos del director, supongo!

—Ahora vuelva a su cuarto, Alicia. Su cama es la dieciséis B. Quiero verla andar y vestirse sola. Tome. Ésta es su ropa. Después miraremos su espalda.

—¿No me da usted más ropa interior que el sostén?

—No es costumbre.

—¿Por qué?

—Muy pronto lo sabrá.

Cruzó Alicia ante aquella población desnuda y deforme. El panorama le recordó al de un grabado francés que representaba las ánimas que penan en el Purgatorio. Lo mismo que la primera vez que bajó a la «Sala de los Desamparados», no se atrevía a mirar directamente a la cara de las demenciadas. Contemplaba el conjunto, mas no a los individuos. La ropa que le dieron era idéntica a la que llevaba «la Mujer Gorila» el día que la atrapó: una bata azul y unas alpargatas negras. Mientras se vestía, las enfermeras ayudaban a hacerlo a las demás. Algunas de las dementes colaboraban alzando un brazo o extendiendo un pie; otras, era necesario moverles los miembros para enfundarles una manga o calzarlas; otras, en fin, se debatían, negándose a ser vestidas. Poner su ropa a la enana era una función parecida a la de amortajar a un muerto. Entre las rebeldes se contaban la mujer de los grititos —fácilmente reducible— y «la Mujer Tonelada», que respondía al dulce nombre de Ofelia. Todo el mundo debía permanecer junto a sus camas hasta nueva orden. De pronto comenzaron los alaridos por el fondo del pasillo. Se diría que las degollaban. Unas chillaban estridentemente como las malas actrices en las películas de terror. Otras, con largos quejidos, como un lúgubre viento. Las había que emitían un breve gruñido. Y una de ellas maullaba como un tierno gatito desamparado. Este coro de voces se repetía día tras día a la hora de las inyecciones. Y se iba aproximando a lo largo de los cuartos numerados, a medida que las enfermeras, armadas con las jeringuillas, se iban acercando. Al llegarle el turno a Alicia, ésta tuvo una feliz intuición.

—El doctor Rosellini —dijo— ha prohibido que se me medique.

Ojeó la enfermera su cuadernillo de instrucciones, y comentó:

—En efecto, lo ha prohibido.

Y pasó a la siguiente.

Para que la dulce Ofelia pudiera ser inyectada, diez «batas blancas» entre las más corpulentas se tumbaron sobre ella. Llegada la hora del desayuno, Alicia comprobó que la más dócil era «la Gorila» y la más conflictiva «la Tonelada» del poético nombre. Cada movimiento, cada acción —ducha, inyección, comida, paseo— era una algarada permanente. A Alicia quisieron darle de comer en la boca, y al asegurar ella que podía valerse por sí misma, la dejaron hacer por ver si decía verdad. Con gran alivio comprobaron que sí, porque el resto de aquella tribu infrahumana no hacía sino crear problemas y dificultades sin cuento. Las sufridas «batas blancas» no podían permitirse el lujo de un solo instante de distracción. Había una loca a la que, por error, dejaron desayunarse sola. Se limitaron a migar el pan en un gran bol de malta con leche y azúcar. Y no se ocuparon más de ella. Mas es el caso que el alimento no llegaba nunca a sus dientes. En el trayecto que va del tazón a sus labios, el cubierto se había vaciado íntegro sobre su bata. Ni uno solo de los viajes de su cuchara llegó a buen puerto. Hubo que lavarla y cambiarla de ropa y en cuanto se pasó al salón —dúplica del de los Desamparados— se orinó encima; con lo cual, por tercera vez en media hora, se produjo la incómoda operación de desvestirla, lavarla y volverle a vestir una bata limpia. Comprendió Alicia por qué la ropa interior sólo consistía en el sujetador. Era una medida de economía de tiempo y de higiene, ya que la mayoría de las demenciadas se orinaban encima continuamente.

Concluido el desayuno se daba a algunas enfermas un cubo y una fregona —consistente en un palo con multitud de bayetas adheridas— para que limpiaran las baldosas del pasillo y los dormitorios. Eran muy pocas las que eran capaces de realizar estos movimientos elementales; mas había una reclusa llamada Tecla Torroba que adquirió el hábito de hacerlo. Y desde que se desayunaba hasta la hora de comer, y desde el almuerzo hasta la cena, no cesaba de fregar unas sesenta o setenta veces lo que ya habían hecho las otras, con lo que el suelo quedaba tan lamido, relimpio y aseado como un traje de novia. Para que Tecla Torroba dejara de faenar había que atarla. Alicia, al cervantino modo, la bautizó «la Ilustre Fregona».

Estaba Alice Gould dedicada a este menester cuando intuyó que alguien a sus espaldas la contemplaba. Volvióse. Era el doctor Rosellini. Nunca le había visto un rostro tan grave.

—Deje su trabajo, y sígame.

La cedió el paso para que entrase en su despachito, y colgó en el pómulo de la puerta un cartón impreso que decía: PROHIBIDA LA ENTRADA.

Se miraron a los ojos. Rosellini habló en voz muy baja.

—Soy su amigo, Alicia. Y espero que no cometa la indiscreción de repetir a nadie, ni ahora ni cuando se vea libre, lo que voy a decirle.

—Me tiene usted en ascuas, doctor.

—Fíjese bien en la gravedad que supone para un médico interno de un hospital psiquiátrico lo que estoy dispuesto a hacer: organizar su fuga. El crimen que se está cometiendo con usted carece de paliativos.

Rosellini hablaba casi en un susurro. Su rostro, normalmente sosegado e inexpresivo, estaba encendido por la cólera.

—Ahora bien —añadió—. También le anuncio que sólo haré esto en último extremo. Primero intentaré por todos los medios su libertad legal. Sólo le ruego que tenga usted un poco de paciencia y esperemos al regreso de César Arellano. La decisión del director de aprovechar la ausencia del médico que la ha atendido hasta ahora para iniciar con usted un tratamiento tan grave como el que iba a aplicársele ayer, es moral y clínicamente inadmisible, máxime existiendo serias dudas de que esté usted siendo víctima de una estafa, un chantaje o una venganza.

—¿No ha sospechado usted, doctor Rosellini, que el director pretende hacerme enloquecer?

—Sí. Lo he pensado. Pero no lo conseguirá. A todos los clientes de esta unidad debe usted mirarlos «desde fuera». En ningún momento «desde dentro», como si usted fuera uno de ellos. Le puedo facilitar libros que expliquen los casos de cada uno; así los considerará científicamente y no como compañeros suyos. Pídame cuanto necesite para estar entretenida: libros, revistas, comida. Sólo a una cosa me negaré: a que salga usted de mi unidad. Aquí está usted protegida por mí. Y fuera de aquí ¡no respondo de las perrerías que puedan hacerle!

—Doctor Rosellini, no encuentro palabras para demostrarle mi gratitud. Le haré una lista de los objetos que me serán más útiles. ¡Que Dios le pague todo el bien que me hace!

—Me falta otra cosa por decirle. Yo voy a fingir que la estoy tratando con unos psicofármacos fuertísimos. Tal vez en algún momento, tenga usted que representar una pequeña comedia.

Alicia sonrió.

—¡Desde que estoy aquí me estoy especializando en eso!

Rosellini se puso en pie y Alicia le imitó.

—Voy a hacer mi recorrido por el pabellón de hombres y después regresaré. Téngame hecha su lista para entonces.

—Doctor. Para eso necesito pluma y papel.

Salieron al exterior y el médico ordenó a Lola Pardiñas:

—¡Dale a esta enferma lo que te pida!

¡Manes del reglamento! El director tenía rigurosamente prohibida en la Unidad de Demenciados la existencia de objetos punzantes en poder de los enfermos. Y entre tales objetos se contaban las plumas, lápices y bolígrafos.

—¿Cómo voy a hacerle al doctor Rosellini la lista que me ha pedido?

—Dictándomela a mí —respondió la bonita enfermera.

La lista quedó compuesta del siguiente modo:

1.º Autorización escrita para poder usar pluma y papel de escribir.

2.º Pluma.

3.º Papel de escribir.

4.º Mi cepillo de pelo.

5.º Mis libros de medicina.

6.º Mi ropa interior.

7.º Autorización para recibir visitas.

8.º El parte climatológico diario de la provincia de Almería.

—Estoy un poco sorprendida —comentó la «bata blanca»—. ¿Qué significa todo esto?

Alicia se abstuvo de responder por lo derecho.

—La lista es para el doctor Rosellini. Quédese con ella y se la entrega cuando le vea, por favor. Dígame, Lola, ¿qué debo hacer ahora? ¿Adónde tengo que ir?

—Es usted libre de pasear por el patio interior (donde también se reúnen los hombres) o de ir a la sala de mujeres solas, desde cuyas ventanas se divisa el parque.

—¿Hace buen día?

—No. Hay muchas nubes tormentosas y hace fresco.

Alicia penetró en la gran nave. ¡Era dantesca! ¡La más normal de las residentes era «la Mujer Gorila»! Bajo su apariencia de ferocidad era obediente y sumisa. Tenía el vicio de agarrar objetos y contemplarlos ensimismada porque su mente no acertaba a averiguar qué cosa eran. La dulce Ofelia estaba atada a un sillón por muñecas, tobillos y cintura. Su inmenso volumen dormitaba. Pronto supo que los primeros días hubo que reducirla y atarla porque atacaba con saña a todos cuantos tuvieran movimiento. De suerte que ya había adquirido el reflejo condicionado de desear las ataduras, y en cuanto entraba en la nave se dirigía a su sillón y ofrecía sus muñecas y tobillos a las «batas blancas» para que la amarraran. Si no lo hacían, le entraban sus accesos de furia. La enana yacía en el suelo cual si estuviese muerta. Una hilera de catatónicas estaban sentadas absolutamente inmóviles en un banco de piedra que bordeaba la inmensa nave. Y semejaban un zócalo humano. Una mujer de edad indefinible, levantadas las faldas hasta la cintura, se arrancaba parsimoniosamente parásitos del vello del pubis. Se oían voces amenazantes, pero eran de mujeres que hablaban solas. A pesar de las ventanas abiertas y de la ducha matinal obligatoria, un olor fétido se extendía por doquier. El mayor movimiento de entradas y salidas era el de las enfermeras llevándose a las que se ensuciaban encima y limpiando el suelo de los excrementos que sazonaban de irracionalidad, animalidad y hediondez el recinto. Una mujer de bellas facciones andaba a gatas y husmeaba como lo haría un perro los detritos recientes. La que emitía graznidos lo hacía exactamente cada veintisiete segundos cronometrados por Alicia. Y eran muchas, muchas, muchas las que hablaban, gesticulaban, reían o lloraban teniendo como interlocutores únicos a sus alucinaciones. ¿Qué es lo que verían, qué es lo que escucharían decir a sus fantasmas? ¿Variarían de día en día, o de hora en hora, o su alucinación sería invariable y fija como una pesadilla que durara eternamente? Quiso Alicia trazar un catálogo de diferenciaciones entre la «Sala de los Desamparados» y la «Jaula de los Leones» (o «de las Leonas», ya que se encontraba en la nave de las hembras). Lo primero que le vino a la mente fue más literario que científico; más metafórico que selectivo. Lo que veía ante ella era de más alcurnia morbosa. Este palacio estaba reservado a la más alta aristocracia de la locura, a la sangre azul de los perturbados, a los linajudos de las demencias. Procedían de diversas familias de males, como los hidalgos de sus linajes, pero la enana, «la Mujer Tonelada», «la Gorila», la que andaba a gatas, las que reñían con sus sombras, las sucias, las quietas, eran las infanzonas, las patricias, la crema de todo el manicomio. ¡Triste y siniestra catalogación de estirpes! Mas esto que era certísimo no marcaba una diferenciación de actitudes, sino de grado. Y pronto dio con una clave que distinguía a todos los inquilinos de «la Jaula» con los del resto del manicomio. Los que andaban libres por el parque, los que convivían en el edificio central, *tenían comunicación entre sí*. Don Luis Ortiz era una fuente de lágrimas; sus glándulas lacrimales competían con el río Amazonas en la producción de líquido, pero hablaba y entendía y paseaba con otros. «El Falso Mutista» no hablaba con nadie «para que no le robaran sus pensamientos», pero él estaba atentísimo a lo que hacían o decían los demás. Rómulo padecía una amnesia lacunar respecto a Remo, su gemelo aplastado, pero sabía cómo se movían hablaban y se comportaban «los otros». Y ésa era la gran diferencia. Para los habitantes de «la Jaula», *«los otros» no existían*. La gran mayoría de los dementes no eran capaces de estar atentos a nada, pero los que sí podían fijar en algo sus pensamientos, los dirigían hacia entelequias ancladas en su pasado o en sus alucinaciones engañosas. Y así, esta mujer insufrible que ahora estaba plantada ante Alicia acusándola de haberle robado la herencia de un predio agrícola, no hablaba en realidad con ella, sino con sus fantasmas, con sus espectros, con sus duendes. En la «Sala de los Desamparados», los locos padecían sus males «en compañía». Aquí, todos estaban solos con sus quimeras.

Gran parte de la tarde estuvo Alice Gould conspirando con el doctor Rosellini. El plan «inicial» —al que posteriormente Alicia añadió notables perfeccionamientos— era éste. Se fingiría, hasta el regreso del doctor Arellano, que era tratada directamente por el jefe de la unidad. Entretanto, el abogado que ella escogiera —y al que se le permitiría subrepticiamente la entrada en el despacho de Rosellini— se encargaría de los trámites legales para la localización de Heliodoro Almenara a efectos de que éste, acogiéndose al párrafo b) del artículo 27 (del tantas veces mencionado Decreto de 1931), reclamara formalmente a la enferma sin hacer mención de si los trámites para su ingreso fueron falsificados o no. De modo paralelo, y por si lo anterior fallara, se redactaría un documento para que fuese firmado por todo el cuadro clínico de médicos solicitando del director que aplicase el párrafo d) de la misma disposición: es decir, declarando «la sanidad» de Alice Gould y su consecuente libertad, por haber cesado las causas por las que fue internada. Mas para hacer esto era inexcusable el regreso de César Arellano: no sólo por la importancia de su firma como jefe de los Servicios Clínicos, sino por su ascendiente sobre los demás médicos para convencerles de que estampasen la suya en el documento de petición. Por último, si en el entretanto Samuel Alvar pretendía cambiar de unidad a Alice Gould para tratarla con insulinoterapia o electroconvulsionantes, el doctor Rosellini se comprometía a sacar a Alicia del hospital en la maleta de su automóvil y trasladarla a un lugar seguro, aunque esto —si se descubría— le costara el puesto.

Se extendió después Rosellini, con visible irritación, a lo que denominó «la historia de los cuchillos». En la última junta de médicos —explicó— y como consecuencia del doble homicidio de Machimbarrena, se propuso un sistema por el cual los utensilios de las cocinas de las «viviendas familiares» quedasen unidos por unos dispositivos a las paredes, de modo que pudieran ser usados, pero no extraídos de las casas. Todos estuvieron de acuerdo, menos el director, quien consideraba que tal medida era humillante y depresiva para los enfermos y, por tanto, «antisocial».

Interrumpióle Alicia el relato de esta historia. Quería precisar «algunos detalles» al plan expuesto para su «salida legal», cuyas posibilidades estaba de acuerdo en que debían ser agotadas antes de intentar «la segunda fuga».

—Una vez hablé de esto mismo con el doctor Arellano —explicó Alicia—. Y llegamos a la conclusión de que aunque mi marido me reclamara, el médico-director podía oponerse a mi salida, caso de considerarme «en estado de peligrosidad». ¡Y éste es el supuesto que nos ocupa, ya que Alvar me ha destinado a la unidad de «los peligrosos»! Siendo éste su criterio, ¿cómo imaginar que se deje convencer por ustedes para declararme sana? César Arellano me explicó que me quedaba como último recurso apelar a la autoridad gubernativa. A lo que yo repliqué que aún quedaba otro medio que no era la fuga. César negó que hubiera otra posibilidad. Y yo porfié que sí.

—Yo tampoco veo otro medio legal —murmuró Rosellini al oír esto.

Alicia extremó la mejor de sus sonrisas.

—Cuando César Arellano insistió en que le explicase de qué otros medios podía valerme para salir de aquí, me quejé de su falta de imaginación. ¡Los médicos son ustedes tan inocentes!

Rosellini repitió que no había otros medios de salir del hospital que los ya dichos, o la fuga. Pero Alicia se mantuvo en sus trece afirmando que existía un modo mucho más eficaz.

—Me gustaría conocerlo —dijo Rosellini escéptico.

Alice Gould rompió a reír.

—Si mi libertad depende del director, y el actual se opone... todo consiste, amigo Rosellini... ¡en cambiar de director!

El jefe de la Unidad de Demenciados parpadeó repetidas veces. Alice Gould continuó con entusiasmo:

—En lugar de redactar ese documento, firmado por todo el cuadro médico pidiendo mi exclaustración, lo que deben ustedes firmar es una petición dirigida al ministro de Sanidad solicitando unánimemente el traslado de Samuel Alvar. ¡Es así de sencillo! Piense, doctor, en los suicidios, las fugas, las rejas no sustituidas por ventanas apropiadas, los ahogados, los asesinatos, la fatídica excursión campestre, la negativa que acaba de contarme a tomar una medida de prudencia tan elemental como la de los cuchillos..., el hecho mismo de mandarme tratar por una enfermedad que no ha sido diagnosticada por nadie... ¿No le parecen motivos suficientes para solicitar por vía reglamentaria la destitución de ese incompetente?

Rosellini se atusó el pelo con las manos y repitió este movimiento varias veces.

—¿No lo comprende, doctor? Si Samuel Alvar no me suelta, hay que sustituirle por otro director. Pero no por cualquiera... sino por otro director... ¡que esté dispuesto a dejarme en libertad!

—¡Es usted maquiavélica!

—La necesidad afina el magín —río Alicia—, ¡y es mucho lo que me va en ello! ¡La operación «A. A.» (Anti-Alvar) ha comenzado!

Cuando concluyó su importante conversación con el médico, Alicia quiso hablar con la enfermera jefe de la unidad. A pesar de haber una auxiliar por cada cuatro dementes, el trabajo de las «batas blancas» era agotador. Las admirables y sufridas mujeres no daban abasto para lavar y cambiar de ropa a las que en términos psiquiátricos antiguos llamaban «sucias»; para amarrar a las furiosas; comprobar si la que se quitaba pacientemente parásitos de sus partes pudendas los tenía o no; dar de comer en la boca a las inmóviles, inyectar calmantes a las excitadas, y mil faenas más que eran más terribles de ver que fáciles de explicar. Se ofreció Alicia para ayudarlas en lo que pudiese. Aunque no conocía —¡ello era imposible!— a todo el personal del manicomio, lo cierto es que ella era conocida de todos. Se sabía la ascendencia que tenía entre los médicos y se consideraban escandalizadas de que una mujer como ella hubiese sido encerrada entre aquellos tristes desechos de humanidad. Así al menos se lo hizo saber la enfermera jefe, Isabel Moreno, mujer corpulenta, cincuentona, con gran experiencia en su oficio y mucho prestigio entre las auxiliares más jóvenes.

—Por las tardes —concluyó—, estamos menos agobiadas. Por las mañanas, en cambio, nos podría usted echar una mano ayudándonos en las duchas.

—¡Cuente con que lo haré! Pero me parece poco. Yo quisiera hacer más.

Isabel Moreno la contempló con gratitud no exenta de sorna.

—No sería usted capaz... ¡Hay que tener mucha experiencia y mucho estómago!

—¡Pruébeme en lo que sea! ¡Yo quiero ser útil!

—La voy a castigar por su temeridad. Espéreme aquí.

Al poco tiempo regresó con un enorme biberón.

—Contiene zumo de verduras y de carne. Vamos a dárselo a una enferma muy peculiar.

Se acercaron a una puerta.

—Sólo le agradeceré que no grite.

La habitación estaba a oscuras. Apenas se abrió la puerta sintióse un hedor, mezcla de establo, pocilga y urinario. Isabel Moreno pulsó el conmutador y la pieza se iluminó. En el suelo había un bulto humano y en la pared una percha con ropa. El bulto comenzó a agitarse, sentóse adosado a la pared y abrió una inmensa boca. Alicia emitió un gemido. Aquella mujer carecía de ojos, orejas, pelo y nariz. Su cara, redonda y congestionada, era como una bola desinflada y arrugada. En aquella masa informe sólo se abría el enorme cráter de una boca carente de dientes pero provista de poderosos labios gomosos que temblaban ante la inminencia del alimento presentido. Acercóle la enfermera el biberón a los labios, y éstos presionaron la tetilla de goma, y comenzaron a succionar con avidez. En el centro de la frente, como un dibujo incompleto, como un tatuaje mal hecho, se adivinaba nítido el perfil de un solo ojo que la naturaleza comenzó a formar en el seno materno y renunció después a concluir su obra. La leyenda mitológica de los gigantes, hijos de la tierra y el cielo, que poseían un solo ojo en el centro de la frente, tenía en esta monstruosa mujer un pálido remedo: una pavorosa caricatura. Era ciega, muda y sorda. Carecía de extremidades. Pero su aparato digestivo y respiratorio eran perfectos y su corazón latía con la regularidad de una muchacha joven y sana. La llamaban «la Mujer Cíclope». Nadie conocía su nombre, su edad ni su procedencia. Alguien la dejó abandonada de noche dentro de un saco junto a las verjas del hospital.

Alicia se había propuesto no gritar, mas no pudo evitarlo. Rehuyó los ojos de aquel esperpento, para eludir su terrorífica visión, pero lo que entonces vio era aún peor que lo primero. ¡Lo que colgaba de aquella percha que vislumbró en la pared no era ropa! ¡Era un ser humano! Estaba enfundada en una suerte de saco por uno de cuyos extremos emergía la cabeza y por el otro los pies. Era ciega, pues sus ojos abiertos estaban velados por una masa viscosa, como clara de huevo, movía los labios al olor del biberón y por sus pies descalzos se deslizaba, como por los canales que llegan a las alcantarillas, los desechos de su vientre, que eran recogidos por una gran palangana, situada a medio metro bajo sus pies. Carecía de toda posible continencia. Y sus detritos manaban por sus piernas, como una fuente constante, a medida que su organismo los producía y desechaba.

—¿Qué le ocurre?

—Carece de espina dorsal. Va encorsetada en un chaleco de cuero que lleva a la espalda un gancho para colgarla de la argolla. Nació aquí hace setenta años. Es hija de un sifilítico y una alcohólica, ambos dementes. Si la dejáramos caer se encogería como un acordeón y su cabeza se uniría con sus caderas.

—¿Le ha ocurrido eso alguna vez?

—Sí: de niña. Hasta que los médicos inventaron para ella esa vestimenta. Al principio la denominaban «la Niña Acordeón». Ahora, «la Mujer Percha».

—¿Está demenciada?

—¡Afortunadamente!

—¿Por qué no practican con ella la eutanasia y la dejan morir?

Isabel Moreno no respondió a esto.

—En fin, señora de Almenara, ¿qué prefiere? ¿Dar de comer a «la Mujer Percha» o hacerle la limpieza?

Alice Gould sufrió un vahído, temió desmayarse y huyó de allí.

La noche fue terrible. Antes de acostarse, muchas de las dementes recibían su acostumbrada ración de calmantes, y el coro de lamentos, gritos, ayes y alaridos se repetía a cada pinchazo. Según la informaron, había enfermas que, si no eran medicadas, comenzaban a gritar desde que se ponía el sol hasta que amanecía; y otras, desde el alba hasta el anochecer. ¡La Naturaleza es así de variada! De modo que los calmantes se turnaban, según cada supuesto, sin excluir (caso de la dulce Ofelia) doble y aun triple ración. Casi todas —salvo las inofensivas— dormían atadas. No se consideraba necesario hacer esto con la enana que se creía muerta, y era, por tanto, poco alborotadora; ni con la que andaba a cuatro patas maullando, pues era gatita faldera, regalona y cariñosa. Alicia fue también absuelta desde esa segunda noche de toda atadura. Pero es el caso que al ir a acostarse, encontró su cama ocupada por la muerta, a la que hubo que resucitar; y que a medianoche la gatita cariñosa se metió entre sus sábanas y empezó a ronronear. Alicia, con la ayuda de la ayudante nocturna, la cogió en brazos y devolvió la felina a su sitio, la cual, muy triste de haber sido desechada por la que creía ser su dueña, a lo largo de nueve horas no dejó de maullar. Entre sus maullidos particulares, los ronquidos generales, las que hablaban soñando, las que tardaban en dormirse y las que eran prontas en despertar, la noche fue un tormento. En los recuerdos de Alice Gould, durante su duermevela, se entremezclaban «la Mujer Percha», «la Mujer Cíclope», el aliento del mastín sobre su nuca y los gritos del pastor: «¡He cazau a la loca! ¡Eh, los civiles, vénganse pa'cá, que la he cazau y bien cazau!»

U

LA «OPERACIÓN A-A»

La emoción que produjo entre los médicos y el personal técnico auxiliar, así como en no pocos enfermos, la noticia de que Alicia Almenara había sido recluida por orden del director en la «Jaula de los Leones» fue intensísima. Docenas de personas pidieron permiso para visitarla. Alicia, muy sagazmente, estableció (de acuerdo con Rosellini) un orden para recibirles que nada tenía que ver con la amistad ni con la jerarquía, sino con la táctica necesaria para una maniobra que ya estaba en marcha: la «operación anti-Alvar».

Al primero que recibió fue a Melitón Deza: el enfermero expedientado por órdenes del director. Este hombre estaba agradecidísimo a la Almenara por haber alejado de él las graves sospechas de ser el autor material del asesinato de los etarras. Si alguien se sintió colmado por la admiración y la gratitud hacia quien supo desentrañar el misterio de estos crímenes, fue él, como primer implicado. Alicia tuvo muy en cuenta no secarse el pelo ni siquiera pasarse un peine tras la ducha. Con su bata azul sin cinturón, sus zapatillas negras y su pelo desangeladamente recogido tras las orejas, su apariencia de desvalimiento era mucho mayor. No le recibió en el pasillo, ni en el despacho del jefe de la unidad (para lo que estaba autorizada), sino en la nave principal de «la Jaula», junto a la dulce Ofelia, de los cientos y muchos kilos, amarrada a su silla, la enana que se hacía pasar por muerta, «la Mujer Gorila», la vieja que se alzaba las faldas, la anciana que graznaba y demás singularidades del recinto. Y esto lo hacía para que fuese mayor el contraste entre su reciente pasado, en que gozaba de semilibertad, y su actual situación. Y ello provocase las iras contra el director.

En ningún momento de la conversación cometió Alicia la inelegancia de hacerse la víctima. Antes bien, condujo el hilo de la charla hacia el «caso escandaloso» de injusticia que se estaba cometiendo con el propio Deza. Demostró la mayor indignación por el hecho de que el expediente abierto contra él siguiese su curso, y le contó —cosa que Deza ignoraba y que, por supuesto, era mentira— que cuando el descubrimiento del asesino de los etarras ya estaba resuelto, el director sugirió al comisario que tal vez fuese el propio Melitón quien sopló al oído de Machimbarrena la presencia de los dos separatistas, y facilitó su fuga para que cayesen en manos del que iba a ser su verdugo. Enrojeció de cólera el enfermero al oír esto y Alicia sugirió:

—No acabo de entender cómo toleran ustedes estos abusos. ¿No hay medio alguno de cortarlos de raíz?

—Él es el director y yo sólo un técnico auxiliar. ¿Qué puedo hacer?

—Todos los demás médicos tienen un alto concepto de usted. Samuel Alvar es el único que le odia. Por cierto, ¿conoce la historia de los cuchillos?

Melitón Deza no la conocía y le devolvió novedad por novedad. Candelas, la mujer autocastigada en el rincón de la «Sala de los Desamparados», estaba embarazada.

—¿Cómo es eso posible? —preguntó Alicia sinceramente sorprendida—. ¡No sale con nadie, no habla con nadie, no trata a nadie!

—Pero es el director —sugirió el enfermero— quien tres veces por semana le hace el psicoanálisis... y tal vez algo más.

—¿Es cierto —inquirió Alicia con aire inocente— que se está preparando un escrito pidiendo la destitución o el traslado de Samuel Alvar?

El «bata blanca» la miró muy sorprendido...

—¡No sabía nada! Pero... ¡no sería mala idea!

¡Eso era exactamente lo que Alicia quería escuchar!

La segunda visita fue la de la enfermera donostiarra, que fue abofeteada por los psicópatas del Norte y que tuvo la delicadeza de obsequiar a Alicia con un ramo de violetas.

—Como usted comprenderá —le dijo Alice Gould en el curso de la cháchara—, yo no deseaba hacer ningún mal a Norberto Machimbarrena; quien, de otro lado, por ser loco conocido, no irá a la cárcel y que, a estas horas, seguirá considerándose, en el manicomio de Leganés, espía de la Marina. Lo que me impulsó a dedicarme a fondo a esa investigación fue salvar a ustedes, los sospechosos inocentes.

—Pero ¿cómo pudo imaginar nadie que una mujer débil como yo osase enfrentarme con esos dos energúmenos?

—¡No! Las sospechas que recaían sobre usted no eran las de ser autora material, sino inductora del verdadero asesino.

—¿Cómo?

—Soplándole a Machimbarrena que estuviese atento porque iba a poner en sus manos a los dos *gudaris*. ¡Eso al menos es lo que sugirió el director!

—No acabo de entender —comentó la enfermera— si ese hombre es un malvado, un resentido, un incompetente o todas esas cosas a la vez. ¡Lo que ha hecho con usted no tiene nombre!

—No es la primera vez que me distingue con sus delicadezas. Una vez me mandó poner la camisa de fuerza porque le llevé la contraria. Y otra me insultó delante de toda la junta de médicos. La doctora Bernardos se lo podrá contar.

—¡Es increíble!

—¿Conoce usted la historia de los cuchillos?

—No.

—¿Y la de la maníaca depresiva a la que trata con psicoanálisis?

—No.

Contóle Alicia los dos rumores —uno certísimo y el otro supuesto—, a lo que la enfermera replicó:

—¡No imaginaba que llevara tan lejos sus teorías sobre la libertad sexual en el manicomio!

Y explicó a Alicia que había prohibido terminantemente a todos los cuidadores, médicos y vigilantes que interviniesen en el comportamiento sexual de los enfermos.

—En cierto modo, yo no discuto su parte de razón —añadió—. Entre ochocientos reclusos de ambos sexos, privados de tantas libertades, no sería justo perseguir determinadas expansiones naturales como si esto fuese una escuela mixta de niños.

—Yo sorprendí un día una pareja entre unas jaras —comentó Alicia.

—¡Pero ésos al menos se escondieron! Lo que es inadmisible es lo que yo estoy viendo ahora, sin que nadie esté autorizado a impedirlo. No se vuelva usted, Alicia. ¡Es repugnante! ¿Cómo puede tolerarse que se practique el onanismo en público?

—No sé qué significa esa palabra —comentó Alicia.

Volvióse y observó a una reclusa realizando, enajenada, el vicio solitario. Nadie se ocupaba de ella, salvo «la Mujer Felino», a cuatro patas, que maullaba dulcemente al contemplarla.

—¡Qué asco! —comentó Alice Gould—. ¿Y dice que está prohibido intervenir? ¡Debían ustedes añadir eso en el documento!

—¿Qué documento?

—¿No ha oído usted hablar del documento?

—¡No!

—Parece ser que la totalidad de los médicos y enfermeros quieren solicitar del Ministerio de Sanidad el traslado del director. El asunto se lleva con gran secreto. El que creo que sabe algo de esto es su compañero Melitón Deza.

La doctora Bernardos anunció su visita para las primeras horas de la tarde. Traía una caja de bombones para Alicia, mas no encontró a ésta por parte alguna. La buscaron por la nave o sala de estar («la Jaula» propiamente dicha), el despacho del jefe de la Unidad, los dormitorios, los servicios, la cocina, el patio interior, por el que también deambulaban los hombres; y no la hallaron. La enfermera jefe, Isabel Moreno, exclamó de pronto: «¡Ya sé dónde está!» Y no se equivocó. La encontraron en el «Escaparate de los Monstruos». El biberón vacío estaba posado en el suelo cerca de «la Mujer Cíclope». Y Alicia —muy demacrada y haciendo ímprobos esfuerzos por contener sus náuseas— lavaba a «la Mujer Percha» los detritos que resbalaban desde sus muslos hasta sus pies.

—En seguida termino —respondió cuando la llamaron.

Y no se unió a su ilustre visitante hasta que concluyó su piadosa labor.

A pesar de haber hurtado su bata a Dolores Bernardos con alevosía y engaño, ¿quién iba a decirle a Alice Gould que tendría en ella a su más ardiente defensora? La buena mujer —que tuteó ese día a Alicia por vez primera— se mostró implacable contra el director. Samuel Alvar era muy dueño de dudar de la sanidad mental de una persona recluida en el hospital que dirigía, pero era demasiado evidente que el lugar adecuado para Alicia Almenara no era ése, junto a «la Mujer Gato», «la Onanista», «la Ilustre Fregona», «la Gorila», «la Enana Muerta», «la Cíclope» o «la Percha».

—Salvador Sobrino y yo hemos ido a visitar al director —explicó la doctora Bernardos muy acalorada— para elevar una protesta en regla por la dureza de su comportamiento contigo. No sé si sabes que los enfermeros andan redactando un escrito dirigido al ministro pidiendo la destitución de Alvar. ¡Creo que nosotros los médicos debíamos anticiparnos!

—¡No sabía nada! —mintió Alicia, que era la verdadera, aunque anónima, autora de la idea—. Realmente, las originalidades del director, según me cuentan algunos, son excesivas.

Y enumeró la historia de los cuchillos, el expediente a Melitón Deza, la insinuación a la policía de complicidad en los asesinatos por parte de la enfermera donostiarra, los extremos vergonzosos a que llegaba su entendimiento de la libertad sexual, la noticia de que «la Mujer del Rincón», a quien Alvar hacía psicoanálisis, estaba embarazada, y el recuerdo degradante del almuerzo campestre.

—¿Y su comportamiento contigo no lo pones en la lista?

—Su comportamiento conmigo es irracional, en efecto, pero me favorece física y moralmente. No le guardo rencor alguno.

—Eres demasiado buena.

—Moralmente me beneficia porque me permite ejercitar algo que nunca hice antes o que lo hice en muy pequeña medida: la caridad. Y físicamente porque aquí me siento protegida por el doctor Rosellini. ¿Por qué crees que intenté fugarme? Yo no huía del hospital. ¡Yo me escapé del electroshock!

—Yo hubiera sido la encargada de aplicártelo y me hubiera negado.

—Pero el doctor Muescas..., sí estaba dispuesto a tratarme con insulina. ¿Cómo respira don José Muescas respecto a mi caso?

—Tu encierro aquí le ha convencido de que hay que cargarse al director. Además, la pérdida de autoridad de Samuel Alvar se hace penosa. Ayer un recluso le sacudió por las solapas. Y esta mañana cuando llegaba en bicicleta hasta su despacho...

Alicia la interrumpió sorprendidísima:

—¿El director viene desde el pueblo hasta aquí en bicicleta?

—Sí. Considera que utilizar tan mesocrático vehículo contribuye a hacerle más popular.

—Cuéntame: ¿qué le ocurrió esta mañana?

—Que un grupo de veinte o treinta reclusos le abucheó. Los dirigía el mismo que le zarandeó la víspera.

—¿Quién era ése?

—Ignacio Urquieta.

—¡Bendito Ignacio! No quisiera que se metiese en un lío por culpa mía.

La conversación con la doctora Bernardos tuvo lugar en el despacho de Rosellini. Aún se encontraba Dolores con ella cuando recibió la más inesperada de las visitas: Rómulo y «la Niña Oscilante».

Quedóse muy gratamente sorprendida la doctora al comprobar la ternura con que se abrazaban aquellos tres seres tan distintos.

—¿Por qué te han castigado? —le preguntó Rómulo colgando los brazos de su cuello.

—No estoy castigada, pero el director se ha enfadado un poco conmigo.

Hizo caso omiso «el Niño Mimético» de la respuesta de Alicia y exclamó con gran entusiasmo:

—¡Ya le he contado a Alicia quién eres tú!

—¿Y qué es lo que le has dicho?

—¡Que eres nuestra mamá!

Oírlo Alicia y saltársele las lágrimas fue todo uno. ¡Oh, Dios!, ¿cómo desengañar a esas criaturas abandonadas?

Dominando su emoción, Alice Gould preguntó con mucha dulzura:

—Dime, Rómulo, ¡cómo lo has adivinado!

—Porque tienes en la oreja el mismo bultito que yo y porque te llamas igual que mi hermanita.

—¿Sólo por eso lo has adivinado?

—Y porque tú no estás mala como los demás. Y has venido aquí para estar con nosotros. Y también porque te gusta que yo sepa escribir, y porque te quiero mucho.

La congoja de Alicia era tanta, que no podía hablar. Se limitó a abrazar a la pareja entrañablemente y a besarlos repetidas veces para que no advirtiesen sus lágrimas. Súbitamente se le paralizó el corazón:

—Doctora Bernardos, observa esto. ¡La pequeña está sonriendo!

—Eso no puede ser, Alicia. Son imaginaciones tuyas.

—¡Que no, Dolores; que no son fantasías! ¡Ponte aquí de frente! ¡Mírala! ¡Está sonriendo!

—¡No lo ha hecho nunca desde que nació!

—Yo la he enseñado —dijo Rómulo con acento triunfal—. ¡Conmigo se sonríe muchas veces!

Dolores Bernardos quedó perpleja. En efecto. En los labios de «la Niña Péndulo» había un rictus distinto. Sobre su bello rostro inexpresivo se dibujaba la sombra de una sonrisa.

—¡Vámonos, Alicia! Ya hemos saludado a mamá —exclamó Rómulo de pronto— y no está castigada, ¿sabes? Es que el director se ha enfadado un poco con ella.

Tomóla de la mano y se la llevó.

Las dos mujeres guardaron silencio. Quedó Alicia profundamente conmovida. Y Dolores Bernardos se propuso hacer al día siguiente a la joven Alicia un nuevo encefalograma. En efecto. Por primera vez en su vida había visto a aquella niña sonreír.

—Te ha emocionado mucho la visita de esos dos enfermos. ¡No era para menos! Pero escucha mi consejo. No te identifiques nunca con ninguno. Obsérvalos desde «fuera»...

—¡El doctor Rosellini me ha aconsejado lo mismo!

—Señal de que necesitas ese consejo.

—Antes de que te marches —le dijo Alicia al verla incorporarse— quisiera pedirte un gran favor. He escrito esta carta que te ruego leas y deposites certificada en el correo del pueblo, sin que nadie más que tú sepa que la he escrito.

—¿Y por qué tanto misterio?

—Te prometo que algún día te lo explicaré.

La carta de Alice Gould decía así:

Señora doña María Luisa Fernández.

Mi muy querida prima María Luisa:

Estoy muy sola. Heliodoro, mi marido, no ha venido nunca a verme desde que ingresé aquí hace cuatro meses. ¿A quién puede interesarle acompañar a una pobre loca? ¡Cuánto agradecería que vinieses a visitarme!

Te abraza con todo cariño y esperanza

ALICE GOULD DE ALMENARA

P.D. Cuando vengas no preguntes por mí, sino por la doctora Dolores Bernardos.

Su campaña de proselitismo para la «operación anti-Alvar» la realizaba Alicia, no sólo con sus visitantes, sino también con el personal auxiliar técnico que trabajaba en la Unidad de Demenciados. La ayuda que prestaba a las enfermeras duchando a las dementes, dando de comer en la boca a sus vecinas de mesa, o alimentando a la mujer del grande y único ojo desdibujado en la frente (como un boceto que hubiese sido medio borrado), lo hacía impulsada por su deseo de ser útil, pero también —¿cómo negarlo?— para ganarse su confianza y amistad. Hasta que no hubo cumplido una semana de su encierro, tantas fueron las visitas que recibió que no tuvo tiempo para pasear por el gran patio interior que era común a los locos de ambos sexos.

Aquel día se decidió a hacerlo. El suelo era de hierba y los reclusos y reclusas paseaban en círculo como los indios en sus danzas guerreras. Tan habituados estaban a ello que las huellas de sus pasos habían abierto un gran surco de tierra sobre el césped. Uno de los que circulaban era «el Hombre Elefante», allí recluido para alejarle de Rómulo: su joven y pequeño enemigo. Ya no quedaban en su cara rastros de los arañazos y mordiscos de que antes era víctima a causa de su enamoramiento de la bella Alicia. Por culpa de su mucha torpeza andaba más despacio que los demás, y éstos le pasaban una y otra vez sin dejarle nunca lejos, puesto que andaban en redondo. Algunos, como «el Proboscidio», caminaban en silencio; otros movían los labios articulando palabras sin sonido; otros hablaban en voz alta y hasta gritaban sin que nadie atendiese ni acaso oyese sus lamentaciones o sus quejas. Entre las logorreicas iracundas estaba la mujer pleitista que días atrás acusó a Alice Gould de haberle robado un predio agrícola. Ahora lo hacía con sus espectros. Era una protesta inacabada, una acusación permanente, una lamentación sin fin.

Entre los muy pocos que no caminaban en círculo, había uno que lo hacía a cuatro patas —igual que «la Mujer Gatita»—, pero en línea recta de parte a parte del patio. En otro lugar había un hombre sentado sobre sus calcañares, la cabeza doblada hacia delante, la cara sobre el suelo, y los brazos y las manos protegiéndole la cabeza, como si temiese un bombardeo. Todo su cuerpo temblaba y se le oía gemir:

—¡El sábado... todo ocurrirá el sábado!

Apoyados en la pared, dos «batas blancas» hacían las veces de pastores de ese rebaño. Uno de ellos era Guillermo Terrón. Alicia se acercó a él.

—Por su culpa estoy aquí —le dijo Alicia.

—No me avergüence recordándomelo.

—Si aquel día me hubiese usted llevado al pueblo junto al «Albaricoque»...

—Pero ¿usted tenía o no tenía la tarjeta naranja?

—¡Claro que la tenía! Y después me la quitaron —mintió sin sonrojarse Alicia—. Yo lo único que necesitaba era telefonear desde el pueblo a mi marido. Lo hice desde Aldehuela de doña Mencía, que por un despiste mío juzgué que estaba mucho más cerca. Cuando ya regresaba hacia el hospital, un pastor que había oído por la radio la nota que cursó el director a la prensa, y que decía que la «loca más peligrosa del manicomio había huido y que era el terror de toda la comarca» me dio caza a pedradas y me entregó a la Guardia Civil. Ésta me condujo hasta las verjas, donde ya me esperaba Samuel Alvar. Allí mismo me durmieron con una inyección y cuando me desperté estaba atada y en «la Jaula».

—¡El rigor del tal Alvar hacia usted es indignante!

—¡Yo creo que está loco! —comentó Alicia.

—¿Sabe usted que ha expedientado a Montserrat Castell, que es su hermana de leche y a cuya familia le debe todo en la vida?

—¡No lo sabía!

—¿Sabe usted que tiene encerrado en Recuperación, sin permiso para salir de la unidad, a Ignacio Urquieta, por haberle abucheado?

—¡Ahora entiendo por qué no vino a visitarme!

—Ayer me pidieron la firma para... —se interrumpió—. Creo que eso no debo decírselo a usted.

—No se preocupe, amigo Terrón. Ya me ha llegado el rumor de ese documento. ¿A quién se le ocurrió la idea?

—Lo ignoro.

—¿Y lo firmó usted?

—¡Naturalmente!

—Como desagravio por la fechoría que hizo conmigo está usted obligado a hacerme un favor.

—Usted me manda. Y considérelo hecho.

—Enséñeme ese documento. ¿Está bien redactado y argumentado? ¿Es lo suficientemente eficaz?

—Yo le haré llegar una copia del borrador.

Alicia ofreció un cigarrillo al «bata blanca» y, a cambio,

le pidió fuego ya que también le fue retirado el permiso a usar mechero. No quería hablar más del tema del documento para que no se le notase excesivamente su gran interés en conocerlo.

—¿Quién es ese que anda a gatas? ¿Cree ser un animal como una demente que hay en mi «jaula»?

—No. Ese pobre diablo anda así porque no sabe hacerlo de pie. Ahora le estamos enseñando a andar erguido, durante una hora cada día. Le llaman «el Pecas».

Y contó a Alicia, que le escuchó estremecida, la pavorosa historia del niño, del adolescente, del hombre, que creció y se desarrolló encerrado en un hórreo por unos padres malvados e ignorantes que le creían endemoniado.

—¿Y por qué le encerraron desnudo?

—No le encerraron desnudo. Lo que pasó es que la ropa le fue quedando inservible a medida que crecía, y como su alimentación era insuficientísima, se la fue comiendo a lo largo de los años, ¡incluidos los zapatos!

—¡Qué terrible historia! ¿Y el que está ahí doblado murmurando algo que ocurrirá el sábado, quién es?

—Sergio Zapatero. Le denominamos...

—¡«El Autor de la Teoría de los Nueve Universos»! ¡Pobre Sergio! ¿Puedo intentar hablarle?

—Inténtelo. Le será muy difícil.

Arrodillóse Alicia ante «el Astrólogo», le retiró los brazos con los que protegía su nuca y le ayudó a incorporarse. ¡Qué pavoroso cambio el de su mirada! Ya no era inquieta, patinadora, fugitiva, sino quieta, congelada, detenida en la contemplación de un terror definitivo. No la reconoció. Sus labios sólo repetían que el sábado ocurriría todo. Quiso consolarle Alicia, recomendándole que reemprendiera sus cálculos, pues estaba segura de que llegaría a una conclusión más optimista. Mas él no la entendía ni la atendía. «El sábado, el sábado...»

Se cuenta que los niños y los locos dicen siempre la verdad. El sábado siguiente murió Sergio Zapatero durante una crisis de pánico. Alicia veló su cadáver y pidió a Dios que le concediese millones de cuadernillos de hule para que contabilizase en ellos la duración de la eterna bienaventuranza.

El otoño avanzaba y, a medida que los árboles perdían sus galas, el frío se enseñoreaba de la región. Sólo en Almería y Andalucía la Baja persistían los calores. Alicia recibió una carta que firmaban César y Carlos, acompañada de una fotografía en color en que se veía al primero enfundado en un traje de goma, negro, y cargando a la espalda un arpón del que colgaba un bicharrajo marino tan grande como su pescador. Le resultaba insólito contemplar al severo doctor de la bata blanca y las gafas de carey con aquel atuendo de tritón de los mares.

Una noche, cuando comenzaba a amanecer, Alicia volvió a despertarse con la desagradable sensación, otras veces sentida, de que el gran mastín del pastor que la atrapó resoplaba junto a su nuca. Volvióse. Era «la Mujer Gatita» que la olfateaba.

—¡Vete de aquí! —le gritó.

Obedeció el animalejo. Se acercó en su posición acostumbrada a la cama de «la Onanista», de la que no fue rechazada, e inmediatamente se introdujo entre sus sábanas hasta desaparecer bajo ellas. Advirtió Alicia su movimiento y su colocación por el bulto que formaba bajo la ropa. Tardó en comprender lo que ocurría, mas apenas entendió qué clase de ceremonia era la que se realizaba bajo las sábanas, se levantó sigilosamente y con las dos manos firmemente cerradas descargó tal puñada sobre el bultejo que hubiera sido capaz de descoyuntar a un buey, cuánto más a una gatita lesbiana.

Oyóse un maullido de dolor, pero cuando la felina demenciada logró emerger de entre las sábanas, Alicia estaba ya en la cama, fingiéndose dormida. ¡Y muy feliz de haber contravenido las órdenes de Alvar de no mezclarse en las conductas sexuales de los enfermos!

V

EL HOMBRE DE LOS OJOS COLORADOS

MARÍA LUISA FERNÁNDEZ fue durante muchos años una mujer muy conocida en los círculos políticos por haber sido secretaria particular primero y jefe de la Secretaría más tarde, de dos ministros muy influyentes de la época de Franco (1). Más tarde, al morir sus dos jefes, y tras de haber probado su extraordinaria sagacidad al descubrir «la segunda vida» de uno de los más influyentes ministros del Régimen anterior (2), se profesionalizó en la investigación privada; se asoció con un policía jubilado (el ex comisario Obdulio Limón), tomó a sus servicios a dos detectives muy jóvenes y eficientísimos (Pepe Ruiz y Amparo Campomanes) y se hizo famosa por la originalidad de sus métodos y la espectacularidad de sus descubrimientos (3).

Alice Gould estaba segura de que al recibir una carta suya en la que la denominaba «querida prima» —sin serlo— y la acuciaba a venir a verla porque «¿quién podía interesarse en acompañar a una pobre loca?», María Luisa Fernández comprendería, sin necesidad de decírselo expresamente, que algo grave le ocurría a su colega, a la que descubrió por azar en el manicomio de Nuestra Señora de la Fuentecilla, el día en que ésta fingió encontrarse allí por visitar a una amiga enferma. Como Alicia de Almenara era profesionalmente conocida con el nombre de Alice Gould, se preocupó en la carta de añadir a su apellido de soltera el de casada y de encontrar un pretexto para dar el nombre de su marido: Heliodoro.

Si María Luisa era tan sagaz como de ella decía la fama, era evidente —según el criterio de Alicia— que esa mujer tantearía el terreno antes de emprender el viaje, aun no conociendo el verdadero motivo de la investigación que se le

(1) y (2) Véase *Señor ex ministro*, de Torcuato Luca de Tena. *(N. del ed.)*
(3) Véase *Carta del más allá*, del mismo autor. *(N. del ed.)*

encomendaba. Pero que la carta era una demanda de ayuda que olía a cien leguas a estar escrita por un remitente en apuros, ¿qué duda cabía en ello? ¡De no entenderlo de este modo, no sería esa detective tan inteligente como de ella se decía!

Así pensaba Alicia que su colega interpretaría su escrito. Y no se equivocó. No habían transcurrido diez días desde que escribió su S.O.S. —días que invirtió, no ya en corregir sino en redactar íntegro el escrito de la «operación anti-Alvar»— cuando, una mañana, el doctor Rosellini la mandó llamar a su cubil.

—La doctora Bernardos —le dijo el médico— ha acompañado hasta aquí a este caballero que desea hablar con usted. Pueden ustedes utilizar mi despacho.

Quedóse Alicia no poco sorprendida tanto de la presencia como de la catadura de esta visita inesperada. El hombre era albino. Su rostro era casi tan blanco como su pelo y estaba arrugadísimo. Toda su piel estaba troceada en mínimos e infinitos pliegues. Con todo y con eso, tales peculiaridades no eran nada al lado de sus ojos. Como los conejos de Indias, este extraño individuo tenía el iris colorado. Los bordes de sus párpados eran rosáceos, la córnea acuosa y transparente y el centro rojo, como dos mínimas cerezas hundidas en un aguamanil. Si a eso se añade que las cejas y pestañas eran níveas, habrá que convenir que su semblante era algo más que singular.

—Soy el comisario jubilado Obdulio Limón —le dijo, apenas Rosellini los dejó solos.

Su voz no se correspondía en absoluto con su físico. Alicia hubiera pensado que sería aflautada o débil como un soplo. Muy por el contrario, era cavernosa, profunda y potente, bien que rota por el asma. El hombre respiraba con notable dificultad.

—Permítame que me reponga —añadió con una voz que parecía salir de las simas del averno—. Al entrar aquí he visto a varias mujeres desnudas y mojadas que eran perseguidas por otras vestidas de blanco y armadas con toallones. Una se ha acercado a mí andando a gatas para olerme los zapatos. Al desplazarse ha pasado por encima del cadáver de una enana. Y otra me ha soltado un graznido en el tímpano que he creído quedarme sordo. ¿De modo que éstas son sus compañeras?

—Sabe usted mucho más que yo —respondió Alicia, recelosa—. Porque, aparte su nombre, ignoro quién es usted y qué desea de mí.

—Soy el socio de «su prima» María Luisa Fernández, y vengo de su parte a ponerme a su servicio.

—¿Y por qué no ha venido ella?

—Porque es altamente probable que le sea a usted más útil en Madrid que aquí. Yo estaré en constante comunicación con ella. ¿Se encuentra usted en apuros?

—La palabra «apuros» me parece muy tímida, señor Limón. Corro el riesgo, si ustedes no lo remedian, de verme andando a cuatro patas de aquí a poco como «la Mujer Gata» que le ha estado husmeando los pies.

El ex comisario llevaba una colilla apagada en los labios que no se quitaba ni para hablar ni para contener sus frecuentes ataques de tos. En ambos casos, la colilla quedaba adherida al labio inferior como si estuviese pegada con cola o formase parte de su extraña anatomía.

—Usted es «detective», como María Luisa, según tengo entendido. ¿No es así?

—Así es.

—¿Es usted misma la que se ha metido en este lío?

—Me temo que sí.

—¡Ustedes las aficionadas son la monda, si me permite esa expresión!

Rompió a reír escandalosamente. La risa le produjo tos. La tos más risa. La risa más tos. Alicia pensó que iba a morir allí mismo, ahogado, sin acabar de enterarse de que, en efecto —¡al menos en su caso!—, las aficionadas eran la monda.

—No tengo ningún derecho a contradecirle, comisario.

—¡Pues suélteme usted su rollo! La escucho.

Dos horas largas tardó Alicia en relatar la historia entremezclada, de las razones por las que ingresó en el manicomio y cuanto le había acontecido desde entonces, de puertas adentro.

A veces el ex comisario la interrumpía con preguntas cortas y precisas. Otras, fueron sus accesos de tos, los que permitieron a Alicia tomar un respiro. De súbito, don Obdulio se metió la colilla en la boca, la masticó parsimoniosamente y se la tragó. Apenas hecho esto, encendió otro cigarrillo al que dejó apagar, y quedó como el primero colgando de sus labios.

—Mi querida amiga —comentó apenas hubo concluido de escuchar el relato—. Estoy admirado tanto de su osadía cuanto de su candidez. Pero, en definitiva, yo sospecho lo mismo que usted.

—Yo no he dicho que sospeche de nadie... —protestó Alicia.

—Tampoco lo he dicho yo. Y, no obstante, usted sabe a lo que me refiero: sospechamos lo mismo.

Bajó Alicia los ojos e hizo ademán de cubrirse los oídos.

—Prefiero no oírlo.

—De nada le sirve, señora, vendarse los ojos para negarse a contemplar la evidencia. No lo dude: usted ha sido expoliada por su marido. Su encierro no ha tenido otra razón de ser que darle tiempo para proceder a su expolio.

—¡Prefiero no saberlo! —repitió Alicia llorando.

—Su compinche, ese falso García del Olmo, la llevó a usted de la mano de modo que descubriese algo bien fácil de averiguar: la procedencia de las cartas.

—Pero ¿cómo pudo conseguir el papel de escribir con membrete del director de este hospital y otros de idéntica filigrana para fingir las misivas del loco?

—¡Es demasiado sencillo! Si yo esta misma tarde escribo al director diciendo que sufro depresiones y solicito ser admitido, él me contestará diciendo que no hay plazas o que venga a que me hagan un primer reconocimiento. Una vez que tenga su respuesta en mi poder, mandaré fotocopiar el membrete y lo reproduciré cuantas veces me venga en gana en un papel, amiga mía, que adquiriré en la librería de la esquina. Usted, querida, se ha comportado con una candidez increíble. Quiso hacerse la engañanecios con su marido haciéndole firmar en barbecho la solicitud de ingreso, y la engañada fue usted, ya que él conocía perfectamente lo que firmaba.

Sentíase Alice Gould tan deprimida, que apenas se escuchaban sus sollozos. Experimentaba un deseo intensísimo de odiar a Heliodoro y no lo conseguía. La sospecha de ser él quien la encerró, utilizando para ello a un hombre de paja, la había asaltado cien veces, y siempre la rechazó. Al dolor de la decepción se unía el del orgullo herido: el de su doble fracaso como mujer y como detective.

—Pero ¿qué motivo podía tener para encerrarme? —consiguió decir al fin.

—No le respondo a eso —comentó el hombre albino con voz de oráculo— porque comenzaría a dudar de su inteligencia.

—¿Usted cree que quiso quedarse con mi dinero?

—¡Naturalmente!

—Pero ¡si ni siquiera ha intentado declararme pródiga! Esto se hace previa solicitud judicial y con citación de la encausada. ¡Y yo no he declarado nunca ante un juez!

Esta noticia sorprendió al hombre de los ojos colorados. Por un momento brillaron como pequeñas bombillas ante un aumento de la corriente.

—Estamos casados en régimen de separación de bienes —insistió Alicia—. ¡Él no ha podido vender mis propiedades!

—¿Qué cuentas corrientes tenía usted?

—Tenía y tengo dos. Una, sólo a mi nombre. Y otra, conjunta, de la que podíamos disponer indistintamente cualquiera de los dos.

—En esa última está la clave de todo.

—¡No, señor Limón! Al tiempo de mi encierro no habría en ella más de cuarenta mil o cincuenta mil duros. ¿Cómo Heliodoro iba a arriesgarse a tanto a cambio de tan poco?

—¿Recuerda usted de memoria los números de su *clearing*?

—Sí.

—Escríbame una carta a cada Banco autorizándome a pedir el saldo de esas cuentas.

En el propio papel del jefe de la Unidad de Demenciados, y con la pluma estilográfica de Obdulio Limón, Alicia escribió lo que le pedían. Después cortaron a tijera la zona del membrete tal como lo había hecho —según la tesis del albino— el hipotético esquizofrénico que escribía al falso García del Olmo.

—¿De quién era la casa en que ustedes vivían?

—La heredé de mi padre.

—¿Y su despacho?

—Era alquilado.

—¿Cuántos empleados tenía usted en su oficina?

—Tres.

—¿Y en su casa?

—Una cocinera y una doncella.

—Anóteme los nombres y direcciones de todos ellos. Y cuando acabe escriba cien veces con buena letra: «*Como todas las aficionadas, soy tan cándida como necia.*»

—¡Es usted muy galante, señor Limón!

—Agradezco el cumplido. Si hay algo o «algos» que me revientan son los pillos. Pero todavía me queman más la sangre los que se dejan engañar por los granujas. Su marido, señora mía, es un bellaco de la peor especie y usted una parvulita a la que hay que poner babero. ¡Y deje de llorar de una vez, muchachita! Ahora me voy a ver al director.

—¡No lo haga! ¡Me puede costar muy caro!

—Antes de media hora sabré si es inocente o es cómplice de esta fechoría.

—¡No lo haga!

—Mi querida niña, no olvide que usted es una aficionada y yo un profesional con muchas horas de vuelo. ¡Hasta más ver! Sea paciente. Tenga calma. ¡Y no haga más tonterías!

Tragóse Obdulio Limón su enésima colilla; dio unas palmadas conmiserativas a Alice Gould, y fuese por donde vino.

De toda la conversación con el viejísimo señor de la

cara arrugada, las pestañas ebúrneas y los ojitos colorados, la única satisfacción que le quedó a Alice Gould fue la de haberse oído llamar «niña» y «muchachita».

El antiguo comisario salió de la «Jaula» femenina, cruzó ante la masculina (en la que vio a los dos hombres eternamente acodados en el alféizar esperando la llegada de un gnomo que había muerto varios meses atrás, pero que seguía vivo en sus pupilas) y se dirigió hacia el edificio central, con intención de visitar al director.

En el camino encontró a una mujer iracunda que contaba una historia terrible a dos hombres pacíficos que la atendían sin pestañear y tal vez sin escucharla. Ella era —decía— víctima de la codicia de sus hermanos, quienes la habían encerrado para quedarse con la parte de su herencia. No supo el comisario Limón qué era más de admirar: si la voz gritona de ella; la parsimonia y paciencia de ellos, o la reiteración con que se presentaban casos como el de la colérica: hombres y mujeres que se decían enclaustrados, a causa de la avaricia ajena. En unos casos sería verdad y la loca, sana. En otros sería igualmente verdad, y la loca, loca. En otros, pura manía persecutoria. ¡No sería fácil para los médicos —pensó— conocer a ciencia cierta estos matices! Porque ellos, los policías, habían de vérselas con individuos que «sabían» si eran delincuentes o no. Estos médicos con gentes que ignoraban su propia realidad. Meditó un instante. «¡Ignorar la propia realidad —pensó—. Eso es la locura!»

Se le acercó uno que le tocó varias veces en los brazos y en el pecho, y le extendió la mano con claro ademán de pedir algo al tiempo que decía:

—Amarfo tiromato paramín.

Obdulio Limón le ofreció un billete que el otro rechazó y después un cigarrillo, que es lo que en verdad pedía.

—Arrazufo compulsenda —le dijo el orate con grandes muestras de agradecimiento.

—De nada, amigo —le respondió Limón—. Ha sido un placer...

Y siguió su camino. Llevaba el socio de María Luisa

Fernández unas grandes gafas negras y casi opacas sobre los ojos. No las necesitaba, pero se las ponía para evitar que las gentes se volviesen asombradas hacia él por el color de sus iris o que los niños le señalasen con la mano.

Se le acercó, al igual que antes, otro hombre que le sobó, dio pequeños empujoncitos y extendió la mano. Tenía más aspecto de hombre de lunas que el anterior. Su cráneo parecía más seco y menos dentro de su acuerdo. Y mucho más pesado. No era dinero lo que quería; tampoco cigarrillos, ni estampitas, ni papel de fumar. Y cada vez que él no acertaba con lo que el mochales deseaba, éste le daba más empujoncitos en los hombros y hasta en el pecho. Por quitárselo de encima, Obdulio Limón se retiró las gafas y parpadeó varias veces apagando y encendiendo sus ojitos colorados. Empavorecido, el alienado echó a correr y Limón no supo más de su sombra.

El director le recibió con el gesto adusto que solía. Le molestó el motivo por el que le visitaba; le desagradó no ver los ojos, a través de las oscurísimas gafas, de su interlocutor; le incomodó su voz cavernosa, rota, asmática y sus frecuentes ataques de tos; le chocó la costumbre del ex policía de tragarse las colillas. Con todo y con esto, al cabo de media hora habían congeniado muy bien el médico y el policía. Este último era el primer hombre que no discutía sino que apoyaba y aun alentaba su juicio respecto a Alicia de Almenara: una mujer insufrible por su altivez; moralmente tarada por un complejo de superioridad; de sentimientos y formación socialmente despóticos; el típico modelo de una burguesía decadente y egoísta, muy capaz de eliminar (por el veneno u otros medios) a quienes estorbaran sus planes.

—Sólo un motivo de duda me queda —comentó el policía—. En el hospital hay muchas unidades especiales para cada grado o cada clase de locura. ¿Considera usted que su megalomanía puede curarse en una unidad de demenciados?

—Es una medida terapéutica —sonrió Alvar—. Creo que le conviene ver por sus propios ojos lo que son las miserias del mundo. En su vida fácil y regalada no podría ni sospechar que tales casos existieran entre los humanos.

—Alguna miseria sí conoce —comentó Obdulio Limón—. Su marido, aprovechándose de que está loca, la ha expoliado limpiamente.

—No será éste el primer caso ni el último en que los pícaros sanos se aprovechan de los locos para expoliarlos —comentó el director—. Los hombres son como lobos que devoran a los otros lobos, cuando están heridos o enfermos, aunque sean de su misma camada. ¡No me sorprende nada lo que me cuenta usted, señor comisario!

Obdulio Limón trazó para sus adentros un diagnóstico del diagnosticador: «Es un resentido visceral», le dijo al cuello de su camisa.

Desde el despacho de Dolores Bernardos, telefoneó a Madrid y tuvo una corta conversación con María Luisa Fernández. Al cabo de media hora fue ella quien le llamó, facilitándole los datos que pedía. Si no fuera radicalmente imposible que la palidez misma pudiese palidecer, sería lícito afirmar que la color huyó del rostro del antiguo policía.

—No es posible —se dijo una y otra vez.

Y regresó al Pabellón de Demenciados.

—Señora de Almenara, ¿puede usted decirme con exactitud qué dinero tenía usted en cada una de sus cuentas corrientes?

—En la que estaba a mi nombre, una cantidad ligeramente superior a 2 000 000 de pesetas —respondió Alicia—, puesto que éste fue el importe de los honorarios que me dio el bandido que se hizo pasar por García del Olmo. Pero lo más probable es que el cheque fuese falso.

—No era falso —comentó el ex comisario—. En el haber de su cuenta hay 2 127 000 pesetas.

—Me deja usted muy sorprendida —murmuró Alicia.

—Más lo estoy yo. ¿Y en la cuenta conjunta con su marido, recuerda cuánto había?

—Treinta mil duros aproximadamente.

—Pues allí siguen —afirmó el comisario—. Y como antes la castigué a que escribiera cien veces «Soy tan cándida como necia», vengo a relevarla de hacerlo. Y seré yo quien escriba hasta mil veces que el necio soy yo.

Rascóse el ex policía varias veces el cráneo:

—Usted ha sido víctima de un engaño, eso está claro, para haber sido encerrada aquí. Pero no ha sido expoliada. Su dinero sigue donde estaba. Y sus propiedades también.

—¡No entiendo nada! —exclamó Alicia angustiada—. ¿Quiere eso decir que Heliodoro es inocente?

—Tal vez, tal vez, tal vez...

—Entonces ¿quién era el falso García del Olmo? ¿Quién era? ¿Y por qué me encerró aquí?

—La investigación que usted nos encomienda, señora, es harto más compleja de lo que yo había imaginado. Esta noche dormiré en el pueblo esperando instrucciones de mi jefa, y mañana, probablemente, saldré para Madrid. Entretanto, si quiere algo de este viejo arteriosclerótico, podrá encontrarme en la pensión Los Corzos.

No habían transcurrido dos horas cuando Obdulio Limón recibió una carta llevada a mano por un servidor del hospital. Decía así:

Mi estimado señor Limón:

Le ruego que abandone toda la investigación que encomendé a mi colega María Luisa Fernández y así se lo haga saber a ella. Tenga la bondad de indicarme a cuánto han ascendido sus gastos y sus honorarios. Le ruego me disculpen por las molestias sufridas y prohíbo formalmente que vuelva a trabajar en este asunto.

Con todo respeto le saluda, su affma.

ALICE GOULD

A media tarde, el doctor Rosellini quiso hablar con Alicia, y la descubrió sentada en la nave principal de la unidad, perdida la mirada en el vacío y con una expresión de profunda gravedad en su rostro, inusual en ella. Preguntó a las enfermeras que cuánto tiempo llevaba así y le respondieron que desde que se marchó el hombre del pelo blanco que la vino a visitar. Durante el almuerzo —le explicaron— no habló con nadie ni ayudó a dar de comer, como era su costumbre, a sus vecinos de mesa. Apenas concluidos los postres, volvió a ese mismo puesto en que ahora estaba. Varias veces la vieron llorar. Sin duda, su visitante le había comunicado una noticia que la afectó profundamente. Rosellini se acercó a ella.

—Alicia, venga conmigo.

Cuando estuvieron solos, le preguntó:

—¿Qué le ocurre, Alicia?

Ella se encogió de hombros y no respondió.

—Está usted triste. ¿Era alguien de su familia quien la visitó esta mañana? ¿Ha tenido malas noticias? ¿Qué le pasa?

Alicia Almenara se llevó las manos al rostro y comenzó a sollozar con tanta angustia y aflicción que el médico se alarmó. Se la veía debatirse entre su deseo de dominar la congoja y la imposibilidad de evitarla. Rosellini la dejó llorar. El llanto es una descarga de la emotividad. Cuando ésta llega a un punto grave de concentración es preciso abrir compuertas al alma. Y el llanto, a veces, es su mejor cauce. Para un espíritu sensible como el de esta mujer, ¿cómo no habría de influir en su conciencia la visión de los monstruos, de los desechos de humanidad, que la rodeaban? La responsabilidad moral de Samuel Alvar frente a Alicia Almenara —pensó Rosellini— era gravísima. ¿Tendría razón esta señora cuando se preguntaba si la intención del director era hacerla enloquecer? Rosellini se equivocaba.

—Escúcheme bien, Alicia. Somos muchos en esta casa los que no estamos dispuestos a dejarla a usted naufragar. ¿Quiere que la informe de cómo marchan las gestiones de la «operación anti-Alvar»?

—No, doctor. ¡Ya me da todo igual!

—¿No anhela salir de esta unidad y reunirse con los demás residentes?

—¡No!

—¿No desea dejar atrás las tapias del manicomio?

—Ya no.

Estaba sumida en una profunda e inmotivada tristeza. ¿No debía ser para ella causa de alegría saber que Heliodoro no era parte de su secuestro y que no se había lucrado con su encerramiento?

«Si hubiera sido así —se dijo Alicia— existiría una razón, una motivación a mi encierro. Una razón cruel, pero que, al menos, se justificaría a la luz de las debilidades humanas y de las motivaciones que exige la criminología. Pero si no se ha beneficiado... ¿qué otra razón puede haber para que yo esté aquí?»

Cada vez que intentaba pensar en ello, su pensamiento quedaba obturado. No podía seguir adelante, al igual que un corredor que para alcanzar una meta pretendiera perforar una pared. Y ello la obligaba a mentir cuando la preguntaban cosas que no entendía. Y más tarde, a creer, o a creer que creía, que sus mentiras eran verdad. Y a pedir a Obdulio Limón que cesara en todas sus investigaciones porque prefería «*no saber*» a saber lo que temía.

Una tarde, María Luisa Fernández vino a visitarla. Alicia la recibió con extraña frialdad. ¿No se había, tal vez, enterado de las instrucciones, claras y precisas, que cursó a su colaborador don Obdulio, el de los ojos de guinda, para que abandonaran esta investigación?

María Luisa mintió. El pobre señor Limón estaba muy viejo —le dijo—. Se le olvidaban las cosas. Equivocaba los hechos. No le había dicho nunca que Alicia deseaba interrumpir su investigación. Y, en consecuencia, ella siguió investigando. Y sus averiguaciones habían dado su fruto. Lo sabía todo o casi todo. Y no eran noticias gratas para Alicia.

Contrariamente a lo que exigiría toda lógica y razón, al oír esto, los ojos de Alice Gould se iluminaron; su abatimiento pareció decrecer y su indiferencia a diluirse.

—¿No son noticias gratas?

—¡No, Alicia! ¿Usted posee bienes en Inglaterra?

—Sí. Dos casas que heredé de mi padre. Antes rentaban

algo; ya no. A veces le propuse a mi marido venderlas y siempre se opuso. Decía (y creo que con razón) que en estos momentos sería un disparate desprenderse de un bien en el extranjero.

—Lo cierto es... que ya no puede usted venderlas, Alicia.

—¿Por qué?

—Por la misma razón por la que, desde hace ocho años, ya no le rentaban nada.

—Le ruego, María Luisa, que no me hable en jeroglíficos. ¡No entiendo nada de lo que me dice!

—Digo que hace ocho años que su marido vendió esas casas. ¿No lo sabía usted?

—¡No es posible! —dijo Alicia, sinceramente asombrada—. Esas propiedades eran exclusivamente mías. Él no tenía derecho a...

—¡Él no tenía derecho a falsificar su firma, ya me lo imagino! Pero lo hizo.

—¿Hace ocho años, dice?

—¡Hace ocho años!

—¿Y cómo los compradores se atrevieron a darle el dinero a él, sin ser el dueño?

—No se lo dieron a él, sino a usted. Lo ingresaron en la cuenta conjunta... y él lo retiró. ¿No sabía usted nada de esto, Alicia?

Ella le escuchaba con la extraña sensación de que una charla idéntica, con el mismo contenido y la misma persona, la había tenido ya, en otra ocasión lejana, tal vez en otra vida; o en otro mundo.

—¿Ignoraba usted esto, Alicia?

María Luisa escuchó esta extraña respuesta:

—Creo que lo ignoraba. No estoy segura de ello. Es como si lo hubiese olvidado y ahora, al decírmelo usted, comenzase a recordarlo...

Se llevó las manos al rostro:

—¡No sé si lo recordaba o no! Pero es tan lógico, tan absolutamente lógico, que Heliodoro actuase así, que lo absurdo sería que no lo hubiese hecho.

Sus ojos se iluminaron.

—¿Y ahora? ¿Qué ha hecho ahora? Es él quien me mandó encerrar, ¿verdad?

—Parece usted desear, Alicia, que mi respuesta sea afirmativa.

—No se equivoca, María Luisa. ¡Lo que deseo es una respuesta congruente! Lo que no puedo sufrir es mantenerme en la ignorancia de por qué estoy aquí. Si Heliodoro me ha estado expoliando toda su vida, habría una lógica, respecto a un expolio mayor, a una felonía monstruosa acorde con su falta de escrúpulos y su abisal amoralidad. Y lo que necesito es entender, conocer los porqués, saber en defintiva, ¡¡sa-ber!!

—A eso he venido, Alicia. A que usted sepa. Una operación idéntica a la de Inglaterra, pero de mucha mayor envergadura, se ha vuelto a realizar.

Entreabrió Alicia los labios.

—¿Qué operación? Su socio, Obdulio, me dijo que mis cuentas corrientes estaban en la misma situación en que las dejé. ¡Y eso aumentó mi confusión!

—Así es. Pero, entretanto, hubo un ingreso fortísimo a su nombre, en la cuenta conjunta, que él retiró antes de transcurrir las veinticuatro horas. No se ha vuelto a saber de él. Pero a la Interpol no le costará trabajo localizarle.

—Pero ese ingreso de que usted habla, podría ser suyo. Una quiniela premiada, una tarde afortunada al póquer.

—No, Alicia. Procedía de la firma de abogados californianos Thompson and Smith y era producto de la liquidación de la herencia de Harold Gould dejada íntegramente a usted, su única heredera. Tengo datos suficientes —añadió María Luisa— para un proceso. Sólo necesito que me firme este poder a procuradores para iniciarlo.

—¡No lo firmaré! —respondió Alicia.

—¡Tiene usted... no digo el derecho, sino el deber, de reclamar lo que es suyo!

Alice Gould habló lentamente. Su voz apenas se alzaba en algunos momentos para subrayar y dar más énfasis a sus palabras. Se diría que a medida que hablaba, iba ascendiendo por una escala y escapando de la sima en la que se encontraba. Cada acusación contra Heliodoro era un peldaño de esa escalera: cada dicterio un paso hacia su liberación.

—Aunque sea difícil hacerme entender —pronunció Alice Gould con violencia contenida mientras se rozaba las sienes con las yemas de sus dedos—, voy a intentar explicarme. Mi marido se ha comportado como un bandido generoso. Me ha robado la fortuna de tío Harold... pero ha respetado en parte la que recibí de mi padre. Del mismo modo que falsificó mi firma para aceptar y hacerse cargo de esa herencia inesperada, hubiera podido hacerlo para vender todas mis propiedades. Y no lo hizo. Ha sido como un *beau geste*: un rasgo de generosidad del gángster con el que parece querer decirme: «¡Pobrecita mía, ahí te dejo eso para que no quedes en la calle mordiéndote los codos por las esquinas, sin tener dónde te llueva Dios!»

»Mi desquite no ha de ser perseguirle y acosarle, María Luisa. ¡Sería demasiado vulgar! «¡Quédate con el producto de tu expolio, pobre diablo miserable, ya que ése es el único medio que está a tu alcance de hacer fortuna! Siempre viviste a costa mía. ¡Sigue haciéndolo ahora para dejar constancia de tu insondable mediocridad! Ya ves que soy comprensiva con tu mezquina persona. Si algún día voy de safari será para cazar leones y no ratas como tú. No me compensa el gasto ni el esfuerzo. ¡No mereces mi atención ni para perseguirte!» Ah, María Luisa, si alguna tentación me queda de ocuparme de él es la de escribirle una carta con lo que acabo de expresar.

María Luisa Fernández comentó:

—Sólo por entregarle personalmente esa carta me gustaría localizarle.

—Tampoco vale la pena. ¡No entiende otra literatura que la de los tebeos!

Escupir frases como ésta no consolaba a Alice Gould. No obstante, al pronunciarlas echaba lastre fuera, como el tripulante de un globo con peso inútil en la barquilla.

María Luisa Fernández meditó un instante.

—No se deje usted cegar por el despecho. Es necesario localizar a ese hombre. Yo le ayudaré a encontrarlo, para que...

Alicia no la dejó concluir. Nunca la había visto María Luisa expresarse con tal fuerza interior.

—¿No comprende usted, María Luisa, que lo que deseo con toda mi alma es no localizarle? ¿No ha entendido todavía que la mayor alegría de mi vida es no saber dónde está ni qué hace; y que siento pavor de que esta felicidad se trunque, si llego a saberlo? ¡Quiero ignorarlo todo de él, alejarle de mi vida, convencerme de que nunca ha existido! ¿Que el precio de esta bendita liberación es la herencia de tío Harold? La hubiera cedido a gusto fuese cual fuese su cuantía (que, de paso, prefiero ignorar para siempre) a cambio de que ese sucio trapo se esfume pronto de mi memoria del mismo modo que ¡venturosamente! se ha esfumado ya de mi presencia.

María Luisa, buena conocedora del alma humana, sabía que nada acucia más a un vehemente que hablarle con vehemencia; y que nada le conturba tanto como razonar las cosas con ironía y sosiego.

—Habla usted como una persona sin juicio, Alicia. Cuando usted le concedió poderes con intención de que pudiese vender una finca en La Mancha, él los utilizó, además, para vender las casas de Londres. ¿Por no ocuparse más de él va a mantener esos poderes en pie, sin revocarlos? ¿Va a consentir que él siga siendo su heredero? ¡Esto es un contradiós, Alicia! ¿Que usted quiere renunciar a perseguirle por preferir ignorarle? De acuerdo. Respeto esto. Pero canjeemos, al menos, su benevolencia, su renuncia a denunciarle, a cambio de la inmediata separación legal y el divorcio futuro. Usted no tendrá que ocuparse de nada. Yo se lo doy todo hecho. Su esfuerzo (firmar estos papales) no será mayor que el de quitarse con la uña una cagadita de pájaro que le ha caído en el traje.

—¡Nadie ha definido tan bien a Heliodoro como acaba usted de hacerlo! Una cagadita de pájaro. Eso es Heliodoro.

—Firme usted aquí, Alicia. Será como cortar las últimas amarras que le unían a él.

Mientras lo hacía, Alicia exclamó:

—¡Ah, qué pena, qué pena que no tengamos a mano medio botellín de champaña para brindar!

Sacudióse la cabeza como lo hace un perrillo faldero con todo su cuerpo al salir del agua. La mutación de sus sentimientos e incluso de su rostro era como el de un panorama en día de muchas nubes, grandes y chicas, en que todo cuanto se ve se trastrueca y cambia según el sol quede cubierto o despejado.

—¿No ha sufrido usted nunca, María Luisa, una pesadilla terrible, que es imposible reconstruir toda entera al despertar? Quedan vagos retazos en la memoria y mal sabor de alma, pero unirlos todos ¡es imposible! La alegría renace al entender que todo aquello que se soñó, y que era espantoso, aunque no se sepa bien lo que era, resultó ser sólo un sueño. Ahora tengo la sensación de que, al fin, he despertado. ¡A falta de champaña para brindar, déjeme que la abrace!

María Luisa Fernández se sentía tan compenetrada con ella, que hacía suyas las emociones de Alicia. Esta mujer —pensó— tenía un extraño atractivo: un alto poder de seducción. Lo que los ingleses dicen *it*. Y los chilenos, «tinca», y los andaluces, «duende». Y los políticos «don de gentes». Era imposible estar cerca sin declararse solidario con ella. ¡Gran majadero debía de ser el tal Almenara, su marido, para canjear oro puro por otro de menos quilates!

Confirmó María Luisa su criterio contrastándolo con otras personas. La doctora Bernardos se presentó de improviso y María Luisa comprobó que ella no era la única conquistada por aquella rara personalidad.

—Llego aquí —les dijo— de paso hacia una junta extraordinaria de médicos. El director acaba de convocarnos. Voy a batirme duro, Alicia, para defenderte.

—¿No estará presente César? —preguntó angustiada Alice Gould.

—César acaba de telefonearme desde el pueblo para decirme que estaba deshaciendo sus maletas. Le he informado de lo que ocurría y se dirige hacia acá.

—¿Ha firmado el documento?

—Lo ignoro. Rosellini ha ido en su busca para que la «operación anti-Alvar» no le coja de sorpresa. Voy corriendo hacia la sala capitular para oponerme a que la junta comience antes de que ellos regresen.

—Dolores, antes de irte, dime, ¿no habría medio de que Montserrat Castell me viniese a visitar?

—Montserrat está suspendida de empleo y sueldo. Desde entonces no ha vuelto por el hospital.

—¡Es una iniquidad! ¿Y a Urquieta no podría verle?

—Le han retirado el permiso para salir de recuperación. Me voy. No debo perder ni un minuto. Te tendré informada, Alicia.

La besó con gran amistad. Quedaron solas las dos detectives.

—Veo con gran alegría que cuenta con poderosos aliados —dijo María Luisa.

—Tengo buenos amigos —respondió Alicia con una sonrisa.

—Cuando quede usted en libertad, ¿volverá a abrir su despacho? ¡Me aterra la competencia que puede usted hacerme! ¡Antes de tenerla como competidora... prefiero asociarme con usted!

—No. María Luisa. No volveré a abrirlo. Carezco de condiciones. Soy como el alguacil alguacilado. He ido a por lana y he salido trasquilada. Su socio, el albino, me lo dijo muy claro: «¡Ustedes las aficionadas son la monda!» Me llamó necia. ¡Y tenía razón!

—¡No haga usted caso de lo que diga ese viejo cascarrabias! Sólo ataca a las personas que admira.

—Si algún día quedo libre... —comentó misteriosamente Alice Gould— ¡he tomado una decisión tan extraña para entonces, que empiezo a pensar si no le falta razón al director para considerarme loca.

—¡Tiene usted que contármelo, Alicia!

—Le prometo, María Luisa, que la tendré informada.

La detective en funciones advirtió la sonrisa maquiavélica de Alicia Almenara al decir esto. Y quedó un poco intrigada de cuál sería la extravagante decisión de su nueva y sorprendente amiga. «Ya ha salido del pozo», pensó. Y quedó no poco satisfecha de haber contribuido a ello.

—Y respecto a Alvar —preguntó Alice Gould—, ¿cuál es su compadrazgo con mi marido? ¿En cuánto le han pringado para hacerle su compinche en este crimen?

—Alvar es un hombre honesto, Alicia. ¡No ha participado para nada en su secuestro!

—Eso no me lo creo yo, María Luisa. Ni tampoco usted.

—Creo firmemente en su inocencia.

—¡Vamos, vamos, María Luisa, no diga eso! He pecado de cándida y de inocente, pero no hasta ese extremo. ¡Alvar es cómplice del falso García del Olmo! ¡Él fue quien inspiró el modo que había de utilizar para encerrarme y quien está dispuesto a no dejarme escapar de aquí!

—No, Alicia, está usted en un error.

Alice Gould enrojeció de ira.

—¿Qué le mueve, entonces, a seguir declarándome loca?

—El mismo sentimiento, querida Alice, que le mueve a usted para empeñarse en considerarle culpable. Usted desea que haya sido cómplice de este delito porque le odia. Y él desea que esté usted loca por el mismo motivo. Y tan grande es su odio que confunde, al igual que usted, su deseo con su creencia. Pero es profundamente sincero. La cree loca. A usted, amiga mía, le repele visceralmente el tipo humano al que pertenece Alvar: le considera «cabeza cuadrada», zafio y resentido: un ser inferior porque no habla idiomas, lleva calcetines colorados y, tal vez, cometa al escribir faltas de ortografía. Y, en su trato con él, no ha dejado nunca de refregarle esta manifestación de superioridad. ¡Hay un cierto sentimiento de elitismo, de clasismo, Alicia, en esta actitud!

Alicia enrojeció aún más. María Luisa acabaría enfadándola.

—Todo lo que dice es lo más contrario que cabe a mi manera de ser. También «el Hortelano» es zafio; y si no comete faltas de ortografía es porque no sabe escribir. Y no obstante, le adoro. ¡Y es amigo mío!

—Le adora usted, porque habla y se comporta como un hortelano... ¡y es hortelano! Pero no le gustaría verle de director de este hospital.

Alice Gould estaba perpleja. No acababa de entender a cuento de qué venían estas acusaciones contra ella. Y, no poco ofendida, se lo preguntó:

—Vienen a cuento de que usted, Alicia, entienda el porqué del modo de actuar de Alvar contra Alice Gould. Él es un resentido visceral. Eso no tiene nada que ver con haber triunfado o fracasado en la vida. Estamos hartos de ver políticos que llevan treinta o más años viviendo a costa del erario, ocupando puestos que otros envidiarían, recibiendo honores sin fin en todos los regímenes e incluso enriqueciéndose. Y son, fueron y serán resentidos. «¿Resentidos de qué?», podría uno preguntarse. Alvar es de esta misma cuerda. De pronto surge ante él una mujer que le acompleja; que le recuerda conmiserativamente que no se dice «Valladoliz», ni «Madriz», ni «Reztor de la Universidá», u otros ejemplos semejantes, y que, para mayor agravio, es una enferma sometida a sus cuidados: una persona sobre la que él ejerce o debe ejercer autoridad. No es imposible que inicialmente haya caído bajo el peso de su fascinación sin recibir a cambio otra cosa que sus múltiples y reiterados desprecios e incluso agravios. Esto son mezclas explosivas, Alicia, que serían cosas de poco más o menos si no se añadiera el detonante. Y éste no es otro que el miedo que él siente por usted y el que usted siente por él.

—¿Miedo?

—Me he quedado corta, Alicia. Debería haber dicho pavor mutuo. Usted le teme, porque de él depende que la mediquen o no como loca, estando sana. Y él la teme, porque ha visto cómo ha conseguido poner contra él a todo el hospital. El mayor e irreversible fracaso de usted, Alicia, es que los demás médicos la considerasen enferma. Y el mayor planchazo profesional para él sería que, unánimemente, los demás la considerasen sana. ¡Creo que los motivos del recelo, de la competencia personal, de la tensión y del odio entre Alvar y usted se explican por sí mismos sin necesidad de buscar complicidades del director en su secuestro! Créame, Alicia, que yo estoy de su parte, y que estoy impaciente por lo que estará ocurriendo ahora en la junta de médicos.

Meditó Alicia en lo que había oído y comentó sonriendo:

—¡Le voy a echar abajo de un plumazo todas sus teorías sobre mí!

Inclinó María Luisa la cabeza, como los pájaros que han oído un sonido y se aprestan para escucharlo de nuevo.

Alicia continuó:

—Me ha batido usted en todos los frentes, María Luisa: en la investigación de mi propio caso; en mis motivaciones psíquicas contra Alvar (¡pues, en efecto, es un hombre que me repele!) y en la interpretación de su..., digamos, inocencia. Y a pesar de ello yo no la odio a usted por haberme vencido sino que la admiro y aprecio profundamente. Y, en cuanto a lo que esté ocurriendo en la junta de médicos... créame que yo también estoy hecha un flan. ¡Es mucho lo que me va en ello!

W

DOS ESCUELAS FRENTE A FRENTE

CÉSAR ARELLANO, Dolores Bernardos y el doctor Rosellini coincidieron a la entrada de la sala capitular.

La tensión se advertía en los rostros de todos. No sólo estaban presentes los médicos psiquiatras —como en las juntas ordinarias de los miércoles— sino los demás especialistas: traumatólogos, cardiólogos, anestesistas, endocrinólogos, analistas y cirujanos de neurología. Muy pocas veces se reunían juntos salvo en ocasiones muy especiales: la onomástica del director (costumbre suprimida por Alvar) o la despedida de un jubilado. Los había pálidos como José Muescas, sanguíneos como César Arellano o cetrinos como el director. Si Alicia —que era gran observadora de minucias— hubiera estado presente, habría advertido la muy diversa reacción que las emociones producen en los rostros de los adscritos a tales morfologías. Esto es: que los sanguíneos enrojecen, los cetrinos amarillean y a los pálidos les nacen ojeras cuando la tensión emocional sube de grado. Otras actitudes, por citar sólo las contrapuestas, eran las de quienes adquieren en estos trances una severa inmovilidad —como era el caso de la doctora Bernardos y de Rosellini— o mueven, inquietos, los pies, las manos, el rostro; y cambian constantemente de postura cual lo hacía José Muescas, el más agitado de los presentes. El más tranquilo, como de costumbre, era el director. Su agitación interna sólo se advertía en el tinte verdoso de su piel y en una peculiar vibración de sus párpados. Con esto, su voz sonó neutra, impersonal —con un dejo de aburrimiento— a lo largo de su notable discurso.

—Señores —les dijo—, no me faltan amigos en esta casa, como para desconocer el libelo que circula de mano en mano contra mí. Más que su contenido, lo que me duele es que haya sido redactado por una loca y suscrito por los médicos. Nunca una demente llegó a más ni los doctores a menos. Los he convocado para rogarles que acepten ustedes una transacción. Ésta es que cambien el documento dirigido al señor ministro de Sanidad por otro que voy a someter en seguida a su conocimiento.

(Tragó saliva.)

—Otro —añadió completando su frase— que he redactado y firmado yo, presentando mi dimisión (ya que fui designado por el señor ministro) y rogándole que restablezca la antigua costumbre de que sea la junta de médicos del hospital la que sugiera (para que el ministro designe) al director.

»Sólo alego, en mi petición, cuestiones de salud. Y expreso el deseo de colocarme en otro hospital psiquiátrico en una provincia en que las temperaturas sean menos extremas que en ésta, tanto en invierno como en verano.

»He eludido, por tanto, aducir que el cuadro médico de este hospital está compuesto por gentes que yo considero retrógradas e inmovilistas. También he silenciado el profundo tedio que todos ustedes me producen.

»El documento, que una gran mayoría de médicos y técnicos auxiliares ha suscrito, tal como lo redactó su estrafalaria autora, puede acabar con la carrera de un hombre joven, de profunda vocación, como yo, que, aparte de sus errores personales, recibió el error ajeno de ser designado director, tal vez antes de tiempo...

»Estoy profundamente convencido de que la escuela psiquiátrica a la que pertenezco tiene razón en sus planteamientos. No puede confundirse, como ustedes hacen, a los enfermos con los delincuentes. Su encerramiento obedece a otras causas. Y todo cuanto pueda hacerse para borrar en sus vidas todo signo de opresión, hay que llevarlo adelante. Reconozco haber cometido algún error en la puesta en práctica de unos métodos sanos. Se nos acusa de ser más sociólogos que científicos. Más justo sería decir que somos más humanos. ¿O es que tal vez la sociología no es una ciencia humanística?

»Estos errores que digo, no son los que me mueven a alejarme de aquí. Me marcho con la cabeza alta porque mis aciertos han sido mayores que mis yerros. Mi ruego consiste en pedirles que en reconocimiento de lo anterior, mi alejamiento de este hospital sea voluntario y no forzoso, y que se deba a una dimisión y no a una destitución. En cualquiera de estos casos quedaré libre de toda responsabilidad cuando se declare cuerda y se le abran las puertas de este hospital a una mujer que yo considero enferma, perversa y peligrosa.

Por segunda vez en pocas semanas Ruipérez le oyó expresar el mismo concepto que expuso ante el comisario Ruiz de Pablos:

—¿Queremos darla por sana porque no se le cae la

baba, porque habla tres o cuatro lenguas extranjeras y porque se viste en modistos caros? ¿Es que acaso no hay paranoicos entre los clientes de la Academia Berlitz de idiomas, o del modisto Balenciaga? ¿Tienen por ventura los burgueses patente de inmunidad contra la locura?

»Esto es sólo una anécdota vulgar. Aquí les dejo, señores, copia de mi carta de dimisión para que ustedes juzguen si merece o no ser canjeada por la soflama que escribió contra mí una homicida.

Un gran murmullo se extendió por la sala capitular. Todo el mundo entendió las diversas alusiones dirigidas a Alice Gould. Pero ¿qué había querido significar al tacharla de homicida?

—Con tu permiso, director —interrumpió César Arellano, haciéndose portavoz de la perplejidad general.

Nada más escuchar estas palabras del jefe de los Servicios Clínicos, los médicos expresaron un gran alivio. Era preciso que alguien hablase en nombre de todos, y nadie deseaba hacerlo. Samuel Alvar había mezclado en su exposición reconocimiento de yerros propios y un intolerable desprecio por los demás médicos. Había expresado ideas sanas, pero acusando injustamente a los otros de no suscribirlas. ¿Era sincero o se dejaba llevar por el odio hacia una mujer injustamente recluida para expoliarla (caso que no era nuevo ni excepcional y que circulaba de boca en boca desde la visita del ex comisario Obdulio Limón)? ¿Qué había querido significar ahora al tacharla de homicida? ¿No estaba probado que los intentos de envenenamiento a su marido figuraban en una recomendación de internamiento que fue falsificada por el mismo maleante que la estafó?

—Con tu permiso, director. Como yo no he firmado ese documento del que has hablado, podré expresarme con mayor libertad. Has mezclado en tu discurso dos asuntos muy desigualmente graves. No quiero referirme al primero, pues se trata de una decisión personal tuya: la de pedir tu traslado. Yo lo lamento, pero no le doy una importancia decisiva. Lo que sí es muy grave, gravísimo, es dejar sin esclarecer la palabra «homicida», refiriéndote, según entiendo, a una residente de este hospital. Todos los indicios parecen confirmar que esa mujer ha sido víctima de una acción criminal. Tu sustituto habrá de confirmar o rechazar su sanidad mental. Al calificarla de homicida siembras dudas respecto a ella de las que depende nada menos que la prolongación de su enclaustramiento delictivo, o su libertad. Insisto en que esto me parece más trascendente que tu dimisión. Porque, por fortuna, no faltan en España médicos que puedan sustituirte y continuar en esta casa de locos tu brillante gestión. Pero si ella es sana y tú colaboras con vagas insinuaciones a la prolongación de su encierro, ya no se trata de una anécdota vulgar, como dijiste antes, sino de un atentado gravísimo contra la libertad, no menor que el de condenar, en juicio y a sabiendas, a un inocente.

»Has agraviado a todo el cuerpo médico de esta casa al proclamarte más humano que todos ellos. Esto sí que es anecdótico: porque no ofende quien quiere, sino quien puede. ¿Cuál es esa humanidad que te atribuyes graciosamente si colaboras al encierro de una persona que sabes que está sana, sólo porque la odias? ¿En esto consiste tu sociología?

»Créeme que lamento mostrarme tan duro contigo, máxime en vísperas de tu despedida. Pero considero que la justicia pertenece a un rango moral superior a la cortesía.

»De ahí que te emplace a que declares sin ambages cuál es el homicidio que atribuyes a una residente que tú mismo enconmendaste a mis cuidados y cuyo diagnóstico no ha sido aún formulado por mí.

Las miradas de Rosellini y Dolores Bernardos eran asaz elocuentes. Las tenían fijas en Samuel Alvar, como si le dijeran: «¡Vamos, pobre muchachuelo, decídete!» Teodoro Ruipérez era la viva imagen de la consternación. ¿Cometería su protector el yerro increíble que temía?

—Esa mujer a quien encubres con sospechosa benevolencia —dijo lentamente Samuel Alvar— asesinó en este hospital a un minusválido llamado Celestino Expósito, a quien denominaba con desprecio intolerable «el Gnomo». ¡Lo sabes tan bien como yo!

Una veintena de rostros se volvieron hacia César. Todos tenían conocimiento de la muerte del jorobado, pero su versión era muy distinta a la que decía el director.

—Eso es inexacto, Samuel —dijo César Arellano mirándole fijamente a los ojos.

Samuel Alvar se puso bruscamente en pie. Nunca imaginó a este doctor capaz de mentir en asunto tan trascendente y ante la junta de médicos. Mantuvo sus ojos fijos en él y después los volvió lentamente hacia Ruipérez, su amigo, su protegido y que era el único de la junta (aparte Arellano y él) que sabía la verdad. Ruipérez bajó los ojos y se mantuvo en silencio. «¿No entendía el director —pensó— la diferencia que va de un homicidio a un asesinato? Samuel había empleado el verbo "asesinar". Y César había dicho que eso era inexacto. Lo lamento, Samuel —se dijo Ruipérez—. Arellano tiene razón.» Lo pensó. Mas no lo argumentó. Ni miró directamente a los ojos del director.

El jefe de los Servicios Clínicos midió muy bien sus palabras para no mentir y para no perjudicar a Alice Gould. Su rostro enrojeció vivamente, pero sus palabras sonaron calmadas y contenidas.

—Eso es inexacto —repitió—. Me atengo a la declaración que hiciste tú mismo en el juzgado, cuya copia poseo y que puedo aportar antes de tres minutos a la junta de médicos. Me atengo igualmente a la manifestación, ante el juez, del único testigo presencial, Cosme «el Hortelano», quien declaró que había visto cómo ese pobre tonto, que acostumbraba a correr alocadamente en zigzag, sin ton ni son, tropezó en una de sus carreras y se partió su defectuosa columna vertebral contra una peña. Si hay alguna duda, mandémosle llamar, para que nos confiese lo que declaró.

—¿Nadie tiene algo que añadir? —preguntó Alvar a sabiendas de que Teodoro Ruipérez entendía que se dirigía sólo a él.

Pero Ruipérez no era hombre al que le gustase intervenir en batallas que sabía perdidas de antemano.

No hubo respuesta por parte de nadie. José Muescas hacía lo que indicaba su apellido; y movía, además, agitadamente las piernas bajo la mesa. Los demás clínicos imitaban a Dolores Bernardos: sin perder la compostura, miraban severamente al director. Éste se puso en pie.

—Lamento, señores, que mi despedida sea tan poco cordial. Tal vez coincidamos alguna vez en otro hospital psiquiátrico y tengamos mejores oportunidades de hacernos amigos. Les deseo suerte a todos y celebro, como dije antes, no comprometerme profesionalmente en la puesta en libertad de una loca.

Con la misma parsimonia con que había hablado, Samuel Alvar se dirigió, en un impresionante e incómodo silencio, hacia la puerta de salida de la sala capitular. Ruipérez, su protegido, no lo siguió.

X

EL SUBCONSCIENTE Y SU SECRETO

TREINTA AÑOS ANTES de que aconteciesen los hechos que quedan relatados, Chemari e Iñaqui se encontraron junto a la parada del tranvía que los Padres Jesuitas tenían alquilado para el servicio de los alumnos de su colegio. Era un artefacto amarillo y ruidoso que recorría el centro de Bilbao para recoger a la bulliciosa grey escolar. Unos le denominaban «el Trole Madrugador», otros «el Cacharro», otros «la Serpiente Amarilla», pues constaba de cinco vagones enganchados y era, por tanto, más largo que los dedicados al transporte normal de viajeros.

La mañana era gris y un tímido sirimiri amenazaba convertirse en lluvia formal. Era un veinte de diciembre. Tres días más tarde se iniciaban, para los escolares, las vacaciones de Navidad.

Los dos chiquillos estudiaban en clases distintas. Iñaqui, el más joven, apenas tenía cinco años. Chemari ya había cumplido siete. El primero vestía pantalón corto. El otro ya había estrenado los bombachos: pintoresca y felizmente olvidada prenda, con la que los chicos de aquel tiempo parecían un híbrido de moro con sus zaragüeyes y de jugador británico de golf con sus *niquer bokers*. En lo demás el atuendo de ambos era igual, sin olvidar boina, gabardina y la carpeta de libros de estudio colgada a la espalda por medio de tirantes, como la mochila de un explorador.

Aquel encuentro casual fue fatídico para los dos. Chemari Goñi pertenecía a la estirpe de lo que los padres de familia burgueses denominaban «malas compañías» que eran los «niños con los que no se debe salir». Las razones de esta discriminación a tan tierna edad no carecían de cierto peso: esos niños eran de los que decían y enseñaban palabras feas, rompían a pedradas los faroles del alumbrado y eludían con frecuencia el ir a clase, arrastrando a otros compañeros a hacer «novillos». Aquella mañana se consumó para Iñaqui el bautismo de picardía: fue la primera vez que, incitado por aquel chico «mayor», se avino a no ir al colegio. La tentación era demasiado grande, porque lo que le propuso Chemari fue pasarse la mañana patinando en el club deportivo Loreto, que era el único establecimiento de Bilbao que tenía pista para patinar al aire libre y piscina cubierta. Iñaqui, que era un excelente nadador, no había patinado nunca; Chemari, que imitaba al nadar un molino enloquecido, era en cambio un colosal patinador.

La primera dificultad que advirtió Iñaqui en el nuevo deporte fue colocarse los gruesos patines de ruedas. Éstos se unían a los zapatos por medio de unas presillas movibles que se ajustaban a las distintas medidas del calzado; además, varias correas presionaban sobre el empeine y la puntera de los zapatos. Chemari iba mucho mejor preparado que él, pues llevaba botas que no se soltaban, mientras que, al menor movimiento mal hecho, los zapatos se escapaban de los pies. Al verse alzado sobre aquellas máquinas deslizantes, Iñaqui se consideró muchísimo más alto, pero esta sensación le duró muy poco, ya que a los pocos segundos estaba en el suelo tras el primer costalazo. Mientras el más joven caía una y otra vez, imitando reiteradamente la canción de *Las segadoras* en aquello de «levantarse y volverse a agachar», el mayor hacía filigranas con los patines de ruedas. Se deslizaba de frente, de espaldas y de costado; giraba a placer sobre sí mismo y —lo más difícil de todo— sabía frenar de golpe, si se le antojaba. Iñaqui, por el contrario, cuando al fin consiguió trasladarse de frente, y se encontró con el problema de no poder detenerse, tuvo que tirarse de espaldas al suelo antes de romperse la crisma contra una pared.

—¡Qué bien lo haces! —comentó admirativamente, desde tan humillante posición, al ver las florituras que hacía Chemari.

Éste, halagado, extendió una silla plegable sobre el suelo, tomó carrerilla y la saltó limpiamente. Aplaudióle, admirado, Iñaqui. Y Chemari comentó:

—Yo soy mejor patinador que tú nadador.

—Eso no es verdad —replicó el pequeño—. Porque yo soy campeón infantil de natación y tú no eres campeón infantil de patines.

—No seas presumido. ¡Tú qué vas a ser campeón de natación!

—Sí, lo soy. ¡Y he salido fotografiado en los periódicos! —protestó Iñaqui, muy enfadado, de que se pusiera en duda la mayor proeza de su cortísima vida.

—¿No conoces la piscina cubierta del club?

—Nunca he visto una piscina cubierta.

—¡Ven a verla!

Ayudóle Chemari a levantarse y dándole la mano, para que no se volviese a caer, le condujo hasta el borde de aquel rectángulo verde y azul que habría de ser escenario de no pocos éxitos de Iñaqui en años venideros y que, de niño, contemplaba por primera vez.

—¡Toma, para que no seas presumido! —le dijo el grandullón mientras le empujaba.

Sintió, el pequeño, un vahído; cayó aparatosamente a la piscina, y su primera, instintiva precaución, fue intentar quitarse los patines. Pasó grandes apuros bajo el agua y al no conseguir lo que pretendía, se quitó los zapatos; con lo que el calzado y su postizo de acero quedaron en el fondo e Iñaqui pudo subir a la superficie. Oyó las carcajadas de Chemari, que se desternillaba de risa ante la pesadísima broma, y al punto se propuso vengarse de él. En tierra era difícil porque era mucho más alto y fuerte pero en el agua... ¡ya vería lo que era bueno! Iñaqui ocultó su rabia riéndose él también; hizo una demostración de buen estilo de nadador ante el que le llamó presumido, mientras meditaba de qué argucia se valdría para zambullirle. Al fin, acercándose al borde donde estaba, levantó una mano pidiéndole ayuda para subir. Tendióle la suya el tal Chemari, tiró Iñaqui fuertemente de ella y cuando cayó le hizo una buena aguadilla de las que tardan en olvidarse. Cuando le consideró suficientemente castigado, hizo el recorrido entero para que aquel cabrito aprendiese lo que era nadar bien. Pero en seguida otra idea le vino a las mientes y ésta era la regañiza que iba a recibir en casa cuando le viesen llegar descalzo y con la ropa toda mojada. Salió, cubrióse con la gabardina y todo azorado de andar por la calle en calcetines echó a correr hacia su hogar. El otro se había marchado sin despedirse. Llegó a su piso llorando; y mintió a su madre diciendo que, como le sobraba tiempo antes de que pasara «el Trole Madrugador», se había acercado al puerto donde al pie de una escalerilla había unos niños que pescaban. Se acercó a ellos y, como la plataforma tenía mucho musgo, se resbaló y cayó al agua. Ésta fue su explicación. Al día siguiente, Iñaqui fuese al colegio a pie para no correr el riesgo de encontrarse con Chemari en el tranvía. Fue una precaución inútil, pues su cómplice en los novillos de la víspera tampoco asistió a clase. Ni el siguiente, en que se otorgaron las notas del primer trimestre, ya que se iniciaban las vacaciones de Navidad. Al concluir éstas y regresar al colegio enteróse Iñaqui de que Chemari Goñi había muerto ahogado. Su cuerpo, con los patines puestos, fue descubierto en el fondo de la piscina del club Loreto, cuando unos empleados se disponían a vaciarla. Quedó espantado Iñaqui al oír esto, pero no lo sintió mucho porque no le quería. Una terrible duda le asaltó, pero la rechazó en seguida. Lo más probable es que Chemari hubiese vuelto por el club, para patinar, todos aquellos días en que no fue al colegio antes de las vacaciones. El niño que entonces llamaban Iñaqui y que no era otro que Ignacio Urquieta jamás volvió a pensar en ello hasta el día en que —treinta años después— se organizó contra él una paradójica conspiración de la que fueron autores varios locos del Hospital Psiquiátrico de Nuestra Señora de la Fuentecilla. ¿Cómo pudo ocurrir eso?

Las primeras decisiones de la junta directiva provisional habían sido sacar a Alice Gould de la Unidad de Demenciados y devolverle su tarjeta naranja; anular el expediente contra Melitón Deza; suspender el castigo de Montserrat Castell y dejar en libertad a Ignacio Urquieta. La designación del director (o mejor: la propuesta al ministro para el nombramiento de un director) quedó aplazada para la siguiente semana.

Salvo Montserrat Castell, a la que afectó mucho el castigo que le fue impuesto, los demás festejaron su libertad con alborozo. ¿Pero no celebraban también la dimisión de Samuel Alvar? En esta alegría Montserrat no participaba. Por mediación del enfermero expedientado lograron filtrarse algunas botellas de licor y no es imposible afirmar que la euforia de Ignacio Urquieta se debiera a un discreto exceso de libaciones.

Los pacientes del edificio central sentían lo que en términos un tanto arbitrarios podía denominarse «complejo de diferenciación» con dos de sus compañeros: Urquieta y Alice Gould. Pero este complejo diferencial no se manifestaba del mismo modo. Alicia era admirada y Urquieta odiado. Alicia era como una «bata blanca» sin bata. Ayudaba a los impedidos, sonreía a los imbéciles, consolaba a los tristes y besaba y abrazaba a los dos falsos hermanos —«el Mimético» y «la Oscilante»—, por los que la comunidad de enfermos experimentaba una difusa predilección.

Ignacio, en cambio, era un enfermo, como ellos, al que habían visto revolcarse por los suelos poseído de terror cuando el agua le trastocaba. Y con todo, presumía de sano. Su relación con los médicos y los otros «batas blancas» era de igual a igual. Se trataba con los «Magníficos»; conversaba con los superiores; se paseaba del brazo con las dos mujeres que eran la crema y nata del manicomio. Eran muchos los que festejaban la llegada de la lluvia porque sabían que aquel individuo arrogante y bien conformado estaría entretanto bajo las sábanas, acobardado, temblando de miedo o, por ventura, llorando. ¿Respondió aquella tarde con una insolencia a la actitud del «Falso Mutista», al que ya en otra ocasión llamó «pozo de estupidez»? ¿Se quitó de delante al «Niño Mimético» con una manotazo al observar que le imitaba? ¿Se comportó con euforia, o tal vez cometió la audacia de reír descaradamente ante un «triste»?

El caso es que se formó una conspiración de locos contra aquel loco que fingía no serlo y cuando menos lo esperaba lo agarraron entre seis, se lo llevaron en volandas del lado de Alicia, y lo condujeron, con intención de lanzarle al agua, hacia la piscina. Alicia avisó a dos «batas blancas», a gritos, pidiendo auxilio, y corrió hacia la zona deportiva para socorrer a Ignacio. Éste, cerrados los ojos para no ver el agua, se debatió como pudo en brazos de sus grotescos y crueles sicarios. Pero pudo bien poco. Alicia llegó a tiempo de ver cómo aquellos energúmenos lo lanzaban a la piscina. Más que un grito fue un alarido de pánico el que lanzó Urquieta en el aire al caer. Se agitó como lo haría un individuo lanzado a un lago de hirviente lava antes de perecer. Dos enfermeros se descalzaron y despojaron de sus batas para socorrerle. Alicia se dispuso a imitarles, cuando, de súbito, aquel revoltijo humano que meneaba y pataleaba torpemente se quitó los zapatos, que cayeron al fondo, y se puso a nadar lenta, rítmica, sosegadamente. Los espectadores, sanos o enfermos, estaban atónitos. Ignacio alcanzó el borde opuesto de la piscina, dobló ágilmente el cuerpo, se dio impulso con los pies y, con estilo de gran campeón, hizo el largo de la pileta, una, dos, hasta tres veces. Ascendió por la escalerilla como embobado. Los «batas blancas» y Alicia acudieron a él.

—Ignacio, ¿te encuentras bien?

No respondió. Despojóse de su camisa empapada, y volvió a lanzarse al agua sin que nadie le empujase ni tampoco se lo impidiese. Hizo varios recorridos más. Salió y se reclinó junto al borde. Quedóse largamente mirando el agua. Hizo de su mano un cuenco y se la llevó a los labios. Al fin volvióse hacia los enfermeros.

—¡Estoy curado! —exclamó con una extraña voz en la que se advertían por igual el pasmo y el contento.

Armó un gran escándalo en las duchas. Como la Unidad de Recuperación, en la que vivía, era mixta, no pocas mujeres se escandalizaron ante su invitación a que todo el mundo acudiera a verle ducharse. Suplicaba a unos y a otras que le lanzaran cubos de agua a la cara y fueron tantos los vasos que bebió que puso a su estómago en trance de criar gusarapos. Ruipérez, que era quien le trataba, y Sobrino que era quien le albergaba, y Arellano, como presidente de la junta directiva provisional, acudieron a verle, pues corría la voz de que se había demenciado. Se negó a vestirse, aunque se lo mandaron los médicos (porque argüía que deseaba seguir duchándose hasta derretirse). Al fin, accedió a enfundarse un albornoz, aunque no a calzarse, y se encerró con los tres médicos, en el despacho del doctor Sobrino, jefe de la unidad.

—Fue como un fogonazo —explicó Ignacio Urquieta procurando calmar su agitación—. ¡De pronto lo supe todo! Cuando estos pobres tontos me lanzaron al agua vestido, sentí un vahído en el aire, tan idéntico a otro que experimenté siendo niño, que imaginé que «ahora» era «entonces» y que quien me dio el empujón no era Bocanegra, sino un compañero de colegio que se llamaba Chemari; y que ésta no era la piscina del manicomio, sino la del club

Loreto de Bilbao, y que yo no tenía treinta y seis años, sino cinco...

»Esta sensación me duró muy poco, pero volvió a repetirse cuando comencé a nadar pensando qué añagaza emplearía para agarrar al «Falso Mutista» y darle una buena zambullida. No sería difícil, pues llevaba patines puestos. ¡No!, me dije; quien llevaba los patines era aquel niño que me empujó. Y ese pensamiento de vengarme lo había sentido ya, lo estaba sintiendo igual que entonces, y comprendí que si lo hacía, Bocanegra no volvería a instalarse en su asiento habitual de la «Sala de los Desamparados», del mismo modo que Chemari no volvió a ocupar su sitio en el pupitre del colegio.

»Me imaginé al «Mutista» ahogado en el fondo de la piscina con el lastre de unos grandes patines en los pies, y este pensamiento me llevó a la vivencia de mi compañero muerto. No me dijeron que aquel chico se ahogó con los patines puestos (¿o sí me lo dijeron y no quise enterarme?). Goñi: Chamari Goñi. Estoy seguro de que se llamaba así. ¡Del mismo modo que estoy seguro de que fui yo quien le maté!

Tal como se lo contó Ignacio a los médicos se lo repitió a Alice Gould ante una gran jarra de agua que servía de mudo testigo de su curación cuando unos días más tarde almorzaron mano a mano en la taberna de Pepe el Tuerto. Ambos habían recibido el mismo día su declaración de sanidad y decidieron festejarlo juntos.

—¿Comprendes, Alicia? Mi naturaleza infantil se defendía del horror de saber que había dado muerte a un compañero de colegio. Mi consciente se negaba a aceptar la evidencia. Pero mi subconsciente lo sabía.

—Pero ¿cómo es posible —preguntó ésta— que vivieses sano hasta cerca de los treinta años, y que, de pronto, a esta edad, la fobia al agua estallase en tu naturaleza como una bomba?

—Supongo —respondió Ignacio— que el secreto que guardaba mi interioridad era como una planta que extiende sus raíces ocultas y que no puede surgir al exterior porque algo se lo impide. De niño me empeñé en olvidar, en no volver a pensar en ello, pero esa planta seguía presionando para surgir a zona visible. Tal vez, al llegar a los treinta años, estuve a punto de descubrir la verdad y entonces surgió mi fobia como una defensa. Una angustia (la del agua) sustituía a otra angustia: la de saber que había matado (en el agua) a un semejante. Mi consciente se había acostumbrado a no saberlo, ¡no quería saberlo!, y se alió con un cómplice, la fobia, para mantener el engaño. ¡No sé si mi explicación es muy científica! Sólo se me alcanza que, al conocer yo la verdad, la fobia que me protegía se le ha hecho ya innecesaria a mi naturaleza.

Habían llegado del sanatorio hasta el pueblo conducidos por Terrón y en la misma furgoneta que debía depositar al «Albaricoque» en el autobús. La locuacidad de éste era extremada. Se consideraba feliz porque iba a ver a su tía, olvidando que caería enfermo al cruzar el umbral de su casa y que no se recuperaría hasta llegar de nuevo al manicomio.

—«La Rubia» es muy bonita, Terrón. Y también es mi tía. Y Urquieta mi tío. Y tú, la Red Nacional de Ferrocarriles Españoles, Terrón.

Ignacio y Alicia no demostraban tanta euforia. Tenían muchos motivos para considerarse satisfechos, pero su contento estaba teñido de melancolía. En el asador de Pepe el Tuerto, ella —por consolarle de su desazón al saber que había matado a un semejante— estuvo a punto de contarle la verdad de lo que aconteció con el jorobado. Pero se abstuvo. Éste era un secreto que debía morir con ella. Y sólo recordarlo le producía un íntimo desasosiego. ¡Incomprensiblemente su declaración de sanidad no la llenaba de júbilo! Una vez alcanzada la meta pretendida, Alicia se mostraba como un gladiador que, tras luchar y vencer, no da muestra de alegría, sino que se derrumba, agotado por el esfuerzo.

—Ahora —le confesó a Ignacio— habré de aprender a enfrentarme con la soledad.

Él la contempló un instante, lleno de dudas. Después

bajó los ojos hacia el mantel y comenzó a juguetear con los cubiertos, como si su único afán fuese cambiarlos, todos, de sitio.

—Te voy a confesar algo, Alicia, que te va a sorprender mucho. No he avisado a mis padres ni a mi hermano. Ellos no saben todavía nada de mi curación.

—¡Me parece muy mal! ¿Por qué quieres ahorrarles esa alegría?

—He pedido a los médicos que me mantengan todavía durante un tiempo en observación. ¿Cómo estar seguro de no recaer?

Escuchó Alicia muy sorprendida estas palabras.

—Mírame a los ojos, Ignacio Urquieta. No me estás diciendo la verdad.

Ignacio estaba azorado como un niño grande.

—No es cierto lo de mi temor a recaer. Pero sí es cierto que he pedido a los médicos que me mantengan un tiempo más en observación y que, entretanto, no avisen a mi familia.

—Pero ¿por qué has hecho eso?

Ignacio Urquieta titubeó y, al fin, confesó con gesto decidido:

—Porque no quiero perderte, Alicia. Me sería muy difícil vivir lejos de ti. Prefiero la «fobia» a tu separación. Si alguna vez anhelé dejar de ser un tarado fue para poder ofrecerte un sitio en mi vida. ¡Y que quien te lo ofreciese fuera... un hombre normal! ¡Y ya lo soy!

—¡Ignacio, mi buen Ignacio, olvidas que estoy casada!

—Esperaré lo que sea necesario hasta que consigas tu separación legal y tu anulación o tu divorcio.

Alicia le contempló enternecida.

—Escúchame bien, Ignacio. Cuando supe que eras tú quien había iniciado la protesta ante Samuel Alvar, por mantenerme encerrada, me sentí orgullosa de tener tales amigos, y agradecida y llena de entusiasmo. Cuando comprobé con mis propios ojos que estabas curado y me llegaron rumores de que te hacías tirar cubos de agua a la cara, corrí a la Unidad de Recuperación con una damajuana gigantesca para empaparte a gusto. Cuando supe que estabas encerrado con los médicos, estuve esperando hasta que salierais y cuando vi la satisfacción reflejada en los rostros de todos, tú mismo pudiste comprobar con qué alegría te abracé. ¡Te juro que ha sido la mayor satisfacción que he recibido desde que por primera vez crucé los umbrales de aquel infierno! ¡Porque yo te quiero bien, Ignacio, pero no con la suerte de amor que tú me ofreces!

Urquieta bajó los ojos.

—¿Piensas reunirte con tu marido?

—¡Jamás!

—¿No vas a solicitar la separación?

—Alguien lo está haciendo ya por mí.

—Vas a encontrarte muy sola, Alicia. Si me he negado a comunicar nada todavía a mi padre fue para informarle conjuntamente de las dos noticias: mi restablecimiento, y mi decisión de rehacer mi vida junto a ti. Esto es lo que te ofrezco, Alicia: ¡que rehagamos juntos nuestras vidas!

Alice Gould negó suavemente con la cabeza.

—Tu ademán dice «no». Pero tus ojos dicen «sí»... —exclamó Urquieta esperanzado.

—Confundes el amor con el cariño, Ignacio. Tú crees quererme porque hemos vivido juntos una gran aventura y juntos nos hemos salvado. Y acaso porque soy la única mujer, durante muchos años, no del todo impotable que has tenido cerca. ¡Pero ya verás qué muchachas más estupendas encontrarás en Bilbao! Mil veces mejores que yo y por supuesto más jóvenes. ¡Y qué de historias más colosales del manicomio tendrás para contarles! Si me las cuentas a mí no podrías hacer tu gran número, porque yo me las conozco todas. ¡Olvida esa idea disparatada, Ignacio! Lo que yo deseo es que me invites a tu boda y hacerte un gran regalo. ¡Prométeme que me invitarás!

—Eres adorable, Alicia, hasta para hacerme sufrir.

—No se puede sufrir —protestó riendo Alice Gould— comiendo estos platos tan exquisitos. ¡Tendremos que felicitar, al salir, a Pepe el Tuerto! ¡Y brindemos, Ignacio, yo con vino, tú con agua, por tu felicidad!

Regresaron al hospital; él cabizbajo y ella —¿cómo negarlo?— no poco satisfecha al comprobar que aún era capaz de despertar pasiones entre los jóvenes.

Montserrat Castell les esperaba para felicitarles por su liberación. Había anunciado formalmente a la junta directiva provisional su deseo de retirarse y sólo esperaba, para pedir la baja, que las carmelitas le comunicaran la fecha para tomar el velo. Recordó Montserrat los versos de santa Teresa:

Hermana, porque veléis,
Cristo os ha dado este velo.
Y no os va menos que el cielo,
Por eso, no os descuidéis.

Estuvieron encerradas muchas horas aquella tarde Alicia y la Castell. Esos largos mano a mano se repitieron durante varios días. Aún faltaban algunos trámites legales que cumplimentar para la salida de Alicia, y ésta se pasaba más tiempo en la parte de afuera que no en la de dentro de la «aduana». Comer no volvió a hacerlo en el refectorio de locos. Sus monólogos con Carolo Bocanegra, falso mutista y ciego voluntario, eran demasiado tediosos y Alicia lo hacía o bien en el comedor de médicos, o en el de enfermeros, o invitando a unos o a otros a alguno de los muchos y deliciosos «hornos de asar» de los pueblos cercanos. Con el de Pepe el Tuerto sólo podía compararse uno que había en Almenara de Campó, bautizado con el pintoresco nombre de El Águila Colorada. El vinillo de la casa era delicioso —aunque había que beberlo con prudencia, porque engañaba— y el lechón estaba suculento y la tarta de nueces con nata y caramelo sabrosísima. Allí se celebró el banquete en honor de la nueva directora del hospital, Dolores Bernardos. César Arellano, que fue el primer candidato, no quiso en modo alguno —al igual que otra vez anterior— abandonar el trato directo con los enfermos. Rechazada su candidatura, Dolores Bernardos fue propuesta por unanimidad y su designación oficialmente confirmada por el ministro.

Los trámites para la salida de Ignacio Urquieta fueron mucho más rápidos que los de Alicia, por ser su ingreso «voluntario» y el de ésta no. Los médicos en masa y muchos enfermos se concentraron en la puerta para despedirle. No ya su padre, hermano y cuñada, sino multitud de primos y amigos y amigas acudieron a recibirle, portadores de pequeños cubiletes de agua con los que Ignacio se dejó escanciar a placer. Hubo lagrimitas en varios ojos, salvo en los de don Luis Ortiz, el falso violador de su nuera, quien, mientras duró la ceremonia de despedida, olvidó que era un rufián cuya sola sombra contamina, y se mostró alegre y encantador. Alicia comprobó que entre las muchachas de Bilbao que vinieron a recibir a Ignacio había algunas preciosas, y bromeó con él:

—¿Te escojo yo la mejor, o prefieres hacerlo por ti mismo?

Al fin, le llegó el turno a Alicia. Se levantó más tarde que nunca, ya que no estaba sujeta al horario de los enfermos y se pasó el resto de la mañana y gran parte de la tarde en recorrer, una por una, todas las unidades para despedirse de sus jefes y del personal auxiliar. No necesitó hacer estas visitas para confirmar las extraordinarias cualidades humanas de aquellas gentes. En todas partes existen capaces y mediocres, perversos y equilibrados, divos y llanos, rutinarios y aplicados, pero tal vez sea la clase médica y sus auxiliares donde el conjunto de sus integrantes sea de superior calidad y la que exija una vocación mayor. Así se lo dijo a la doctora Bernardos, aunque reconociendo que el buen sacerdote y la religiosa sincera, como la Castell, también son llevados de la mano por la vocación. Ante el doctor Rosellini aumentó el cuerpo de «profesiones vocacionales» a la de los marinos. Ante Sobrino, a la de los toreros. Y ante don José Muescas, a la de los escritores. ¡Pero de ahí no bajaba! Era terca y tenaz, como buena británica, y se negó a reconocer que pudiera haber otras «profesiones auténticamente vocacionales» que la de los médicos, los curas, los marinos, los poetas y los matadores de toros.

El último de los visitados fue César Arellano. Alicia habló, habló, habló. No hubo diálogo posible. Fue sólo un monólogo. Todas sus impresiones del día estaban agolpadas en su mente y se las fue declarando al que fue su primer protector. Confesó que estaba emocionada por la solicitud y la hombría de bien del doctor Rosellini, por la seriedad de Salvador Sobrino, por la humanidad de Dolores Bernardos, por la caridad y la alegría de vivir de Montserrat Castell, por la autoridad y profesionalidad de Isabel Moreno, la jefa de enfermeras de la Unidad de Demenciados, y por la simpatía y la belleza de dos «batas blancas»: Conrada la Joven y Lola Pardiñas. El doctor Muescas no le gustaba demasiado, porque la miraba de un modo en el que se vislumbraban sus dudas respecto a si estaba loca o no lo estaba. Se enterneció al hablar del «Hortelano», de Rómulo, de «la Niña Péndulo», del maestro de escuela conocido por «el Albaricoque», del sudamericano suicidado que buscaba a su padre; de la triste y pintoresca locura de don Luis Ortiz; y de su amigo, «el Autor —ya muerto— de la Teoría de los Nueve Universos».

Hubiera querido Alicia expresarle su propósito. Aquel que insinuó a la adorable María Luisa Fernández al decir a ésta que había tomado «una extraña determinación» para cuando quedase en libertad. Pero, ante César Arellano, se sintió cobarde. En el hospital sólo había hablado de ello con Montserrat Castell, a quien le hizo jurar que nunca diría nada a nadie.

Ante el jefe de los Servicios Clínicos se limitó a sugerir unos temas, a plantear algunas dudas deseando que fuese él quien se adelantase a tomar determinadas iniciativas que para Alicia eran «clarísimas y elementales», pero que para el médico no debían serlo tanto, pues en ningún momento se dio por enterado.

César Arellano la escuchaba sin intervenir. Alicia estaba en plena descarga emocional. Y el médico pensaba que eso era bueno para su equilibrio. Los extravertidos, como Alicia, que echan fuera el lastre de sus emociones, tienen menos riesgo de enloquecer que los introvertidos que se guardan para sí las toxinas emotivas con las que acaban envenenándose por no saber o no querer eliminarlas.

—Perdóname, César, por expresar mi gratitud hacia los demás y no decir nada de ti. No encuentro las palabras adecuadas. Era tanta la seguridad que me inspirabas, que me he sentido siempre protegida (de lejos o de cerca) por tu autoridad. Algunos me consideran altiva. Es posible. Pero mi afectividad, te lo juro, es mayor que mi altivez. Y tú despiertas en mí una inmensa gratitud, mas también una gran afectividad. Hubiera querido decirte algo..., ¡pero ya has hecho demasiado por mí! ¡Y no hablo más para no echarme a llorar, como el día de nuestra segunda entrevista! Adiós, César. No dejes de llamarme en Madrid si alguna vez vas por allí.

César Arellano se puso en pie. Tomó ambas manos de la mujer entre las suyas.

—¡Que seas muy feliz, Alice Gould!

Se miraron hondamente pretendiendo cada uno penetrar en los sentimientos del otro. Alicia se desprendió de sus manos y salió al tiempo que en la bata del médico sonaba insistentemente, con su timbre agudo y metálico, el avisador de bolsillo.

Montserrat Castell había quedado en acompañarla hasta el pueblo donde habría de tomar un autobús que la conduciría a Zamora, con intención de pernoctar allí. A la mañana siguiente alquilaría un coche que la trasladase a Madrid. Montserrat se disculpó:

—Algo grave ocurre en el manicomio —le dijo—. La directora acaba de convocar una junta urgente y extraordinaria de médicos. Y ha cancelado todos los permisos para salir. Tendrás que dormir una noche más, ¡tu última noche, Alicia, en el hospital!

Y

LA VERDAD DE ALICE GOULD

ALGO MUY SERIO, en efecto, tal como supuso Montserrat Castell, había acontecido en el hospital psiquiátrico.

María Luisa Fernández, que llegó precipitadamente de Madrid con el propósito de ser recibida urgentemente por la directora, se abstuvo de anunciar su llegada al saber que la señora de Almenara estaba con ella, y esperó a que Alicia saliera del que fue antiguo despacho de Samuel Alvar para penetrar en el mismo.

—Es muy grave lo que he de decirle —se disculpó María Luisa al tiempo que asomaba su cabeza—. ¿Puedo pasar?

—No le oculto, señora de Fernández, que estoy muy ocupada y no esperaba su siempre grata visita —dijo Dolores, frunciendo la frente ante la sorpresa—. Pase usted, y no se ofenda si le ruego que procure ser breve.

—Lo seré tanto —comentó María Luisa— como usted me lo permita. Porque mucho me temo que será usted misma, directora, la que me pida que me quede y me explaye con toda la extensión que el caso merece.

Acentuóse el ceño de Dolores Bernardos, y María Luisa, con voz angustiada y desgarrada, añadió:

—¡Todo lo que dice Alice Gould de sí misma es falso, doctora Bernardos! ¡Es una historia urdida en su imaginación! ¡Tan bien urdida, que ella cree firmemente que es verdad! ¡Está gravemente perturbada! ¿Cómo callar esto ante ustedes, los médicos, que pueden curarla o, al menos, paliar los efectos de su locura?

Tan incomprensible resultaba para Dolores Bernardos lo que estaba oyendo, que llegó a pensar que quien había perdido el juicio era María Luisa: la mujer que, con ejemplar dedicación, descubrió el expolio de que Alicia fue víctima, con lo que quedaba aclarado el misterio de los fraudulentos medios que se emplearon para internarla. ¿Qué nuevas maniobras se planeaban ahora contra Alice Gould? Irguió el pecho la nueva directora de Nuestra Señora de la Fuentecilla como si se aprestara a defenderla, con las manos, si fuese preciso.

—¿Quiere usted decir que no fue ingresada aquí con malicia y con engaño para expoliarla?

—Con malicia, no, doctora. Con engaño, sí. Pero con el engaño piadoso que se emplea con un niño para ocultarle que le llevan a un quirófano para una operación de vida o muerte.

Dolores Bernardos se impacientaba.

—¿Fue o no expoliada por su marido?

—¡Sí!

—¿Fue o no encerrada en el manicomio para poder expoliarla?

—¡No!

—¡Explíquese mejor!

—Fue inicuamente privada de lo que era suyo aprovechando la circunstancia de que estaba loca, doctora Bernardos. Pero las razones que da Alice Gould para creer por qué ingresó aquí son todas falsas: ella cree que son verdad, pero son falsas. Cuando ingresó aquí, creía que lo hacía para investigar un crimen. Creía esto firmemente, así como en la complicidad del director para ayudarla. Al ver que éste no lo hacía, inventó la historia de que Samuel Alvar la había abandonado por cobardía: por temer haber incurrido en una irregularidad administrativa. ¡Son invenciones de Alicia, doctora Bernardos! ¡Invenciones gratuitas! Más tarde, cuando la carearon con el doctor García del Olmo, comprendió que no hubo complicidad del director ni en su encierro ni en su deserción de los compromisos adquiridos con ella, y se inventó a un «falso» García del Olmo, que fue, según su delirio, su verdadero secuestrador. Pero ni el verdadero ni el falso García del Olmo han existido jamás en su vida. Son fabricaciones de su mente trastornada. Por último, cuando supo que Heliodoro, su marido, le había usurpado la fortuna heredada de Harold Gould, llegó a la conclusión más lógica de todas: aquel individuo (el que ella consideraba el falso García del Olmo) era un cómplice de Almenara. Pero no es cierto. El gángster de su cónyuge actuó sin complicidad ni ayuda de nadie. ¡Nuestra amiga está loca, doctora Bernardos!

El busto erguido, la mirada severa, apretado el ceño, la doctora Bernardos, directora del Hospital de Nuestra Señora de la Fuentecilla, intervino con dureza.

—Si está loca o no, es un asunto mío. O de la junta de médicos. ¡Vamos a delimitar nuestras funciones, señora de Fernández! Usted limítese a contarme los hechos, que es lo que corresponde a su profesión: averiguar «hechos». La interpretación de los mismos... corresponde solamente a nosotros. ¡No es asunto suyo!

María Luisa se sintió ofendida por aquella acritud. Sabía que estaba motivada por el profundo disgusto que acababa de dar a la nueva directora. Y por la sorpresa, que es mala compañera de las noticias ingratas. Y por la «variación de mentalidad», también, que suponía enjuiciar el caso desde una perspectiva nueva: que es, sin duda, el trance más duro por el que ha de pasar el intelectual riguroso para reconocer y rectificar un error, sobre todo cuando se ha luchado honesta y ardorosamente por defenderlo.

—Los hechos son así —comenzó modosamente María Luisa.

La directora la interrumpió.

—Si había hechos nuevos y distintos de los que todos conocíamos, ¿por qué se los ha callado hasta ahora?

—He ido descubriendo las cosas, mi querida amiga, muy paso a paso. Sólo en los últimos días he conseguido localizar a dos mujeres que fueron sirvientas suyas; y a las tres antiguas secretarias del despacho de Alice Gould. Las necesitaba para husmear algún indicio de dónde puede encontrarse Heliodoro Almenara. Y lo que aprendí es bien distinto a lo que pretendía: que Alicia está loca; que lo que entiende su mente no es lo que ven sus ojos: que transforma la realidad para adaptarla al servicio de unos hechos deformados que fueron bien distintos a como ella cree haberlos vivido.

Ante el silencio de su interlocutora, María Luisa prosiguió:

—Todo comenzó hace un año. Era voz pública entre los amigos de esa familia que Heliodoro no sólo vivía a costa de su mujer, sino que poco a poco se iba quedando con cuanto ella poseía. Alicia no vio ni un céntimo de una finca que tenía en La Mancha y que Heliodoro vendió con autorización de ella; y no llegó a saber, no quiso saber, o si lo supo, jamás lo comentó, que los poderes para la venta de aquellas tierras los utilizó su marido para vender dos casas que ella poseía en Inglaterra: en una de las cuales nació su padre. Alicia, como una madre que perdona todo a un hijo díscolo y perverso, no tomó otras medidas que separar las cuentas corrientes y los dormitorios. Él cometió la injuria de no ocuparlo en solitario, y transformarlo en un burdel en el que organizaba verdaderas bacanales, a dos pasos del cuarto en que dormía Alicia.

»Me han contado las sirvientas que la indiferencia de su señora ante esos ultrajes rayaba en lo anormal. Su temperamento varió radicalmente. La suya no era altivez, ni frialdad, ni indiferencia. Antes parecía ignorancia de cuanto ocurría en torno. Una vez fue abordada en el pasillo por una de aquellas fulanas, quien la invitó a pasar al cuarto de Heliodoro confundiéndola con otra de su misma calaña. Se disculpó muy cortés afirmando que estaba muy ocupada. Afirman las chicas que Alicia no entendió lo que le proponían y que a los pocos segundos lo había olvidado, porque ella, según las sirvientas, de un tiempo a esta parte, no veía ni oía lo que no quería ver ni oír. Una tarde, Alicia tocó el timbre y pidió que le llevaran café a su dormitorio. Ella se lo tomó, mientras ordenaba determinadas disposiciones para la casa; y la sirvienta, al concluir de hablar con ella, retiró la taza vacía. Apenas regresó a sus quehaceres, oyó sonar el timbre de la habitación de su señora. Acudió; y ella rogó de nuevo que le trajeran un café. Sirvióselo la chica; tomóselo Alicia; y cuando aquélla regresó a la cocina, el timbre sonaba de nuevo.

»—¿Qué pasa con el café que he pedido? —preguntó Alicia con severidad.

»Se le habían olvidado los cafés precedentes, y cuando le recordaron esta suerte de amnesia, negó que le hubiese ocurrido. No parecía enferma sino altiva, distante, ausente.

»Una mañana al ir a llevarle el desayuno a la hora convenida, observó la doncella que la señora no se había acostado. La encontró en una salita de estar, leyendo un libro, y sin haberse retirado el abrigo que llevaba puesto la víspera, al llegar a casa.

»—Sírvame la cena, por favor —pidió Alicia.

»¡Había pasado la noche en vela, sin enterarse!

»Una vez en que ambas libraban, al regresar a casa encontraron a don Heliodoro tumbado en el suelo de la cocina retorciéndose de dolor. Avisaron a un médico —inquilino de los Almenara y que vivía en el piso contiguo— quien, tras aplicarle los remedios correspondientes, diagnosticó que había sufrido un envenenamiento por ingerir alimentos en malas condiciones. Por ser día de descanso de la servidumbre, la comida había sido condimentada aquella noche por la señora. Este episodio se repitió tres veces más, siempre los días de salida de la doncella y de la cocinera. Al oír éstas decir a don Heliodoro que su mujer trataba de envenenarle, ambas se despidieron y no volvieron a saber más ni de una ni de otro.

—¡De modo que la historia de los venenos era cierta! —exclamó más que preguntó Dolores Bernardos.

—¡La historia de los venenos *es* cierta! —corroboró María Luisa.

—¿Cómo se llamaba el médico vecino de los Almenara? —inquirió la directora.

—El nombre no le será desconocido: Enrique Donadío.

—¿El que firmó la recomendación de internamiento?

—El mismo.

Callaron ambas mujeres. Dolores Bernardos rebuscó unos papeles que había en su escritorio. Contempló uno de ellos y lo leyó en silencio al par que movía tristemente la cabeza. Con los ojos húmedos se lo extendió a María Luisa Fernández:

—Mire usted —le dijo— lo que he firmado hace unos días...

La detective lo leyó y fue tal la impresión sufrida que se le demacró el rostro. ¡Era la declaración de sanidad de Alice Gould! Llevóse las manos a la frente y presionó con las yemas de los dedos hacia la embocadura del pelo como si quisiera peinárselo hacia atrás.

—Dígame, María Luisa —preguntó la directora—, ¿consiguió usted hablar con el doctor Donadío?

—Sí, doctora Bernardos. He hablado largamente con él. La reiteración de los tres envenenamientos; la coincidencia de que «los alimentos en malas condiciones» siempre se sirvieron cuando era Alicia quien preparaba la comida hicieron sospechar tanto al médico como a Heliodoro. «Yo creo que está loca», dijo éste. Se pusieron de acuerdo en que «a causa de las continuas indisposiciones de estómago del marido», el doctor Donadío los visitase a diario y que, con este pretexto, estudiase y observase a la mujer.

»A Alicia le molestaba la asiduidad de su vecino, las preguntas que le hacía, el modo de escudriñar en sus ojos. Hasta que descaradamente le preguntó:

»—¿Y por qué no llamáis a García del Olmo, que es un especialista del estómago y no de los nervios como tú?

»El marido intervino:

»—Enrique es vecino y amigo nuestro. Y a ese señor no le conocemos más que de nombre.

»—¿Cómo que no le conoces? ¿Qué broma es ésta? Fue compañero tuyo de colegio. Y me lo presentaste aquí, el día de tu cumpleaños.

»El doctor Donadío cree recordar —continuó María Luisa Fernández— que en aquella recepción, a la que él asistió, Alicia tuvo un largo mano a mano con un amigo común, y que la conversación versó sobre las experiencias de ella en el campo de la investigación privada. Y que, al hilo de la conversación, surgieron algunos casos famosos que nunca fueron resueltos; entre otros, el asesinato de don Severiano Gacía del Olmo, padre de Raimundo, el conocido gastroenterólogo.

»Ésa fue la primera vez que Enrique Donadío advirtió en Alicia un claro error en la narración de un hecho, porque lo cierto es que ni aquel médico asistió a la recepción ni era compañero de clase de Heliodoro. Su alarma fue mayor cuando la oyó comentar que aquel día don Raimundo le había encomendado la investigación de aquel crimen impune.

»Pasaron unos días. Y una tarde en que Heliodoro no estaba presente, Alicia le dijo:

»—Es incomprensible, querido Raimundo, que el asesinato de tu padre haya quedado en un puro misterio. ¿Por qué no vienes un día por mi despacho y me cuentas cómo fue? ¡Tal vez yo pueda ayudarte!

»Admiróse el doctor Donadío de oírse llamar por un nombre que no era el suyo, y le siguió la corriente.

»—¿Por qué me recuerdas ahora, de pronto, ese asunto?

»—He estado releyendo unas revistas antiguas —respondió Alice Gould—. ¡Tal como se produjo el hecho, ese crimen no pudo ser cometido más que por un loco!

»Por el hilo de la conversación no tardó Enrique Donadío en entender que Alicia se estaba refiriendo a Raimundo García del Olmo. Dentro de lo absurdo de esta situación había un hilo de lógica. Aquel otro médico era un eminente especialista del estómago y más adecuado, por tanto, para tratar a Heliodoro, que no él, que era neurólogo.

»Al día siguiente, Alicia comentó:

»—Es terrible, Raimundo, lo que me contaste ayer en mi despacho. ¡Hay que deshacer pronto este equívoco por el que la policía sospecha de ti! Esas cartas de locos que has recibido debieras haberlas puesto en sus manos. ¡Es tu mejor coartada!

La doctora Bernardos interrumpió el relato de María Luisa.

—Tenía usted razón al imaginar que sería yo misma quien le pidiese que se quedara y me contase toda esa terrible historia con los más mínimos detalles. La interrumpo el tiempo justo de aplazar mis compromisos y dictar una nota.

Mientras daba unas instrucciones telefónicas, escribió a grandes rasgos: QUEDAN CANCELADOS TODOS LOS PERMISOS PARA SALIR Y APLAZADAS HASTA MAÑANA, AUNQUE ESTÉN YA FIRMADAS, LAS DECLARACIONES DE SANIDAD.

Pulsó un timbre y entregó al ordenanza la nota con la orden de que se la diese al doctor Ruipérez, y que no se la molestase ni interrumpiese salvo en casos graves y urgentes.

—Por lo que voy entendiendo, la «historia delirante» de Alice Gould se iba desarrollando en su mente día tras día. Prosiga usted, María Luisa.

—Así es —respondió la detective—. El doctor Donadío no fue nunca al despacho que tenía Alicia Almenara en la calle de Caldanera. Pero, al visitarla en su casa, ella aludía cada vez a la reunión que creía firmemente que habían tenido la víspera. Y siempre, por supuesto, considerando que hablaba con Raimundo García del Olmo. Tal cual usted acaba de decir, su historia delirante se iba perfeccionando en su mente perturbada, como un tumor que crece. Una tarde confesó al doctor que había descubierto que las cartas del paranoico procedían de este manicomio. Otra, aceptó la sugerencia de realizar su investigación aquí, cual si fuese una enferma más. Otra, declaró que, en efecto, tal como había sugerido el director de este hospital, la enfermedad más idónea que ella debía fingir era la paranoia pura, sin mezcla de otras complicaciones, y que, en consecuencia, adquirió varios tratados de psiquiatría y ya había comenzado a estudiar, a fondo, los síntomas y modalidades de esta clase de locura... «¡tan interesante y especial!». Al cabo de poco tiempo afirmó haber recibido la carta (que ya le había sido anunciada) del doctor don Samuel Alvar enviándole fotocopias de la legislación que regulaba el ingreso en los hospitales psiquiátricos. Y, en efecto, la fórmula que más le agradaba para ingresar es «la que usted, don Raimundo, me ha sugerido: la solicitud marital (que yo estoy dispuesta a arrancarle a Heliodoro sin que él sepa lo que firma) y la recomendación de internamiento firmada por un médico».

»—Y... ¿a quién pediremos que firme ese papel? —preguntó el doctor Donadío.

»A lo que Alicia respondió:

»—¡Al doctor Donadío! Es inquilino mío, y además siempre me ha considerado un poco loca. Si él se niega, falsificaremos su firma. Y si se entera, me lo perdonará porque es muy amigo. ¡Pero no tiene por qué enterarse!

María Luisa se interrumpió brevemente.

—Lo que voy a decirle ahora, doctora Bernardos, va a sorprenderla mucho. Don Enrique Donadío sentía un gran aprecio por la señora de Almenara. Había llegado a la conclusión de que era realmente una paranoica: así me lo ha dicho y repetido con insistencia, pero le producía una profunda pena traerla forzada, engañada y contra su voluntad. De modo que, de acuerdo siempre con Heliodoro, su marido, decidió seguirle la corriente y aceptó que ella ingresase aquí, *creyendo que simulaba una paranoia cuando en realidad se trataba de una paranoia verdadera.*

—No me sorprende tanto, como usted cree. Tal vez, en el caso del doctor Donadío, yo hubiera hecho lo mismo.

—No me refería a eso. Lo que sin duda le sorprenderá es saber que el doctor Donadío estuvo realmente aquí, tal como siempre declaró Alice Gould, y habló de todo ello con el doctor Alvar, advirtiéndole del caso singularísimo de una paranoica (que, como todas, ignoraba serlo) y que «deseaba» ingresar en este manicomio simulando una falsa paranoia. «*Por si esto le sirve de ayuda* —le comentó Samuel Alvar—, *puede usted decir a esa señora que yo le ayudaré a realizar esa investigación que ella pretende.*» ¡Y así se lo repitió a nuestra amiga el que ella imaginaba ser Raimundo García del Olmo!

La doctora Bernardos movió apesadumbrada la cabeza.

—No me parece irregular ese ofrecimiento del antiguo director. Me parece una estupidez, simplemente: fruto de su inexperiencia. Los locos son locos, pero tontos, no. ¡Así se explica el odio de Alice Gould hacia un hombre que le negó lo que le había prometido! Escúcheme, María Luisa. La historia de esa señora, a la que todos queremos y admiramos profundamente, es demasiado triste, y demasiado complicada, y ha sido ocasión de tantas polémicas, disgustos, e incluso variaciones administrativas... que no debo ser la única en conocerla directamente de usted. Yo le suplico que todo cuanto me ha relatado lo repita ante la junta de médicos.

—¡Ah, doctora Bernardos, no quiero perjudicar más a Alice Gould de lo que ya he hecho! Si me he atrevido a contarle a usted la verdad, es por haber comprobado hace varias semanas el afecto que usted sentía por ella. Y a sabiendas de que decidirá lo mejor.

—Amiga mía, Alice Gould no sólo ha cautivado con su bondad y su personalidad a usted y a mí. Todos los médicos de la junta son amigos suyos y harán lo indecible por favorecerla. Le suplico que no se niegue a lo que le pido.

Dolores Bernardos hizo un breve preámbulo. Se disculpó ante sus compañeros por haber trasladado excepcionalmente a su despacho el lugar habitual de reunión, a causa de ser también inusual contar entre ellos con una persona ajena al cuadro de psiquiatras del hospital.

—Hemos firmado —añadió— ocho o diez declaraciones de sanidad en los últimos días. Tal vez haya que reconsiderar alguna. Acerca de la de Alice Gould, que tanta inquietud nos ha producido a todos, doña María Luisa Fernández tiene algo que declararnos. Como ustedes saben, ella fue la encargada por Alicia Almenara de averiguar las muchas causas poco claras que rodeaban su caso. Y la señora de Fernández fue quien descubrió que su marido, hoy huido de España, falsificó la firma de su mujer y, aprovechándose de su encierro aquí, se alzó con una herencia que sólo a ella correspondía.

Muy inquieto, don José Muescas preguntó:

—¿Hubo complicidad en ello por parte de nuestro antiguo director?

—No, no. ¡En absoluto! —protestó Dolores Bernardos—. El caso es harto distinto a lo que nadie podía imaginar. Si es usted tan amable, María Luisa, le ruego que explique a estos señores lo que ya me ha contado a mí.

Repitió María Luisa punto por punto sus tristes averiguaciones. A todos les resultaba muy penoso escuchar este relato. Alice Gould, con un duplicado de su declaración de sanidad en el bolso, se había presentado a lo largo de ese mismo día en cada una de sus unidades para despedirse de ellos. Todos la habían abrazado, deseado la mayor felicidad en su nueva vida, prometido visitarla y demostrado su amistad. Durante el monólogo de María Luisa se produjo un hecho entre grotesco y conmovedor. El doctor Rosellini, al entender que Alicia (su protegida, la que quiso salvar de la persecución y el odio del antiguo director) era en verdad una envenenadora y una perturbada, rompió a llorar como un niño. Se disculpó y se ausentó de la habitación. Cuando regresó no volvió a hablar más, ni a hacer preguntas. Los otros se comportaron con él como si no hubiesen advertido nada. Otro de los grandes silenciosos fue César Arellano. Las preguntas, las precisiones, corrieron a cargo de José Muescas, Teodoro Ruipérez y Salvador Sobrino. Dolores Bernardos, cuando intervenía, era para encauzar la encuesta hacia un final razonable.

—¡Hay cosas que no acabo de entender! —insistió José Muescas—. Si Heliodoro Almenara fue víctima por tres veces de otros tantos envenenamientos frustrados ¿por qué no denunció a su mujer ante el juez? ¡Él hubiera decidido si el lugar más adecuado para Alicia era la cárcel o el manicomio! Y es más que probable que le hubiesen declarado tutor de su mujer, lo que supone la administración de sus bienes, que es lo que un pillo como él anhelaba.

—No le hubieran declarado tutor —respondió María Luisa—. No olviden que ya en una ocasión anterior falsificó la firma de Alice Gould para vender unos bienes que ella poseía en Inglaterra. Si esto hubiese salido a relucir, el Tribunal hubiera designado a la enferma un tutor judicial, y Heliodoro no hubiese podido alzarse con la herencia de Harold Gould, que es lo que en verdad pretendía. Prefirió usar el procedimiento más sencillo: la solicitud de internamiento y el diagnóstico provisional de Donadío.

—¿Y ese tal Donadío era cómplice de Heliodoro Almenara para la realización de sus planes? —preguntó el doctor Sobrino.

—No. El doctor Donadío es un hombre de bien, que estudió a Alicia, diagnosticó la paranoia y aconsejó su inmediata reclusión.

—No veo nada clara esa paranoia —declaró el doctor Muescas—. Para mí, Alicia Almenara fue simple y llanamente la víctima de una estafa.

María Luisa accedió:

—De acuerdo con su segunda parte, doctor. ¡*También* fue víctima de una estafa!

José Muescas intervino:

—¿No es demasiada casualidad que el expoliador recibiese de pronto como aliado un brote paranoico en la persona que pretendía estafar?

—Sí, doctor. Y también es casualidad que su mujer recibiese una herencia cuando estaba a punto de ser encerrada. La verdad es ésta: don Heliodoro no encerró a su mujer *para* estafarla. Lo que hizo fue estafarla aprovechando la circunstancia de su enfermedad y de su encierro.

—¿En qué basó el doctor Donadío su diagnóstico provisional?

—¡Entre otras cosas, en que le confundió con el doctor García del Olmo, a quien no conocía físicamente, mientras que él era su vecino, inquilino y amigo personal!

—¿La solicitud de ingreso era, por tanto, legal?

—Sí.

—¿No había sido falsificada?

—No.

—¿Se la hizo ella firmar a su marido mezclada con otros papeles?

—Sí.

—¿Y él sabía lo que firmaba?

—¡Naturalmente!

—¿Samuel Alvar escribió realmente a Alicia de Almenara cursándole instrucciones de lo que debía hacer?

—No.

—¿Ella escribió la carta, acerca de su propia personalidad, que nos contó?

—Sí.

—¿La historia de las drogas que descubrió en un colegio es cierta?

—Sí.

—¿Las cartas de un loco que decía procedían de este manicomio eran auténticas?

—¡No!

—¿Era en verdad detective?

—Sí. Y muy eficiente.

—El doctor García del Olmo ¿no le encomendó, entonces, ningún trabajo?

—¡No! ¡Ella no conocía de nada a ese señor!

—¿Estaba realmente asociada con tres detectives que trabajaban a sus órdenes?

—No. Eso fue una jactancia. Tenía tres subalternas.

—¿Era doctora *cum laude* por la Facultad de Filosofía?

—Sí. En esto dijo siempre la verdad.

—Cuando vino para internarse ¿le comunicó a su marido que se iba a Buenos Aires para realizar una investigación?

—Sí.

—¿Y él se lo creyó?

—No. Él conocía la verdad.

—¿Quién fue la persona que la acompañó hasta el hospital el día de su internamiento?

—¡El doctor Donadío, que ella, en pleno delirio, confundía con su cliente!

—¿Por qué quiso por ella misma ingresar en el manicomio?

—Un momento —interrumpió Teodoro Ruipérez—. Si la doctora Bernardos me lo permite, a esa pregunta prefiero responder yo. Samuel Alvar expuso un día ante mí y ante otro médico aquí presente, con lucidez y brillantez extraordinarias, una teoría realmente original: la de las dos paranoias: la auténtica y la simulada. ¡Samuel Alvar tenía razón!

—No dudo —replicó con violencia contenida el doctor Sobrino— que la expusiese con brillantez y lucidez extraordinarias; pero niego que fuese una teoría original, puesto que el propio doctor Donadío se la explicó de palabra, como acabamos de aprender. Luego no fue una teoría ni un diagnóstico. Expuso simplemente lo que sabía. ¡Y callando, por cierto, que ya lo sabía!

El doctor Ruipérez no se amilanó.

—Estoy respondiendo a la pregunta de por qué quiso Alicia Almenara ingresar en el manicomio. Samuel Alvar se equivocó en la primera parte de su exposición, al creer que el brote esquizofrénico le nació ante la conmoción de saberse descubierta. Esto se lo echó abajo César Arellano al hacerle ver que el doctor Donadío sería, en tal caso, un futurólogo excepcional ya que diagnosticó una paranoia que sólo se produciría después. No. Yo creo firmemente que la paranoia existía ya durante los intentos de envenenamiento. Lo que sí es original en la tesis de Alvar, es esto: al saberse atrapada, al saberse descubierta, al entender que estaba siendo observada por un neurólogo, vio sobre sí la clara amenaza de acabar en un sanatorio mental. No lo razonó con la lógica y la claridad con que lo expongo yo ahora. No lo dedujo por un proceso mental, puesto que toda esta zona de su capacidad intelectiva estaba enferma y en plena virulencia del brote morboso. Pero lo entendió, como entiende un perro, sólo con mirar al que se acerca, que va a ser apaleado. Su juicio no lo sabía; pero su instinto, sí. Y entonces es cuando nace la «interpretación delirante». Ella va a un manicomio, en efecto. Pero por otras causas. ¿No es acaso una detective? Pues ingresará como detective y para resolver el mayor enigma que desde hacía varios años traía en jaque a la policía oficial. Se le olvida que quiso envenenar a su marido. Tal vez no lo supo nunca. Acaso creyó que sólo deseaba su muerte: su eliminación, su desaparición, no verle más. Su naturaleza, el conocimiento de su propia exquisitez, de su refinamiento espiritual y moral, se negó a aceptar la verdadera razón de su próximo encierro y se inventó la historia de la investigación de un crimen.

Pero no la inventó maliciosamente, como una argucia voluntaria. Fue su interpretación delirante la que la inventó. Ella creía firmísimamente que era así, del mismo modo que otro paranoico, Machimbarrena, creyó estar aquí como espía de la Marina, y otra paranoica, Maruja Maqueira, por haber sufrido una meningitis que nunca tuvo. Ésta fue la interpretación de Alvar. ¡Y no retiro lo de afirmar que fue tan acertada como original!

—Mi interpretación es muy otra —exclamó el doctor Muescas.

Cruzó y entrecruzó varias veces los pies imitando el movimiento de las bailarinas cuando ejecutan lo que los coreógrafos denominan el *entre-chat* y prosiguió, no sin frotarse primeramente la nariz, como si la fregara.

—Alice Gould ha tomado lindamente el pelo a sus criadas, fingiendo la historia de los cafés y pidiendo que le sirviesen la cena a la hora del desayuno. ¡Eso es lo que pienso! Ha engañado donosamente a Donadío haciéndole creer que le confundía con otro. ¡Eso es lo que creo! Ha urdido juiciosamente, con gran sentido de la investigación y siguiendo un riguroso proceso intelectual, lo que Alvar creía y Ruipérez cree su «historia delirante», con la sola intención de que el médico que la observaba la considerase loca. ¡Eso es lo que opino! Cuando le dice a Donadío que la persona idónea para firmar su «recomendación de internamiento» era un médico amigo suyo que se llamaba Donadío, ¡el episodio riza el rizo de lo burlesco! Se está chanceando de él, simplemente, y con la gracia, la soltura y el talento que empleó aquí para vapulear a nuestro antiguo director. ¡Eso es lo que afirmo! Y todo ello ¿para qué? La cosa está clarísima: para eludir un proceso criminal. Sabía de sobra que en el manicomio, antes o después, la declararíamos sana, que es exactamente lo que hemos hecho y debemos mantener. ¡Allá se las haya con la Justicia! De otra parte, no creo que le hagamos un flaco servicio, porque el granuja de su marido no se expondrá a perder su botín a cambio de denunciarla. ¡Éste es mi criterio!

—¡Y el mío! —se apresuró a decir Rosellini.

La doctora Bernardos intervino.

—Señora de Fernández. Le agradezco infinito su información. Creo que debería, por el momento, dejarnos solos. Más tarde nos veremos. Tenemos que deliberar.

María Luisa se puso en pie.

—Estoy segura, señores, que harán ustedes lo mejor.

Apenas hubo salido, Dolores Bernardos se dirigió al doctor Sobrino con las mismas palabras que solía hacerlo el antiguo director, respecto a Arellano.

—¿Qué opinas, Salvador?

—Creo que Samuel Alvar tenía razón —respondió simplemente.

El silencio que acogió sus palabras fue tal, que parecía contradecir la tesis de Alice Gould cuando afirmaba que éste no existía.

—Bien sabe Dios que lamento tener que decirlo —añadió Salvador Sobrino— porque Samuel Alvar es el gran responsable de la confusión creada. Las inicuas persecuciones de que la hizo víctima, nos predispuso a todos en contra de él y en favor de ella. Más tarde, el saber que había sido expoliada por su marido, nos confirmó en nuestro error, a lo que contribuyó también, no poco, su encanto personal.

»Con todo y con esto hay que reconocer que la suya es una «rara» personalidad. Como la de una mujer «predispuesta». Su manera de comportarse con el doctor Donadío, tal como nos ha sido contada, es la típica de quien sufre un primer brote delirante en que la enfermedad está haciendo equilibrios sin que se sepa todavía de qué lado va a caer. La explicación, en fin, de Ruipérez, lógica y convincente. Créanme que lamento opinar así.

—¿Y tú, César? —preguntó la directora dirigiéndose a Arellano.

Éste enrojeció visiblemente. Todos los rostros se volvieron hacia él.

Dolores Bernardos escuchó con profundo desaliento su respuesta:

—Yo desearía opinar como Pepe Muescas y como Rosellini. Lo desearía ardientemente, porque esa señora me infunde un gran respeto y una gran simpatía. Mi admiración por sus grandes cualidades es muy honda y sincera. Y... y la considero merecedora de una felicidad harto mayor de la que le ha deparado el destino.

La voz se le quebró levemente al añadir:

—Se diría que nació y se desarrolló demasiado perfecta y que los hados se empeñaron en rectificar tanta perfección. Desgraciadamente me inclino por el criterio de Ruipérez y el doctor Sobrino: padece una paranoia. Pero tu opinión, directora, es muy importante también. Y desearíamos conocerla.

—Mi opinión —habló Dolores Bernardos— es que una cosa es el diagnóstico y otra el pronóstico. El diagnóstico de Ignacio Urquieta fue el de sufrir una neurosis de angustia: una neurosis fóbica. Tu pronóstico, César, es que ese hombre sanaría al conocer las causas de su fobia. El diagnóstico de Charito Pérez fue el de una psicosis maníaca, y tu pronóstico, César, que su crisis se atemperaría con la medicación adecuada. En ninguno de estos casos, ni en tantos otros, te equivocaste. Me gustaría conocer tu pronóstico de Alicia Almenara. Porque de lo que se trata no es de saber si sufrió un brote paranoico, como Maruja Maqueira, sino de si han cesado o no las causas por las que su marido la mandó encerrar, del mismo modo que cesaron las causas por las que sus padres internaron a la Maqueira.

César Arellano se puso en pie. Dio una vuelta en torno a la silla, meditando lo que iba a decir, y volvió a sentarse.

—Como todos sabéis, la mayor parte de las paranoias y de las esquizofrenias no son motivadas por causas secundarias. Nacen porque sí: como los hongos en el bosque o los renacuajos en las aguas estancadas. Pero hay un segundo grupo: las que nacen por alguna razón; o bien material (las somáticas), o bien moral (vivencias traumatizantes). En los delirios de interpretación, los pronósticos del segundo grupo son más favorables que los del primero. Y esto, en cierto modo, me consuela, ya que es el caso de

Alicia. Si el delirio es somático (un tumor cerebral, por ejemplo) y éste se extirpa, la enferma mental deja de serlo. Si es una vivencia traumatizante y las causas morales que perturbaron la mente desaparecen, la curación no es imposible. Cuando tracé un primer bosquejo de la personalidad de Alice Gould (a la que considero que deberíamos denominar siempre así, ya que ella no quiere llamarse más señora de Almenara), escribí que *poseía cierta candidez infantil que la inhabilitaba para defenderse de las maldades ajenas*. ¡Yo entonces ignoraba que su marido era un bellaco que la estaba expoliando y que ella era tan ingenua como para tener una cuenta corriente común en la que podía ingresar su dinero, y el otro sacarlo; como quienes poseen dos llaves distintas de un mismo cajón! No obstante, detecté esta candidez, que es habitual en gentes de un rango moral tan superior, que son incapaces de imaginar, ni en teoría, la maldad en los otros; y menos en los más próximos.

»El doctor Sobrino ha hablado de su rara personalidad. En efecto, las personalidades especialmente exquisitas son más vulnerables que las más zafias; del mismo modo que una taza es más frágil cuanto de mayor calidad sea la porcelana.

»¡Alicia invitada por una prostituta a compartir con ella el lecho de Heliodoro, su marido! ¡Alicia privada de la casa en que nació su padre, en una operación en que se le arrancó un poder para otra venta distinta! ¡Alicia, la doctorada *cum laude* en filosofía, conviviendo con un estafador, ignorante, necio y tal vez brutal! Ella, en el test que se le hizo, definió la locura como un conflicto entre el yo real y el anhelado. ¿No se estaría definiendo a sí misma? ¿La diferencia entre su ideal y su realidad no la hirió tan hondo, tan hondo, que la trastornó?

»Una mujer de ideales menos elevados, menos pura, menos delicada que Alicia no habría enloquecido: simplemente se habría separado. Del mismo modo afirmo que Alicia no se hubiese perturbado junto a otro hombre que apreciara sus cualidades, que compartiera su afán de superación, y no mancillara sus sábanas y su hogar llevando a casa prostitutas que la invitaran a compartir en grupo la cama de su marido.

»Quiero decir con esto que Alicia es uno de los raros casos en que la paranoia no ha surgido espontáneamente en ella; sino que ha sido provocada. Y que, por tanto, es menos difícilmente curable que las otras. Desaparecida la causa, desaparecerán los efectos. Éste es mi primer pronóstico. Desearía ahora exponer una variante. Imaginemos que sus delirios permanecen. Que ella sigue creyendo de por vida que fue encargada por el doctor García del Olmo para investigar la muerte de su padre en este manicomio en el que ingresó con una documentación falsificada. Pues bien: ni siquiera en ese caso yo recomendaría para ella los tratamientos al uso. Si permanece en el manicomio ¿a quién daña que ella quiera enseñar aritmética elemental al pequeño Rómulo, pasear de la mano a la mujer que se considera autocastigada para liberarla de su eterno rincón, o dibujar elementos ornamentales más modernos (como me ha propuesto) para los bordados que dirige Teresiña Carballeira? Y si queda en libertad, ¿a quién daña o a quién perjudica que ella crea en lo futuro que un episodio ya pasado fue de distinta manera a la realidad? Otra cosa sería si tuviera que seguir conviviendo con Heliodoro. Es probable que le envenenara ¡y esta vez sin errar! Pero este hombre, que es la causa primera y única que la trastornó, está fuera de su alcance, fuera de su vida, fuera de sus afectos y, muy pronto, fuera de su memoria.

»Perdón por haber sido tan premioso. Termino con esta conclusión: Alice Gould puede ser puesta en libertad sin peligro para ella ni para los demás, y regresar a su domicilio (donde podemos, o no, recomendar que sea tratada y observada por un médico).

Dolores Bernardos exclamó con gravedad:

—No quiero influir en nadie, al declarar que siempre he fiado en los pronósticos de Arellano. Ahora bien, quiero una decisión colegiada. Y después de conocer la verdad, tal como nos la ha relatado la señora de Fernández, no me basta una mayoría. Requiero la unanimidad. Piensen ustedes que en el duelo entablado entre esta inteligente paranoica y el director del hospital, la enferma dejó fuera de combate al médico, hasta el punto de provocarle a una dimisión. ¡Y, no obstante, Samuel Alvar tenía razón! Por culpa de este incidente, yo ocupo ahora su puesto. Espero que todos comprendan que para tomar cualquier decisión exija la unanimidad. ¿Retiramos o no retiramos a Alice Gould la declaración de sanidad que ya le hemos dado? Los que crean que puede marcharse libremente, deben escribir simplemente SÍ. Quienes crean que debemos retenerla en el hospital, deben escribir NO.

Repartió unas cuartillas y ordenó que se retirasen por orden a una mesa auxiliar apartada; que no firmasen la papeleta, y que se la devolviesen bien doblada. El primero que se prestó a cumplir la orden fue Rosellini. Iba ya a hacerlo cuando se oyeron unos pasos precipitados por el pasillo y la puerta se abrió bruscamente. Alice Gould, llorosos los ojos, se detuvo sorprendida.

—¡Oh, perdón! —exclamó, disculpándose—. Ignoraba que estuviesen ustedes reunidos...

—¿Deseaba usted algo, Alicia? —preguntó, algo incómoda, la doctora Bernardos.

—Sólo decirle que mi tocaya, «la Niña Oscilante», ha vuelto a sonreír. ¡Y esta vez abiertamente, sin que pueda caber ninguna duda! ¡Es emocionante mirarla!

—Ahora no puedo atenderla, Alicia. Más tarde bajaré.

—No deje de ir a verla. ¡Le digo que es conmovedor! Se disculpó Alicia brevemente, y salió.

La directora, una vez votado ella misma y recibidos los papeles, comenzó el singular escrutinio.

Desdoblaba y leía:

—Sí.

—Sí.

—Sí.

—Sí.

—No.

—Sí.

Todos los rostros menos uno se volvieron severos hacia Ruipérez. Olvidaban que éste no participaba nunca en batallas que creía perdidas. El voto negativo no era el suyo.

Don José Muescas, muy alterado, exclamó:

—¡No entiendo nada! ¿No hay más que un NO? He debido de equivocarme. Ese NO es mío; pero lo que he querido decir es que NO *se le retire el documento que se le ha entregado ya*... ¡y que quede en libertad! ¡Eso es lo que quería decir!

Fue la primera vez que la junta de médicos declaró, por unanimidad, la sanidad mental de una residente que todos, lo confesaran o no, sabían que estaba enferma.

Z

LA OTRA VERDAD

EL CONDUCTOR DEL COCHE de alquiler la preguntó varias veces si se encontraba mal. La miraba por el espejo retrovisor y no podía menos de sentirse conmovido al ver a Alicia llorar. A veces sus lágrimas resbalaban sobre un rostro sereno, como si ella fuese extraña a su dolor: cual si Alicia y su pena fuesen entidades distintas y diferenciadas. Otras, la veía estremecerse con el pañuelo sobre los ojos sostenido entre el índice y el pulgar. Procuró distraerla.

—Este año —le dijo— los satélites han anunciado que los fríos se van a anticipar. No me extrañaría que al llegar a Adanero tuviésemos nieve.

Hacía mucho frío, en efecto. La meseta alta era una pura desolación. En primavera, la verdura la alegra. En verano, el amarillo de los cereales que piden ser segados convierte a la vieja Castilla en modelo para pintores como Zuloaga, o Benjamín Palencia o en paisajes que exigen para describirlos la pluma de un Azorín: gentes foráneas, cuyas pupilas, por no estar acostumbradas a este gran mar sólido, son más sensibles para descubrir sus secretos ocultos. Mas, en este tiempo híbrido entre el otoño y el invierno, el paisaje carecía de toda belleza. Las lluvias otoñales no habían sido bastantes para devolverle su primitivo verdor, pero sí lo suficientes para privarle de su exultante amarillo.

La visión de la tierra era siniestra. Gran parte de la España central es como un cadáver en descomposición al que ya se le ven los huesos. Las rocas emergen entre la poca tierra cultivable como la armadura ósea en un cuerpo cuya carne se ha podrido. La época indecisa de la estación —muy próxima ya al invierno— dejaba a Castilla descolorida. ¿Era esto realmente así, o era la interpretación personal, acorde con el ánimo deprimido de Alice Gould?

Pasaban por las tierras cien veces cruzadas por Teresa de Ávila (a quien, por contraste con las suyas, no le gustó el lujuriante cromatismo de Andalucía) y su pensamiento se deslizaba hacia Montserrat Castell, dispuesta a profesar en uno de los conventos fundados por la santa. ¿Cómo sería la vida de esta muchacha catalana encerrada en una clausura de esta tierra fría, dura e inhóspita? Pensaba en ella y afloraban sus lágrimas. Montserrat le había dicho que así como «la Niña Oscilante» obedecía ciegamente a los que la conducían tomándola de la mano, ella no podía resistir a Dios, quien, tomándola de la mano, le había indicado cuál era su camino. Alicia no entendía bien esto, pero pensaba en ello y sollozaba.

¿Por qué Samuel Alvar era un resentido? ¿Por qué, si consiguió saltar la barrera que va de cultivar la tierra con sus manos a ejercer una carrera científica y universitaria, odiaba a los que, desde antes, estaban situados en el mismo plano que él alcanzó? Pensaba en ello y sus lágrimas afloraban.

Alicia no se había despedido de los «niños». Se sintió incapaz de hacerlo. No hubiera sabido cómo explicarles su partida ¡a ellos que la creían su madre! Pensaba en Rómulo; recordaba su lobulillo en la oreja: el ingenioso y demencial motivo por el que creía ser hijo suyo, y rompía a llorar. Recordaba, en fin, las palabras del «Autor de la Teoría de los Nueve Universos» que le relató Dolores Bernardos: «Los locos son una terrible equivocación de la Naturaleza; son las faltas de ortografía de Dios», y, al rememorarlo, lloraba de nuevo.

Tenía el ánimo proclive a la tristeza, el talante melancólico y la lágrima fácil.

—¿Se encuentra mal, señora?

—No me encuentro bien.

—Aquí cerca, en Villacastín, hay un parador. Puede usted bajarse a descansar, e incluso llamar a un médico.

Desde Villacastín, junto a la iglesia que diseñó Juan de Herrera, se divisaba ya, por su vertiente norte, la Sierra de Madrid. Su contemplación llenó de espanto a Alice Gould. ¿Qué haría ella detrás de aquellas cumbres? Más allá de sus crestas cubiertas de pinares, las laderas se aplanaban; la meseta de Castilla la Alta se hacía manchega; y allí, polucionada, enervante, trepidante, plagada de terroristas y delincuentes, crecía la gran ciudad a la que un rey vestido de negro hizo capital de España. En uno de los infinitos pisos, de uno de los infinitos edificios, de una de las infinitas calles, estaba su casa vacía. ¿Se habría llevado Heliodoro también sus muebles, sus cuadros, la colección de pipas antiguas que heredó de su padre o el bastidor inglés, en el que su madre bordaba? ¡Prefería no saberlo! ¡Prefería morir a enterarse!

Se imaginó deambulando sola por los grandes salones, escribiendo tarjetas postales a las viejas amistades; organizando tés de mujeres solas con las solteronas, las viudas o las esposas abandonadas, como ella. Y sintió náuseas. Palpóse las manos y el rostro: ardían. Tenía mucha fiebre.

—Deténgase, por favor. Me encuentro muy mal.

Bajóse Alicia del coche y comenzó a pasear por la carretera, con la cabeza alta para que el intenso frío le diera en el rostro.

—Súbase usted, señora. Voy a llevarla a un médico.

—¡Demos la vuelta y volvamos a donde partimos!

—¡Debe usted ver a un médico!

—Descuide. Le veré en La Fuentecilla.

Al igual que «el Hortelano», al igual que «el Albaricoque», al igual que todos cuantos padecían fobia de alejamiento o dependencia patológica del hospital —el misterioso mal yatrógeno (1), cuya naturaleza le explicó César Arellano—, Alice Gould, desde el momento mismo en que cambiaron de dirección, comenzó a sentirse aliviada del peso que atormentaba su alma. Y no volvió a notar náuseas. Y la fiebre se atemperó hasta desaparecer. ¡Ah, qué bella le pareció Castilla, ya de regreso, enmarcada en su sobria grandeza! Al sol oblicuo del atardecer, las sombras de los altos chopos se alargaban, como si, ante la proximidad de la noche, quisiesen tumbarse a dormir.

Las rocas que emergían de la tierra cultivable, y que antes le parecían el esqueleto de un cuerpo en descomposición, le recordaban ahora a restos de una fascinante montaña, aplanada expresamente para que sirviese de hábitat a una gran raza.

—¿Ha dicho usted algo, señora?

—No. Es que me estaba riendo sola.

—¿Se encuentra usted mejor?

—Mucho mejor. ¿Cómo se llama usted?

—Terencio Aguado, para servirla.

—Pues mire usted, Terencio. Yo le tomé en Zamora, adonde llegué en autobús desde La Fuentecilla. Mejor será que me deje usted en La Fuentecilla y siga usted sin mí hasta Zamora. Si se le hace muy tarde, puede usted quedarse a dormir en el pueblo. Yo le abonaré la pensión y la cena. Le recomiendo el «horno de asar» de Pepe el Tuerto.

—Así salen mejor las cuentas —comentó filósofo el amigo Terencio.

—¿A qué hora cree usted que estaremos en La Fuentecilla?

(1) Yatrógeno: del griego, Yatros: médico.

—Calcule usted a las siete de la tarde, minutos más minutos menos.

¡Ah, qué paradójica, qué contradictoria sensación de gozo la de desandar el camino recorrido! Lo que mandaban los cánones de la lógica era experimentar los sentimientos inversos: alegría al alejarse de donde tanto se ha sufrido y pesadumbre al regresar a la fuente del dolor. ¡Lo contrario es una insigne inconsecuencia! Alice Gould consideró que ella era una mujer lógica para razonar mas no para sentir, y que las leyes que rigen las emociones nada tienen que ver con la sutileza de las ideas, el orden del pensamiento o el buen juicio. Lo cierto es que se sentía dichosa; que su malestar había desaparecido y que se consideraba con fuerzas para enfrentarse con el mundo.

¡Montserrat Castell! ¿Qué iba a ser del manicomio sin Montserrat Castell? Psicólogas capaces para ser encargadas de realizar los tests las habría seguramente a cientos en España. Monitoras de gimnasia, a miles. Auxiliares sociales, que aleccionaran a los pobres locos acerca de sus derechos, tampoco faltaban. Pero alguien que hiciese todas estas labores juntas, y que acompañase a los recién ingresados en sus primeras horas de encierro; que no perdiese nunca la sonrisa de los labios, y que supiese transferir a los infelices recluidos una gran sensación de alivio, al saberse objetos de su amor, simpatía y dedicación..., mujeres de ésas, capaces de sustituir con éxito a Montserrat no había más que una. Y esta singularidad tenía nombres y apellidos: Alice Gould.

¿Que Montserrat sentía que Dios la llevaba de la mano para indicarle su camino? Pues bien, ella, Alicia, ex señora de Almenara, sentía también la mano de Dios indicándole el suyo. Y éste era el de cubrir la vacante de la Castell. Este sentimiento no era nuevo en ella. ¿Acaso no le había declarado a César Arellano, desde sus primeras entrevistas, esta inclinación? Sus palabras «A veces pienso que me siento llamada por Dios para ser madre de estos infelices» eran proféticas, o, al menos, una premonición. Alicia estaba enfurruñada con César Arellano por no haberle suplicado —a la hora de su gélida despedida— que se quedase para sustituir a Montserrat Castell. Y no pensaba ocultarle el motivo de su enfado.

—No es lo mismo para mí —le diría— mendigar un puesto a tu lado, que el que tú mismo te hubieses anticipado a ofrecérmelo. Me haces pasar por la humillación de pedirte, como un gran favor, que me permitas quedarme. Y has perdido, ¡gran tonto!, la ocasión de rogarme, por favor, que no me marchase.

¡Esto es lo que le diría! No es imposible que él replicara que qué preparación tenía ella para sustituir a la Castell. A lo que pensaba replicar:

—¿Olvidas que soy licenciada en Filosofía y Letras y doctora *cum laude* por una tesis de psicología?

¡Esto es lo que pensaba replicar!

Tal vez él insistiera en que para obtener el título de psicóloga, había que preparar unos cursillos especiales y presentarse a un concurso. ¡Si se atrevía a tanto no le dejaría concluir!

—¿En qué mundo vives, César? Los cursillos los tengo archisabidos. ¿Qué pensabas que hacíamos mano a mano Montserrat y yo, horas y horas, encerradas en su despacho? Ella primero me aleccionaba y después me tomaba la lección. Y en cuanto a lo del concurso, veo que sigues minusvalorando mi capacidad. ¿No me crees con dotes suficientes para llevarme por delante a cualquier otra opositora que aspire a ese puesto?

¡Desde luego si él osara decirle aquello no le dejaría concluir!

No era improbable que César Arellano, que era un tímido congénito, cometiera la incorrección de darle el silencio por respuesta. ¿Qué podría hacer Alice Gould en este caso si no era suplir con un poquillo de audacia la cortedad de genio de él, y atreverse a decir lo que él no se resolvía a confesar?

—No son éstas las únicas ocupaciones que tendré en La Fuentecilla. La otra tarde cuando me invitaste a visitar tu nueva casa comprobé los ímprobos esfuerzos que habías hecho para estropear por dentro el que por fuera es el edificio más noble de la ciudad. Yo me ocuparé de echar abajo todo lo malo que has hecho y decorar esa maravilla con un poco más de gusto. ¡Nuestro hogar, César, tiene que ser más confortable y más acogedor que ese cubil para hombres solos que te has prefabricado!

¿Qué duda cabe que si él se amilanaba para hablar, ella se liaría la manta a la cabeza y tiraría por la calle de en medio sin reparar en estorbos? ¡Ni él ni ella tenían edad para andarse con remilgos!

—Estoy segura que tu hijo Carlos me adorará. Llegarás a sentir celos del cariño que tendrá por mí.

Imitó Alicia la manera de expresarse del «Albaricoque»:

—¡César más Carlos multiplicado por Alicia, igual a hogar, doctor Arellano!

Tan abstraída iba que no se dio cuenta de que hablaba en alta voz.

—César, César, César, ¡no me dejes decirlo todo a mí!

—Ya le expliqué, señora, que no me llamo César, sino Terencio —intervino el conductor.

—¿He hablado en voz alta?

—Lleva usted unas dos horas haciéndolo.

—¿Y me ha oído usted todo?

—¡Todo!

—¿Y qué ha entendido usted?

—¡Nada!

—Gracias, Terencio. Es usted un hombre discreto y honrado. ¡Me cae usted muy bien! Y no le he dicho todavía que le encuentro guapísimo. Y en Zamora las mujeres deben volverse locas por usted.

—No se me dan mal... —confesó el conductor.

Al cabo de un tiempo preguntó, mirándola descaradamente por el retrovisor:

—Me dijo usted antes que iba a La Fuentecilla, ¿no es cierto?

—Exacto. Eso le dije.

—Y... ¿no hay por ahí cerca un manicomio muy grande?

Rió Alicia con tantas ganas que no sabía cómo hacer para frenar sus carcajadas.

—¿Tanto miedo le da llevar una loca a bordo?

—No mucho. Todas las mujeres lo son.

Lo dijo con la boca chica. En realidad, no las tenía todas consigo.

Al doblar una loma, Alicia le pidió que parase el coche.

—Desde aquí se divisa un gran panorama, Terencio. Deténgase, por favor.

Desde el punto mismo en que lo atisbó por vez primera, acompañada del falso García del Olmo, Alicia contemplaba ahora las tapias inmensas y la complicada arquitectura, mezcla de tan diversos estilos, del manicomio de Nuestra Señora de la Fuentecilla. Por un instante, se preguntó cuánto habría pagado Heliodoro a aquel elegante rufián para representar su infame comedia y conseguir encerrarla por su propia voluntad. ¿De quién sería la idea original de la farsa? ¿Quién tendría derecho a patentarla? Heliodoro, no, de eso estaba segura. Carecía del ingenio necesario para haberla urdido. Sacudió la cabeza, con un ademán muy suyo, como si un mechón de pelo o un pensamiento le estorbara. ¿Qué importaba ya eso? Heliodoro le resultaba, afectivamente, más lejano que los miles de millas físicas que les separaban. En cambio ahí, al alcance de su vista y muy cerca de su corazón, estaban el pequeño Rómulo, al que quería enseñar un oficio, y «la Niña Pendular», con la que querría llegar a comunicarse de mente a mente y hacerla sonreír, y Teresiña Carballeira, cuyo taller de bordados visitó, y Cosme «el Hortelano», al que le unía no sólo la gratitud, sino la comunidad de anhelos, ya que pensaba imitar su ejemplo y dejar todos sus bienes al hospital. Allí estaba «la Mujer Percha», con las llagas producidas en sus piernas por la incontinencia, que merecía ser cuidada, y don Luis Ortiz, que merecía ser consolado, y Candelas, «la Mujer del Rincón», a quien ya era hora de que se le levantase su eterno castigo. Y unos hombres y unas mujeres heroicos y sufridos cuya profesión era atemperar los dolores ajenos. «Dios escribe derecho con renglones torcidos», pensó. Ésa es mi casa y ahí quiero vivir y trabajar hasta el final. Y si César me lo permite, estudiaré medicina.

Consideró que se estaba dejando llevar demasiado lejos por sus ensoñaciones (pues llegó a verse, en lo futuro, nada menos que de directora del hospital) y dio orden a Terencio de culminar su trayecto. Cerró los ojos. El deslizar de los neumáticos sonaba distinto al pasar del piso de asfalto al de tierra sin asfaltar. Fuera de allí, el silencio era muy grande. Alicia sólo atendía a estos rumores y al latido gozoso y anhelante de su corazón.

RECORDATORIO DE PERSONAJES

Un hombre y una mujer ante las verjas. — «El Tarugo». — Teodoro Ruipérez, ayudante del director. — El doctor Enrique Donadío. — Heliodoro Almenara. — Montserrat Castell, la psicóloga, asistente social, monitora de gimnasia y carmelita. — Conrada la Vieja. — La ecónoma. — «El Hombre de Cera», también conocido por «el Hombre Estatua» y «la Cariátide de Sí Mismo». — Roberta, la guardiana de noche. — «El Onírico». — Adela o la autocastigada en el rincón. — El de la almohada esquizofrénica. — Don Luis Ortiz o «el Violador de su Nuera» o «el Caballero Llorón». — El ciego, mordedor de bastones. — Ignacio Urquieta, o «el Topógrafo» o «el Fóbico al Agua». — Celestino Expósito, apodado «el Gnomo», «el Jorobado» y «el Palpador de Nalgas Ajenas». — Marujita Maqueira, la insulínica confidente de los extraterrestres. — Carolo Bocanegra, falso mutista y ciego voluntario. — Rómulo, «el Niño Mimético», el gemelo, el falso hermano. — Alicia la Joven, o «Niña Péndulo» o «Niña Oscilante». — Remo. — «El Hombre Elefante» o José Sáez y García. — El jefe de los Servicios Clínicos, doctor César Arellano. — «El Hortelano» que padece fobia de alejamiento. — Los dos leones rugientes. — Sergio Zapatero, conocido por «el Astrólogo» y por «el Autor de la Teoría de los Nueve Universos», y también «el Quijote» o «el Aquijotado». — El inventor de su idioma. — Charito Pérez, «Gran Duquesa de Pitiminí». — El capellán. — Norberto Machimbarrena, mecánico de la Armada, «el Triple Homicida», «el Quíntuple Homicida», «el Hombre del Traje

Azul», el de la corbata. — El padre, el hermano y la cuñada de Ignacio Urquieta. — El doctor don Raimundo García del Olmo o cliente de Alice Gould. — El «nuevo»: Antonio el Sudamericano. — El doctor Sobrino, jefe de la Unidad de Recuperación. — Conrada la Joven. — El suicida o uno de los «tristísimos». — El otro tristísimo. — Pepito Méndez: «el Albaricoque», o «el Hombre de las Cien Cartas». — Teresiña Carballeira, o «la Homicida de su Madre», «la Parricida», «la Triple Homicida», «la Bordadora Sonriente». — «El Autista» o «Solitario del Cigarrillo». — «La Mujer Gorila». — El doctor Rosellini, el medio italiano, el médico guapo, jefe de la Unidad de Demenciados o domador de la «Jaula de los Leones». — Samuel Alvar, director del manicomio, antipsiquiatra. — El hombre que bebía su orina. — El enfermero apellidado Terrón. — La doctora Dolores Bernardos, especialista en tomografía computarizada y terapia electroconvulsionante. — El doctor don José Muescas, jefe de la Unidad de Urgencias. — «El Currinche». — «El Adobe». — «El Mustafá». — «El Pecas», o «el Niño del Hórreo». — Los padres del endemoniado. — Señorita Sahagún, directora de un colegio en que se venden drogas. — Los dos sociópatas de ETA. — Dos guardias civiles. — El que se ahorca dulcemente. — El que gusta de colorear el agua del río con su sangre. — «Dios Padre» y sus innumerables hijos. — La madre de Marujita Maqueira. — El inspector Morales. — El comisario Ruiz de Pablos. — El inspector Soto de la bella cara de caballo. — El inspector Moro con cara de lo mismo. — El verdadero forense. — Pepe, «el Tuerto» que no lo es. — María Luisa Fernández, detective privada. — Carlos Arellano. — La madre y el hermano del mordedor de bastones. — El guardián de la verja que voló por los aires. — El tabernero de Aldehuela de doña Mencía. — El pastor con radio y mastín. — Lola Pardiñas, la bonita enfermera. — La loca del graznido. — «La Mujer Tonelada». — «La Enana Muerta». — «La Ilustre Fregona». — «La Pleitista». — «La Onanista». — La demente de los falsos parásitos. — «La Gatita Lesbiana». — «La Mujer Cíclope». — «La Mujer Percha». — La enfermera donostiarra. — Obdulio Limón, el ex comisario albino, de los ojos colorados. — El mutista que pide cigarrillos al anterior. — Chemari Goñi, el niño que sabe patinar. — Las bellas muchachas bilbaínas, amigas de Ignacio. — Un vecino de los Almenara llamado Donadío. — Terencio «el Zamorano»: conductor de coches de alquiler.

y
ALICE GOULD,
también llamada
LA ALICIA, LA ALMENARA, LA RUBIA Y LA DETECTIVE.

ÍNDICE

Impreso en Litografía Rosés, S. A.
Progrés, 54-60. Polígono La Post
Gavá (Barcelona)